打造百年盛世品牌

专业化、集约化的核电站核级泵及重要非核级泵系统
及核电后处理设备的核电全产业链设备供应与服务商

- 国内具备同时供应所有核二、三级泵及重要非核级泵产品及服务能力的企业
- 核电乏燃料贮存、运输、后处理以及新燃料运输全产业链的设备供应
- 核电泵技术服务、在线监测、维护的方案提供
- 火电、石油、石化高端泵产品及服务

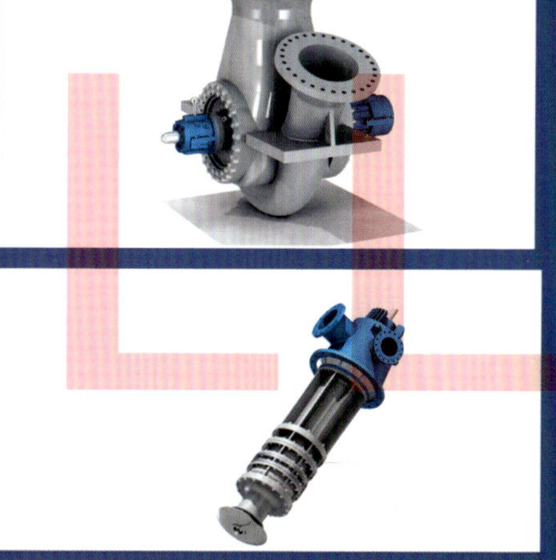

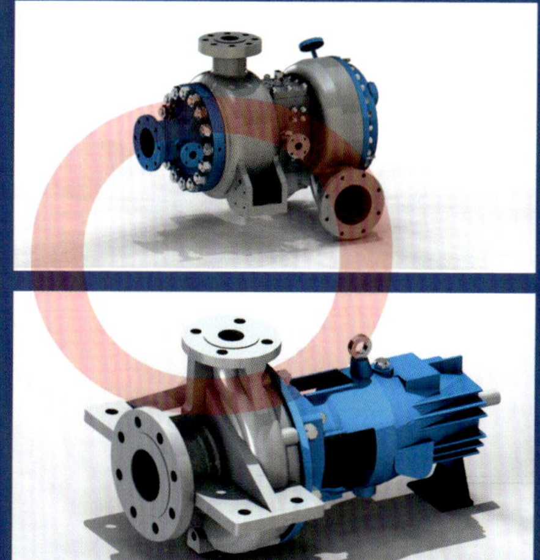

关注阿波罗官方微信
见证阿波罗茁壮成长

铸强大 铸未来

温州水务局新状元供水厂增压泵（SX700-800型中开泵）

山东潍坊电厂2×30万kW机组600X－TLR型脱硫泵使用现场

华能威海电厂2×30万kW机组海水脱硫系统1200VXL海水循环泵

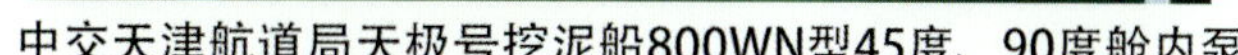
中交天津航道局天极号挖泥船800WN型45度、90度舱内泵

R550KSH-X大型渣浆泵

SXK系列中开泵

1000WN型疏浚泵

AH型渣浆泵

广告
中核苏阀科技实业股份有限公司
CNNC SUFA TECHNOLOGY INDUSTRY CO., LTD.
每年
数十万阀门走向全球50多个国家
每年
数千名中核科技人服务在全球各大项目现场
每年
开发、设计、改进新产品达上千品种规格
水之脉、气之脉、油之脉，万千阀门——开启不同的流体世界
中核科技
流/体/控/制/安/全/的/守/护/者
国内领先 国际一流的流体控制设备集成供应商
核电 | 火电 | 石油 | 石化 | 天然气 | 水务 | 输油管线 | 环保 | 医药
地址：江苏省苏州市新区珠江路501号 电话：0512-67533655 66672570
传真：0512-67532587 67511301 http://www.chinasufa.com

本书主要内容包括综述、大事记、专文、行业概况、人物、企业概况、统计资料、产品与项目和附录等栏目，集中反映 2017 年通用机械行业的发展情况，详细记载了泵、风机、阀门、压缩机、干燥设备、减变速机、气体分离设备、冷却设备等分行业的发展情况，提供了通用机械行业的经济指标。

本书主要发行对象为政府决策机构、机械工业相关企业决策者和从事市场分析、企业规划的中高层管理人员以及国内外投资机构、贸易公司、银行、证券、咨询服务部门和科研单位的机电项目管理人员等。

图书在版编目（CIP）数据

中国通用机械工业年鉴 .2018/ 中国机械工业年鉴编辑委员会，中国通用机械工业协会编 .—北京：机械工业出版社，2018.10

（中国机械工业年鉴系列）

ISBN 978-7-111-61080-9

Ⅰ. ①中… Ⅱ. ①中… ②中… Ⅲ. ①机械工业—中国—2018—年鉴 Ⅳ. ① F426.4-54

中国版本图书馆 CIP 数据核字（2018）第 224060 号

机械工业出版社（北京市西城区百万庄大街 22 号　邮政编码 100037）
责任编辑：魏素芳
责任校对：李　伟
北京宝昌彩色印刷有限公司印制
2018 年 10 月第 1 版第 1 次印刷
210mm×285mm・15.25 印张・32 插页・420 千字
定价：300.00 元

凡购买此书，如有缺页、倒页、脱页，由本社发行部调换
购书热线电话（010）68326643、88379812
封面无机械工业出版社专用防伪标均为盗版

中国机械工业年鉴系列

作为『工业发展报告』

记录企业成长的每一阶段

中国机械工业年鉴

编辑委员会

中国通用机械工业年鉴

优化产品结构

发展自主品牌

中国通用机械工业年鉴
执行编辑委员会

中国通用机械工业年鉴

优化产品结构
发展自主品牌

中国通用机械工业年鉴编辑出版工作人员

总编辑　石　勇
主　编　李卫玲
副主编　刘世博　曹　军
编辑总监　任智惠
市场总监　赵　敏
责任编辑　魏素芳
编　辑　陈美萍

地　址　北京市西城区百万庄大街22号（邮编100037）
编辑部　电话（010）68997962　传真（010）68997966
市场部　电话（010）88379812　传真（010）68320642
发行部　电话（010）68326643　传真（010）88379825
E-mail:cmiy_cmp@163.com
http://www.cmiy.com

中国通用机械工业年鉴

优化产品结构

发展自主品牌

中国通用机械工业年鉴特约顾问单位特约顾问

特约顾问单位	特约顾问
沈阳鼓风机集团股份有限公司	戴继双
北京京城压缩机有限公司	王军怀
陕西鼓风机集团有限公司	李宏安
上海电气鼓风机厂有限公司	陶敏强
四川空分设备（集团）有限责任公司	单金铭
中国电建集团上海能源装备有限公司	程道俊
中核苏阀科技实业股份有限公司	彭新英
上海电气阀门有限公司	郭玮明
大连海密梯克泵业有限公司	乔贵楠
杭州杭氧股份有限公司	蒋　明
上海凯泉泵业（集团）有限公司	林凯文
上海凯士比泵有限公司	朱永焕
上海阿波罗机械股份有限公司	陆金琪
石家庄强大泵业集团有限责任公司	杨　文
上海连成（集团）有限公司	张锡淼
烟台恒邦泵业有限公司	张启龙
浙江盾安智控科技股份有限公司	姚　统
浙江良精阀门有限公司	王卫东
无锡压缩机股份有限公司	李小宁
大连斯频德环境设备有限公司	周华东
北京新安特风机有限公司	李四军
林德工程（杭州）有限公司	查文杰
北京北仪优成真空技术有限公司	郝　刚
浙江亿利达风机股份有限公司	章启忠
液化空气（杭州）有限公司	陈绍义
淄博真空设备厂有限公司	黄　毅

前　言

2017年，通用机械行业得益于国家经济总量平稳增长、经济结构不断优化的良好发展环境，面对新常态，紧跟国家供给侧改革的步伐，主营业务收入、工业增加值、利润总额都较上年呈现出了较高速的增长。通用机械行业结构调整、转型升级持续推进，产品向高端和高品质转型，并取得新成果。

2017年，通用机械行业规模以上企业5 442家，拥有总资产8 839.4亿元，同比增长7.98%；实现主营业务收入9 696.6亿元，同比增长9.84%；实现利润总额665.4亿元，同比增长15.1%；完成出口交货值1 078.2亿元，同比增长11.51%。

2017年，通用机械行业重大技术装备取得新成果，诸多国产装备投入使用。为煤化工配套的10万m^3/h空分装置及空气压缩机组已投入运行并通过国家鉴定验收；我国首套120万t/a乙烯装置用离心压缩机全面实现国产化；核电关键阀门爆破阀已完成鉴定。与此同时，国际市场开拓成果显著，产业多元化发展取得一定成绩。

中国通用机械工业协会与中国机械工业年鉴编辑委员会希望通过《中国通用机械工业年鉴》，系统、广泛地宣传通用机械行业在转型升级、高端制造、“两化融合”以及推进重大技术装备国产化等方面取得的成就，展望行业由大到强的发展前景，进一步促进行业的技术进步和经济可持续发展。

在《中国通用机械工业年鉴》2018年版的编撰过程中，得到了通用机械行业各有关企事业单位和相关用户的大力支持，中国通用机械工业协会与中国机械工业年鉴编辑委员会在此表示衷心的感谢，并将一如既往地为各界朋友提供真诚的服务。

中国通用机械工业协会会长

2018年9月

索

引

优化产品结构

发展自主品牌

广告索引

企业风采

精品之窗

索

引

优化产品结构

发展自主品牌

专题索引

序号	单位名称	页码

高端访谈

中国工业年鉴出版基地

目　　录

综　述

大事记

专　文

行业概况

人　物

企业概况

统计资料

产品与项目

附　录

Contents

Overview

Chronicle of Events

Feature

A Survey of Industry

Personage

A Survey of Enterprises

Statistical Data

Products & Items

Appendix

浙江良精阀门有限公司

ZheJiang Liangjing Valve Co., Ltd.

品行于良

质存于精

    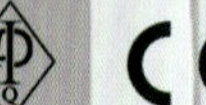         

企业简介

浙江良精阀门有限公司是一家集阀门铸造、设计开发、生产、销售和服务为一体的大型阀门制造企业，公司位于温州市永嘉县瓯北镇三桥工业区。

良精阀门涵盖了 GB、BS、API、ANSI、JIS、DIN 等标准的各类产品，广泛用于石油炼化、化工医药、电力冶金、水利建筑、市政楼宇、空调消防等行业，产品质量上乘、稳定可靠，一直深受广大用户的信赖。

良精阀门拥有独立的企业技术中心，专门从事阀门研究和开发工作，且被温州市经贸委评定为“温州市级企业技术中心”，被浙江省科学技术厅认定为“省级高新技术企业研究发展中心”。目前拥有核心自主知识产权的发明专利 1 件、实用新型专利 16 件。

“良精”商标是浙江省著名商标，良精阀门是浙江省名牌产品、浙江省知名商号良精阀门一直奉行的宗旨是： 品行于良，质存于精！

良精阀门始终秉承“以人为本，科技创新，诚信经营，品牌立业”的发展战略以优质的产品服务于社会，为发展民族工业做贡献！良精阀门愿与各界朋友携手合作共创辉煌！

主导产品

（平板）闸阀、各类超低温阀门、蝶阀、截止阀、止回阀、球阀、高温高压阀、电站阀、水力阀等

良精工业园厂区一览

深冷实验室一览

低温试验过程

浙江良精阀门有限公司

ZheJiang Liangjing Valve Co., Ltd.

地址：浙江省温州市永嘉县三桥工业区　　邮编：325105

电话：18906771999　0577-67316999　0577-67316998（销售热线）

详情请访问公司网站：www.liangjing.cn

扫一扫手机二维码

良精手机电子样本

全球技术，本地经验

油脂化工

下游和石化产品

客户服务

Air Liquide

Air Liquide

Air Liquide
ENGINEERING & CONSTRUCTION

将本地工程资源与集团众多的前沿创新和丰富的专利技术相结合，液化空气工程与制造中国区致力于为各行各业的客户提供低排放、低能耗和高性价比的生产装置，助力客户实现安全、可靠和有竞争力的运营。

液化空气集团的工程与制造业务于1995年进入中国，成立了液化空气（杭州）有限公司（简称“液空杭州”）。经过20多年的发展，液空杭州已成为液化空气集团重要的工程与制造中心，拥有近600名员工。公司专业从事先进的空气设备、合成气纯化装置、制一氧化碳装置、制氢装置及其他工业气体装置的设计、工程、制造和安装业务。截至目前，公司累计销售大中型空气设备100逾套、各类标准产品290逾套，业务足迹遍布中国40多个城市以及世界各地。公司能够设计并制造制氧量为150000m³/h的超大型空分设备，是中国低温领域的领先制造商。

与液空杭州并行，液化空气工程咨询（上海）有限公司是液化工程与制造中国区的另一重要的工程中心，重点从事基于鲁奇技术的方案开发和项目执行，如蒸汽甲烷转化和纯化工艺项目。此外，该中心也为鲁奇专利技术在中国的转让业务提供支持。公司致力于为中国清洁能源转化领域提供领先科技。

多年来，我们在项目执行方面积累了丰富的经验，开发了一系列成熟的项目管理流程和工具，可提供覆盖整个项目周期的解决方案，包括交钥匙项目或EPC类型的总包项目、设备销售项目以及涉及多种技术的大型复杂项目。无论是标准项目还是客户定制项目，我们确保每一个项目均能按时交付并实现预算目标，满足客户需求。

KSB
Our technology. Your success.
我们的技术　您的成功

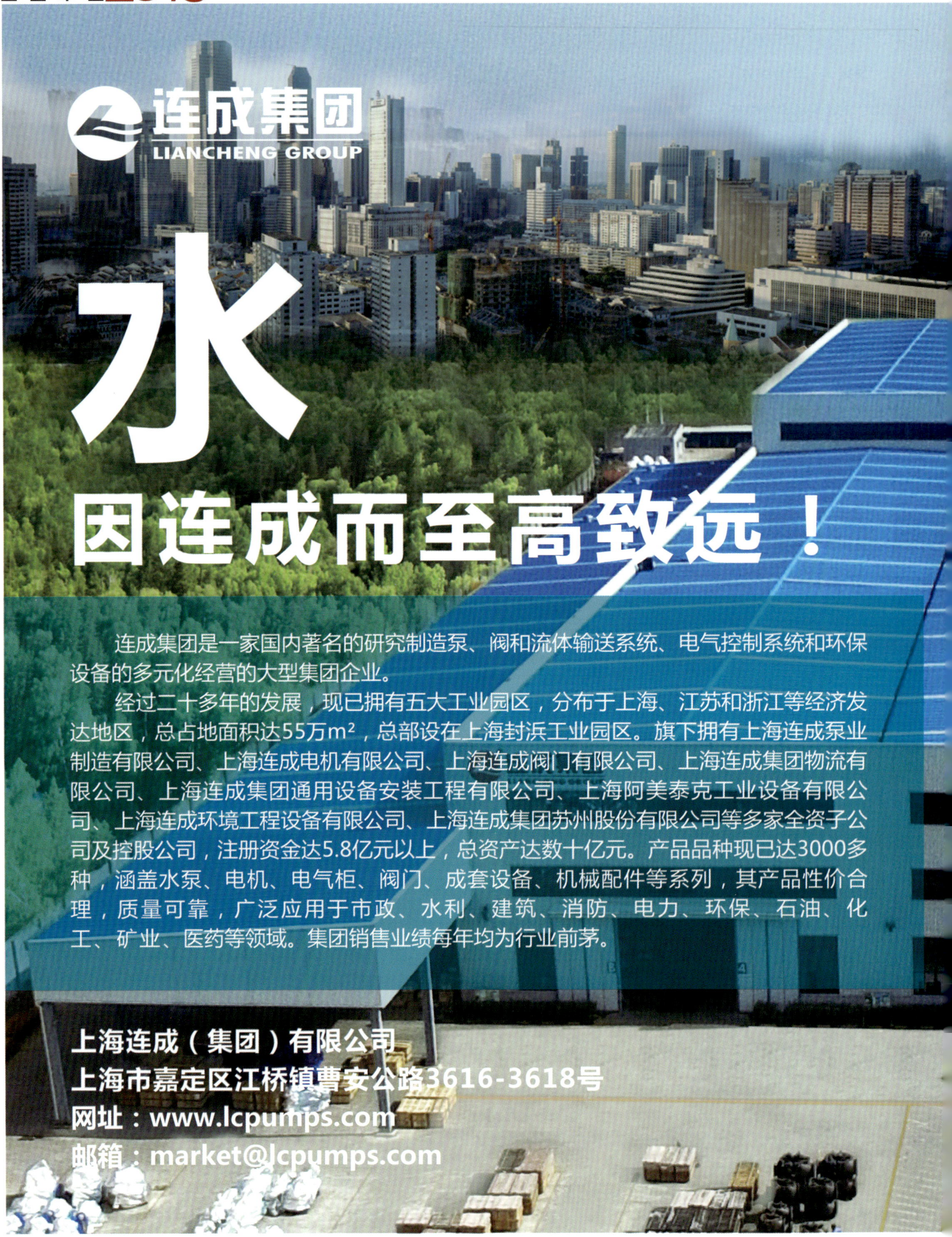
连成集团
LIANCHENG GROUP
水
因连成而至高致远！
连成集团是一家国内著名的研究制造泵、阀和流体输送系统、电气控制系统和环保设备的多元化经营的大型集团企业。
经过二十多年的发展，现已拥有五大工业园区，分布于上海、江苏和浙江等经济发达地区，总占地面积达55万m²，总部设在上海封浜工业园区。旗下拥有上海连成泵业制造有限公司、上海连成电机有限公司、上海连成阀门有限公司、上海连成集团物流有限公司、上海连成集团通用设备安装工程有限公司、上海阿美泰克工业设备有限公司、上海连成环境工程设备有限公司、上海连成集团苏州股份有限公司等多家全资子公司及控股公司，注册资金达5.8亿元以上，总资产达数十亿元。产品品种现已达3000多种，涵盖水泵、电机、电气柜、阀门、成套设备、机械配件等系列，其产品品性价合理，质量可靠，广泛应用于市政、水利、建筑、消防、电力、环保、石油、化工、矿业、医药等领域。集团销售业绩每年均为行业前茅。
上海连成（集团）有限公司
上海市嘉定区江桥镇曹安公路3616-3618号
网址：www.lcpumps.com
邮箱：market@lcpumps.com

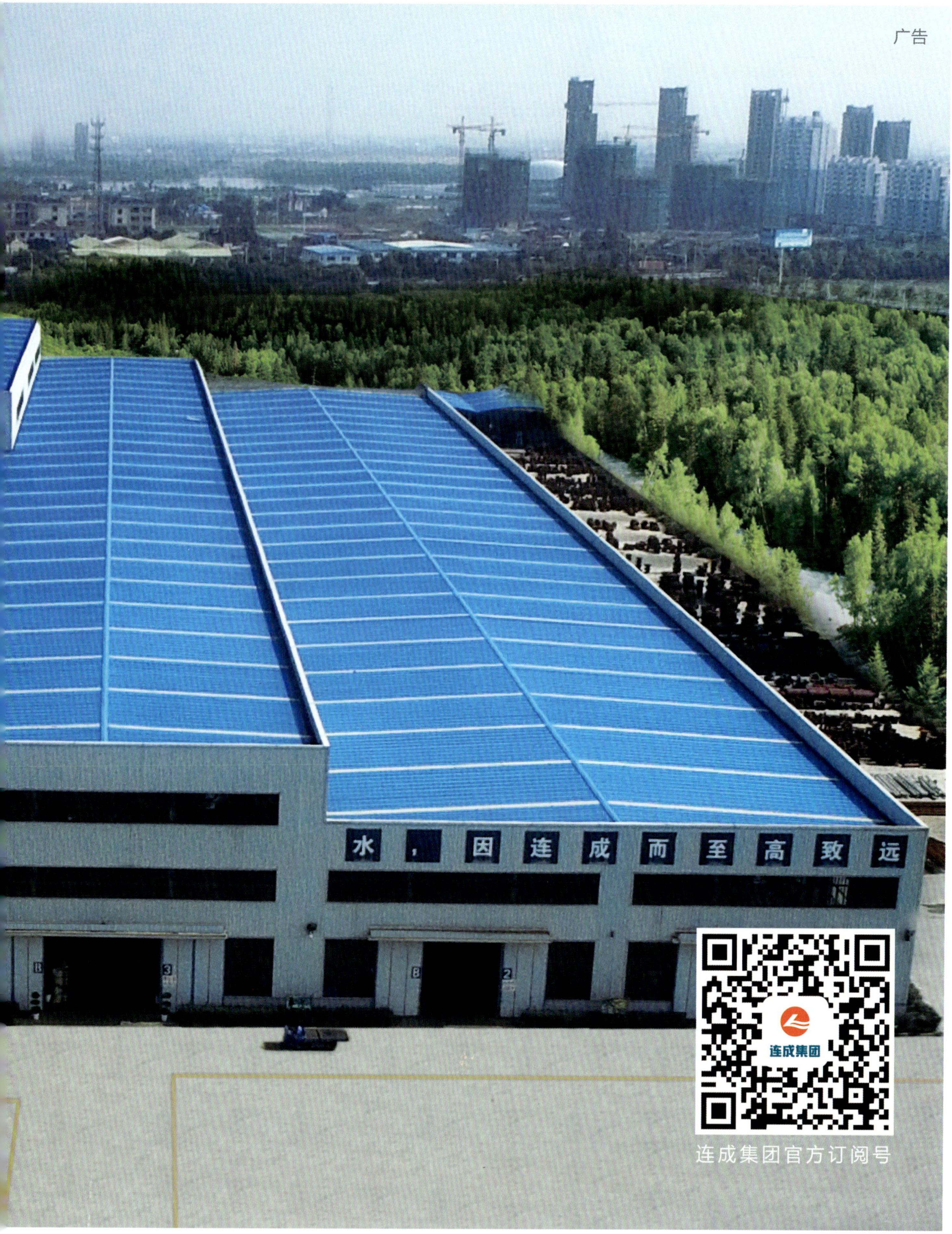
广告
水，因连成而至高致远
连成集团
连成集团官方订阅号

LEDERLE Hermetic 海密梯克®

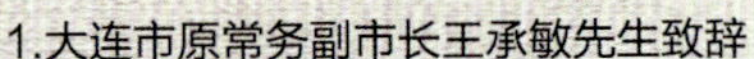

1.大连市原常务副市长王承敏先生致辞

2.金州区区长丛克先生致辞

3.董事长Nicolaus Kraemer先生致辞

4.副董事长乔廷安先生致辞

5.执行总经理乔贵楠先生致辞

6.新能源股份有限公司副总经理夏进京先生致辞

7.赢创特种化学（上海）有限公司采购总监李文魁先生致辞

8.技术总监邹立莉先生致辞

2018年5月18日，大连海密梯克泵业有限公司迎来了20岁的生日。当日下午，公司成立20周年庆典活动在大连东港国际会议中心隆重举行。大连市原常务副市长王承敏、金州区区长丛克，德国海密梯克全球执行及运营总监兼大连海密梯克董事长Nicolaus Kraemer，大耐泵业有限公司董事长、大连海密梯克泵业有限公司副董事长乔廷安，大连海密梯克泵业有限公司董事Christian Dahlke、蒋铭和、Sebastian Dahlke及总经理乔贵楠，大连里瓦

9.公司领导合影

10.海密梯克希望小学学生敬献红领巾

11.海密梯克希望小学赠送锦旗

12.参观车间

13.客户参观工厂

14.员工颁奖

泵业有限公司总经理王亥、大连及上海博格曼有限公司总经理慈元新、德国海密梯克销售总监Achim Surber、新加坡海密梯克有限公司总经理Desmond Ong，以及来自全国各地的设计院朋友、客户、供应商及合作伙伴共计400多人出席了庆典活动。

砥砺前行二十载，初衷未曾改，大连海密梯克泵业有限公司始终坚持做一家致力于人类的安全和环境保护事业的无泄漏泵公司，为社会创造财富。

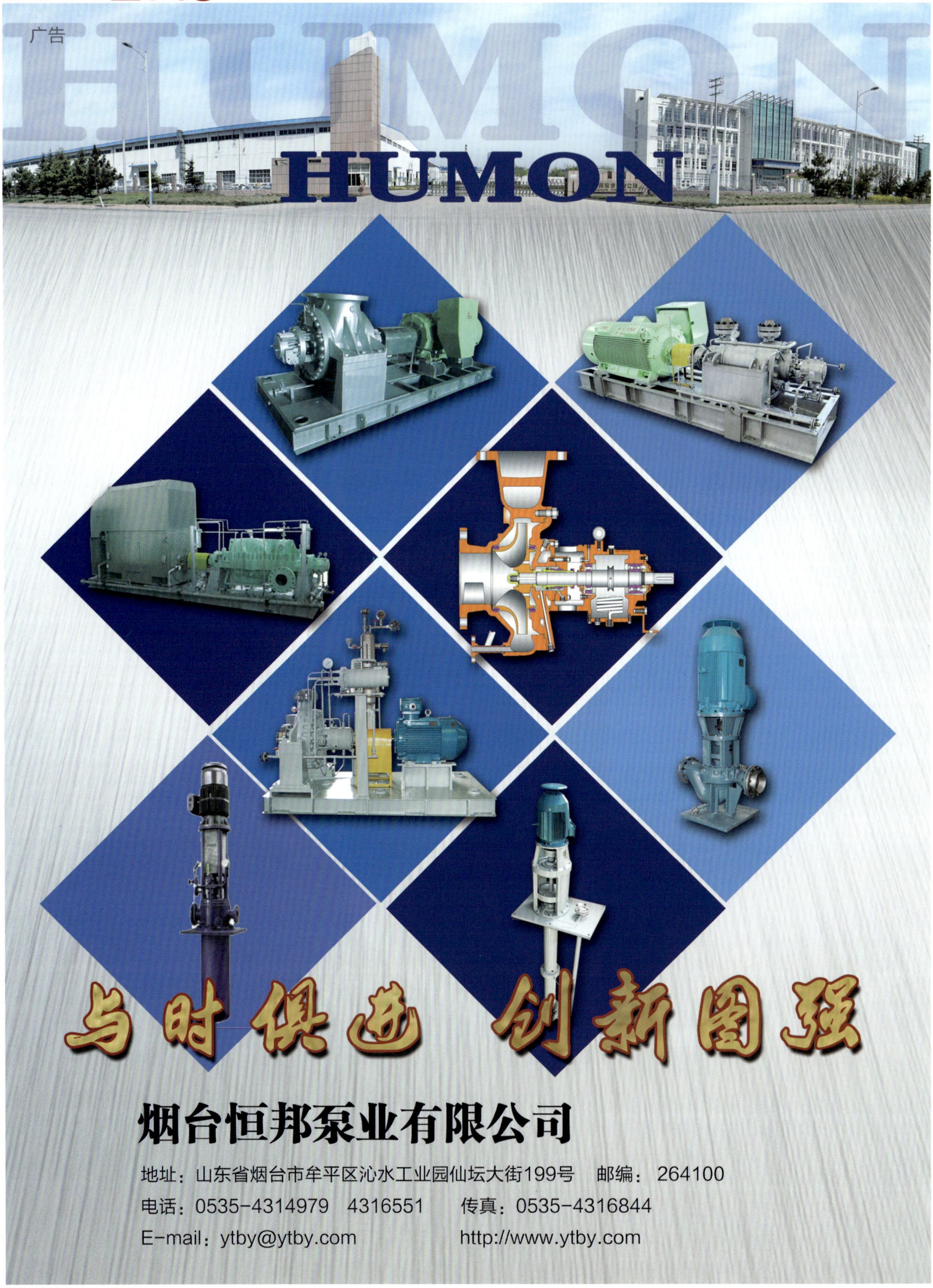
广告
HUMON
与时俱进 创新图强
烟台恒邦泵业有限公司
地址：山东省烟台市牟平区沁水工业园仙坛大街199号 邮编：264100
电话：0535-4314979 4316551 传真：0535-4316844
E-mail：ytby@ytby.com http://www.ytby.com

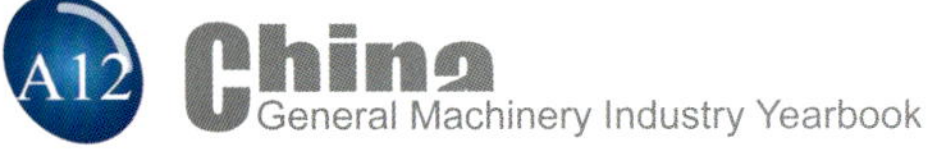

淄博真空设备厂有限公司

ZIBO VACUUM EQUIPMENT PLANT CO., LTD.

山东省真空设备工程技术研究中心

山东省级企业技术中心

淄博真空设备厂有限公司（原淄博真空设备厂）始建于1959年，已经走过近60年的光辉历程，是中国真空工业创始企业之一。1996年引进当时国际先进的德国西门子技术，通过与欧美企业的合资与合作，公司产品技术达到国际先进水平。2 000年改制为淄博真空设备厂有限公司（双山真空），是原国家机械工业部门重点企业、国家生产真空获得和真空应用设备的重点骨干企业、国家大型二类企业、国家高新技术企业，通过ISO9001质量管理体系认证。“双山”牌为山东省著名商标、山东名牌产品。

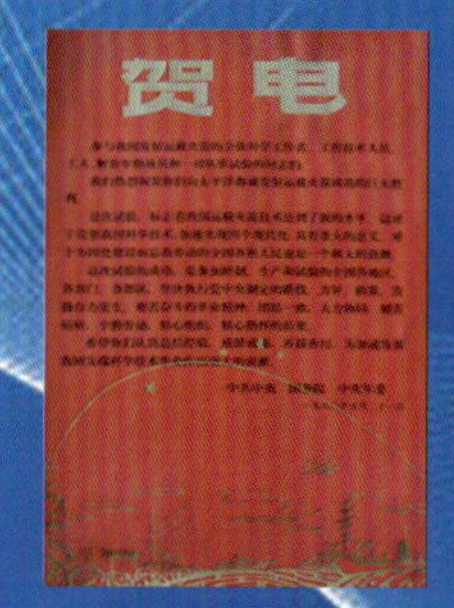

- 中国真空学会常务理事
- 中国通用机械工业协会副会长
- 中国通用机械工业协会真空设备分会理事长
- 中国通用机械工业协会泵业分会副理事长
- 中国通用机械工业协会干燥设备分会副理事长

主要产品

水环式真空泵及压缩机 SK、2SK、SKA（2BE）、SKC（CL）系列
抽速范围：30～180000m³/h

高压液环式压缩机2LG、2SY系列
抽速：60～14000m³/h
工作压力：0.1～1.2MPa

C919大型飞机燃油试验系统

旋片式真空泵X、2X系列
抽速范围：0.5～150L/s
极限压力：0.065Pa

往复式真空泵W、WY、WL、WLW系列
抽速：200～5500m³/h
极限压力：1.3kPa

大型运输机 Y20 环控实验室

COSSDP螺杆干式真空泵及机组
抽速：100～2500m³/h
极限压力：13Pa

真空机组JZJ2、JZJ2X系列
抽速：30～2500L/s
极限压力：30～0.05Pa

某部队风洞实验系统验收现场（SKA26000）

真空干燥设备

地址：山东省淄博市博山区双山街160号
Add: No.160 Shuangshan Street, Boshan District, ZiboCity, Shandong, P.R.China
电话（Tel）:0086-533-4181008 4159140 传真（Fax）:0086-533-4180391
网址（Website）:www.czssv.com ，电子邮箱（E-mail）czssv@czssv.com

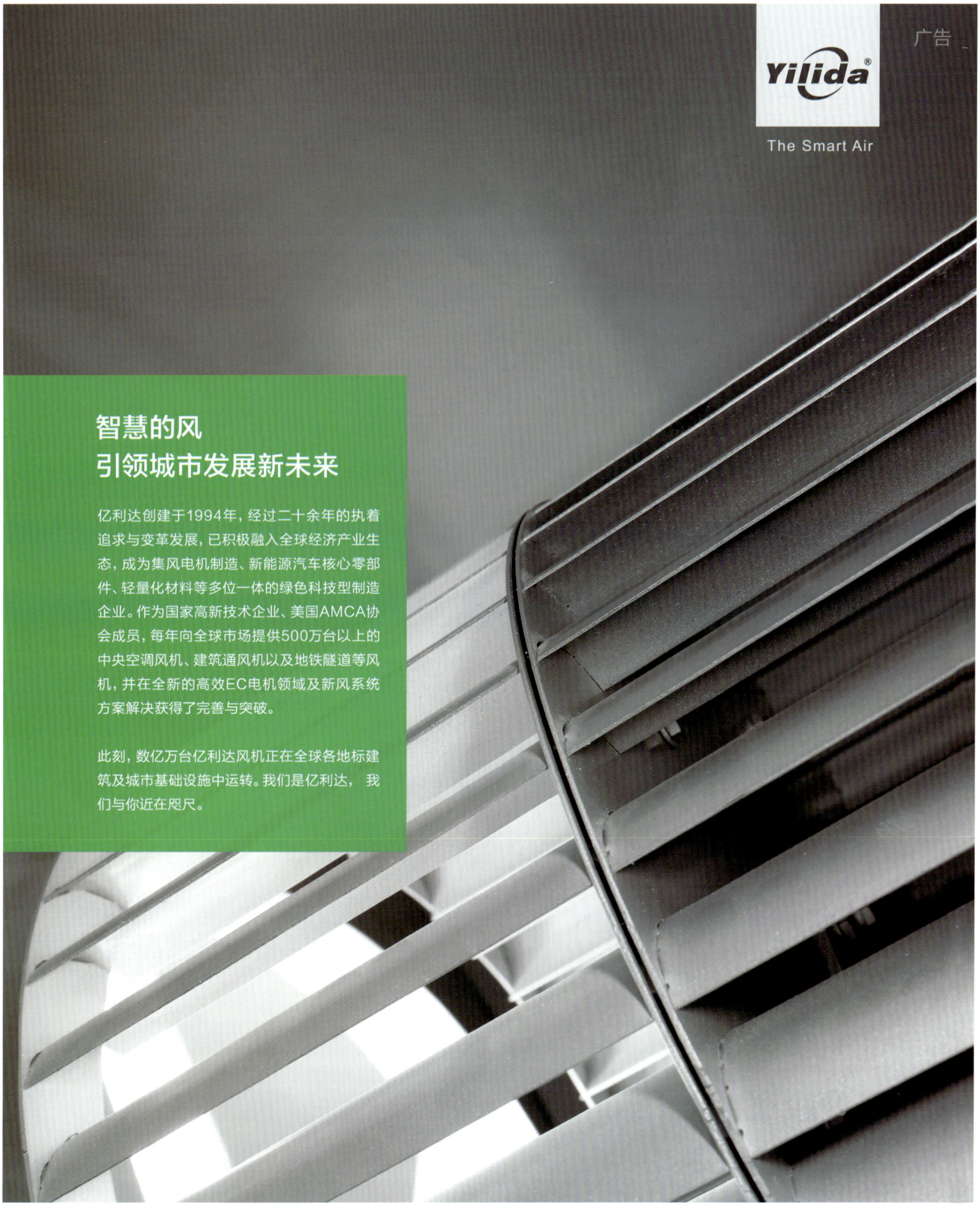
广告
Yilida®
The Smart Air
智慧的风
引领城市发展新未来
亿利达创建于1994年，经过二十余年的执着追求与变革发展，已积极融入全球经济产业生态，成为集风电机制造、新能源汽车核心零部件、轻量化材料等多位一体的绿色科技型制造企业。作为国家高新技术企业、美国AMCA协会成员，每年向全球市场提供500万台以上的中央空调风机、建筑通风机以及地铁隧道等风机，并在全新的高效EC电机领域及新风系统方案解决获得了完善与突破。
此刻，数亿万台亿利达风机正在全球各地标建筑及城市基础设施中运转。我们是亿利达， 我们与你近在咫尺。

精品

精品之窗

之窗

盾安智控
CLOSE
OPEN
盾安智控——流体控制专家
我们致力于流体控制领域，为您提供安全、智能、环保的阀门产品及系统解决方案。
盾安智控是一家专业从事阀门产品研发与制造的产业集团，旗下拥有浙江盾安智控科技股份有限公司、安徽红星阀门有限公司、南通市电站阀门有限公司、浙江华益精密机械股份有限公司（833125）、浙江盾安自控科技有限公司五家实体企业。产品涵盖了高、中、低压阀门领域，广泛应用于水务、燃气、暖通、电站、精密制造等行业，客户遍布国内外。

三大生产基地

民用铜阀生产基地：
浙江 诸暨
年产能：3000万只

水务领域铁阀生产基地：
安徽 铜陵
年产能：28万只

电站领域不锈钢阀门生产基地：
江苏 如皋
年产能：16400只

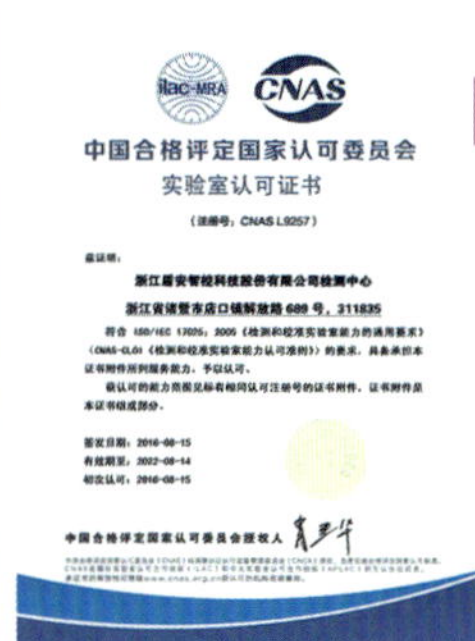

国家CNAS实验室认可的检测中心

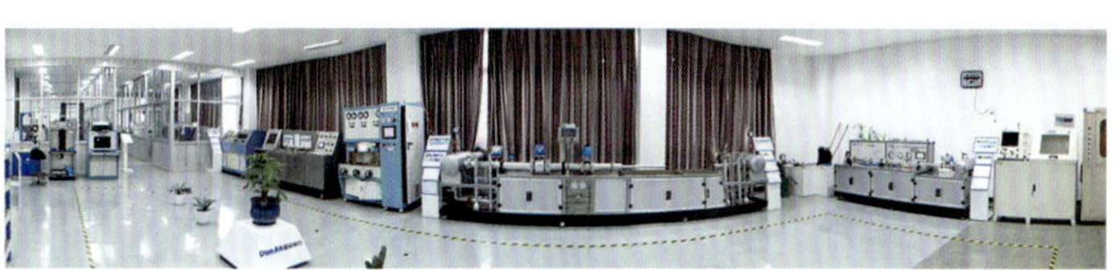

中国通用机械工业协会阀门分会
副理事长单位

中国建筑给水排水行业
行业名牌

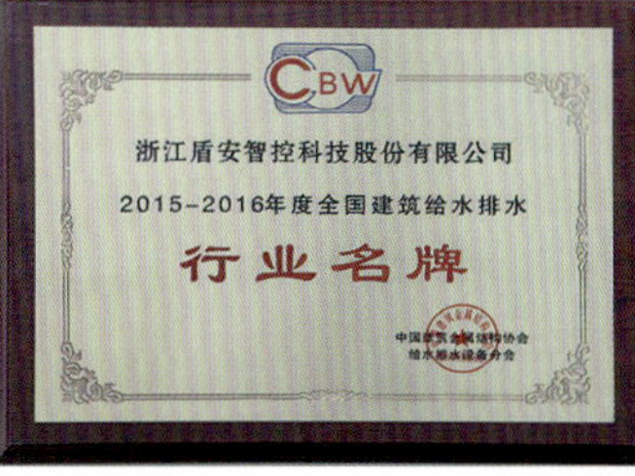

中国建筑给水排水行业
突出贡献企业

中国阀门行业知名品牌

地址：浙江省诸暨市店口镇解放路689号 电话：0575-89003500 传真：0575-89006200 邮编：311835
网址：www.dafmgroup.com E-mail：dafm@dunan.cn

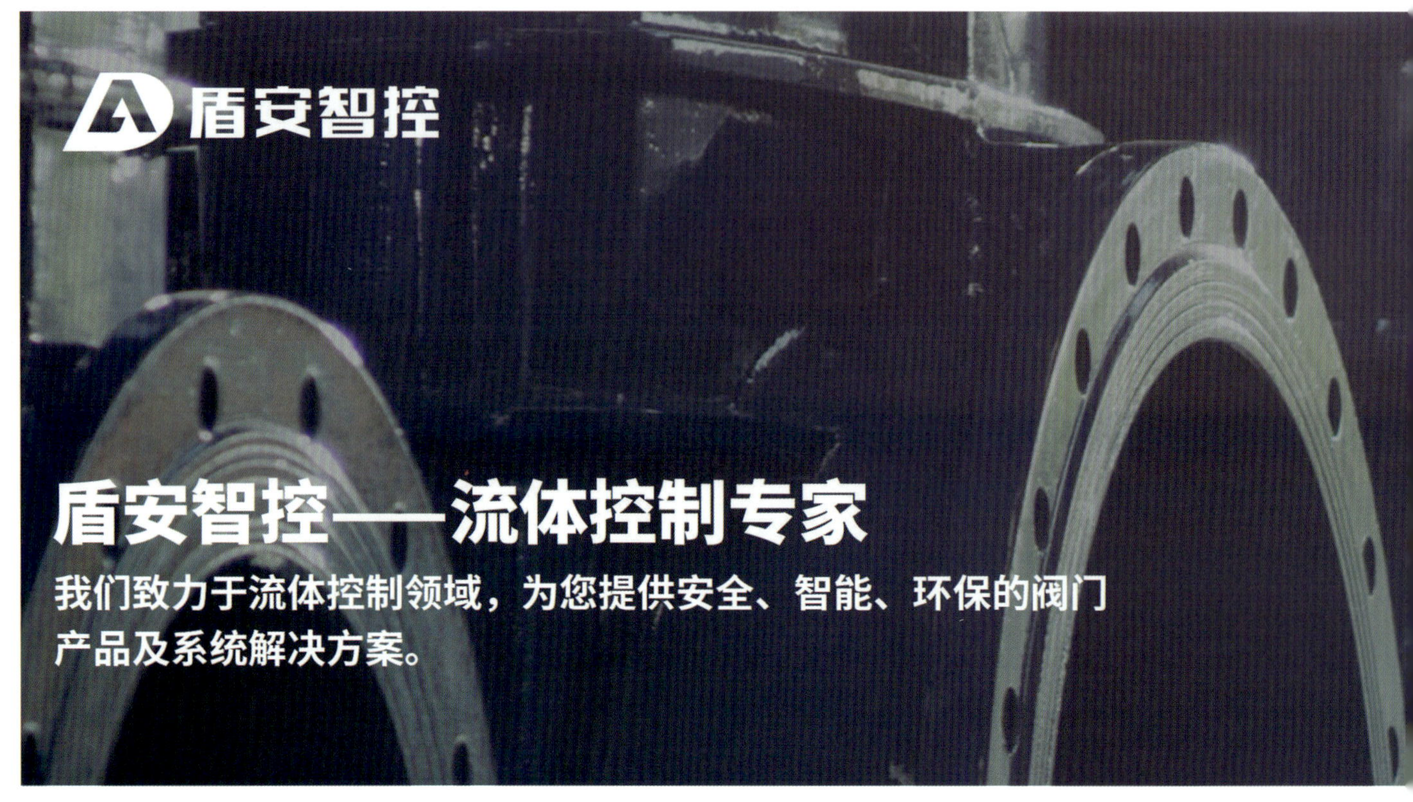

给排水领域——

给排水系统全产业链阀门产品及系统解决方案提供者

◆拥有国际领先的“水锤防护技术综合解决方案”及其国际专利产品。
◆能够提供前期的稳态水力计算和瞬态水锤分析技术服务。
◆国家重大工程产品供应商：南水北调、甘肃引洮、引青济秦……

电站领域——“电站阀门国家队”

◆“电站阀门国家队”，国家关键类阀门“以国代进”项目承担者。
◆锻钢阀压力、规格口径创国内行业领先。
◆五大电力集团重要战略合作伙伴，三大电站主机厂家主要配套单位。

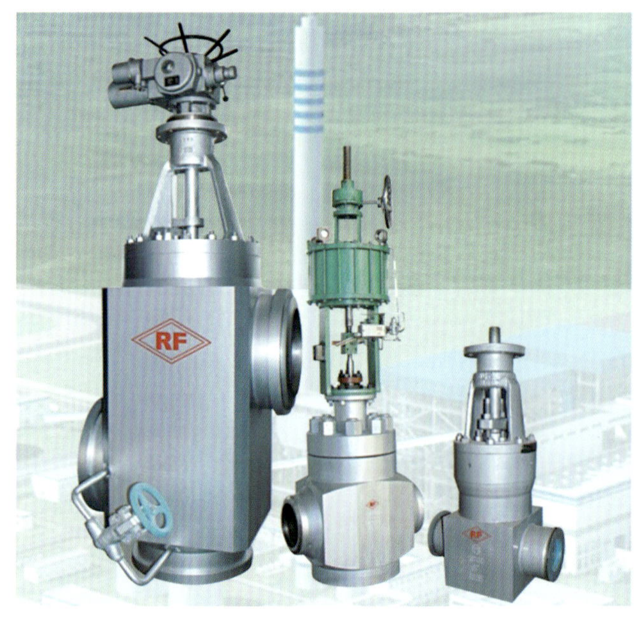

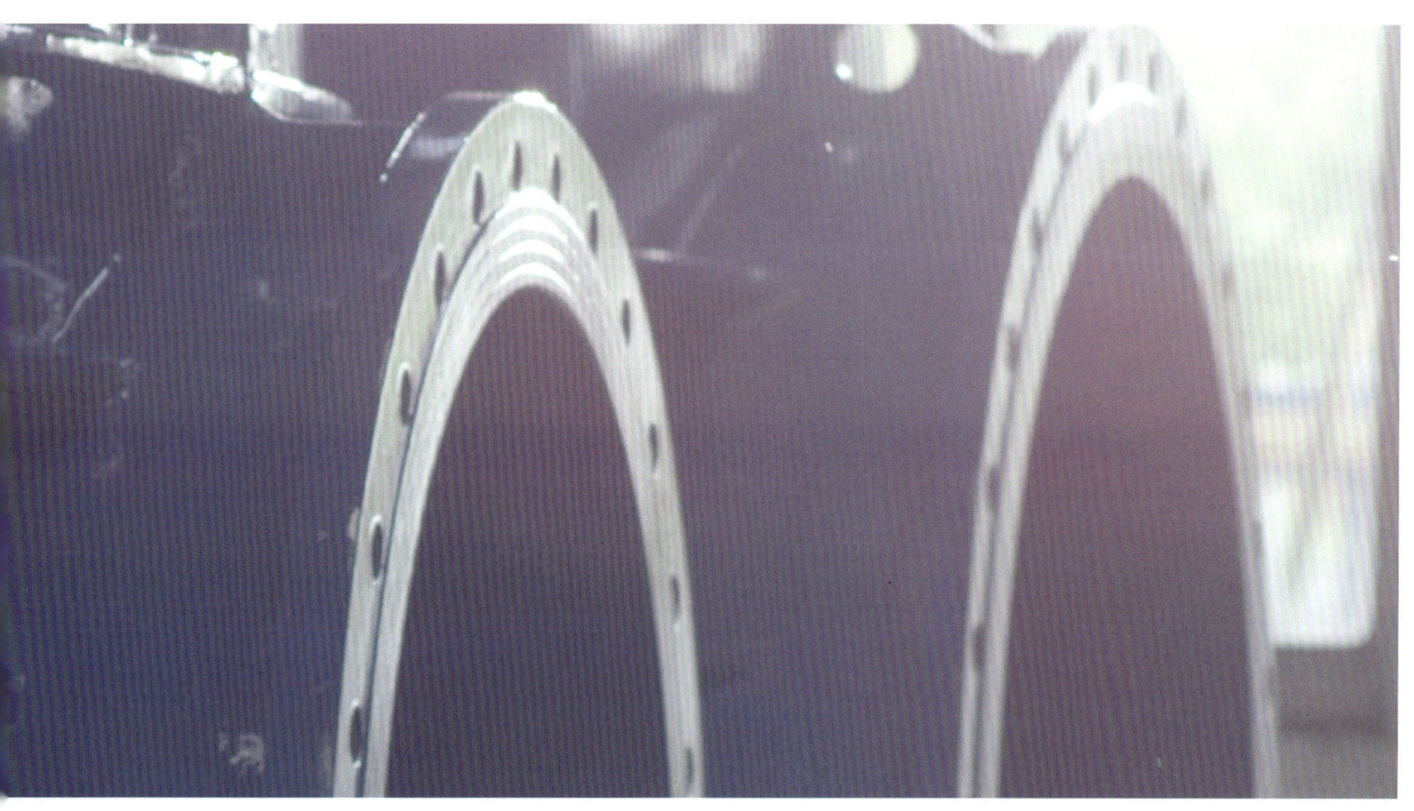

城市燃气领域—
全力打造燃气安全类阀门

◆产品应用于港华、新奥、昆仑等燃气集团及全国省、地、县级燃气公司。
◆荣获港华集团优秀供应商。

家居楼宇领域—
致力于人类智能舒适的冷暖环境

◆我们致力于更安全、环保的产品，让人类的管道、设备更智能、舒适。
◆我们承诺产品“终身质保 免费更换”。

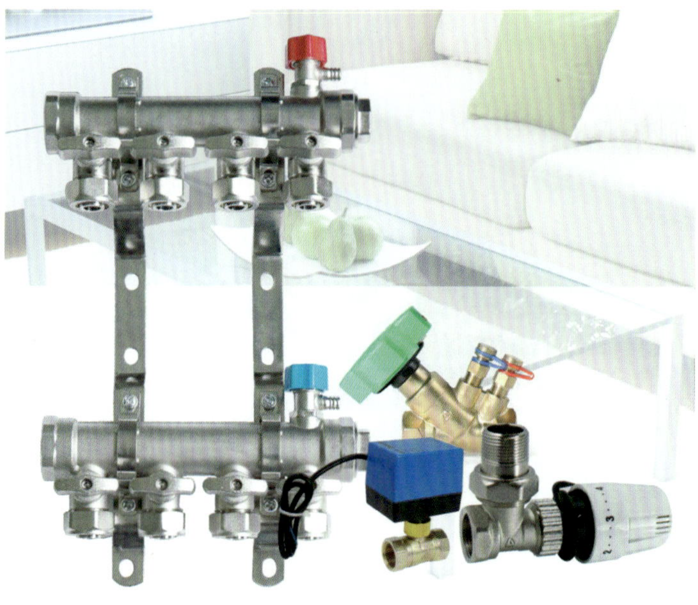

凯 泉

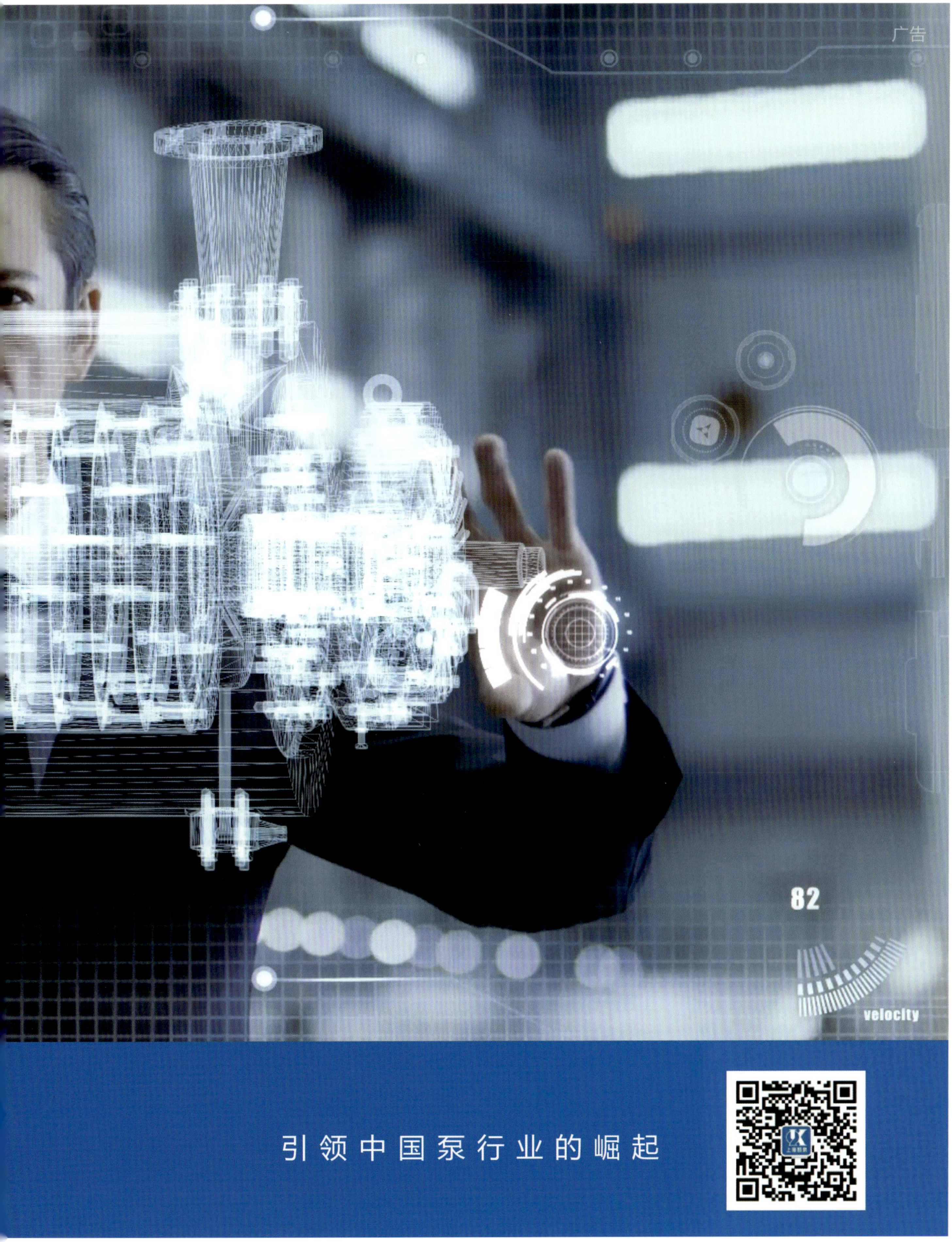

综合索引

通机年鉴微信

优化产品结构
发展自主品牌

中国工业年鉴出版基地

中国机械工业年鉴系列

《中国机械工业年鉴》

《中国电器工业年鉴》

《中国工程机械工业年鉴》

《中国机床工具工业年鉴》

《中国通用机械工业年鉴》

《中国机械通用零部件工业年鉴》

《中国模具工业年鉴》

《中国液压气动密封工业年鉴》

《中国重型机械工业年鉴》

《中国农业机械工业年鉴》

《中国石油石化设备工业年鉴》

《中国塑料机械工业年鉴》

《中国齿轮工业年鉴》

《中国磨料磨具工业年鉴》

《中国机电产品市场年鉴》

《中国热处理行业年鉴》

《中国机械工业集团年鉴》

编辑说明

一、《中国机械工业年鉴》是由中国机械工业联合会主管、机械工业信息研究院主办、机械工业出版社出版的大型资料性、工具性年刊，创刊于 1984 年。

二、根据行业需要，中国机械工业年鉴编辑委员会于 1998 年开始出版分行业年鉴，逐步形成了中国机械工业年鉴系列。该系列现已出版了《中国电器工业年鉴》《中国工程机械工业年鉴》《中国机床工具工业年鉴》《中国通用机械工业年鉴》《中国机械通用零部件工业年鉴》《中国模具工业年鉴》《中国液压气动密封工业年鉴》《中国重型机械工业年鉴》《中国农业机械工业年鉴》《中国石油石化设备工业年鉴》《中国塑料机械工业年鉴》《中国齿轮工业年鉴》《中国磨料磨具工业年鉴》《中国机电产品市场年鉴》《中国热处理行业年鉴》和《中国机械工业集团年鉴》。

三、《中国通用机械工业年鉴》由中国通用机械工业协会和中国机械工业年鉴编辑委员会共同编撰，2002 年开始出版。2018 年版设置综述、大事记、专文、行业概况、人物、企业概况、统计资料、产品与项目和附录等栏目，集中反映 2017 年通用机械行业的发展情况，详细记载了泵、风机、阀门、压缩机、干燥设备、减变速机、气体分离设备、冷却设备等分行业的发展情况，提供了通用机械行业的主要经济指标。

四、《中国通用机械工业年鉴》主要发行对象为政府决策机构、机械工业相关企业决策者和从事市场分析、企业规划的中高层管理人员以及国内外投资机构、贸易公司、银行、证券、咨询服务部门和科研单位的机电项目管理人员等。

五、在年鉴编撰过程中得到了中国通用机械工业协会及各分会、行业专家和企业的大力支持和帮助，在此深表感谢。

六、未经中国机械工业年鉴编辑部的书面许可，本书内容不允许以任何形式转载。

七、由于水平有限，难免出现错误及疏漏，敬请批评指正。

中国机械工业年鉴编辑部

2018 年 9 月

综述

介绍 2017 年通用机械行业经济运行情况、进出口情况

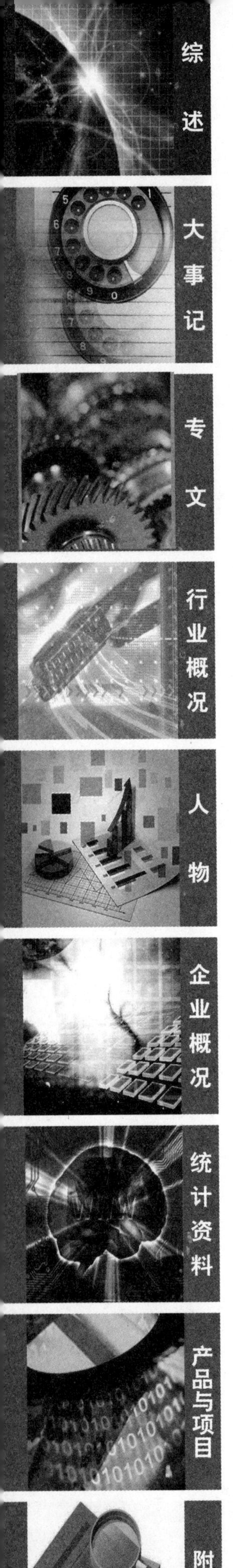

综述

2017 年通用机械行业经济运行情况分析

2017 年，通用机械行业得益于国家经济总量平稳增长、经济结构不断优化的良好发展环境，面对新常态，紧跟国家供给侧改革的步伐，主营业务收入、工业增加值、利润总额都较上年呈现出较高速的增长。

一、行业总体运行情况

截至 2017 年年末，通用机械行业规模以上企业 5 442 家，其中：泵及真空设备生产企业 1 277 家，风机生产企业 485 家，压缩机生产企业 525 家，阀门生产企业 1 714 家，气体分离及液化设备生产企业 476 家，其他通用机械生产企业 965 家。全行业拥有总资产 8 839.4 亿元，同比增长 7.98%；实现主营业务收入 9 696.64 亿元，同比增长 9.84%；实现利润总额 665.41 亿元，同比增长 15.10%。

二、行业经济运行特点

1. 产品产量稳中有升

据国家统计局统计，2017 年，通用机械行业 6 类主要产品产量均实现增长。其中：泵产量 12 242.77 万台，同比增长 5.53%；风机产量 2 621.47 万台，同比增长 14.74%；压缩机产量 38 919.03 万台，同比增长 15.14%。2017 年通用机械主要产品产量见表 1。

表 1　2017 年通用机械主要产品产量

产品名称	单位	产量	同比增长（%）
泵	万台	12 242.77	5.53
其中：真空泵	万台	1 070.93	2.23
风机	万台	2 621.47	14.74
其中：鼓风机	万台	26.01	6.62
压缩机	万台	38 919.03	15.14
其中：制冷用	万台	38 337.28	15.35
非制冷用	万台	581.75	2.94
阀门	万 t	786.01	2.77
气体分离及液化设备	万台	4.71	4.36
减速机	万台	671.22	11.35

2. 工业增加值稳步增长

2017 年，通用机械行业的泵、阀门、压缩机工业增加值同比增长 12%，高于上年同期 7.9 个百分点；风机工业增加值同比增长 10%，高于上年同期 1.9 个百分点；其他通用机械工业增加值同比增长 15.5%，高于上年 0.4 个百分点。全年增加值同比增速呈现出趋稳、趋缓态势。

3. 产品进出口同步增长，进口增速快于出口增速

据海关统计数据显示，2017 年，通用机械行业主要产品进出口总额 251.16 亿美元，同比增长 8.27%，较上年提升 12.1 个百分点。其中：出口额 145.41 亿美元，同比增长 6.38%，较上年提升 10.41 个百分点；进口额 105.75 亿美元，同比增长 11.01%，较上年提升 14.56 百分点；进出口顺差为 39.66 亿美元，同比下降 4.26%。

4. 主营业务收入、利润总额实现较快增长，利润增速高于主营业务收入增速

2017 年，通用机械行业实现主营业务收入 9 696.64 亿元，同比增长 9.84%，较上年提升 7.77 个百分点；实现利润总额 665.41 亿元，同比增长 15.10%，较上年提升 13.58 个百分点；主营业务利润率 6.86%，较上年提高 0.31 个百分点。2017 年通用机械行业主要指标完成情况见表 2。

表 2　2017 年通用机械行业主要指标完成情况

行业名称	企业数（家）	主营业务收入		利润总额		主营业务利润率（%）	
		金额（亿元）	同比增长（%）	金额（亿元）	同比增长（%）	本年	上年
合计	5 442	9 696.64	9.84	665.41	15.10	6.86	6.55
泵及真空设备	1 277	2 212.39	10.14	172.59	21.16	7.80	7.09
风机	485	908.03	0.51	52.71	2.81	5.81	5.68
压缩机	525	1 881.14	12.67	125.73	11.66	6.68	6.74
阀门	1 714	2 486.30	8.17	167.93	11.27	6.75	6.57
气体分离及液化设备	476	820.03	11.57	63.86	26.98	7.79	6.84
其他通用机械	965	1 388.76	14.50	82.60	17.01	5.95	5.82

注：表中数据经四舍五入，分项之和与总项略有出入。

5. 重点企业主要指标较上年大幅提升，重大技术装备订货量明显增加

2017 年，据对通用机械行业 128 家重点企业统计：工业总产值同比增长 11.45%，较上年提升 16.4 个百分点；主营业务收入同比增长 8.73%，较上年提升 15.86 个百分点；利润总额同比增长 79.59%；工业增加值同比增长 13.69%，较上年提升 20 个百分点。这些企业主要产品产量、工业增加值、主营业务收入、利润总额、进出口等主要指标较上年增长，增速提升，大部分企业订货量明显增加，行业获利能力有所改善，行业经济运行出现近几年来的高值。

重大技术装备订货量明显增加。如：沈阳鼓风机集团股份有限公司 2017 年订货量超过 200 亿元，同比增长 20%。80 万 t/a 乙烯三机（裂解气压缩机、丙烯压缩机、乙烯压缩机）炼化一体化项目、100 万 t/a 乙烯三机、西气东输用管线压缩机、8 万 m^3/h 等级空分机组、核电屏蔽主泵等重大技术装备订货同比增长 54%。陕西鼓风机（集团）有限公司 2017 年订货量超过 132 亿元，同比增长 65.2%。杭州杭氧股份有限公司、开封黄河空分集团有限公司、河南开元空分集团有限公司、杭州福斯达深冷装备股份有限公司、林德工程（杭州）有限公司、液化空气（杭州）有限公司等多家企业取得了 1 000m^3/h 以上成套大中型空分设备订货 15 套以上的业绩，订货额同比增加 2 倍以上。

三、行业结构调整取得的新成果

随着近几年我国经济发展增速的放缓，通用机械行业结构调整和转型升级持续推进。行业企业以重大技术装备为引领，以技术创新为保障，以市场需求为导向，围绕核心技术展开持续的科技攻关，使产品向高端和高品质转型；围绕核心技术，使产品和市场向多元化模式转型，并取得新成果。

1. 技术创新取得丰硕成果

江苏金通灵流体机械科技股份有限公司研制出 JE72000 汽拖空压机组，彻底打破了国外离心式空压机的垄断局面。协同研究和开发“污水处理曝气系统低碳运行关键设备开发与产业化”项目，建成一条污水处理专用鼓风机的现代化生产线，达到国内、国际同类产品水平。

重庆通用工业（集团）有限责任公司成功研制出新一代板管蒸发冷却式空调机组，填补了该领域国内空白。通过对引进的 7 项发明专利进行消化、吸收、再创新，研制开发出新一代空调机组产品。该机组主要采用蒸发冷却式技术和平面液膜技术，以水和空气作为冷却介质，利用水的蒸发带走气态制冷剂的冷凝热，机组实行整体化设计，设备布置位置十分灵活，具有超高能效优势，可降低工程投资成本，节约使用成本。公司开发的高效节能风机产品及系统应用技术填补了该领域国内空白，突破了水泥、钢铁等多个行业风机

节能减排的技术瓶颈，达到同类产品国际先进水平，在水泥及钢铁行业通风系统节能改造中有很好的应用前景。该技术已在福建安砂、中钢集团、铜陵上峰等用户的风机节能改造项目中得到应用。

江苏泰隆减速机股份有限公司积极探索推进智能制造，努力实现产品全生命周期的质量保证和服务的目标，开发了特大转矩辊压磨机减速装置，赋予产品高性能控制、智能化运行以及远程监控体系；积极调整产业结构，重载模块化齿轮箱向高可靠性和轻量化方向发展。公司开发的特大转矩辊压磨机减速装置应用信息化技术、感知技术、嵌入式技术和物联网技术，全面提升传统减速机的技术含量，综合集成功率健康状态监测装置、现场监控仪表、近/远程监控平台等多项技术，对大功率减速机进行输出功率的近/远程在线监测、过载报警及减速机功率运行数据分析，提高了产品附加值，增强了产品的市场竞争力。该大功率智能减速装置关键技术研发及示范应用被江苏省经信委列为省首台（套）重大装备及关键部件项目。该项目产品将在我国核电、风电、水电等相关机械领域全面推广。公司开发的QQY4S315-125轻量化减速机样机通过了国家验收组的中期验收，已进入试制阶段，即将进行组装测试；开发的铸轧机用大转矩、低转速双行星减速机，工程机械用双回转减速机，矿用架空乘人索道用行星减速机，刮板输送机用行星减速机，均应用于国家重点工程项目。

南通大通宝富风机有限公司瞄准工业水处理作为产业突破方向，依托自身的核心产品——蒸汽压缩机，针对工业水处理特别是废水深度处理和“零排放”领域客户的痛点和技术难点，为客户提供完整的整体解决方案，已经成功打开了市场局面。

成都压缩机厂自主研发的6CFB型储气库压缩机交付用户。该机组额定功率为6 000kW，额定转速为1 000r/min，最大工作压力为48MPa，排量最高可达153万m^3/d。该机组是国产大功率高速往复式压缩机，填补了国内空白，可替代进口，改变了同类产品当前依赖进口的局面。

上海大隆机器厂有限公司承接的国内首台816大型苯乙烯尾气螺杆压缩机一次试车成功，填补了国内空白，为开拓大型苯乙烯装置应用领域奠定了坚实基础。

南京尚爱压缩机有限公司自主研发的84SHS-2260N核电站中压空气压缩机新技术顺利通过江苏省重大项目鉴定会。该产品的研制填补了国内空白，已获授权专利5项，其中发明专利2项。在中国红沿河核电站5、6期项目中标，打破国外垄断。

上海自动化仪表有限公司自动化仪表七厂和上海核工程研究设计院联合研制的CAP1400主给水调节阀研制样机通过鉴定。鉴定委员会一致认为，该成果具有自主知识产权，属国内首创，填补国内空白，达到国际先进水平，具有良好的社会效益和经济效益，可应用于核电工程和其他领域。

西安泵阀总厂有限公司完成的JYGA-120型PN12MPa DN1 400新型大口径绝缘接头为国内首台耐低温（-45℃）绝缘接头产品，成功解决了绝缘、密封和强度一体化技术难题。该产品的研制成功，为PN12MPa DN1 400绝缘接头国产化提供了强有力的技术支持，其产品总体技术达到国际领先水平。

新菱空调（佛冈）有限公司紧跟节能环保的政策和发展趋势，研发新的节能环保产品。2017年共研发新项目10项，其中CEF系列方形逆流式冷却塔、SC系列方形横流式冷却塔产品获得节能、节水产品认证证书。直流无刷风机盘管、变流量冷却塔、悬挂填料逆流冷却塔3项产品获得2017年高新技术产品认证。CEF、CHD、CEF-A、CEF-L、SC-H等冷却塔的飘水、噪声等节能指标都优于国家标准。

浙江万享科技股份有限公司积极进行机器换人，采用AGV自动送货小车、自动冲床、自动剪板及焊接等，尝试IBD工业大数据，与中国科学院合作建立智慧工厂，积极推进智能制造。

益美高（上海）制冷设备有限公司一直致力

于开发绿色环保产品和配套服务，推出并且不断更新eco系列绿色节能冷却塔、太阳能系列冷却塔、空气能源系列空冷器以及水处理配套产品等。公司的工业换热设备在其钢结构中大量使用了再生钢，不锈钢机组所含有的再生钢超过80%，从减少噪声到节约用水，消除化学品的使用。

南方泵业股份有限公司在给水排水、暖通空调领域取得了突破。经过2016年市场经济的考验，2017年，公司将技术研发作为企业命脉，陆续推出CHM煤改电专用泵及CDL升级版CDM产品。针对产品应用领域以及产品性能的提升，对产品做出大幅度改良。

2. 研发重大技术装备，不断取得新成果

核电发展到了关键时期，阀门的不断创新为核电国产化装备持续推进提供可能。如：核电关键阀门爆破阀已完成鉴定；为AP1400开发的1 050mm大口径阀门已完成各项性能试验，具备供货能力。

为神华宁夏煤业集团有限公司400万t/a煤炭间接液化示范项目配套的杭州制氧机集团有限公司6套10万m^3/h空分装置及沈阳鼓风机集团股份有限公司10万m^3/h空气压缩机组已投入运行并通过国家鉴定验收，各项技术性能指标达到同台竞技的国外品牌先进水平。

由沈阳鼓风机集团股份有限公司自主研制的我国首套120万t/a乙烯装置用离心压缩机全面实现国产化。2017年，公司共生产天然气管线压缩机70多台，创历史纪录。

杭州制氧机集团有限公司顺应发展趋势，致力于特大型空分技术的研究，并在多个技术领域进行创新，引领我国空分设备的发展，使国产化特大型空分装置实现了安全可靠、技术先进、性能优良等特点，多次在国际竞标中胜出。当前，公司已经承接了48套6万m^3/h等级及以上空分设备，其中7万～12万m^3/h等级以上的空分设备17套。这些空分设备中，有25套已经成功投运并平稳运行。2017年，杭州制氧机集团有限公司空分设备制氧量达150万m^3。

3. 国际市场开拓成果显著

通用机械行业经过改革开放40年发展，已经形成了生产、设计、研发、装备、制造等完整的产业链，得到世界同行的广泛认可，全球市场一体化给通用机械行业国际市场的开拓带来了机遇。近两年来，行业企业加大国际市场开发力度，取得了很好的成绩。

2017年11月，上海凯泉泵业（集团）有限公司与英国业主方和法国电力公司签署了英国欣克利角三代核电站设备包项目，包括核电站核岛内145台排水泵。这标志着我国第一家民营企业成功进入欧洲核电市场。

江苏金通灵流体机械科技股份有限公司与北昆士兰州生物能源有限公司签订了“北昆士兰州生物质发电、乙醇和制糖联产项目EPC总包框架协议”，项目总投资约6.4亿澳元。该项目是集150MW生物质甘蔗渣发电、43万t/a炼糖和20万L/d制乙醇的综合项目，项目拟采用EPC工程项目总包方式进行。其中发电项目约为3.8亿澳元，由江苏金通灵流体机械科技股份有限公司直接负责实施；制糖、制乙醇项目约为2.6亿澳元，分包给专业公司。

南通大通宝富风机有限公司与美国通用电气公司（简称GE）正式建立合作关系，签订了GE在中国市场第一个环境控制系统（ECS）工程中用于烟气处理的Sunstone 600KT/300KT引风机项目合同。

杭州制氧机集团有限公司与马来西亚联合钢铁（大马）集团签订首个国外EPC工程总承包项目，标志着杭氧的品牌价值在海外市场得到进一步提升。

开封东京空分集团有限公司在伊朗投资建设6 000m^3/h制氧能力的气体公司，除EPC总承包外，还负责日常运行，开创了中国空分设备制造业到国外开设运营气体公司的先河，具有非常好的借鉴意义。

四川金星清洁能源装备股份有限公司贯彻落实国家“一带一路”倡议，2017年，通过参加乌兹别克斯坦国际石油天然气展览会，成功签订 5 台 CNG 压缩机及其配套设备。为扩大金星品牌在乌兹别克斯坦的知名度，公司采取制作大型户外广告的推广方式，当前已成功申请 5 座城市的广告位，并已完成 2 座城市广告上架。经过对该国的市场调研，针对加气机和壁挂式后台控制系统的不足，提出新的气动阀加气机解决方案，并在 2017 年成功销售 10 余台新气动阀加气机；成功开发了壁挂式产品，并已在厂内试运行成功，拟在 2018 年开始全面用于乌兹别克斯坦市场。

上海水泵制造有限公司与国内五大发电集团、多家总包工程公司及各大地方能源投资集团建立合作伙伴关系。产品出口印度、缅甸、印度尼西亚、孟加拉国、赞比亚、泰国、马来西亚、菲律宾、卢旺达、巴基斯坦、玻利维亚、沙特阿拉伯、越南、尼日利亚、斯里兰卡、阿曼、摩洛哥等国，并且在印度和赞比亚当地设立了办事机构。

湖北省神珑泵业有限责任公司获得印度尼西亚金川项目、尼日利亚卡沙水泥厂项目、菲律宾 GNPD 燃煤电站项目、印度尼西亚青山不锈钢厂项目等一大批国际合作项目真空泵订单，产品大量出口菲律宾、印度尼西亚、尼日利亚等国家。

江苏海鸥冷却塔股份有限公司于 2017 年 5 月 17 日在上海证券交易所主板上市。公司自有资金增资境外子公司海鸥冷却技术（亚太）有限公司，设立境外子公司海鸥冷却技术（印尼）有限公司及海鸥冷却技术（美国）有限公司。公司积极推进外延式的国际化拓张策略，力求形成全球化服务能力，成为具有国际竞争力并具备品牌国际影响力的冷却塔设计、研发、制造企业。

上海安得利给水设备有限公司不断开发新产品、新技术。公司开发冷却塔专用喷淋一体化水泵，积极开拓国际市场，当前 LP 系列产品获得欧美客户的直接订单，产品远销亚洲、非洲、欧洲及美洲。

4. 产业多元化发展取得一定成绩

杭州制氧机集团有限公司大力推进纯制造业向气体运营商转型，积极开发气体市场，当前已运营气体公司 28 家。2017 年实现营业收入 64.52 亿元，其中：气体产业实现营业收入 39.12 亿元，占营业收入总额的 60.63%；制造业实现营业收入 21.01 亿元，占营业收入总额的 32.56%。

陕西鼓风机 (集团) 有限公司在主导产品技术成熟、市场需求大幅下降（2017 年生产轴流压缩机 51 台，年产最高为 185 台）的形势下，积极开发分布式能源工程、环保等领域，取得可喜成绩。2017 年订货突破 132 亿元，同比增长 65.2%，创历史新高。

江苏金通灵流体机械科技股份有限公司深耕流体设备行业多年，主要生产压缩机、汽轮机等产品，国内技术领先。近年来，公司逐步进入再生能源发电领域，布局农业环保产业园，在其优势产品高效汽轮机的基础上，增加节能环保型锅炉制造以及工程项目总包能力，进一步增强公司在余热 / 余压利用、生物质发电等领域的核心技术优势。公司拟借助上海运能能源科技有限公司在生物质发电领域的丰富项目经验、客户资源和环保型锅炉的技术优势，与现有业务产生良好的协同效应，助力公司未来再生能源业务的发展。当前已经拥有发电岛集成、空气站集成等相关工程能力和 EMC 运营资质。

山东华成集团产品向多元化方向发展，产品涵盖泵、真空设备、减速机、链杆等机械。公司围绕企业核心技术，不断开发与服务领域相关的产品，研发了移动矿车、分离器等产品。同时，为增强企业核心竞争力，新上高端精密机械密封项目，已研制出石油化工行业用弹簧型机封 20 种结构的 488 种产品。公司产品涉猎领域不断拓宽和延伸，产品向高端和多领域方向发展。

浙江金盾风机股份有限公司的产品在地铁、隧道工程中的应用占比大幅增加，2017 年销售同比增长 22%。同时，造纸行业订单较上年同比增长 300%。

四、行业运行中存在的问题

2017 年，通用机械行业经济运行取得较好成绩，但行业经济运行中存在一些短期内不易解决的问题。

（1）企业两极分化严重。据协会对行业 100 多家企业的抽样统计，有 20% 的企业为负增长。

（2）延续的恶性竞争更加突出，严重压缩了企业利润空间。

（3）转型升级最大的困难是产能严重过剩。

（4）行业企业的转型升级缺乏市场支持，企业很难有创新动力。

（5）企业在成本上升、利润空间下降的情况下，缺乏自我发展能力，难以解决产品结构调整和重大产品研发所需资金。

（6）企业创新意识和能力不强，产品发展趋同化严重。

（7）转型升级缺乏明确的分行业引导和国家产业政策及资金支持。

（8）国家在科研体制、人才培养机制方面缺乏对企业支持，企业作为自主创新的主体没有真正体现。

五、行业发展面临的形势

十九大报告为未来经济建设发展提出总体要求，2018 年中央经济工作会议对实体经济稳增长作出明确部署。另外，国家积极的财政政策取向不变，调整优化财政支出结构，确保对重点领域和项目的支持力度。如对“一带一路”建设、京津冀协同发展、长江经济带发展涉及的重点领域、重点项目，对雄安新区及国家级新区等重点地区项目建设加大支持力度，推进重点项目建设。这些都将为通用机械行业带来新的市场需求。

国家经济发展重心转移，由高速增长转向高质量发展阶段，这将意味着国家经济增速持续放缓，也将加速通用机械行业的提质增效和落后产能的淘汰。供给侧改革与结构性改革的继续深化，也将给通用机械行业带来新的市场需求。

在新的经济环境下，传统产业领域市场供求过剩，竞争日益加剧，个性化需求不断增多，对品质要求越来越高，新产品、新技术不断出现，使得产品更新换代速度加快。这会倒逼企业调整产品结构，加大科研投入，进行技术创新，开发高端产品，强化品牌意识，参与国际竞争，开拓国际市场。

行业转型升级任务依然艰巨。当前，通用机械行业自主创新能力较弱，行业中高端产品与国外品牌存在差距。协会对重点企业调查结果显示，行业的一部分企业还是在有订单就能生存的状态中运行，无暇顾及未来发展。

六、2018 年行业发展预期

2018 年，预计风机产量增速趋缓，泵产量增速将会是低速或持平，非制冷压缩机产量低速增长，阀门产量增速将持平，气体分离设备产量低速增长，减速机产量增速将略高于 2017 年。泵、风机、阀门、气体分离设备等分行业主营业务收入增速将持平或略有回落，压缩机行业主营业务收入将持平或略有回升。

预计 2018 年通用机械行业经济运行仍将保持稳中有升的发展态势，预计工业增加值增速 7% 左右，主营业务收入、利润总额增速持平或略低于生产增速。

〔撰稿人：中国通用机械工业协会李多英〕

2017 年通用机械行业进出口分析与需要关注的问题

一、2017 年通用机械行业进出口双双增长

据海关统计，2017 年通用机械行业进出口总额 898.12 亿美元，同比增长 7.99%，改变了前两年连续下滑的局面。其中：进口额 251.44 亿美元，同比增长 8.42%；出口额 646.68 亿美元，同比增长 7.25%；进出口顺差为 395.24 亿美元。

1. 多数产品进口增长，真空泵、塑料机械、传动装置快速增长，气体分离设备、气体压缩机大幅度下降

全行业进口额同比增长 8.42%，改变了前两年连续下降的局面。2017 年进口额虽高于 2016 年，但仍低于 2015 年，因此属于恢复性增长。

全行业 10 种主要产品中，8 种产品进口额同比增长，2 种产品进口额同比下降。

进口增长的 8 种产品是：真空泵进口额 7.23 亿美元，同比增长 29.36%；液体泵进口额 26.45 亿美元，同比增长 3.8%；制冷空调机械进口额 2.67 亿美元，同比增长 14.87%；制冷用压缩机进口额 10.37 亿美元，同比增长 12.82%；塑料机械进口额 18.42 亿美元，同比增长 30.24%；工业用除尘器进口额 7.85 亿美元，同比增长 10.96%；印刷机械进口额 10.79 亿美元，同比增长 15.96%；传动装置进口额 20.68 亿美元，同比增长 18.88%。

进口下降的两种产品是：气体分离设备进口额 2 442.2 万美元，同比下降 31.91%；气体压缩机进口额 9.42 亿美元，同比下降 17.84%。

2. 大多数产品出口增长，制冷空调机械、塑料机械出口增长较快

全行业出口额同比增长 7.25%，同样也改变了前两年下降的局面，而且出口额都高于前两年，形势喜人。

全行业 10 种主要产品中，9 种产品出口额同比增长，1 种产品出口额同比下降。

出口增长的 9 种产品是：液体泵出口额 43.68 亿美元，同比增长 5.44%；真空泵出口额 2.34 亿美元，同比增长 5.88%；制冷空调机械出口额 67.26 亿美元，同比增长 15.6%；制冷用压缩机出口额 33.77 亿美元，同比增长 5.22%；塑料机械出口额 22.59 亿美元，同比增长 14.63%；工业用除尘器出口额 14.95 亿美元，同比增长 1.28%；气体压缩机出口额 26.07 亿美元，同比增长 2.97%；印刷机械出口额 11.1 亿美元，同比增长 4.27%；传动装置出口额 29.79 亿美元，同比增长 5.67%。

出口大幅度下降的是气体分离设备，出口额为 3.24 亿美元，同比下降 41.37%。

总体来看，全行业进出口一改前两年下滑的局面，开始走入增长的渠道。尤其是制冷空调机械，进出口额大而且又有较快增长。需要重视的是，各种液体泵和真空泵进口量大而且增长又快；制冷空调机械、制冷用压缩机和传动装置进口量更大，国内有关企业应选择有关产品进行研制开发，加快发展，尽快替代进口。气体分离设备出口大幅下降，需要加大市场开拓力度。

二、需要关注的问题

国际货币基金组织（IMF）2018 年 1 月 22 日发布最新一期《世界经济展望》报告，将 2018 年全球经济增长预测上调 0.2 个百分点至 3.9%，反映了全球增长势头加强，以及近期批准的美国税收政策变化带来的预期影响。IMF 将中国 2018 年经济增长预测上调 0.1 个百分点，即由 6.5% 上调至 6.6%。发达经济体的经济增长在 2018 年为 2.3%。预计美国的税收政策变化将刺激经济活动，短期影响主要来自企业所得税降低带来的投资增长。预计在 2020 年之前，税收政策变化对美国经济增长的影响都将是积极的。IMF 对美国 2018 年经济增长预测从原来的 2.3% 提高到 2.7%，对 2018 年亚洲发展中国家预测增长 6.5% 左右。IMF 还认为，印度经济将出现回升，东盟地区经济将基本保持稳定。

从国际市场需求分析，我国许多机械产品比较优势依然存在，特别是通过创新驱动、调整结构、转型升级，一些新的竞争优势逐步形成，企业抵御风险、拓展市场和创新发展能力明显增强。“一带一路”建设推动了机械生产企业与沿线国家的合作。从 2018 年 1 月 1 日起，中国与格鲁吉亚自贸协定正式生效，格鲁吉亚对中国 96.5% 的货物立即实施零关税，覆盖格鲁吉亚自中国进口总额的 99.6%；中国对格鲁吉亚 93.9% 的产品实行零关税，覆盖中国自格鲁吉亚进口货物总额的 93.8%。2018 年商务部将开展与以色列、斯里兰卡、海合会、巴基斯坦、新加坡等自贸协定谈判或升级谈判。同时，做好与巴拿马、巴勒斯坦、蒙古、瑞士、秘鲁等国家的自贸协定谈判或升级谈判准备工作。这些都有利于扩大我国产品出口。但是，

一部分产品产能严重过剩依然存在，企业生产经营仍然面临较多困难。同时也由于一段时期以来国际原材料价格大幅上涨，我国劳动力成本上升，中低端产品领域无序竞争仍有所加剧，资金、环保等投入要素价格上涨，以及汇率波动等因素，造成出口成本增加，为进一步扩大出口带来诸多困难。特别是机械工业出口第一大户的美国，搞贸易保护主义，已开始发起与我国的贸易摩擦，值得重点关注。

根据上述情况分析，2018 年需要关注以下问题：

1. 关注国际市场需求变化，及时调整生产供给结构，推销我国具有优势的产品

2018 年国际市场总体需求将略有增长，我国机械生产企业要抓住有利时机，重视对发达经济体尤其是美、欧市场需求的研究和开拓，同时重视对新兴经济体、金砖国家、上海合作组织、东盟、印度及部分发展中国家市场需求的了解和分析。通过组织访问交流、商务论坛、各种展销会、联谊会等多种渠道获取信息，调整出口产品结构，拓展销售网络，巩固老客户，开拓新用户。努力推销我国具有优势的产品，如各种泵、制冷空调机械及其压缩机，工业用除尘设备、气体压缩机以及美欧不生产又有需求的一些中小型机械产品、零部件等。

2. 积极参与“一带一路”建设

当前我国与东盟 10 国、巴基斯坦、斯里兰卡、印度、中亚五国贸易发展势头很好。据商务部统计，2017 年中国与“一带一路”沿线国家贸易额为 7.4 万亿元人民币，同比增长 17.8%，增速高于全国外贸增速 3.6 个百分点，中国企业对沿线国家直接投资 144 亿美元，与沿线国家新签承包工程合同额 1 443 亿美元，同比增长 14.5%。中国“一带一路”建设进入全面务实合作新阶段。据 2018 年 5 月 3 日闭幕的第 123 届广交会统计，出口成交 1 892 亿元人民币，同比增长 3.1%，“一带一路”沿线国家的采购又有提升。中国与巴基斯坦合作的中巴经济走廊（从我国新疆喀什到巴基斯坦西部瓜达尔港）建设，发展很快，一批基础设施项目已经或陆续开工建设，有的已完工。巴基斯坦恰希玛核电站三号机组及多个光伏、风电项目完工发电，明显改善了巴基斯坦电力供应情况。我国一批机械生产企业先后参与了该项工程建设，成效明显。未来相当长一段时间将迎来我国推进“一带一路”建设的一个重要机遇期，有关企业要主动参与其中，努力收集相关信息，积极参与投资、合作并扩大出口。

3. 加快加工贸易转型升级

机械工业进出口贸易中加工贸易（来料加工、进料加工、来件装配、贴牌生产）所占比重较大，其中多数是电器和通用机械产品。2017 年机械工业全行业加工贸易进出口 1 650.19 亿美元，占全行业进出口的 23.16%，其中进料加工贸易 1 552.42 亿美元，占 94.07%。主要产品有：往复式排液泵、离心泵、真空泵、空调机械、制冷用压缩机、冷藏冷冻组合机和注塑机等。近几年来，加工贸易进出口占全行业的比重逐年有所下降（2016 年加工贸易进出口占全行业进出口的 24.87%），产品结构已有所改善，低附加值产品已逐渐升级，但仍需加快转型升级，提高产品技术含量和档次。特别是贴牌产品要逐步将其中一部分转入自主品牌生产，进料加工的产品要逐步采用符合质量要求的国产原材料生产销售。

4. 运用跨境电子商务平台促进外贸发展

为贯彻落实国务院有关批复精神，更好地发挥“先行先试”作用，自 2018 年 1 月 1 日起，跨境电商零售监管过渡期政策适用范围，在此前的天津、上海、杭州、宁波、郑州、广州、深圳、重庆、福州、平潭 10 个试点城市和地区的基础上，新增了合肥、成都、大连、青岛、苏州 5 个跨境电商综合试验区城市。上述所在城市和地区的企业要与有关综合试验区联系，积极运用跨境电子商务平台开展进出口贸易，连接企业和客户，加快产品的通关和物流速度，扩大通用机械产品出口。

〔撰稿人：中国机械工业联合会专家委员会郑国伟〕

中国通用机械工业年鉴 2018

大事记

记载 2017 年通用机械行业重大事件

专文

产品与项目

大事记

2017年中国通用机械工业大事记

1月

13日 沈阳鼓风机集团股份有限公司历史上最大的常规空分机组H2199机组一次性试车成功，再次实现了我国大型空分装备的重要突破，为保障国家能源安全、推进重大项目核心装备国产化增添了重要砝码。

17日 工业和信息化部、中国工业经济联合会公布了第一批制造业单项冠军示范（培育）企业名单。评选制造业单项冠军示范（培育）企业是工业和信息化部为落实《制造业单项冠军企业培育提升专项行动实施方案》而推进的一项重点工作，目标是培育出一批全球领先的制造业企业。杭州杭氧股份有限公司、杭州新亚低温设备有限公司分别凭借在气体分离设备和低温泵产品方面的优秀实力，入选第一批制造业单项冠军培育企业名单。

18日 山东省章丘鼓风机股份有限公司的一项专利“一种进口带增压螺旋叶轮的渣浆泵”获国家实用新型专利。

19日 苏州纽威阀门股份有限公司与阿海珐（AREVA）就英国欣克利角C核电项目（HPC项目）签订了供货合同。这是中国核电阀门第一次在欧洲大规模应用。此次中标的产品大部分是用于核岛的核级阀门，数量超过2 000台。

2月

8日 由四川空分设备（集团）有限公司总成的七台河宝泰隆焦炭制轻烃转型升级一期项目配套用MCO型6.3万m^3/h空分压缩机组在沈阳鼓风机集团股份有限公司一次试车成功。该机组是石油化工、煤炭深加工、化肥及冶金等行业广泛应用的核心关键设备，是沈鼓集团自主开发史上最大的产品。该机组叶轮直径达1 600mm，机组的转子悬臂端叶轮与主轴采用全新的连接方式，在转子动力学分析、稳定性分析等多个方面优势显著。其机械运转指标远超API标准要求，标志着我国大型MCO空分压缩机组研制取得关键技术突破，打破了国外公司对该类装置的垄断局面。

13日 俄罗斯卢克石油公司用户代表设备运营总工程师安德烈一行3人到沈阳鼓风机集团股份有限公司进行考察访问。卢克石油公司与沈鼓集团在往复机项目上的合作是双方合作的良好开端，将开拓更大的合作空间。

24日 中国通用机械工业协会气体分离设备分会在沈阳召开八届四次理事（扩大）会议。会议由分会秘书长徐建平主持，共有32位理事及部分会员单位的代表参加了会议。中国通用机械工业协会会长黄鹂、名誉会长隋永滨出席了会议。沈阳鼓风机集团股份有限公司董事长戴继双到会并致辞。

北大先锋科技有限公司副总经理崔庆川、天津市大陆制氢设备有限公司总工程师许卫分别作了“变压吸附技术发展”“水电解制氢技术发展”专题报告。

中国通用机械工业协会会长黄鹂、名誉会长隋永滨解析了国家宏观经济形势、气体分离设备行业面临的任务，对气体分离设备行业企业与分会工作提出了建议和希望。

会议期间，全体会议代表参

观了沈阳鼓风机集团股份有限公司，并就大型空分设备配套空气压缩机、实现空分设备关键部机的国产化等问题进行了专题交流。

25 日 沈阳鼓风机集团股份有限公司与伊朗 ODCC 公司合作的伊朗大不里士项目按计划如期发货，这是沈鼓集团执行出口项目以来第一个按照成撬设计理念完成的出口项目。

3 月

15 日 由杭州杭氧股份有限公司配套的神华宁煤集团年产 400 万 t/a 煤炭间接液化示范项目二系列 7# 10 万 m^3/h 等级大型空分装置首套国产空分单元顺利产出合格氧氮产品。经在线分析确认，氧纯度为 99.6%，氮纯度为 99.999%，系统运行稳定，装置各项指标达到设计要求。

23 日 沈阳鼓风机集团股份有限公司为林德华鲁恒升项目配套的 CO 深冷装置用压缩机一次试车成功，机组运行参数符合沈鼓优质产品验收标准，这是双方在单轴离心压缩机领域的首次合作，也是沈鼓集团首次为国际工程公司配套 CO 压缩机。

4 月

6 日 西安陕鼓动力股份有限公司自主研发的天然气输送用燃驱管线压缩机组研发项目在西安通过了由中国机械工业联合会组织的科学技术成果鉴定。

9 日 江苏省经济和信息化委员会组织压缩机和核电行业专家，在南京召开了由南京尚爱机械制造有限公司自主研发的“84SHS-2260N 核电站空气压缩机”新技术鉴定会。经过鉴定，该产品主要性能指标满足核电装备要求，首次实现了我国核电站用中压空气压缩机的国产化，填补了国内空白，属国内首创，整机达到国际先进水平。

10 日 西安陕鼓动力股份有限公司研发的天然气输送用燃驱管线压缩机组通过国家科技成果鉴定。

10—12 日 由中国通用机械工业协会气体分离设备分会主办、洛阳建龙微纳新材料股份有限公司协办的第四届分子筛技术应用高峰论坛在洛阳举行，来自全国气体分离与净化领域的专家学者、国内气体装备企业代表等 150 余人参加了论坛。论坛围绕分子筛深冷空分制氧，分子筛变压吸附制氧、制氢，分子筛在石油、化工、天然气等领域的应用，气体行业的市场形势及未来发展方向等方面进行了深入的交流和讨论。

13 日 国内首台自主研发的 LNG 用对称平衡型卧式 BOG 压缩机在天然气分公司青岛 LNG 接收站开车成功。这标志着 LNG 接收站关键设备国产化进程取得又一重大突破。BOG 压缩机是处理 LNG 闪蒸汽的关键设备。青岛 LNG 接收站一期调整工程中增设的国产 BOG 压缩机由中国石化天然气分公司、中石化洛阳工程公司、西安交通大学、温州强盛压缩机公司合作研发。此次开车投用成功，打破了 LNG 接收站关键设备一直由国外压缩机厂商垄断的局面，填补了低温 BOG 压缩机设计自主化的国内空白，将对降低 LNG 设备采购成本、提升清洁能源利用水平产生积极影响。

13 日 “华龙一号”示范工程——福清核电 5 号机组的 3 台核一级国产化主蒸汽隔离阀在中核苏阀科技实业股份有限公司出厂试验取得圆满成功，这标志着“中国制造”在主蒸汽隔离阀这个最重要的核电阀门制造及应用领域实现了零的突破。

19 日 重庆通用工业（集团）有限责任公司成功研制出超大流量单级高速离心鼓风机（BCD810）机组。该机组是重通集团首台成功突破过去单级最大流量 600m^3 限制的机组，其成功研制为大流量机组的系列化开发奠定了坚实的基础。

5月

5日 沈阳鼓风机集团股份有限公司与浙江石油化工有限公司签订了4 000万t/a炼化一体化项目一期工程合同，合同总价近9.7亿元。该项目作为国家“十三五”期间重点项目，是“浙江一号”工程，也是当前世界在建的最大的炼化一体化项目。

11日 西安陕鼓动力股份有限公司研制全国产化首台（套）8万m^3/h等级空分机组实现市场突破，在国内化工领域超大型空分装置中得到应用。该项目的成功签约，标志着西安陕鼓动力股份有限公司已打破超大型空分装置离心压缩机技术的国外垄断，实现了市场突破，推动了大型装备的国产化进程。

15日 由沈阳鼓风机集团股份有限公司自主研发的我国首套国产10万m^3/h空分装置压缩机组（空压机+汽轮机+减速机+增压机）在神华集团宁夏煤化工股份有限公司现场一次开车成功。运行数据表明，机组的各项力学性能及气动性能指标均达到国际先进水平。

17日 西安陕鼓动力股份有限公司在捷克陕鼓EKOL公司举行了陕鼓欧洲服务中心成立挂牌仪式。陕鼓欧洲服务中心的成立是陕鼓加速全球化战略布局、贴近市场、延伸服务手臂、服务全球客户的重要举措，标志着陕鼓为全球客户提供全生命周期系统解决方案的能力进一步提升。

月内 经企业申报、专业分会推荐、评审组评审，“2016年度中国通用机械行业科技进步贡献奖”获奖名单公布，中国通用机械工业协会共评选出科技创新突出贡献奖30名、能工巧匠突出贡献奖13名。

6月

5日 大型电视纪录片《超级装备》编创团队来到沈阳鼓风机集团股份有限公司进行采编。该纪录片由中国中央电视台纪录频道、工业和信息化部、首批央视纪录创作基地试点单位上海视野影视联手打造。沈鼓集团是此次采编之旅的第三站。

15日 浙江金盾风机股份有限公司重大资产重组项目经中国证监会上市公司并购重组审核委员会2017年第31次会议审核，获无条件通过。此次重组完成后，公司将全资控股红相科技和中强科技，为将来实现业务协同、战略整合以及外延式发展奠定坚实的基础。

15日 中国机械工业联合会在天津发布了2016年度中国机械工业百强企业名单，沈阳鼓风机集团股份有限公司、杭州制氧机集团有限公司、陕西鼓风机（集团）有限公司、四川空分设备（集团）有限责任公司分别位居百强榜第47位、第52位、第63位、第80位。

17日 南通大通宝富风机有限公司与美国Verdicorp公司签订了磁悬浮离心鼓风机研发合作协议，双方将共同研发磁悬浮离心鼓风机，以响应中国市场与日俱增的需求。

19日 陕西鼓风机（集团）有限公司建成能源互联岛全球运营中心，为发展分布式能源产业再添绿动能。

25日 国家城市给排水工程技术研究中心作为第三方评估机构，对由江苏金通灵流体机械科技股份有限公司牵头承担的“污水处理曝气系统低碳运行关键设备开发与产业化”项目进行了产业化评估和子课题验收。

月内 中国电建集团透平科技有限公司（原成都电力机械厂）和都江电力设备厂重组整合。

7月

10日 由江苏金通灵流体机械科技股份有限公司开发研制

的用于光热发电的15MW高压中温高转速同轴中间再热轴向排汽式汽轮发电机组在河北省张北县成功并网发电。

13日 全国压缩机标准化技术委员会在广东省佛山市召开了空压机能效标准及节能技术研讨会。合肥通用机械研究院、中国通用机械工业协会压缩机分会、广东艾高装备科技有限公司、深圳寿力亚洲实业有限公司、浙江红五环机械股份有限公司、南京尚爱机械制造有限公司、烟台冰轮股份有限公司气体压缩事业部、力达（中国）机电有限公司、上海飞和压缩机制造有限公司、宁波德曼压缩机有限公司、温岭市鑫磊空压机有限公司、宁波鲍斯能源装备股份有限公司、上海斯可络压缩机有限公司、广东葆德科技有限公司、上海优耐特斯压缩机有限公司、杭州久益机械股份有限公司等17家行业单位参加了此次会议。

会议听取了陈放秘书长关于“容积式空气压缩机能效标准研究”科研项目的任务来源及背景介绍，全国压缩机标准化技术委员会秘书处和合肥通用机械研究院将课题组前期完成的工作向与会代表作了汇报，主要包括空压机节能技术应用路线图大纲、合肥通用院空压机产品实测情况等。与会代表就行业及本企业当前的空压机产品技术状态、能效水平、能效标准实施现状、空压机节能技术途径、节能发展方向、能效标准的修订建议、节能技术和方案的经济性等进行了广泛交流和讨论。会议还布置了关于容积式空气压缩机能效标准研究及节能技术的调研任务。

15日 第十三届中国工业论坛在北京钓鱼台国宾馆隆重举行。沈阳鼓风机集团股份有限公司为神华宁煤制造的10万m^3/h等级空分装置用压缩机组被列为2016年度中国工业首台（套）重大技术装备示范项目。

8月

3日 南通大通宝富风机有限公司中标浙江恒逸（实业）文莱有限公司的PMB石油化工项目、中国水利水电第八工程局有限公司的出口印尼明古鲁2×100MW燃煤机组项目。

8日 沈阳鼓风机集团股份有限公司投资8 000余万元的燃气轮机组在营口基地试验成功，此举标志着沈鼓集团成为全国第一家具备燃气轮机拖动长输管线压缩机组试验能力的企业。

25日 中国机械工业联合会与中国通用机械工业协会在银川组织召开了国产10万m^3/h空分装置及空气压缩机组工业运行评审会。对国产空分装置和配套压缩机组给予了高度评价，并建议尽快推广。

9月

10日 国产最大功率高速往复式压缩机DTY4500成功运用于苏桥储气库，经过72h连续负载运行，机组运行平稳，优于同型号进口机组，各项指标均达到设计要求。机组额定功率为6 000kW，额定转速为1 000r/min，最高工作压力为41MPa，排量最高可达每天153万m^3，填补了国内空白，改变了同类产品当前依赖进口的被动局面。该机组由中国石油集团济柴动力总厂成都压缩机厂自主研发，运用于集团公司重大现场试验项目“枯竭油气藏型储气库固井技术与压缩机组现场试验”子课题“天然气压缩机组研制与现场试验”，应用7项关键技术，机组国产化率超过90%。首次将电动调节余隙装置成功应用在国内压缩机组上，并且在储气库原进口机组基础上，优化改造解决了以往进口机存在的问题。机组主要性能指标达到国际先进水平，在连续负荷能力、机组振动、易损件寿命等方面优于当前在用的国外进口机组。该机组的成功运用，有效扼制了进口机组价格，降低了运行成本，提高了我国能源重大装备领域的技术水平和生产能力，对国家天然气调峰及能源储备具有战略意义。

月内 浙江金盾风机股份有限公司安全壳内大气监测系统风机 CAM、可开启风帽轴流式屋顶风机 BDWT-I-18 项目被列为省级新产品试制计划。

10 月

14 日 由陕西鼓风机（集团）有限公司投资、建设、运营的青海恒信融年产 2 万 t 碳酸锂热电联产项目实现并网发电和供热，预计整机年发电量约 2.7 亿 kW·h，工业蒸汽热负荷可达每小时 156t，能满足整个青海西台工业区居民采暖供热和工业用电需求。

11 月

2 日 中国通用机械工业协会第七届理事会第二次会议在合肥召开，来自通用机械行业企业、科研院所、高校及协会的代表共 300 多人参加了会议。在此次会议上，中国机械工业年鉴社与中国通用机械工业协会共同举办了《中国通用机械工业年鉴 2017》首发式。

2 日 中国通用机械工业协会在合肥召开七届二次理事会议期间，召开了中国通用机械工业协会专家委员会、标准化管理委员会成立大会暨首届委员会第一次工作会议。会议通过了中国通用机械工业协会专家委员会和标准化管理委员会两委的组织方案，公布了两委委员名单，通过了中国通用机械工业协会标准化管理委员会专家委员工作条例。

27 日 由沈阳鼓风机集团股份有限公司自主研发、设计、制造的中国首台（套）120 万 t/a 乙烯装置在惠州炼化二期现场一次试车成功。这标志着中国石化乙烯行业机组最大、调试最快、指标最优的新纪录诞生。

月内 中国电建集团透平科技有限公司（原成都电力机械厂）建成国内最大风机全尺寸性能试验平台。

月内 浙江金盾风机股份有限公司数字风机成套设备及地铁隧道用共体式圆形风阀两类产品通过省级产品鉴定。

12 月

11 日 沈阳鼓风机集团股份有限公司成功中标山东方宇润滑油有限公司 2×75 000m^3/h 焦制氢项目中两套 8 万 m^3/h 等级空分压缩机组。该项目的成功签约，标志着沈鼓集团已打破超大型空分装置空分压缩机技术的国外垄断，实现了市场突破，推动了大型空分装置用压缩机组全系列产品的国产化进程。

14 日 工业和信息化部公布了第二批制造业单项冠军企业和单项冠军产品名单。其中，成都成高阀门有限公司、浙江双环传动机械股份有限公司、华意压缩机股份有限公司入选单项冠军示范企业，西安陕鼓动力股份有限公司的轴流压缩机入选单项冠军产品。

14 日 中国通用机械工业协会压缩机分会与气体净化设备分会在上海联合召开了《压缩空气站能效分级指南》团体标准初稿评议会，主要起草单位合肥通用机电产品检测院有限公司、阿特拉斯·科普柯（上海）贸易有限公司以及全国压缩机标准化技术委员会等 16 家参与企业（单位）共计 27 人参加了会议。

在会上，全国压缩机标准化技术委员会任芳结合此次团体标准初稿中的编写内容进行了要点分析。合肥通用机电产品检测院有限公司孙晓明副院长代表主起草单位，对《压缩空气站能效分级指南》团体标准编写的整体思路以及技术数据的采集等内容进行了讲解。与会代表对此标准内容进行分析和讨论，提出了意见和修改建议。

14 日 沈阳鼓风机集团股份有限公司中标中化泉州石化有限公司 100 万 t/a 乙烯装置配套用乙烯、丙烯、裂解气三台离心压缩机组。

18 日 国内首台最大型号硫酸风机在湖北省风机厂有限公司下线，流量达到 4 500m^3/min，配套电动机功率 4 700kW，叶轮线速度达到 320m/s 以上。这标志着湖北省风机厂有限公司已完全具备设计、制造特大型硫酸鼓风机的能力，填补了又一项国内市场空白。

30 日 南通大通宝富风机有限公司自主研发的“前后导叶可调单级高速离心鼓风机”通过南通市经信委评审，获得首台（套）产品荣誉称号，并获得政府专项财政奖励。

月内 浙江金盾风机股份有限公司安全壳内大气监测系统风机、核电用可开启式屋顶风机两类产品通过省级产品鉴定。

介绍2017年江苏省阀门行业发展情况、永嘉泵阀产业发展情况、我国气体净化设备行业发展情况以及压滤机行业发展研究报告

专文

2017年江苏省阀门行业发展概况

一、行业总体情况

江苏省阀门行业在经历了2015年、2016年连续两年增速放缓后，2017年再一次平稳提速，进入上升通道，达到了历史最好水平。多数会员企业订单明显增多，出现了交货急、赶工期等现象。企业虽然受到环保达标、原材料涨价、铸件成本大涨、用工成本猛增等不利因素影响，仍实现了产销增长。受各项成本增支因素影响，经济效益普遍下降。

据江苏省阀门工业协会统计，2017年，63家主要会员企业完成工业总产值134.7亿元，比上年增长14.04%；工业销售产值135.9亿元，比上年增长15.73%；利税总额15.7亿元，比上年下降10.46%。全年从业人员人数85 811人，比上年增加269人。

二、经济运行情况

1. 工业总产值出现新的回升趋势

2017年，江苏省阀门工业协会63家会员企业完成工业总产值134.7亿元，比上年增长14.04%。工业总产值同比增长的企业有56家，同比下降的企业有7家。其中，工业总产值列前三位的企业分别是：苏州纽威阀门股份有限公司工业总产值23.95亿元，同比增长39.5%；江苏苏盐阀门机械有限公司工业总产值15.77亿元，同比增长12.8%；江苏神通阀门股份有限公司工业总产值9.27亿元，同比增长48.3%。工业总产值增幅列前三位的企业是：苏州工业园区思达德机械自控有限公司工业总产值同比增长168.6%，江苏应流机械制造有限责任公司工业总产值同比增长118.6%，苏州道森阀门有限公司工业总产值同比增长100.9%。另外，苏州工业园区思达德阀门有限公司工业总产值同比增长86.1%，盐城圣科球阀有限公司工业总产值同比增长83.3%，南通市电站阀门有限公司工业总产值同比增长60%。工业总产值下降的企业主要有：盐城市高中压阀门有限公司工业总产值同比下降61.7%，江苏明江阀业有限公司工业总产值同比下降28.8%，南通高中压阀门有限公司工业总产值同比下降10.8%。2017年江苏省阀门行业工业总产值前20名企业见表1。

表1　2017年江苏省阀门行业工业总产值前20名企业

序号	企业名称	工业总产值（万元）	序号	企业名称	工业总产值（万元）
1	苏州纽威阀门股份有限公司	239 517	11	苏州工业园区思达德阀门有限公司	28 220
2	江苏苏盐阀门机械有限公司	157 685	12	江苏九龙阀门制造有限公司	26 500
3	江苏神通阀门股份有限公司	92 660	13	扬中市阀门厂有限公司	25 915
4	中核苏阀科技实业股份有限公司	85 692	14	苏州道森阀门有限公司	21 800
5	江苏盐电阀门有限公司	64 483	15	南通高中压阀门有限公司	20 920
6	江苏万恒铸业有限公司	45 142	16	江苏圣泰阀门有限公司	20 500
7	扬州电力设备修造厂有限公司	37 913	17	江苏应流机械制造有限责任公司	20 116
8	江苏竹箦阀业有限公司	33 393	18	常州电站辅机股份有限公司	19 500
9	无锡市圣汉斯控制系统有限公司	33 220	19	苏州高中压阀门厂有限公司	19 204
10	江苏亿阀集团有限公司	28 256	20	苏州安特威阀门有限公司	19 150

2. 工业销售产值出现较好局面

2017 年，江苏省阀门行业企业阀门产品销售普遍增长，订单量远远超过了预期，许多企业承接订单饱满，生产任务足，加班加点，按时完成订单，销售出现了近几年回暖增长的迹象。

2017 年，江苏省阀门工业协会 63 家会员企业完成工业销售产值 135.9 亿元，比上年增长 15.73%。工业销售产值同比增长的企业有 57 家，同比下降的企业有 6 家。其中，工业销售产值列前三位的企业分别是：苏州纽威阀门股份有限公司完成工业销售产值 20.49 亿元，同比增长 15.7%；江苏苏盐阀门机械有限公司完成工业销售产值 15.72 亿元，同比增长 12.6%；江苏神通阀门股份有限公司完成工业销售产值 9.19 亿元，同比增长 11%。工业销售产值增长较多的企业是：苏州工业园区思达德机械自控有限公司工业销售产值同比增长 169%，江苏应流机械制造有限责任公司工业销售产值同比增长 78.1%，盐城圣科球阀有限公司工业销售产值同比增长 73.2%，盐城思达德民力阀门有限公司工业销售产值同比增长 48%。工业销售产值下降幅度较大的企业是：盐城市高中压阀门有限公司工业销售产值同比下降 53.9%，伯马阀门（昆山）有限公司工业销售产值同比下降 49.8%，江苏明江阀业有限公司工业销售产值同比下降 28.8%。2017 年江苏省阀门行业工业销售产值前 20 名企业见表 2。

表 2　2017 年江苏省阀门行业工业销售产值前 20 名企业

序号	企业名称	工业销售产值（万元）	序号	企业名称	工业销售产值（万元）
1	苏州纽威阀门股份有限公司	204 898	11	苏州工业园区思达德阀门有限公司	27 865
2	江苏苏盐阀门机械有限公司	157 150	12	扬中市阀门厂有限公司	25 768
3	江苏神通阀门股份有限公司	91 907	13	江苏九龙阀门制造有限公司	25 654
4	中核苏阀科技实业股份有限公司	85 946	14	南通高中压阀门有限公司	20 583
5	江苏盐电阀门有限公司	58 032	15	江苏圣泰阀门有限公司	20 500
6	江苏万恒铸业有限公司	44 078	16	常州电站辅机股份有限公司	19 000
7	扬州电力设备修造厂有限公司	40 049	17	苏州高中压阀门厂有限公司	18 442
8	无锡市圣汉斯控制系统有限公司	33 220	18	苏州道森阀门有限公司	18 233
9	江苏竹箦阀业有限公司	32 368	19	江苏融通阀门机械有限公司	17 010
10	江苏亿阀集团有限公司	29 715	20	苏州安特威阀门有限公司	16 320

3. 利税总额完成不够理想

2017 年，江苏省阀门工业协会 63 家会员企业利税总额为 15.7 亿元，同比下降 10.46%。利税列前三位的企业分别是：苏州纽威阀门股份有限公司利税总额 3.94 亿元，同比下降 36.7%；江苏苏盐阀门机械有限公司利税总额 2.51 亿元，同比增长 5.7%；江苏神通阀门股份有限公司利税总额 1.21 亿元，同比增长 3.51%。利税增幅较大的企业是：扬州恒春电子有限公司利税总额同比增长 540.6%，苏州工业园区思达德阀门有限公司利税总额同比增长 225.4%，江苏九龙阀门制造有限公司、苏州高中压阀门厂有限公司、常州电站辅机股份有限公司、昆山维萨阀门有限公司、盐城圣科球阀有限公司利税总额同比增长均超过 50%。利税降幅较大的企业有苏州纽威阀门股份有限公司、中核苏阀科技实业股份有限公司、江苏万恒铸业有限公司，3 家企业利税总额下降总计 50 617 万元。

由此说明，2017 年江苏省阀门行业虽产销普遍增长，但出现了经济效益滑坡的现象。阀门行业是个微利行业，企业做的多数是低端的通用阀门，价格上不去，许多企业降本节耗，仍抵不过效益下降；铸件相应辅料大幅涨价，铸件原材料价格大幅上扬，导致铸件成本增长较多，阀门产品出厂价并没有上升。受环保整顿的直接影响，有些地区反复检查环保的落实情况，有的企业只能停产，企业接单后不能供货。虽然生产任务多，但有些企业在前几年削减了生产员工，企业有订单但缺乏员工和一线操工。再加上企业提高了员工的工资，外部各项费用也有所提高。这些是导致企业效益下降的主要因素。2017 年江苏省阀门行业利税总额前 20 名企业见表 3。

表 3 2017 年江苏省阀门行业利税总额前 20 名企业

序号	企业名称	利税总额（万元）	序号	企业名称	利税总额（万元）
1	苏州纽威阀门股份有限公司	39 352	11	江苏亿阀集团有限公司	3 964
2	江苏苏盐阀门机械有限公司	25 110	12	江苏圣泰阀门有限公司	3 179
3	江苏神通阀门股份有限公司	12 073	13	江苏应流机械制造有限责任公司	3 149
4	江苏盐电阀门有限公司	8 412	14	昆山维萨阀门有限公司	3 000
5	中核苏阀科技实业股份有限公司	6 768	15	苏州安特威阀门有限公司	2 950
6	江苏万恒铸业有限公司	4 497	16	扬中市阀门厂有限公司	2 828
7	江苏九龙阀门制造有限公司	4 476	17	江苏明江阀业有限公司	2 106
8	江苏竹箦阀业有限公司	4 135	18	苏州工业园区思达德阀门有限公司	1 676
9	常州电站辅机股份有限公司	4 083	19	江苏涟水阀门厂有限公司	1 622
10	扬州电力设备修造厂有限公司	4 051	20	盐城市精工阀门有限公司	1 494

4. 利润总额基本持平

2017 年，江苏省阀门工业协会 63 家会员企业利润总额为 9.1 亿元，同比下降 0.9%。利润总额列前三位的企业分别是：苏州纽威阀门股份有限公司利润总额 2.58 亿元，同比下降 16.3%；江苏苏盐阀门机械有限公司利润总额 1.79 亿元，同比增长 5.7%；江苏神通阀门股份有限公司利润总额 7 366 万元，同比增长 19.2%。其中，有 10 多家企业利润总额增长超过 20%，有 6 家企业扭亏为盈。利润总额下降较多的企业是：中核苏阀科技实业股份有限公司利润总额同比下降 48%，南通高中压阀门有限公司利润总额同比下降 45.1%，江苏明江阀业有限公司利润总额同比下降 28.3%。2017 年江苏省阀门行业利润总额前 20 名企业见表 4。

表 4 2017 年江苏省阀门行业利润总额前 20 名企业

序号	企业名称	利润总额（万元）	序号	企业名称	利润总额（万元）
1	苏州纽威阀门股份有限公司	25 769	11	江苏万恒铸业有限公司	1 755
2	江苏苏盐阀门机械有限公司	17 874	12	昆山维萨阀门有限公司	1 500
3	江苏神通阀门股份有限公司	7 366	13	扬中市阀门厂有限公司	1 484
4	江苏盐电阀门有限公司	4 490	14	苏州工业园区思达德阀门有限公司	1 291
5	中核苏阀科技实业股份有限公司	4 119	15	南通高中压阀门有限公司	1 229
6	江苏竹箦阀业有限公司	2 892	16	扬州电力设备修造厂有限公司	1 158
7	常州电站辅机股份有限公司	2 699	17	江苏九龙阀门制造有限公司	1 137
8	苏州安特威阀门有限公司	2 220	18	江苏明江阀业有限公司	1 175
9	江苏应流机械制造有限责任公司	2 037	19	江苏圣泰阀门有限公司	1 110
10	江苏亿阀集团有限公司	1 789	20	无锡富盛阀业有限公司	909

5. 出口交货值增幅较大

2017 年，江苏省阀门工业协会 63 家会员企业中有 29 家企业的阀门产品出口，完成出口交货值 32.5 亿元，同比增长 28.03%。出口交货值列前三位的企业分别是：苏州纽威阀门股份有限公司出口交货值 15.15 亿元，同比增长 23.3%；江苏万恒铸业有限公司出口交货值 2.33 亿元，同比增长 107.8%；江苏圣泰阀门有限公司出口交货值 1.92 亿元，同比增长 22.8%。出口交货值增幅较大的企业是：盐城思达德民力阀门有限公司出口交货值同比增长 3 089%，盐城圣科球阀有限公司出口交货值同比增长 2 312%，江苏应流机械制造有限责任公司出口交货值同比增长 345.6%。2017 年江苏省阀门行业出口交货值前 20 名企业见表 5。

表 5　2017 年江苏省阀门行业出口交货值前 20 名企业

序号	企业名称	出口交货值（万元）	序号	企业名称	出口交货值（万元）
1	苏州纽威阀门股份有限公司	151 548	11	苏州道森阀门有限公司	6 095
2	江苏万恒铸业有限公司	23 302	12	江苏应流机械制造有限责任公司	5 468
3	江苏圣泰阀门有限公司	19 241	13	江苏盐电阀门有限公司	5 372
4	苏州工业园区思达德阀门有限公司	17 429	14	盐城思达德民力阀门有限公司	4 418
5	南通高中压阀门有限公司	16 890	15	苏州奥村阀门有限公司	4 137
6	江苏九龙阀门制造有限公司	15 777	16	南通捷瑞阀门有限公司	3 200
7	昆山维萨阀门有限公司	15 000	17	无锡富盛阀业有限公司	2 948
8	江苏圣业阀门有限公司	9 801	18	盐城圣科球阀有限公司	2 335
9	中核苏阀科技实业股份有限公司	9 040	19	江苏威尔迪威阀业有限公司	1 500
10	江苏江恒阀业有限公司	6 153	20	江苏苏盐阀门机械有限公司	1 029

三、新产品开发与应用

2017 年 1 月，扬州电力设备修造厂有限公司的一项科技成果“超（超）临界发电机组配套电动执行机构”获得 2016 年度江苏省科学技术奖三等奖。该项目成果应用于超（超）临界发电机组中阀门的开启、关闭和自动调节，攻克了直流无刷电动机无位置传感器控制、行程与转矩的精确控制、多微嵌入式系统、无线通信等技术难题，填补了国内空白，打破了国外品牌产品在高端智能装备领域的技术和市场垄断，进一步巩固了企业在国内行业的地位。6 月 20—21 日，公司研制的“塔式太阳能热发电站用定日镜”样机在扬州成功通过鉴定。该产品通过双轴驱动反射镜进行实时追日，应用于恶劣气候气象条件下的大型塔式太阳能热发电站，产品跟踪精度高，抗风性能强，聚光光斑质量高。该产品的设计开发充分体现绿色设计理念，产品环境友好，无污染物排放，有利于带动与提高相关产业的发展水平，建立完整的装备制造体系，加快国内新能源光热电站建设的进程，降低新能源光热电站的建设和运营维护成本。鉴定委员会专家听取了产品的研制总结、技术总结等报告，审阅了相关资料，考察了生产现场及样机。专家组认为，该产品样机研制成功，突破了塔式太阳能热发电站用定日镜的关键技术，整体技术达到国内领先水平。9 月 5 日，由中广核工程有限公司、东方电机控制设备有限公司、上海电气电站设备有限公司发电机厂、哈尔滨电机厂有限责任公司相关专家组织的核电厂用氢气干燥器样机验收会在江苏扬州召开。公司研制的核电厂用氢气干燥器样机顺利通过验收。经过严格的评议，专家组认为：样机设计合理，功能完整；样机各项测试均按照试验大纲规定的内容和程序进行，测试结果均符合产品设计要求；样机的各项过程控制文件完整，完工报告资料齐全；具备百万千瓦级核电机组氢气干燥器批量供货能力。公司自主研发的 F-2SA3 系列电动执行机构采用多项关键创新技术，拥有授权发明专利3项、实用新型专利4项、软件著作权2项。产品将行程传动机构、行程位置控制装置和绝对编码器检测装置相结合，提高行程控制精度；多微处理器协同运行，实现模块化控制，抗电磁干扰能力强；具有双通道通信接口，满足现场总线通信功能要求。公司研发的F-DZW电动装置拥有授权发明专利3项、实用新型专利3项、软件著作权2项。该产品采用机电一体化及模块化设计和嵌入式控制系统，通过不同模块的组合，可实现不同的控制功能。蜗杆采用先进的冷轧滚压加工技术，蜗轮采用新型材料及加工工艺，提高了使用寿命；控制系统能够进行电动装置的死区自适应，提高电动装置的可靠性。9月，公司申请的"一种直流电动执行机构测试系统的测试方法"获得国家知识产权局的发明专利授权，专利号：ZL2015102124338。这是公司获得的第16项授权发明专利。该专利涉及直流电动执行机构测试系统及其测试方法，提供了一种满足第三代核电CAP1400对核级直流电动执行机构的测试要求。测试系统设置自动换向、远程/就地切换等自动控制功能，实现了自动化测试，避免人为干涉造成的测量误差。

2017年1月，苏州纽威阀门股份有限公司与阿海珐（AREVA）就英国欣克利角C核电项目（HPC项目）签订了供货合同。这是中国核电阀门第一次在欧洲大规模应用，而且主要是应用在核岛环路。HPC项目由法国电力集团（EDF）和中国广核集团牵头的中方联合体共同投资建设。该项目拟建设2台采用EPR技术的核电机组，总装机320万kW，建成后可满足英国7%的电力需求。AREVA将承担HPC项目的核岛总包建设任务。此次中标的产品大部分是用于核岛的核级阀门，数量超过2 000台。公司与海洋石油工程股份有限公司签订文昌9-2/9-3/10-3气田群项目水下球阀供货合同，供货产品新增水下球阀和水下闸阀两大类；获得中广核工程有限公司防城港项目3～4号机组供货合同，涉及的阀种有填料式截止阀、升降式止回阀、核岛波纹管截止阀等，阀门总数量8 000台左右。卡塔尔壳牌Pearl GTL是世界上最大的气转油工厂，该厂发生了意外的设备故障停车，需要紧急更换一批设备，其中包括更换设备装置上配套的阀门。苏州纽威阀门股份有限公司作为壳牌的全球EFA战略供应商，调动相关资源，在短短3周内顺利保质交付，为客户恢复生产节省了宝贵的时间。

2017年，中国机械工业联合会在苏州主持召开了由中核苏阀科技实业股份有限公司和上海核工程研究设计院有限公司联合研制的CAP1400 ADS自动降压系统阀门、低压差开启止回阀、大口径电动闸阀样机科技成果鉴定。与会专家和代表听取了3种阀门的研制总体要求和样机研制总结汇报，审阅了相关材料，考察了现场和阀门实物样机，并对ADS自动降压系统阀门和CAP1400大口径电动闸阀样机进行了现场动作性能的测试见证，认为3种阀门属国内首创，达到国际先进水平，可应用于CAS1400/CAP1000及其他核电项目，具有良好的社会效益和经济效益，鉴定委员会一致通过科技成果鉴定。4月13日，"华龙一号"示范工程——福清核电5号机组的3台核一级国产化主蒸汽隔离阀在中核苏阀科技实业股份有限公司出厂试验取得圆满成功，这标志着"中国制造"在主蒸汽隔离阀这个最重要的核电阀门制造及应用领域实现了零的突破。11月，公司研制的"压水堆核电站用核二级主蒸汽隔离阀"项目获得中国机械工业科学技术奖一等奖。核二级主蒸汽隔离阀位于压水堆核电站二回路主蒸汽系统，是压水堆核电站关键阀门之一，长期依赖进口。公司联合上海核工程研究设计院有限公司成功研制出DN800、DN1 050两个规格主蒸汽隔离阀样机，且DN1 050主蒸汽隔离阀是当前世界上最大的核电主蒸汽隔离阀。两个规格阀门先后通过中国机械工业联合会组织的鉴定。鉴定委员会认为，核二级主蒸汽隔离阀研制是成功的，填补了国内空白，达到国际同类产品先进水平，为工程化应用打下了良好的基础。通过两台样机的研制，公司掌握了主蒸汽隔离阀设计、制造和试验的方法，突破了技术瓶颈，打破了国外企业的技术垄断，对于我国核级阀门产品技术水平升级具有重要的示范推广作用。

苏州安特威阀门有限公司研发的高温高压气动氧气氮气切断球阀已经在国内十几套煤化工和恶劣工况装置上得到了成功应用，替代了进口产品，打破了该产品依赖进口的局面，为用户节省了外汇，提高了装置的利用率。公司成套供应的氧阀、盘阀、滑板阀、反吹阀等近 400 台国产化程控阀门成功应用于潞安 180 万 t/a 煤制油项目，助力该装置一次性开车成功。

2017 年 8 月，在新疆哈密烟墩压气站举行的工业性试验项目中，扬州恒春电子有限公司研发生产的电动执行机构顺利通过验收，该成果将为全球最大天然气项目——中俄东线天然气管道项目实现关键设备国有化打下坚实基础。公司承接的项目段位于中俄交界地区，极端严寒的自然气候环境给油气管道建设提出了高标准技术要求，需要达到 -46℃的工况。公司在接手该项目后，充分利用承担国家关键设备国产化的技术经验，在提升电动执行机构球阀口径的基础上，还引入无线蓝牙、抗震、抗低温等多项先进技术，圆满完成了项目方提出的各项技术要求。

2017 年，无锡市亚迪流体控制技术有限公司自主研发的超高温高压蒸汽放空阀通过了中国石油和化工勘察设计协会自控设计专业委员会、中国石化集团公司自控设计技术中心站组织的专家现场鉴定。专家组审查了相关技术资料并听取了业主的使用报告、研发报告，实地考察了现场阀门使用情况，认为该产品在迷宫套筒外保护设计、阀座结构设计（可拆卸式结构、防松机构、自密封环结构、导流阀座结构、分流式底板本质安全结构）、执行机构稳定性设计等方面具有技术创新，同时在原进口产品多次故障、损坏，不能运行的苛刻工况下，成功代替了进口产品，验证了这些创新结构的实用性。鉴定结论为：该产品具有创新性，性能超过原进口产品，具有国际领先水平，可替代同类进口产品，同意通过鉴定，建议推广应用。该产品用于神华宁煤煤制油项目空分装置，替代进口产品，使用情况良好。

〔撰稿人：江苏省阀门工业协会盛根林〕

2017 年永嘉泵阀产业发展概述

一、产业发展概况

2017 年，浙江省泵阀行业在经历了前几年的市场紧缩、订单锐减、开工不足、资金短缺、债务沉重、技工流失以及史上最严厉的“环保整治”“安全生产”“大拆大整”和“倒闭潮”等各方面难题后，在产值和外贸方面实现了两位数增长的良好态势。据相关统计，2017 年永嘉县泵阀工业总产值 252 亿元，其中规模以上企业生产总值 84.5 亿元，同比增长 14.5%。

从数据上来看，永嘉泵阀企业生产量与外贸出口均实现了高速增长，许多企业订单量激增，生产繁忙，全行业实现了 5 年来首次两位数增长。但是泵阀行业当前仍面临着诸多的困难与挑战，集中表现在：一是税收的抵扣问题；二是用工问题，特别是一线职工严重缺乏，导致产能跟不上行业增长的需求；三是现金周转困难；四是利润持续下降；五是转型升级难度很大；六是中石油、中石化、中海油长期以来坚持的“最低价中标”的市场格局没有得到根本改善，行业利润空间越来越薄，产品科技、质量和品质难以提升。

2017年，永嘉县泵阀行业实现外贸自营出口15.12亿元，同比增长18.3%。

二、产业发展举措

1. 平台建设

区域品牌建设工作取得突出成就。2017年4月24日，国家质检总局发布公告（2017年第32号），正式批准由永嘉县泵阀行业协会与永嘉工业园区管理委员会联合申报的永嘉县泵阀产业集聚区为“全国知名创建示范区”，标志着永嘉县创建两年多的“全国泵阀产业知名创建示范区”工作正式落下帷幕，这也是温州市获得的首个国家级“知名品牌创建示范区”。此外，还公布了示范期内创建知名品牌的骨干企业名单，超达阀门集团股份有限公司、伯特利阀门集团有限公司、保一集团有限公司、方圆阀门集团有限公司、永一阀门集团有限公司、中泉集团有限公司、球豹阀门有限公司、宣达实业集团有限公司、凯泉集团有限公司和方正阀门集团有限公司等企业均入选该名单。

搭建技术交流平台，为进一步提升泵阀产业技能水平创造条件。2017年2月26日，由永嘉县人民政府主办，永嘉县泵阀行业协会与温州系统流程装备科学研究院、永嘉县经济商务和信息化局、浙江省阀门标准化技术委员会联合承办的“全国阀门技术创新研讨会”在永嘉召开。业内专家及永嘉重点泵阀企业代表就“永嘉阀门如何多参加国产化工作”“如何做好阀门质量提升工作”“阀门零部件标准化的动向和发展趋势”“如何发挥全国阀门标技委专家优势，加强与大专院校间合作，为对永嘉泵阀产业的人才特别是技术人才的培育开创新局面”等议题展开了积极有益的研讨，为永嘉泵阀产业做强做大、创新发展提出了宝贵的意见和建议。

搭建产学研融合平台。2017年9月26日，由温州职业技术学院和永嘉县泵阀行业协会联合成立的温州市泵阀产业技能培训中心举行了授牌仪式。该中心主要针对泵阀企业生产一线实际工作岗位（工种）开发技能培训材料，包括培训大纲、多媒体课件等，组织开展操作技能培训、能力水平评价。该中心将成立专家咨询委员会，聘请泵阀行业资深的工匠名师担任专家。培训中心致力于全面提升泵阀企业生产一线员工的操作技能水平，搭建行业技能公共培训平台与能力水平评价平台。

2. 标准制定

标准化建设工作稳步推进，积极推动并参与浙江制造及行业标准的制定。2017年4月18日，由浙江省浙江制造品牌建设促进会委托温州市标准化研究院组织的《石油、石化、天然气及相关工业用钢制闸阀》“浙江制造”团体标准评审会在永嘉召开，专家组一致同意通过评审。该标准由温州市标准化研究院牵头组织制定，第一起草单位为保一集团有限公司，永嘉县泵阀行业协会与浙江省泵阀质量检验中心、伯特利阀门集团有限公司、超达阀门集团有限公司、永嘉县泵阀科技创新服务中心等单位共同参与了标准的起草工作。

2015年，由志远科技有限公司牵头申报的《阀门零部件 阀杆通用要求》获得批准立项，计划号为2015-1349T-JB。2017年12月底，由永嘉县泵阀行业协会积极推动并参与制定的《阀门零部件 阀杆通用要求》机械行业标准完成了起草工作，并向专家与有关单位发布征求意见稿。

2017年4月12日，永嘉县泵阀行业协会组织超达阀门集团股份有限公司、浙江大氟隆阀门有限公司、浙江中孚流体机械有限公司、温州奇胜阀门制造有限公司和浙江力诺流体控制科技股份有限公司等企业参加全省“国际和全国标准化技术委员会对接浙江产业活动”，与全国阀门标准化技术委员专家进行面对面的交流，推动有条件的企业制定国家标准和行业标准。

2017年6月，温州市标准化研究院与永嘉县泵阀行业协会开展县域特色产业标准体系的建设，开展永嘉阀门标准体系及其重要标准的培训、推广。通过与永嘉县市场监督管理局、温州职业技术学院等专家的讨论，利用互联网渠道进行标准检索与整合，于 10 月上旬基本完成了体系结构图、标准明细表的草案，并于 12 月中旬顺利通过温州市标准化研究院验收。

3. 承接政府职能

协会服务能力进一步强化，高效完成政府部门签约的转移职能。2016 年，永嘉县泵阀行业协会与温州市质监局签订“政府向社会组织转移职能工作协议书”，将永嘉县范围的泵阀行业产品质量安全风险评估和泵阀类产品申报温州名牌产品（含复评）的职能转移给协会。2017 年温州市名牌产品初审工作开始后，协会受理了 3 家企业的初审、8 家企业的温州名牌复评工作，并于 6 月 15 日完成全县范围内泵阀产品申报“温州市名牌产品”的初审推荐工作。最终，温州市开诚机械有限公司等 9 家企业的产品获得“温州市名牌产品”称号。

永嘉县泵阀行业协会积极承接浙江省 2017 年度中小企业“隐形冠军”培育工作，向浙江省经济和信息化委员会推荐了宣达实业集团有限公司等 4 家企业申报“浙江省隐形冠军企业”，球豹阀门有限公司等 8 家企业申报“浙江省隐形冠军培育企业”。其中：宣达实业集团有限公司成功入选“浙江省隐形冠军企业”；球豹阀门有限公司、永一阀门集团有限公司、浙江西博思测控技术有限公司 3 家企业成功入选“浙江省隐形冠军培育企业”。

此外，永嘉县泵阀行业协会还承接了市长质量奖和县长质量奖的推荐职能。

4. 培训交流

组织开展了系列行业性培训，有效提高了企业的技术水平和综合竞争力。2017 年 2 月 25 日，“全国阀门技术创新研讨会”在永嘉召开，举办了“全国阀门技术创新高级专家讲座”，业内专家分别作了“国内外阀门产业发展现状、趋势及生产工艺创新等”“中国机械工业标准化战略发展方向”“核电阀门应用与发展”“阀门标准国际化推动中国阀门行业走向全球”“耐磨球阀的技术进展”等报告，与 300 多家企业领导、研发主任、行政经理、生产部长或销售总监分享国内外阀门产业前沿应用技术。

2017 年 5 月 22—23 日，永嘉县举行了 2016 版质量和环境管理体系标准培训。此次培训在保一集团有限公司举行，由温州市质量技术监督协会主办，永嘉县泵阀行业协会与永嘉县市场监督管理局、永嘉县企业家联合会、温州市教玩具行业协会、浙江省阀门技术标准化技术委员会联合协办，共有来自全县泵阀、鞋服、教玩具、拉链纽扣等各行业的 80 余名部门负责人、内审员参加培训。

2017 年 7 月 22 日，由永嘉县泵阀行业协会和中国人民大学中国经营企业研究中心、温州系统流程装备科学研究院、善道明德教育、格勤教育联合举办了“泵阀企业薪酬和积分管理制大讲堂”。此次培训得到企业的积极响应，共有来自泵阀行业的 60 多名企业负责人参加。

2017 年 9 月 7 日，由永嘉县泵阀行业协会和永嘉县质量强县工作领导小组、温州市质量管理与品牌研究中心和温州系统流程装备科学研究院共同主办的“浙江制造”品牌建设、卓越绩效管理及标准宣贯培训班在永嘉举行。县内“浙江制造”重点培育企业、政府质量奖获奖及培育企业和各级名牌企业的负责人、质量主管共 60 多人参加培训。

2017 年 10 月 27 日，由永嘉县泵阀行业协会和温州系统流程装备科学研究院、永嘉经济商务和信息化局、瓯北城市新区管委会联合主办的“温州泵阀产业专精特新专题研讨会”在永嘉举行，来自温州及全国各地的泵阀企业代表共 100 多人参加了研讨会。

2017 年 11 月 26 日，由永嘉县泵阀行业协会联合上海交大“总裁慧客厅－慧商大学”，邀请复旦大学经济学院副院长、著名经济学家孙立坚在温州举办“十九大与 2018 中国宏观经济走势”大讲坛，泵阀行业 50 多位企业家参加了讲坛。

2017年11月30日，永嘉举办主题为“掌握标准，做好细节，提升品质”的阀门检测认证研讨会。此次会议由永嘉县泵阀行业协会主办，TÜV SÜD（南德认证检测中国有限公司）、江苏容大材料腐蚀检验检测有限公司、浙江新海检测有限公司承办，共有来自阀门行业的近百名企业代表参加会议。

5.组织参展

多渠道帮助企业开拓市场，积极搭建国内外泵阀专业展会平台。2017年10月27日，由永嘉县泵阀行业协会与温州系统流程装备科学研究院、永嘉经济商务和信息化局、瓯北城市新区管委会联合主办，温州永嘉金鹰广告有限公司承办的首届“中国泵阀之乡”专精特新泵阀产品博览会在永嘉瓯北文化广场成功举行，有来自温州、上海、河北、江苏等地的220家泵阀及相关企业参加展会，展出面积达1.2万m^2。

2017年10月24日，由中国商务部主办、温州市政府与法兰克福展览会（上海）有限公司、中国机电产品进出口商会等单位联合主办的“2017中国机械工业（俄罗斯）品牌展”在莫斯科红宝石展馆隆重开幕，共有来自温州、四川、江苏等地的130家企业参加了展会。永嘉县泵阀行业协会积极组织了伯特利、方正、球豹、宣达、欧维克、良精、欧拉姆、中泰、百得、国达、安派康等11家企业共30个摊位参加了此届展会。通过此次展会，加强了与国外同行的合作与交流，帮助永嘉泵阀企业完善客户资源，进一步开拓全新的国际视野。

6.开展宣传活动

宣传工作全面展开，有效维护了产业区域品牌形象。2017年2月14日，《中国工业报》刊登了由永嘉县泵阀行业协会秘书长陈文荣撰写的《智能跨越 永嘉泵阀产业品牌创建有望获国家级名片》的署名文章；9月14日，《浙江日报》第9版刊登了《标准化+ 唤醒永嘉阀门新活力》的长篇专题报道；8月13日、14日、16日在《温州都市报》连续刊登泵阀产业长篇深度报道；10月16日，浙江电视台经济频道做了题为《永嘉泵阀：以标准为“支点”撬动转型之路》长达5min的专题报道。2017年，永嘉县泵阀行业协会共编辑出版《泵阀纵横》杂志2期、《产业外贸预警》简讯3期，更新网站信息1 000余条，还建立了微信群和微信公众号，时时发布相关消息，取得了良好的宣传效果。

〔撰稿人：浙江省泵阀行业协会陈文荣、周思聪〕

我国气体净化设备行业面临的形势及发展对策

一、我国气体净化设备行业面临的形势

压缩空气是仅次于电力的第二大动力能源，又是具有多种用途的工艺气源，其应用范围遍及石油、化工、冶金、电力、机械、轻工、纺织、汽车制造、电子、食品、医药、生化、国防、科研等行业和部门，尤其在精密制造、航空航天、尖端武器、生物科技、半导体和液晶显示屏等领域，更离不开非常洁净、干燥的压缩空气，气体净化设备行业可以说是高科技产业发展的基础条件之一。由于压缩空气中的固体、液体、气体等杂质不利于其在工业生产中的应用，所以必须通过压缩空气净化设备去除并达到一定的质量要求。一个完整的压缩空气干燥净化系统包括气液分离器、过滤器和干燥器（主要包括冷干机、吸干机、膜式干燥机）等设备。

我国气体净化设备产业起步于20世纪90年

代，从主要依赖进口、到模仿参考国外产品进行设计开发、再到后来的自主创新，从低端到中端、从单一品种（普通动力用压缩空气用）向全方位净化领域（中高压、工艺气、特殊场合用）拓展。当前，我国压缩空气干燥器及过滤器生产企业已达数百家，但多为小微企业。在这数百家的净化企业中，技术能力及生产规模参差不齐，能与国外产品同台竞争的企业只有少数几家。国内压缩空气净化设备生产企业在基础理论、研发能力、前瞻性、精益生产及市场策略等方面与欧美企业还有一定的差距。但可喜的是，整个行业在进步，差距在逐渐缩小。当前国内各个行业及企业使用的压缩空气净化产品大部分已国产化，尤其能满足国内高科技产业的中端需求。整体来看，行业大多数企业处于跟跑阶段，少数企业处于并跑阶段。

虽然有的企业产品达到国际先进水平，但不可否认，在国内高端产品市场，尤其各净化指标达到一级要求的领域，欧美产品仍然占主导地位。这是由于国内高科技制造行业长期倾向于使用进口品牌的生产工艺设备，国家缺乏对气体净化设备国产化的支持政策，压制了国内制造商开拓高科技行业气体净化设备市场的积极性，也就限制了技术的发展。另外，国内虽然有滤材生产企业，但没有针对压缩气体净化设备行业的产品。严重依赖进口的过滤器滤芯的滤材主要来自英国、德国、意大利、美国等国家。露点仪等测量设备也主要依赖进口，一般来自英国、芬兰、美国、瑞士等国家。

二、我国气体净化相关专业技术领域现状

1. 存在的短板

滤纸是过滤器滤芯的关键原材料。当前国内生产的滤纸只能满足一般用途过滤器的使用，而对于高精度的过滤器，达不到好的使用效果。所以，滤纸仍主要依靠进口。压缩空气过滤器从产值来说属于小众产品，但滤纸的研发成本高，其基础理论知识要求也很高，国内滤纸生产企业都不重视，导致滤纸一直依赖国外进口。

露点仪是检测压缩空气含水量的仪器。当前主要采用英国米歇尔、芬兰维萨拉、美国 GE、瑞士 MBW 等进口产品，国内几乎无相应替代的产品。即使有些企业生产露点仪，或者采用进口传感器，或者精度和稳定性达不到使用要求。

在高要求的工艺气体干燥器、膜式干燥器和特殊用过滤器等方面，国内企业的技术还不是很成熟，很难满足指标要求。

在技术方面，基础理论不扎实，而且创新不足。净化设备涉及化工、机械、电子、流体力学等多门学科的应用。当前，国内的科研院所和企业对产品的应用研究比较多，而对基础理论研究较少，这主要包括对吸附剂的微观结构和吸附机理、亚微米过滤的机理和滤材的核心指标缺乏深入的理论研究；吸附剂对不同气体在不同温度、压力、流速下的吸附性能等缺乏足够的实验数据。无法在机理上掌握吸附和过滤的知识，就很难去创新。因此，无论是干燥器还是过滤器，模仿国外产品的居多，自主研发的较少。

2. 领先的优势

在压缩空气净化设备系统的设计及各类整机的系统流程设计（主要包括冷干机和各种类型吸干机的系统流程）、制造工艺、产品质量方面，国内的部分企业有能力达到国际先进水平，产品能够满足一般工业用压缩空气质量的要求。而高压或大型非标产品，在招标时也开始采用国内企业生产的，为一些企业提供了市场和机会，也促进了技术的发展。

吸干机所使用的关键零部件如阀门、吸附剂、风机、压力容器等，国产的品质已接近国际先进水平，虽然品牌知名度不如国外品牌，但其生产制造成本远低于国外产品。

在冷干机所使用的板翅式及板式换热器生产及设计方面，我国已经处于国际先进水平。由于生产成本上的优势，即便是国外干燥机生产企业，所需的换热器大都为中国制造。

一般行业用过滤器的技术已经很成熟，能够满足需求。尤其是随着我国模具行业的快速发展，我国生产的压铸铝过滤器外壳已处于国际先进水平，国外品牌相当一部分也在中国进行生产制造。过滤器的滤芯大部分也已经国产化。

我国气体净化设备行业标准的制定一直跟踪国际标准，方法标准和国际标准相等效，并逐步建立起符合国际标准要求的试验系统。我国已自主制定了干燥器和过滤器产品标准。

3. 存在的不足

干燥器整机的系统流程设计、制造工艺和产品质量虽然已达到国际先进水平，但其中的一些零部件也存在不足。如吸干机使用的国产吸附剂与国外吸附剂在性能上仍然有一定的差距（如国产干燥用活性氧化铝的寿命和批次质量的稳定性尚待提高），国内对高性能、高品质吸附剂的认识、开发及应用还不足。对应水含量为 1 级（压力露点低于 -70℃）的干燥器，其应用几乎全部由外资品牌垄断。干燥器上的 PLC 控制器当前大部分都采用西门子、三菱等国外品牌。一方面，用户认可度高；另一方面，国内自主开发的 PLC 虽然能满足功能性的要求，但可靠性不高。

虽然高压或大型非标产品存在一些优势，但其中的一些关键部件如减压阀等，还是需要进口。

过滤器滤芯大部分已经国产化，但油等级为 1 级、固体颗粒等级为 1 级的过滤器仍依赖于进口品牌。

我国的试验手段虽然已达到国际先进水平，但气溶胶发生器和固体颗粒、含油量的测量仪器及元件只能满足一般应用，更精密可靠的测量设备仍需要进口。

三、对策及建议

1. 国家政策

科技评价特别是应用科技方面应以市场为主导，应用科技的主要载体是企业，企业将技术以产品的形式展现给市场，市场会给出公正合理的评价。但市场不是万能的，国家政策应重点放在规范化市场需求方面，提高需求品质，营造公平营商环境。最低价中标对市场造成了不利的影响。各企业为了中标，不惜牺牲产品质量来降低成本，从而导致恶性循环。国家可以通过税收、产业政策或技术创新政策，鼓励国内企业进行研发投入，使其达到国外同行的先进水平。

2. 加强基础研究和人才培养

国家应鼓励相关院校开展基础理论研究和人才培养。气体净化设备行业属于新兴、综合的应用学科，前期没有技术和人才储备，需要加大投入力度。地方政府也应鼓励各企业加大人才培养力度，通过产品研发带动人才培养，在科研项目和人才培养方面给予支持。

3. 行业协力科技创新

对于气体净化设备行业这样的小型行业而言，科技创新应以相应的科研院所和行业协会为主导，联合行业内技术水平领先的国内企业和相关院校，对基础理论、技术进行攻关，首先使得行业的技术水平得以提高。基础理论和技术的研究成本高、收益低，一般的小微企业很难去做。这就需要科研院所的带头作用，也需要国家政策和资金的扶持。

4. 配套元器件的开发

吸附剂、滤材、露点仪等设备属于气体净化设备行业的配套元件，但其作用又至关重要，国内也有相关企业在做相关产品，只是未针对压缩气体净化装置进行专门的研发设计。科研院所应联合各企业共同向相关配套企业或科研单位提出研发要求，共同申请相关课题研究，以促进行业进步，使得国产产品达到进口产品的水平，尽早替代进口产品。

5. 以节能产品为引导，逐渐推向高端市场

当前企业的大部分吸干机都是高能耗产品，节能市场空间巨大。根据国家节能环保的政策，对已有气体净化设备升级换代，加大定制产品、节能项目改造的投入，也是我国产品的优势，从

而带动企业和技术的进步。

当前我国有些企业在中端产品已占据优势，而且有很好的性价比。结合企业的优势，应继续努力，积极扩展国际市场、高端市场，逐渐由国内走向国外、由中端走向高端。通过产品市场的国际化、高端化带动企业的进步，加快企业迈向国际化、高端化的进程。争取到 2025 年，我国的气体净化设备在高端产品领域占有一席之地，为中国制造提供优质的气源保障。

〔撰稿人：合肥通用机械研究院有限公司李金禄、西安联合超滤净化设备有限公司李大明、杭州日盛净化设备有限公司陈斌、斯必克（上海）流体技术有限公司徐文柯〕

2017 年压滤机行业发展研究报告

压滤机是传统的固液分离设备之一，应用领域广泛。近些年来，压滤机在滤板材质、结构型式、高效能过滤介质、分离效率、自动化水平、功能集成、产品质量和可靠性方面迅速发展，与欧洲发达国家产品性能差距越来越小。尤其近五年来，高压隔膜压滤机的研发成功，使得我国压滤机技术水平得到较大的提高。

当前国内专业压滤机生产企业有上百家，压滤机骨干企业主要有景津环保股份有限公司、兴源环境科技股份有限公司等。

一、压滤机应用领域发展情况

压滤机应用领域较广，主要应用于环保、化工、食品、制药、冶金、选煤、尾矿处理等固液分离领域。经过近几年的发展，当前环保领域已逐渐成为我国最大的压滤机产品需求市场，其次是化工领域。压滤机作为分离机械设备，具有高效、节能等特点，可满足对污泥处理含水率的要求，满足化工、冶金、煤炭、食品等行业日益提高的过滤、提纯比例和提取精度要求。越来越多的新兴细分行业使用压滤机替代原有的大型分离设备，带动压滤机行业整体技术进步，产品品种和市场容量进一步扩大，未来市场潜力巨大。

1. 环保

压滤机在环保领域的应用主要是城市污水污泥、自来水污泥、工业废水污泥、河道湖泊疏浚污泥处理等领域。“十二五”期间，全社会环保投资 4.17 万亿元，较“十一五”增长 92.8%，年均增长近 10%。据环保部规划院测算，“十三五”全社会环保投资将达到 17 万亿元，其中，大气、水、土壤污染防治行动计划全面实施，预计总投入达 8.6 万亿元。污水、污泥处理是我国生态文明建设的重要组成部分。随着政府环保政策的相继出台，环保需求不断增强，压滤机行业发展前景广阔。

2. 化工

中国石油和化学工业联合会发布的数据显示，2017 年是石油和化学工业经济运行的转折之年，行业经济取得优异成绩，主要经济指标增长好于预期。2017 年，石油和化工行业收入达到 13.78 万亿元，比上年增长 15.7%，为 5 年来最大增幅，高出同期全国规模工业增幅 4.6 个百分点。工业和信息化部有关数据显示，2017 年，石油化工行业显现出生产整体保持平稳、经济效益增速加快、对外贸易进一步扩大、结构调整持续优化等发展趋势。

3. 食品

我国是世界第一人口大国且人口数量仍在不断增长，在可以预计的未来，人们对食品的需求必将持续稳定增长。伴随着我国居民收入稳步增长，消费转型升级态势明显，消费品市场规模将进一步扩大，全国食品工业经济效益整体保持平稳增长态势。国家统计局的数据显示，2017 年，全国 42 962 家规模以上食品工业企业实现主营业务收入 114 102.8 亿元，同比增长 6.3%；实现利润总额 7 987.6 亿元，同比增长 6.5%。随着经济的发展和人们生活水平的不断提高，压滤机在食品行业诸如酿酒、啤酒、淀粉、制糖、食品添加剂等领域的需求量将持续稳步增长。

4. 矿物加工

2017 年，我国主要矿产品产量保持稳定增长。原煤产量 34.5 亿 t，同比增长 3.2%；原油产量 1.9 亿 t，同比下降 4%；天然气产量 1 474.2 亿 m^3，同比增长 8.5%。10 种有色金属产量 5 378 万 t，同比增长 3%。由于矿物资源越来越复杂，二次资源、海洋资源、工业废料的加工处理也将成为矿物加工的重要对象，传统的矿物加工技术面临着严峻挑战，直接从各种资源中分离、提取、加工成矿物材料、化学品等直接可用的物料，并实现矿物加工过程高效益、低能耗、无污染，将是矿物加工学科发展的必然趋势。面对待处理资源的变化及技术上存在的问题，矿物加工及相关学科的科技工作者在矿物加工领域及相关学科领域不断进行新的探索和研究，一些新的矿物加工学科领域已初露端倪。矿物加工科技发展将围绕高效益、低能耗、无污染矿物加工新技术的开发来展开，未来矿物加工技术将向着矿物富集、分离与综合利用、非矿物资源的富集与分离方向发展。而压滤机作为矿物处理不可或缺的分离设备，将在未来矿物加工技术发展中扮演越来越重要的角色。

5. 医药

压滤机在医药领域应用同样非常广泛，在制药、医药中间体等工艺上都需要压滤机进行处理。据国家统计局的数据显示，2017 年，我国医药制造业规模以上工业企业累计营业收入 2.85 万亿元，同比增长 12.5%；利润总额 3 314 亿元，同比增长 17.8%，比上年提升明显。随着居民生活水平的提高以及农村市场的进一步开拓，人均用药水平逐年提高，我国药品市场将呈现出更大的发展空间。因此，对符合规范且性能高效的压滤机的需求不断增加，市场前景非常广阔。

6. 其他

经过多年发展，压滤机应用领域不断向纵深拓展，逐渐应用于新兴细分市场，如保健品、酶制剂等行业对压滤机的需求正在不断增长。预计未来随着工业化进程的提升，未来五年内，其他领域压滤机市场容量将达到 4 亿元以上。压滤机产品细分需求市场推动因素分析见表 1。

表 1　压滤机产品细分需求市场推动因素分析

应用领域	具体应用	促动因素
环保	城市污水污泥、自来水污泥、河道湖泊疏浚污泥、工业废水污泥	政府环保政策的不断推动，城镇污水、工业废水处理和疏浚对压滤机的需求稳定增长，城镇及农村污泥亟待加快处理，带动高压隔膜压滤机快速普及
化工	钛白粉、染料、无机盐	我国化学工业规模的不断扩大，石化行业生产保持平稳增长态势
矿物加工	洗煤、选矿、尾矿处理等	我国主要矿产品产量保持稳定增长，对矿物资源开发的要求越来越高，压滤机较为节能，且分离效果较好，未来压滤机在矿物及加工领域的市场将保持稳定增长
食品	啤酒、酒精、淀粉制糖、食品添加剂	居民收入稳步增长，消费转型升级态势明显，消费品市场规模将进一步扩大，全国食品工业经济效益整体保持平稳增长态势
医药	制药、医药中间体以及生产废水等工艺	居民生活水平的提高以及农村市场的进一步开拓，人均用药水平逐年提高，我国药品市场将呈现出更大的发展空间，对符合规范且性能高效的压滤机的需求不断增加
其他	保健品、酶制剂等行业	压滤机应用领域向纵深拓展，逐渐应用于新兴细分市场；我国工业化进程加快，各行业环保要求提高

二、2017 年行业发展概况

随着宏观经济回暖，部分行业景气度上升，煤炭、钢铁等大宗材料价格上涨，部分压滤机用户企业生产经营有所好转。同时，由于国内加大了环保督查工作的力度，导致用户企业对环保设备的需求快速增加，因此 2017 年压滤机行业市场规模较上年大幅增加。据了解，2017 年压滤机产品销售收入 53.07 亿元，比上年增长 37.84%。

2017 年，景津环保股份有限公司发展情况良好，在压滤机制造、过滤技术水平等方面得到了国内外同行业的认可，保持了较强的竞争实力。2017 年，公司实现营业收入 22.11 亿元，同比增长 43.14%；净利润 2.06 亿元，同比增长 28.93%。销售毛利率由 2016 年的 37.23% 降至 30.70%，销售毛利率下降较多，主要是由于主要原材料价格上升和人工费用增加，以及部分产品由于市场竞争较为激烈导致价格有所调整。

兴源环境科技股份有限公司充分利用上市公司的优势，已经由压滤机制造商较为快速地升级成为环境治理综合服务商，业务范围较广，涵盖了环保装备制造、河湖水库的疏浚、流域综合治理、市政污水及工业废水治理、农村分布式污水治理、生态环境建设等领域。2017 年，公司实现营业收入 30.32 亿元，净利润 3.62 亿元。压滤机及配件等设备销售收入 47 663.6 万元，同比增长 36.68%，销售毛利率为 25.33%，比上年略有下降。

三、技术的发展与突破

2017 年，压滤机相关技术平稳发展，技术的发展和进步主要在于压滤机应用的细分领域技术发展和压滤机及配件生产工艺技术的发展。在污水、污泥处理领域，因处理后的污泥含水率较高，高压隔膜压滤机在全国范围内得到广泛应用。压滤机在农村乡镇污泥、建筑污泥等领域的应用技术得到发展。压滤机的核心部件滤板、滤布的生产工艺和技术水平得到进一步发展，提高了压滤机的过滤效率和过滤效果。

四、未来的市场前景

随着我国经济的发展，通过对压滤机产品应用领域的分析，可以预计，未来五年我国压滤机市场容量将呈现稳定增长的态势。得益于环保行业的有利发展因素，预计未来五年环保领域压滤机年复合增长率将达到 20% ～ 25%，其他领域受整体经济形势影响，年复合增长率为 8% 左右。预计 2020 年我国压滤机市场规模将达到 70 亿元左右。

五、与国际压滤机行业的对比

近年来，国内压滤机企业技术水平发展迅速，通过引进、消化、再创新和自主创新，制造技术快速进步，产品技术含量和质量大幅提高。特别是部分压滤机生产骨干企业，从生产规模、生产制造水平、产品的多样性、自动化及新技术应用方面已经处于国内外同行业的先进水平。当前，发达国家压滤机制造商均已完成向系统集成商的转变，具有较为强大的压滤机过滤系统集成服务能力和行业应用经验。我国压滤机行业也已经逐步从生产制造向技术服务、工程集成等方面转变，但技术服务方面仍然处于劣势地位。国内有自主研发实力的企业应该加大在技术集成方面的技术研发投入，逐步实现对国际同行业的超越。

六、存在的主要问题与建议

国内压滤机行业仍存在低价竞争情况。在行业市场规模扩大的同时，由于原材料价格上涨和行业市场竞争激烈，2017 年行业骨干企业毛利率较上年有所下降。企业应将产品专注于不同的细分行业和不同的产品定位，将产品的层次丰富化，避免陷入产品价格竞争的恶性循环中。

建议国内压滤机生产企业在国家大力推进供给侧改革的趋势下，加大研发投入，发扬工匠精神，生产技术附加值高的优质产品；在提高压滤机过滤系统集成服务能力、智能化、自动化及新应用领域开发方面不断创新发展，从而不断提升产品质量和品牌认可度，为我国装备制造业和环保事业的发展做出更大的贡献。

〔供稿单位：中国通用机械工业协会分离机械分会〕

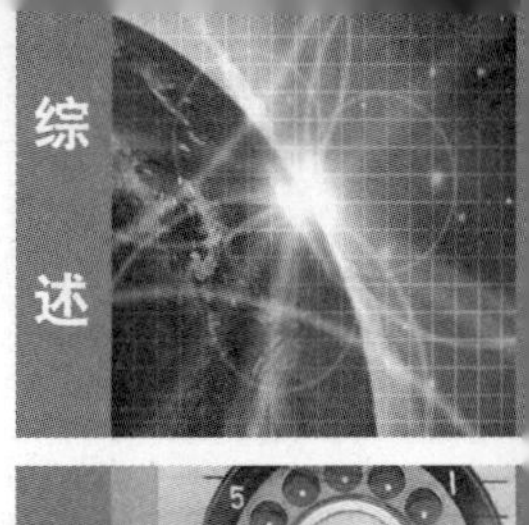

行业概况

从生产发展情况、市场及销售、科技成果及新产品、基本建设及技术改造、企业结构调整等方面报道我国通用机械行业各分行业的发展情况

综述

大事记

专文

行业概况

人物

企业概况

统计资料

产品与项目

附录

中国通用机械工业年鉴 2018

行业概况

2017 年泵行业概况

2017 年，受整个宏观经济形势回暖的带动，泵行业发展呈现出增长与质量、结构、效益相得益彰的良好局面，整个行业发展态势良好。一年来，泵行业企业积极应对国家供给侧改革不断深化带来的形势变化，经受住了市场的考验，取得了较好的经营业绩。全年行业经济效益改善明显，出口大幅回升，市场信心逐步提升，主要经济指标增长好于上年同期。截至 2017 年年末，中国通用机械工业协会泵业分会会员总数 273 家。其中：企业会员 253 家，大学、研究院所等 16 家，团体会员 4 家。2017 年，泵业分会参与统计的 187 家规模以上企业中，有国有企业 19 家、民营企业 158 家、三资企业 10 家。

一、生产发展情况

2017 年，据国家统计局对泵行业 1 277 家规模以上工业企业统计：实现主营业务收入 2 212.4 亿元，同比增长 10.14%；完成出口交货值 299.1 亿元，同比增长 18.71%；实现利润总额 172.6 亿元，同比增长 21.16%；应收账款 358.2 亿元，同比增长 7.71%。

2017 年，据泵业分会 187 家会员企业上报的资料统计：完成工业总产值 577.8 亿元，同比增长 6.81%，增幅比上年同期提高 4.51 个百分点；实现销售产值 552.8 亿元，同比增长 4.97%，增幅比上年同期提高 2.97 个百分点；完成新产品产值 257.9 亿元，同比增长 13.41%，增幅比上年同期提高 6.31 个百分点；完成工业增加值 163.2 亿元，同比增长 2.23%，增幅比上年同期下降 0.87 个百分点。

按企业所在地区统计，除西北地区工业总产值下降外，其他地区都呈上升趋势。其中：东北地区工业总产值同比增长 1.05%，华北地区工业总产值同比增长 5.60%，西北地区工业总产值同比下降 11.84%，华东地区工业总产值同比增长 6.13%，中南地区工业总产值同比增长 17.90%，西南地区工业总产值同比增长 10.74%。

在参与统计的 187 家会员企业中，工业总产值超过亿元的企业有 103 家，共计完成工业总产值 545.1 亿元，占行业完成工业总产值的 94.3%。2017 年泵行业工业总产值前 10 名企业见表 1。

表 1　2017 年泵行业工业总产值前 10 名企业

序号	企业名称	工业总产值（万元）	同比增长（%）
1	上海东方泵业（集团）有限公司	268 573	5.4
2	上海凯泉泵业（集团）有限公司	260 126	-17.0
3	上海连成（集团）有限公司	245 077	8.9
4	上海熊猫机械（集团）有限公司	227 794	3.0
5	南方中金环境股份有限公司	213 994	24.7
6	利欧集团浙江泵业有限公司	177 924	9.2
7	中国电建集团上海能源装备有限公司	149 869	1.0
8	新界泵业集团有限公司	142 338	6.3
9	丰球集团有限公司	130 843	-1.5
10	上海凯士比泵有限公司	107 411	1.5

核电作为清洁能源，备受世界各国青睐，而安全性更高的第三代核电技术更是各国的首选。我国引进了世界上先进的 AP1000 第三代压水堆核电技术。主泵作为其核心设备，是技术含量最高的泵类产品，设计寿命要求 60 年，技术难度大，可靠性要求高。沈鼓集团核电泵业有限公司经过消化、吸收、再创新，已研制出具有完全自主知识产权的 CAP 系列主泵。CAP1000 屏蔽主泵是沈鼓集团核电泵业有限公司自主设计的第三代技术核电站重要的核一级设备，实现了主泵泵壳设计、加工、制造的全部国产化。未来将有数十台主泵产品陆续交付用户。当前，沈鼓集团核电泵业有限公司是国内唯一一家能够自行设计、制造、试验第三代技术屏蔽主泵的企业，也是国内唯一一家完全具有核一级、二级、三级泵资质的企业。

2017 年，丰球集团有限公司订单总体平稳，全年共生产水泵 147 009 台。公司按时交货率 93.24%，与上年相比下降较多，主要原因是两个公司合并以后，人员调整较多，生产模式不同，缺件多、配套差，需要一个磨合期。

2017 年，湖南湘电长沙水泵有限公司锐意改革，泵业公司逐步走向稳定发展和转型升级阶段，以中小泵、备件、泵站改造为主营业务，开拓节能泵产品市场。抽调精干力量专门成立了集产、供、销于一体的中小泵承包经营团队，抢占和拓展中小泵市场，取得了一定的成绩。泵业公司完成主营业务收入 11 000 万元，实现利润 800 万元。铸造公司通过“三调一优”，在生产经营的质与量上均有新的突破，成功组织生产了国内最大超级双相钢 CAP1400 核电叶轮。对库存模具进行了全面清理，并分类建立了电子台账，改变了以往模具全靠人工记账的方式，实现有章可循。公司全年新增订货 65 700 万元，同比增长 22.5%；全年货款回收 58 180 万元，为全年计划的 84%。

2017 年，江苏振华泵业股份有限公司围绕年初生产经营目标，强化内部管理，克服重重困难，较好地完成了年度工作目标。在安全生产方面，全年共查处安全隐患 50 项，按要求制定设备（二保、大修、维修）计划，其中二保 22 台、大修 2 台、维修 27 台，已完成全部计划。新材料、新工艺改进 10 项；借用铸造模拟软件，提高铸件压水合格率，使铸件一次压水合格率达 33% ～ 66%。加工金属模具 94 套，完成安监局要求的安全示范场所的申报验收和较大危险源辨识的工作，地方安全标准化验收、军工安全生产标准化验收，并全部取得安全标准化证书。公司完成了两化融合管理体系贯标工作，完成 2016 年度泰州市信息化和工业化融合发展专项引导资金项目申报工作，成功申报项目资金补助。2017 年，公司生产各类型水泵 8 963 台，完成工业总产值 2.81 亿元。全年实现销售收入 2.86 亿元，同比增长 5.5%；利税 11 649 万元，同比增长 30%。技改投入 150 万元，完成新品开发 44 项。申请专利 4 项，其中发明专利 2 项，获得实用新型专利 5 项。公司被评为省科技小巨人企业、全省机械行业创新型先进企业，荣获江苏省机械行业协会科学技术进步奖二等奖、第二届江苏省青年科协会员创新创业大赛工程与制造类二等奖。

2017 年，广东肯富来泵业股份有限公司积极贯彻落实公司年度工作意见，围绕“确保企业平稳发展，实现各项经营指标”这一中心，抓住“产品经营、新厂建设及搬迁”两个重点，主动适应外部环境的变化，创新求变，取得了较好的成绩。公司销售收入、利润、新增销售合同、产值等主要经济指标均实现两位数以上增长，其中销售合同总额同比增长 58%，创下历史新高。

2017 年，中国电建集团上海能源装备有限公司主要经营指标较上年均有所提升，经营业绩稳中有进。本部实现营业收入 15.1 亿元，同比增长 0.6%；利润总额 7 400 万元，同比增长 13.44%；新签合同额 25.18 亿元，同比增长 16.79%。公司荣获中国工业大奖提名奖，蝉联“全国文明单位”和“上海市文明单位”，荣获集团年度落实反腐倡廉建设责任制先进单位、安全生产先进单位、综合办公优秀单位、信息化先进集体等荣誉。公司荣获“全国电力行业思想政治工作优秀单位”

称号，焊材事业部“提高钨极氩弧焊焊丝合格率”QC小组荣获“全国优秀质量管理小组”称号，给水泵组荣获“上海市工人先锋号”称号。公司被认定为“上海市专利工作试点企业”，成功获准进入武器装备承制单位行列。

石家庄工业泵厂有限公司加强创新，全面提升公司核心竞争力。①加快产品改型升级。定位高端市场，打造特色精品，着力提升SGB品牌影响力；完善重型渣浆泵型谱，满足市场竞争需求；制定出口业务标准规范，从产品质量、底座优化、包装设计等方面持续优化产品，满足市场需求。②深入开展工艺攻关。围绕公司重点项目，加强过程跟踪，及时解决生产难题，保证重点项目按时完成；继续优化V法、消失模工艺，加强设计评审和审核，加快配套工装切换设计，充分释放产能；强化现场服务，持续优化产品工艺，开展零件加工余量标准化设计，提高产品生产效率。③发挥创新平台作用。以高新技术企业、省级技术中心为载体，完善科研投入、研发、转化、应用机制，整合优化科技资源，打造一流科技创新平台；持续改善现有金属材料性能，加快新材料在市场上的推广应用；对标欧洲EN标准、美国API标准，为进一步开发国外市场铺平道路。

重庆水泵厂有限责任公司秉承“忠信坚韧、创新改进、目标为王、共享共荣”的企业经营理念，坚持走技术创新、科学管理、规范高效的发展之路。2017年，公司完成工业总产值48 100万元，实现主营业务收入45 560万元，全年新增订货达8.29亿元，同比增长78%。

2017年，辽宁恒星泵业有限公司完善基础建设累计投资96.5万元，改善办公及业务设施累计投资32.17万元。公司实现销售收入11 118万元，上缴税金863万元。

2017年，大耐泵业有限公司完成工业总产值62 340万元，同比增长27.18%；实现销售收入67 691万元，同比增长13.11%；订货额77 628万元，同比增长30.48%；实现利税11 350万元，同比增长85.37%。

二、市场及销售

2017年，泵业分会187家会员企业实现主营业务收入557.4亿元，同比增长7.32%，增幅比上年同期提高4.72个百分点。调整可比因素，同比增长5.81%。实现利润总额53.1亿元，同比增长19.47%，增幅比上年同期提高15.87个百分点。调整可比因素，同比增长21.4%。实现利税总额73.8亿元，同比增长18.1%。

在统计的187家会员企业中，盈利企业有160家，亏损企业有27家。2017年泵行业主营业务收入前10名企业见表2。2017年泵行业利润总额前10名企业见表3。

表2　2017年泵行业主营业务收入前10名企业

序号	企业名称	主营业务收入（万元）	同比增长（%）
1	上海凯泉泵业（集团）有限公司	309 584	-1.2
2	上海东方泵业（集团）有限公司	261 258	6.43
3	上海连成（集团）有限公司	236 049	7.3
4	南方中金环境股份有限公司	212 477	24.5
5	上海熊猫机械（集团）有限公司	210 672	0.9
6	利欧集团浙江泵业有限公司	152 092	6.3
7	中国电建集团上海能源装备有限公司	151 063	2.2
8	新界泵业集团有限公司	136 055	1.9
9	丰球集团有限公司	130 647	-1.6
10	上海凯士比泵有限公司	111 474	18.5

表 3　2017 年泵行业利润总额前 10 名企业

序号	企业名称	利润总额（万元）	同比增长（%）
1	南方中金环境股份有限公司	86 655	180.6
2	广东凌霄泵业股份有限公司	22 015	25.2
3	上海熊猫机械（集团）有限公司	20 798	30.7
4	上海东方泵业（集团）有限公司	18 916	5.4
5	上海连成（集团）有限公司	17 919	-15.9
6	新界泵业集团有限公司	16 461	23.9
7	上海凯泉泵业（集团）有限公司	12 975	5.5
8	四川自贡工业泵有限责任公司	11 566	37.8
9	丰球集团有限公司	11 502	-1.6
10	利欧集团浙江泵业有限公司	10 776	55.7

2017 年，泵行业参与统计的 80 家出口企业实现出口交货值 62.9 亿元，同比增长 13.78%，增幅比上年同期提高 12.28 个百分点。2017 年泵行业出口交货值前 10 名企业见表 4。

表 4　2017 年泵行业出口交货值前 10 名企业

序号	企业名称	出口交货值（万元）	同比增长（%）
1	利欧集团浙江泵业有限公司	119 246	1.0
2	君禾泵业股份有限公司	56 408	15.6
3	新界泵业集团有限公司	56 202	5.4
4	广东凌霄泵业股份有限公司	42 188	14.8
5	丰球集团有限公司	33 305	3.5
6	中国电建集团上海能源装备有限公司	27 078	370.0
7	赛莱默水处理系统（沈阳）有限公司	19 106	7.2
8	南方中金环境股份有限公司	18 243	9.0
9	大连深蓝泵业有限公司	13 402	39.4
10	湖南凯利特泵业有限公司	12 563	15.0

在传统市场需求疲软、竞争加剧的背景下，越来越多的企业基于自身优势，延伸服务，拓宽市场。

2017 年，沈鼓集团核电泵业有限公司签订了廉江核电屏蔽主泵项目，合同总额为 17.6 亿元。签订了成都核动力院小堆主泵合同，合同额为 1 200 万元。签订了 CENTER 项目两条考验回路主泵供货合同，合同额为 950 万元。该产品为高温高压屏蔽泵，属于核二级泵，填补了国内空白。公司同韩国电力、法国电力、俄罗斯原子能公司初步建立了联系，为以后开展合作打下了基础。

2017 年，上海凯泉泵业（集团）有限公司与英国业主方和法国电力公司签署了英国欣克利角第三代核电站设备包项目，包括核电站核岛内 145 台排水泵。这标志着我国第一家民营企业成功进入欧洲核电市场。

昆明嘉和科技股份有限公司在保持磷化工、石油化工、炼化工、有色冶炼等领域市场的情况下，深度开发石油化工、炼化工、烟气脱硫领域市场。公司根据产品市场的需要，合理布局全国销售网络。根据产品和服务的行业不同，打造专业营销团队，直销模式实现垂直管理和精细化营销，能够准确地掌握市场信息。同时，可以有效地控制销售回款。

上海水泵制造有限公司与国内五大发电集团（华能、国电、大唐、华电、中电投）和各大地方能源投资集团（中国电建集团、国投集团、浙江能源投资集团、中铝集团、广西电力投资集团、申能集团、京能集团、华润集团、神华集团、魏桥铝电集团等）分别建立了合作关系，同时也与国内多家总包工程单位（华北电力设计院、西南电力设计院、西北电力设计院、东北电力设计院、华东电力设计院、上海电气集团等）建立了合作关系。产品出口印度、缅甸、印度尼西亚、孟加拉国、赞比亚、泰国、马来西亚、菲律宾、卢旺达、巴基斯坦、玻利维亚、沙特阿拉伯、越南、尼日利亚、斯里兰卡、阿曼、摩洛哥等国。公司还在印度和赞比亚设立了办事机构。

2017 年，湖北省神珑泵业有限责任公司获得自营进出口权，积极参与“一带一路”建设，参与国际重大项目竞争，先后取得德国 EGA、哈蒙等一大批国际知名企业合格供应商资格。同时获得印度尼西亚金川项目、尼日利亚卡沙水泥厂项目、菲律宾 GNPD 燃煤电站项目、印度尼西亚青山不锈钢厂等一大批国际合作项目真空泵订单，产品出口菲律宾、印度尼西亚、尼日利亚等市场。

2017 年，重庆水泵厂有限责任公司新增订货同比增长 78%。其中，矿冶行业保持稳定发展，订货实现历史性突破，同比增长 40.94%。钢铁行业全年订货同比增长 86.9%，煤化工行业全年订货同比增长 70.02%。在股份公司的大力支持下，公司制定的核电三年拓展计划稳步推进。公司参加了第 10 届越南国际泵阀、管道、压缩机及系统设备展，伊朗德黑兰第 22 届国际石油天然气炼油石化展会，美国休斯敦第 23 届国际石油天然气炼油石化展会及巴西 EXPOSIBRAM 2017 矿业展会等，拜访国外客户，为促进海外市场向常态化和持续化方向良性发展迈出了坚实的一步。

2017 年，石家庄工业泵厂有限公司面对传统市场复苏迟缓、脱硫改造项目减少等困难，主动作为，推动营销工作转型升级，呈现全面提速、多点突破、纵深推进的崭新局面。①市场转型初见成效。围绕市场转型方向，修订营销绩效考核办法，确定备件、外贸、船用泵、大型渣浆泵具体目标；深挖传统市场潜能，提高协同作战能力，提升合同品质，稳定并不断扩大市场份额，订货品质显著提升；高度重视备件开发，抓住煤炭、钢铁市场向好，脱硫备件进入更换周期等机遇，深入客户，深入现场，提供优质服务，有效应对市场竞争；推广总包运营模式，大力推进外贸市场，主动参与到国企、民企海外工程，外贸出口创历史最好水平；大力推进船用泵和大型渣浆泵市场，积极做好项目跟踪和技术对接。②风险防控不断加强。持续强化旧欠款清收和应收账款管理，严格对账与考核，发现不良欠款及时采取措施，确保订货、回款统筹并进；加强营销制度建设，制定实施《两年以上欠款月度分析制度》《产品销售价格管理制度》《非正式合同管理制度》和《暂估开票和保函管理制度》等多项制度，促进各环节责权明确、紧密衔接、务实高效；成立营销专项小组，实施营销大数据分析、跟踪、管理，以信息优势拓展市场份额。

2017 年，江苏振华泵业股份有限公司抢占老市场，拓展新市场，销售再提升。国内造船形势依然处在低谷运行，全体销售人员群策群力、求实创新，实现销售 2.86 亿元。产品成功进入海水淡化领域，签订多个风电平台项目。公司在大连设立服务站，为 A 号船、B 号船及其他 J 船调试安装提供有力的保障。售后服务人员为 172 家单位提供了 2 351 次服务，共修理、调试、保养水泵 2 736 台（套），其中为海军舰船修理、保养水泵 1 602 台（套）。

2017 年，丰球集团有限公司对坦桑尼亚高扬程水泵的销量有较大的增加，销售约 14 万美元，增长近 50%；对法国客户的水泵销售超过 11 万美元，增长近 65%。公司还与摩洛哥、埃及、尼日利亚、泰国、瑞典及阿拉伯联合酋长国等国家的客户保持着密切的联系。公司参加了在尼日利亚举行的非洲水展，考察了当地的水泵市场，了解了非洲市场的需求情况和适销产品。根据市场划分，澳大利亚、西班牙和希腊的业务量基本稳定，传统市场如波兰和意大利业务量下降幅度超过 15%，但新兴的南美市场业务量有所增长。

2017 年，天津泵业机械集团有限公司合同承揽和销售收入依然延续了上年下半年的增长势头。公司在保证交货的前提下，重点提升经济增长质量，着力缓解应收账款占比较高的现象。公司在催收老欠款的基础上，严格控制新签订民品合同的付款方式，同时追回拖欠较久的应收账款。在市场方面，重点开发了粘胶行业和出口两大市场，合同承揽完成 25 600 万元，同比增长 12.7%。在配套方面，公司根据各业务人员能力及市场熟悉程度，合理安排资源，抓信息、促合作，制定了“原有项目绝不丢失，竞优项目要充分发挥优势争取中标”的竞争策略，并通过骨干员工绩效考核、调整配套生产组织架构及人员的手段，保证超额完成全年的承揽指标和生产任务。

湖南湘电长沙水泵有限公司适应市场需求，加大项目的跟踪力度，强化重点项目策划分析，采取措施提高中标率，全年新增订货 65 700 万元，超额 9% 完成年度任务，比上年增长 22.5%。在巩固传统市场的同时，积极拓展专项、新能源、新产品市场，核电领域取得突破，签下广西白龙项目亿元订单。公司采取以计划为导向、实时动态监控、及时解决问题的闭环式管理方法抓回款，运用应收账共享数据库管理软件，加大对计划的落实跟踪，确保货款回收 58 180 万元。公司加强产技协调，确保按期交付，适应和响应市场的能力得以提升。

中国电建集团上海能源装备有限公司积极开拓市场，主要表现在以下几个方面：

（1）高端营销和区域营销积极推进。依托集团公司、事业部层面在战略引领与服务支持领域的放大效应，加大与地方政府、五大发电集团、高等院校、研究机构、地方性企业的合作力度。与石首市、无锡市、荆州市等地方政府，与英国 Energy10、俄罗斯 SUMMA、德国 SBP、乌克兰 NEW 等重要合作伙伴建立了战略合作关系，达成了合作共识；依靠集团新能源公司、华东院，合作参与天津、河北分布式光伏项目，荆州水环境 PPP 项目；参与西北院三原县清河湿地项目；与武汉电力设备厂合作参与石首市城市道路照明 EMC 改造项目。

（2）国内传统业务持续巩固。公司注重传统业务的国产化推广和产品线的延伸，加大国产化 350MW 和 660MW 50% 容量锅炉给水泵的市场开拓，中标贵州贞丰、孟加拉艾萨拉姆、烟台万华、华电白音华等项目。积极拓展节能改造、光热、燃机市场，签订了山西保德昔阳、哈密光热、兴能发电二期、华电蒲城等项目；高端阀门占比继续提高，先后签订佛山恒益、国电谏壁、大唐彬长等项目合同；加大力度推进百万等级超（超）临界机组重要阀门的攻关，签订华电句容二期给水泵配套再循环阀、主蒸汽疏水阀等标段合同，实现销售收入 580 万元；拓展生物质电站高温高压阀门市场，先后签订光大绵竹、国祯美洁、中粮安徽等 14 个生物质项目合同，累计新签订单 1 160 万元。公司注重发挥服务产业一体化优势。2017 年完成备品销售收入 2.2 亿元，资金回笼 8 000 多万元，派出服务电厂 228 家次，其中，调试产品 34 家次、泵修服务 42 家次、抢修服务 79 家次、指导服务 73 家次，以零投诉率得到了用户的一致认可，维护了企业的良好形象。

（3）新业务、新商业模式多点发力。探索集团内部焊材配送模式，试点西南片区，覆盖水电五局、七局、十局、十三局、十四局等；在上海电建菲律宾项目中首次尝试并成功完成焊材总包，实现销售利润双增长；重工业务实现新突破，上电环保公司海外业务新签合同 1 亿元，签订的马来西亚关丹斗轮机项目是公司第一个自营出口项目，为公司实现自主走出去奠定了基础。

（4）紧跟集团国际优先“三步走”战略。2017年，公司海外业务新签合同3.73亿，同比增长75.9%。加强与集团内外总包的紧密合作，中标印度比罗德和巴新萨、印度尼西亚卡尔腾和西加里曼丹、菲律宾GNPD、孟加拉艾萨拉姆等项目。参与“一带一路”巴基斯坦卡西姆港燃煤电站项目建设，2台机组完成168h满负荷运行；坚持以用户为导向，积极响应海外市场需求，共计向印度、印度尼西亚、菲律宾、巴基斯坦等现场派出服务人员18人次；印度商务服务中心运作良好，完成多例海外现场的芯包大修任务，走访10多家印度电厂，全年新签合同1 680万元；依托中国通用机械工业协会，试点搭建印度尼西亚海外服务中心大平台；积极探索与国外拥有先进技术的科技公司和新能源企业进行交流合作，派出战略合作、项目洽谈、培训学习、调试维修等出国团组26次，共计50余人次，接待外事来访20余次。

（5）供给侧改革深入推进。公司加大市场发展趋势研究，大力推进传统业务转型升级。公司EPC总包的河南汝阳60MW项目于3月底顺利实现并网，安徽宿州40MW光伏项目6月底基本实现并网发电，盐城项目顺利并网发电，武威项目初步完成出让；与上海临港集团合作的外高桥2MW光伏发电项目已于12月正式并网；签订临西光明14MW分布式光伏项目和晋能光伏项目，合同金额逾1.3亿元；以传统农场光明上海五四有限公司为试点示范项目，携手光明集团合作开展新能源绿色可循环农场项目。中标的首个英国船舶脱硫项目UNION MARITIME于6月底完成首台脱硫装置的装配和调试，通过美国船级社ABS的船检认证，新签地中海船舶脱硫项目1.02亿元。此外，获得盐城联鑫烧结、焦化原料场总包项目，合同额逾6亿元。

（6）产融结合步伐加快。公司以资产、技术、市场、品牌四位一体合作模式，探索与美国新能源PGT公司和德国减速箱制造商KELLER公司的股权合作，已就技术转让、专利转让、合作生产等方面达成共识。通过合作模式的创新摸索，实现强强联合、优势互补。

重庆水泵厂有限责任公司创新管理取得成效。公司通过对宏观经济环境和企业发展现状的深入分析，在推进公司转型升级过程中，大力实施“132”发展战略，不断取得新突破。2017年实现新增订货8.3亿元，同比增长79%，创公司历史纪录。其中：矿冶行业订货实现历史性突破，实现订货0.87亿元，同比增长41%；钢铁行业订货达4亿多元，同比增长87%；备件和维修实现收入1.5亿元，同比增长6.45%；核电领域实现订货近1.2亿元。

三、新产品、新技术

近几年，泵行业企业的研发与创新不仅仅局限于对国外先进技术的引进，而是更为关注原创设计、制造等能力的提升。

2017年，天津泵业机械集团有限公司坚持以满足市场需求为导向，以产品开发引领和培育市场，提升关键技术核心能力，制定了企业技术创新规划。公司明确了站稳船舶和润滑市场、不断扩大石化和配套行业市场、大力开发新能源和国际市场的战略布局，制定了详细的重点新产品与工艺开发规划。公司开发了十多个型号、应用于不同工况范围的高温船用沥青泵产品，实现了对船用沥青泵市场需求的全覆盖；开发了公司最大流量的离心泵产品，用作浮船坞用压载泵并实现顺利交付，填补了公司在此领域的空白，并拓展了公司产品型谱范围。公司在研发技术和手段上实现了多项突破。首次全面使用PLM数字化工艺管理系统编制和管理产品加工工艺，与国家超算天津中心签署合同，利用云计算技术进行产品的仿真计算，并在研发过程中全面引入3D打印技术。公司承担的重大自主创新项目主要有：①水基液三螺杆泵研制。完成项目3种介质相关的物理试验和摩擦学试验，完成了项目的方案设计评审和评审整改材料补充，完成了技术设计并通过了评审。②双联泵研制项目。初步制定总体设计方案和燃滑油泵的设计方案，并编制了技术方案的核心部分。当前该项目方案已完成初步审查，即将进入详细技术设计阶段。③1075项目电动消防泵组研制项目。完成了该泵组的方案设计、水力设计及减振降噪方案制定，其中水力设计及减振降噪方案经过多次调整完善才最终确定。当前，该项目正在投产中。④北科大合作项目——高压、低噪声“通海泵”设计研制。完成了该泵组的方案设计、水力设计及减振降噪方案确定，当前项目正在按计划进行中。⑤乍得混输泵项目。设计了新的泵型方案，为保证产品质量，公司采用德国进口衬套的萨伯特公司的泵头，公司添加 PLAN54 冲洗方案和阀组。⑥低压大流量 WHC 系列双螺杆泵。该泵是专门为船用货油泵进行研制的，具有流量大、效率高、结构紧凑、占地面积小、成本低等特点，为当前市场低迷的船用泵市场提供竞争力强的产品。

上海东方泵业（集团）有限公司自主研发、具有自主知识产权的 CP 型化工屏蔽泵是新一代化工屏蔽电泵，该泵属离心式无轴封泵。该泵与电动机被密闭在一个被泵送液体充满的压力容器内，压力容器只有静密封，可以做到整机完全无泄漏。该产品的电动机轴与泵轴采用一体化设计结构，电动机转子与泵的叶轮固定在同一根轴上，利用屏蔽套将定子、转子隔开。电动机采用滑动轴承结构，滑动轴承的冷却、润滑及整机冷却靠进入电动机的冷却润滑循环液完成。

重庆水泵厂有限责任公司研发生产的“百万千瓦级压水堆核电站 HSD80-150 型上充泵”和“SDZ300-400 超高压大型多级离心泵”分别荣获 2017 年度中国机械工业科学技术奖二等奖、三等奖。

上海凯泉泵业（集团）有限公司 2017 年持续进行技术创新和产品改进。其中：消防单级泵规划 52 个型号，设计试制 174 个方案，合格方案 53 个，50 个型号基本达标，攻关成功率为 94.3%。消防多级泵规划 5 个规格（20L、30L、40L、50L、60L），设计入图 15 个方案，5 个规格基本成功，攻关成功率 100%。单级泵规划 92 个型号，设计计划方案 238 个，设计入图方案 233 个，试制 229 台，合格方案 33 个，合格型号 27 个，节能标准攻关成功率为 29.3%。双吸泵规划 84 个型号，263 个改进方案，完成测试方案 221 个，达到原设定目标的有 66 个方案、43 个型号，达到节能标准以上的有 114 个方案、58 个型号，攻关成功率为 69%；第一批已经转产 26 个型号，第二批完成达标 17 个型号的转产工作。冲压泵完成 10 个规格（20 个型号）水力性能攻关，设计计划方案 63 个，设计入图方案 60 个，设计完成率为 95.2%；试制计划方案 48 个，试制完成 47 个，试制完成率为 97.9%；攻关 20 个型号中，18 个型号达到目标要求，16 个型号超过节能标准 3% ～ 6%，水力改进可带来的成本降低在 15% 以上，投产改进后产品预计每年可节省成本 1 000 万元以上。合肥工厂完成 WQ/E、WQ/EC 系列 32 个型号小型潜水排污泵整合规划，26 个型号达到 1 级能效等级；完成 23 个型号 WQB 系列隔爆型潜水排污泵开发，并取得 5 个规格型号潜水防爆证；完成 10 个新一代 WQ 系列潜水排污泵性能效率攻关（指标比 1 级能效标准高 5 个点）；一体化泵站完成 6 500mm 直径超大型泵站开发，两个项目已投入运行。

中国电建集团郑州泵业有限公司在立足火力发电辅机泵类产品的研发、设计、生产、制造及节能改造的基础上，加强水资源与环境治理所需用泵的科研开发和创新，特别是轴流泵、混流泵、潜水电泵等水务工程用泵，同时开展了河道清淤相关设备的调研和研发工作。公司继续推进燃气电站余热锅炉给水泵、大型 BB3 型多级离心泵、万吨级膜法海水淡化高压泵和升压泵等科技成果的推广应用。公司自主研发的燃气电站余热泵被评为中国电建优质产品，产品已形成系列化，市场取得了较大突破，抢占了国产化燃气电站余热泵市场有利先机；研制的海水淡化泵在中电建舟山水务有限公司海水淡化示范工程安全稳定运行，设计效率达到同类产品国际先进水平，并通过了电建集团成果鉴定；研制的大型 BB3 型多级水平中分离心泵成功中标贵州油沙河调水项目，实现了该型泵在水环境治理领域零的突破。

杭州大路实业有限公司自主研发的无泄漏磁力传动泵系列新产品，采用“拉推磁路”理论，应用超高内禀矫顽力（高抗退磁）先进磁性材料和高电阻率非磁性材料，掌握了磁力传动泵的关键技术：泵轴向力自平衡技术、高温情况下不同膨胀系数件配合的缓冲对中技术、防磨蚀颗粒对隔离套磨损的技术、抗固体颗粒进入的技术等。这些技术都申请了相应的专利，保证了公司研发的磁力传动泵产品的先进性和可靠性。对于多级离心泵，其关键技术如镶装式壳体、一次性动平衡转子等关键技术，都申请了相应的专利，确保了公司研发的多级离心泵如高压液氨泵和高压锅炉给水泵的高效和高可靠性。对于军用低噪声泵，通过研制和分析试验，掌握了低噪声泵的关键技术，并以此为基础，研制开发了一些用户需要的低噪声泵。

中国电建集团上海能源装备有限公司科技创新取得突破性进展。公司完成泵类产品新研发项目 16 项，改造项目 7 项。“1 000MW 火电机组 100% 容量给水泵”国产化研制成功，主要指标达到国际先进水平，通过了国家能源局的专家鉴定，获集团公司科技进步奖一等奖、上海市产业青年创新大赛金奖；“660MW 机组 100% 容量给水泵国产化研发”项目荣获 2017 年中国机械工业科学技术奖二等奖、上海市科技进步奖三等奖。与江苏大学、上海交通大学就光热电站关键设备熔盐泵阀的联合研发和工程设备成套达成战略合作，产品设计阶段已全面收官，首台样机已投入制造；完成 PIV 测试平台外特性的整体性能试验，各项指标满足相关标准 1 级精度要求；与上海交通大学合作完成泵内空泡特性研究试验。公司参与修订完成国家标准 1 项，参与制定团体标准 1 项；完成集团科技部“国际工程标准化装备技术研究”课题任务；完成集团科研项目验收 1 项、立项 1 项，装备研究院验收 7 项、立项 3 项，获得专项资助 320 万元；积极开展知识产权管理，被上海市知识产权局认定为“上海市专利试点企业”，获专项资助 56 万元；完成专利申报 18 项，获得授权实用新型专利 13 项、发明专利 1 项。检测中心改造顺利通过国家合格评定委员会的 CNAS 换证复审工作，已逐步介入各项对外的检测任务，共计完成业务量 23 万余元，利润贡献值约 20 万元。公司利用海南厂现有厂房、土地，建设互联网 + 创新科技产业园，推进海南电力设备厂的转型升级。公司本部派驻人员和海南厂成立土地开发工作组，与集团内兄弟企业北京市建筑设计研究院有限公司通力配合，已完成产业园的概念规划。通过集团科技部的立项，获得专项资助 95 万元并得到海南省、海口市和美兰区政府的高度重视，该项目已申请列入海口市重点项目。

兰州兰泵有限公司研发生产的“HDM1000-400/5 型重型多级石油（煤）化工流程泵”为当前国内最大流量的 BB3 结构半贫液泵，具有全生命周期的检测、控制、管理与服务功能，可以完全替代进口产品。该产品获得 2017 年度中国机械工业科学技术奖三等奖。

上海阿波罗机械股份有限公司研制成功了厂用水泵、启动给水泵、卧式单级离心泵、设备冷却水泵、乏燃料池冷却泵、冷却水泵、循环水泵等产品。AP1000 乏燃料贮存格架 / 燃料暂存格架样机达到国际先进水平。

大连深蓝泵业有限公司作为国内煤化工行业用泵的领先者，在许多项目中成功替代进口产品，同时也是国内低温及超低温领域用泵的开拓者。公司完成了浙江 16 万 m^3 LNG 储罐罐内潜液泵设计制造及低温试验，填补了国内空白，通过了中国机械工业联合会专家组的鉴定。

利欧集团股份有限公司自主研发的高温渣油加氢液力透平在中石化长岭分公司实现长期连续稳定运行。中国机械工业联合会组织相关专家进行了产品鉴定，主要性能指标达到国际先进水平。

三联泵业股份有限公司成功研发了高效节能型中开泵。公司在原有设计的基础上，采用 CFD 流体力学计算、计算机辅助三维设计等方法进行设计。产品具有型谱范围广、水力性能好、效率比较高的特点，机组性能达到国内先进水平。

丰球集团有限公司承担、运行并结项了多项低噪声螺杆泵、离心泵、齿轮泵产品的研制工作，在多种产品的减振降噪科研工作方面取得了重大突破，实现了各类产品尤其是部分离心泵及齿轮泵产品振动噪声较大幅度的降低。与此同时，开发出配套低噪声电动机风扇低噪声化及阻尼涂料应用等两项全新低噪声应用技术；尝试并初步确定了不同结构水泵振动指标“超标”的处置办法，其中消防泵减振降噪构件、冷水机组冷却水泵减振降噪构件、柴油发电机组冷却水泵减振降噪构件、压载泵减振降噪构件、潜水型舱底泵减振降噪构件及泵体整改设计都取得了良好的效果。公司进一步加强和国内高等院校及科研机构的产学研合作，尤其是在螺杆泵的相关基础理论研究方面取得了多项进展。其中，与哈尔滨工程大学合作，首次用直接数字化测量的方法测定了高压螺杆泵密封腔内转子动态间隙和压力的变换，对双螺杆泵进行转制动力学及扭振特性专项研究；与大连海事大学合作对新型水基液压液在螺杆泵基础材料中的摩擦学特性进行了研究，同时对双螺杆泵转子用双相不锈钢在特定应用中的动态载荷疲劳特性进行了研究；与清华大学天津高端院就磁力耦合传动技术在低噪声螺杆泵中的应用进行了研究，同时就非接触式型线及几何公差测量技术进行了研究。公司设计开发了当前公司最大功率的潜污泵 500WQ3100-28-315；对 WQN18.5-22kW 全系列产品、WQ18.5-22kW-6P 系列产品进行质量改进设计；组织实施了 200WQ360-35-45C 高扬程潜污泵、WQ25-15-3B 焊接拉伸组合型不锈钢潜污泵等产品的开发设计。2017 年在实施引智项目方面，申报的“大功率潜污泵降成本设计”“激光焊接在水泵不锈钢配件焊接工艺中的应用”被浙江省外国专家局列入省级引智项目。共申报实用新型专利 13 项，获授权实用新型专利 6 项。公司的 80WQ50-50-18.5 永久船闸用高扬程、无过载潜水排污泵，250GWQ700-6-22kW 高效外回流潜污泵，WQ-B-SQG 系列不锈钢潜水切割泵及 ZH350 不锈钢潜水多级泵产品获省级科技成果证书。CP1500 型自吸离心泵、FC2-201C 2hp 组合式多功能潜水切割泵、WQ25-15-3B 不锈钢潜污泵、WQN700-6-22 内循环冷却潜污泵产品通过省级科技成果鉴定。

湖南湘电长沙水泵有限公司以创新技术支撑市场，强化技术标准工作。公司加强研发更新应用软件，升级并二次开发 PDM 产品数据管理系统，还对“应收账管理系统”和“投标保证金管理系统”进行了完善，系统应用以后，数据更加准确，计划也更加快捷。公司完成 ZTi60 材质两型样机的开发；利用现有设备完成钛合金的车削加工和钻孔、攻螺纹工艺，攻克了钛合金生产难题。另外，还实施废钢熔炼球墨铸铁工艺，使风电产品成本下降约 10%、普通产品成本下降约 20%。

2017 年，江苏振华泵业股份有限公司加大研发投入，首次参与中船重工第七一一所 ×× 泵竞优项目，并顺利交付海水、淡水泵各 1 台，进行可靠性试验。参与“一体化冷却泵低噪声制造技术及规程研究”“QT 民口配套减振降噪条件建设项目”等多个项目申报。公司还研发了 CLH150-125-300、CLH80-50-4.5（Z）二轮配套泵组，完成了 CTSZ-4 水力风机、转子泵等 44 型产品研制，完成了 65CWY 系列柴油机应急消防泵所配引水器的改进工作，完成 46 型泵组直联轴的更改，完成了 22 型产量较大的典型泵组机械密封漏水问题改进工作。

广东肯富来泵业有限公司强化技术工作，为产品制造提供保障。公司开发出恒力石化（大连）炼化 2 000 万 t/a 炼化一体化项目的真空泵装置和压缩机装置；开发出墨西哥地热发电项目的真空泵装置，采用不锈钢整体铸造叶轮，叶轮直径达到 1 650mm；研发了世界首个小规格液环泵自动试验装置，可自动调节供水量和真空度，自动换算试验数据，实时显示测试性能，可即时判断结果，提高了测试的精度和效率的同时，大幅降低了测试成本。

辽宁恒星泵业有限公司管道输油泵取得阶段性成果。中俄二线管道输油 9 台主泵及 2 台给油泵一次投油开车成功，并投入商业使用；铁大线铁岭输油站、新民输油站试投产一次成功；庆铁三线、四线 8 台炉前泵一次起车成功，运行平稳；完成庆铁三线梨树站鲁尔泵维护、维修，完成郑州 2 台国产输油泵、大连输油公司 1 台国产输油泵的维护、维修。公司研发成功 HC-800/1.6 型稠油泵，0.6MPa 效率点可达 78%。2017 年，公司 2 500kW 级输油泵获得辽宁省科技进步奖三等奖、中国机械工业科学技术奖三等奖，并获得区政府 10 万元的科技补助。

2017 年，大耐泵业有限公司紧紧围绕市场，以顾客需求为发展目标，针对项目的特殊性进行定制性的技术研发。典型项目如下：

（1）烯烃装置中急冷水泵、水洗水泵、调温水泵的研制。公司取得宁夏宝丰能源集团股份有限公司 60 万 t/a 烯烃工程全套装置的离心泵订单 200 多台（套）。其中含有较多催化剂的急冷水泵和水洗水泵，采用特殊材料的流道表面硬化处理，增加了材料的耐磨性；大型调温水泵叶轮进口采用特殊设计，降低了汽蚀余量 1m 左右。2018 年年初，又承接了二期工程的合同订单。其中涵盖 VS6 型烯烃泵、BB2 型急冷水泵、BB2 型水洗水泵、BB1 型调温水泵等关键泵型，流量超过 3 000m^3/h，扬程超过 140m。

（2）高可靠离心泵的应用。公司承接了中石化海南炼油化工有限公司大修技改项目所有的石化改造泵。由于离心泵具有较好的维修便捷性，因而在类似于偏远的海南区域，更需要高可靠性的离心泵来代替无密封泵。这些改造离心泵无泄漏运行已达半年之久，得到了用户的认可。

（3）烯烃装置中碳四循环泵 BB5 型泵的低汽蚀研发。浙江石化 4 000 万 t/a 炼油项目中的碳四循环泵大规格 BB5 型泵，泵流量为 320m^3/h，要求 2 980r/min 转速下汽蚀余量≤ 3.3m。当前国际上相同性能的同类泵的汽蚀余量最低为 4m，公司先后进行了 7 次 CFD 计算调整，最终汽蚀余量为 3.1m，达到了预期的效果。

（4）液化气 VS6 型泵高速长轴低振动的研究。该泵的扬程超过 500m，汽蚀余量低于 1m，故必须以高转速实现高扬程，以加长筒袋深度实现低汽蚀工况，泵的运行振动便是一个难题。公司多次进行振动模态分析，最终解决了这一难题，试验的运行振动值在 3mm/s 以下。该泵用于浙江石化 4 000 万 t/a 炼油项目中压力罐区的精制液化气泵。

（5）高性能自吸罐以及水环式自吸泵 PC Z 系列的研制。研发了高性能自吸罐与泵机组的配套，实现了自吸泵机组的快速无延迟吸上功能。该机组的流量为 1 000m^3/h，扬程为 160m，工作压力为 2.5MPa，自吸高度为 6 ～ 7m，运行无振动，吸入快，解决了自吸泵延迟吸上或吸水困难的问题。该机组分别在新疆克拉玛依石化、海南炼化等使用良好。

（6）无堵塞卧式离心泵 SC W 系列的研发。该泵采用闭式无堵塞叶轮，叶片加厚以应对磨蚀的介质，采用闭式流道以提高泵的效率。该系列泵的最大流量为 3 750m^3/h，最大扬程为 50m，主要用于污水、脱硫、黑水、灰水等工况。当前已用于多个脱硫行业，运行良好。

四、质量管理

沈鼓集团核电泵业有限公司大力提升产品质量，最大限度降低内外部损失。在质量改善方面，组织开展两次全公司质量整改活动。①根据现场巡查问题，举一反三，组织全公司进行问题排查和整改活动。制定详细的排查整改计划，组织各部门制定改进措施，组织现场检查，组织验证整改情况。通过整改，各部门纠正了核级泵设计制造过程中存在的违规操作及文件管理、库房管理中的风险，保证后续项目执行按法规、标准及相关要求执行。②根据集团质量整改活动要求，组织公司各部门开展全员质量整改活动。制定公司质量整改活动方案，组织召开宣贯会议，落实集团公司要求；组织各部门排查问题和制定整改行动项，跟踪和监督各部门改进活动开展情况；编制各阶段整改活动开展情况报告，跟踪验证各部门行动项完成情况。通过本次整改活动，提升了全员质量意识，保证了公司质量管理和产品质量不断提高。全年开展了质量指标统计、质量成本统计、质量信息统计、质量事件调查等工作；开展质量事件调查 9 项，形成调查报告 7 份；针对质量信息和外部质量问题的处理、三包、质量责任追究等方面，编制、升版公司级质量管理文件 7 个。

江苏振华泵业股份有限公司严格管控过程，质量提升又上新台阶。2017 年，公司充分利用统计手段，收集了大量的数据，并对数据进行有效的分析，为产品质量改进、提高提供了一手数据，模具、毛坯、焊接切割面等外观质量问题得到有效控制。公司全面落实自检工作，经过 3 个月检验测量控制，焊接件、铸件、型芯、压水一次合格率均有所提高；充分利用台式 / 移动式三坐标测量仪、轴承检测仪、光谱分析仪、闭式试验台等新设备测量统计数据，很好地解决了 CWF 泵体、泵盖、零部件加工不同轴的问题；完成了测量管理体系质量手册和程序文件编制，完成了测量管理体系软件电子台账录入，提升了计量管理工作。

湖南湘电长沙水泵有限公司严抓产品质量，加强质量红线宣贯，开展“以问题为导向，解决重点质量问题”的主题质量月活动。公司还重点推进了检验人员队伍建设，实行检验员计件制，激发员工的工作活力和素质的提升。

石家庄工业泵厂有限公司全面深化质量管控，强化质量理念渗透，强化风险监测和质量追溯，将质量安全延伸扩展到生产全过程。公司加快市场反馈问题的处理速度，制定解决方案，确保整改措施精准有效；强化质量管理队伍建设，注重质量问题预防，严格工艺纪律执行；树立出口产品质量标杆，持续加大检验力度，确保产品整体质量再上新台阶；完成质量管理体系标准换版工作，按计划完成体系内审、外审、管理评审；深挖 5S 管理潜能，大力实施 QC 小组活动，因势利导，及时把职工注意力引向设备改善、品质改良、效率提升和成本降低等各个方面。

五、企业经营管理情况

沈鼓集团核电泵业有限公司加强生产过程管控，保证生产经营有序开展。①总结分析产品合同，保障合同执行。每月月初组织召开合同执行总结会，总结当月到期合同交付情况，分析各环节周期过长的根本原因，制定措施，规避后期合同风险。同时对新接合同进行分析，提出风险点，采取预防措施，规避风险。②做好计划落实及编制工作，增进计划合理性。每月月初在合同总结会上讨论生产主计划及成套主计划中每台产品的进度情况、平衡能力情况、外配套件情况等，每月 5 日前输出出产主计划及成套主计划。③计划引领，时刻关注主泵泵壳进度。针对主泵泵壳的重要性，平衡设备能力，每月编制主泵泵壳专项计划，每天利用微信平台发布泵壳生产进度情况。每周组织召开例会，解决生产过程中存在的重大问题，每周生产副主任会点检专项计划达成情况，主泵泵壳的生产进度得到了有效保证。④加强产品配件及三包件的管理，保证满足用户的需求。设立配件调度员，编制配件专项计划，每周落实配件进度情况，跟踪配件进度，及时解决异常问题；建立三包件快速响应机制，做到两天内完成三包件补件手续的下发，同时建立三包台账，跟踪三包件生产环节进度，及时解决异常问题，确保三包件及配件满足用户需求。⑤点检计划前准备工作，确保计划节点达成。每月依据计划草案编制“产前准备点检表”，每月中旬下发到车间及采购部，对产品成套、装配、试验、收尾包装等关键工序所用的工装、工具等事项进行点检落实。每月采购部及装配车间召开产前准备落实会，确保装配、试验、收尾工作能够正常进行。⑥强化精益管理工具落实和实施，促进各项管理工作的提升。依据异常管理相关规定，持续开展异常管理活动，车间每天上报异常情况，跟踪问题解决方案的输出及处理过程。每周五在生产副主任例会上公布一周的异常情况，每月生产主任例会上公布月度异常情况，每月召开异常总结会，逐步实现日管理、周通报、月总结的异常管理模式。规范生产现场计划看板，输出生产现场看板标准模板，制定点检及更新标准，定期对生产现场看板的状态进行点检，使生产现场看板运行良好。⑦加强绩效考核管理及重点行政工作督查，督促提升各部门工作的执行效率。各主管副总及14个职能部门负责人签订了全年绩效考核责任状，进一步明确、分解了全年重点工作任务，为各部门工作的开展指明了方向和侧重点。以集团考核办法为指导，制定下发了核电公司绩效责任考核办法，合理设置各专业线考核细则，侧重并整合各专业线考核资源，加强各部门月工作计划落实情况和关键业绩指标考核。为提高各部门工作计划有效性，从3月份起，每月底由绩效考核小组采取走访调研的形式，到各部门对当月会议纪要行动项及考核责任状内到期的工作项目进行点检，结果直接纳入绩效考核。⑧持续开展设备、能源、消防工作，保障生产有序运行。对重点防火部位、外来施工区域等加强监督、检查力度，并通过与消防科的共同协作，每月对消防器材进行点检。做好设备日常保养工作，每周开展设备周例保工作，重点设备制作点检卡，每日点检设备状态，确保设备运行良好。

丰球集团有限公司根据企业战略发展需要，完成了丰球泵业的搬迁以及与克瑞丰球的整合工作。2017年10月开始，公司引进英时达管理咨询公司来实施精细化管理项目。公司成立了订单交货提升项目组、成本效率提升项目组、稽核部等部门，制定了订单、培训等一些管理制度。

2017年，天津泵业机械集团有限公司为规范公司内部会议管理，重点改进修订了会议管理办法，通过明确决议追踪职能、会议情况视觉化管理等方式，对公司的会议管理进行了改进，并将会议决议的执行完成情况放入绩效考核中。在上年年底完成的重构绩效薪酬体系的基础上，完成了搭建核心管理干部及业务骨干56人的绩效考核管理平台的建设，完成了56名干部的绩效考核档案管理系统。各主业务流程部门主管形成了每月分析绩效指标、进行工作进度分析和规划报告的良好工作模式，二线部门形成了每季度实施绩效考核管理的模式；探索形成各部门日常沟通、主要工作计划执行互相评价、领导层会诊主要管理问题、对存在问题推动解决的工作模式。在商业模式创新方面，通过归总整理石化类项目信息，由专人搜集整理瑞达恒工程信息系统中的项目信息，召开销售、工程项目对接会，根据项目信息情况确定项目运作方案，并落实销售与工程部相关负责人，以提高项目成功率。在企业技改项目方面，国防科工局“关键配套用泵研制保障条件建设项目”新增计算机辅助制造软件、螺杆磨床、立式镗床专机、振动噪声测试分析设备，共计新增工艺设备及软件4台（套）。项目总投资1 320万元，资金来源为中央基本建设投资1 060万元、自筹260万元。当前已完成建设内容的80%，2018年完成项目验收。市工信委“工业互联网大数据示范应用”项目“大数据在泵业设计和制造中的应用”总投资800万元，其中市财政专项资金96万元、自筹704万元。当前已完成全部建设内容，2018年完成项目结项验收。

湖南湘电长沙水泵有限公司为加快生产流程，统筹管理，整合了生产与供应职能，将物资供应部并入生产管理部，将车间按民品与专项产品生产职能调整为大泵车间、特种泵车间，对各工作区域进行了细化定置，同时对部分区域进行工艺能力改造，提升专项生产能力，提高了生产效率。①加强计划管控。实行月度生产实施和发货计划“同步走、同步抓”。对重点项目采取进度倒推方式，协调资源，着重提高大件、关键件专业化制造能力以及核心装配、核心验证、高端制造能力，合理利用社会化分工协作生产，保证重点产品的按期交付，在一定程度上缓解了产销矛盾。②狠抓现场管理。公司制定车间“6S”管理制度和区域责任制，明确现场管理职责、标准。重点对半成品库房以及综合仓库标准件库进行专项整理、整顿，还启动了生产和仓库条码管理，大大降低了差错率，有效地促进了产能的提升。③完善干部考评体系。建立干部月度考核与季度评价相结合的评价体系，评价结果与薪酬挂钩。对中层管理人员实行管理达标、领导、双向等三个维度评价，为晋升、调整和薪酬分配提供依据。④建立健全技术人才晋升通道。公司制定了工程技术人员管理办法、项目奖励办法，确定了技术核心、重要人才，进行了人员的合格调配。还设立了项目制奖励，对立式多级斜流泵的全新设计等 14 个科研项目进行了奖励。⑤实施人员分流安置。按照公司统一部署，采用歇岗、息工、内养等方式稳妥推动分流安置工作，压缩人员总量，降低管辅人员比例，优化人力资源结构。⑥严格招标管理。通过完善招标考核、标底、询价等制度，进一步规范招标管理。通过严管严控，公司在降低成本方面取得了突出成效。⑦加强对预算内费用的控制。坚决减少非生产经营性的开支项目，集中费用审核权限，每笔费用都与年度预算对应，并不断创新管理方式，找出压缩空间。采取网上比价采购的方式，既降低了采购价格，也节约了大量人力和物力。

江苏振华泵业股份有限公司强化生产管理，按时保质完成生产任务。①强化生产计划管理，严格考核工作质量。生产部遵循“既要满足销售需要，又要控制产成品库存”的原则，同时考虑各分厂、各工种的加工需求，对各工种、工序的生产能力和生产状况通盘考虑，严格实行批次管理。对销售急需产品能及时调整生产计划，确保销售部门按时供货。按月汇总统计各分厂、采购件完成率。严格按新调整的生产进度考核办法执行。②加强生产过程的监督与协调，确保订单与新品快速推进。生产部深入分厂、班组、仓库，加强现场指挥和生产，协调生产过程的各个方面，解决生产过程中的各种问题。抓好产品配套，实现均衡生产，确保生产过程有序进行。③及时处理积压物资，降低成品库存。全年共使用成品库存 184 台，总价值 174.6 万元。对长期闲置产品，安排三分厂拆泵，将合格零件入半成品库。全年共拆修泵 105 台，总价值 127.5 万元。利用库存底座 44 只，拆解零部件 100 余件。收集损坏仪表、机械密封件返厂免费维修。④强化合同管理工作。重新修订了合同样本，明确合同签订的权限以及合同审批手续，安排专人对合同进行编号、存档、保管。⑤加强人力资源管理，体系管理工作效果明显。2017 年成功申报江苏省技能大师工作室；完成计划内培训 8 项、计划外培训 29 项次，共参培 366 人次。在后备干部培训中，组织内培 12 场次、外部老师培训 2 场次。成功举行了首届“企业工匠”评选活动，全年评选“月度之星”68 人次。⑥加强财务监督和仓库管理，保障资金需求。根据公司年度内控目标，对销售公司合同加大了应收应付款的清欠力度，全年共发出应收账款对账函 218 份，收回对账函 218 份；应付账款共发出对账函 138 份。此外合理利用闲置资金，进行短期保本理财产品投资及协定存款业务，增加利息收入 100.55 万元。利用 NC 系统设计最低和最高库存量，做好物资分类，降低物资库存量，有效降低资金占用量。严格执行仓库管理规范，确保账卡物相符，严格执行入库商品验收制度。

广东肯富来泵业有限公司依据环境变化，不断革新企业管理。①改革生产管理，打破传统的生产组织架构。针对交货期这一瓶颈，对生产系统组织架构及职能进行革新，撤销原生产部及分厂，设立计划中心（归属企管办）、铸造中心、零件中心、成品中心和物装中心。重新配置生产资源，包括人员、设备、场所和分配模式，明确各自职责，做到权责清晰，以充分释放生产力，提高生产效率。②重新构建与个性化装备制造过程要求相适应的 ERP 系统。公司以搬迁为契机，选择了有丰富经验的软件公司合作，重新构建与个性化装备制造过程要求相适应的信息化制造系统。③不断加强技术管理，持续强化质量体系建设。2017 年共申报专利 13 项，获得授权专利 8 项，其中 1 项为发明专利。公司通过了高新技术企业认定，获得标准化良好行为企业“AAAA”级称号。

石家庄工业泵厂有限公司加强管理，提升管理手段，创新组织模式，确保生产高效平稳运行。①筑牢安全管理基石。公司大力倡导安全文化理念，持续开展月度安全主题活动，巩固安全管理基础。全面推行安全目标管理，做好“8341+”安全管理体系导入和落地工作，提升管理实效。时刻强化底线思维，突出抓好安全标准化建设、事故风险防范、隐患排查治理，不断强化全员红线意识，保证安全投入，确保安全形势持续稳定。②稳妥实施技改项目。实施铸造分厂V法造型车间中频感应熔炼炉改造工程，提升熔炼能力。实施大泵造型车间及北造型车间隔声、降噪工程，持续改善职工作业环境；实施小试泵站改、扩建工程，提升试泵能力；实施供电系统升压改造，满足公司供电需求。③深挖提质增效潜能。突出问题导向，围绕绩效考核办法、产品优化设计、生产反应速度、资产盘活处置等重点、难点问题，成立专项小组，研究制定方案。加强和规范内控审计，提高企业经营管理水平和风险防范能力；改革成本奖励制度，实现多劳多得、差额分配，调动各方参与成本管理的积极性；突出“精准、精细”，将V法量产、铸造废品控制、机加效率提升、装配质量控制、生产精准排产、应收账款管理等确定为公司级降本增效项目，制定“时间表”“任务图”，由专人负责，确保项目落到实处。突出全面预算管理，坚持以全面预算管理为总纲，严细预算指标管控，建立动态优化机制，及时调整考核指标，及时评价预算执行效果。④坚持人才强企战略。创新引进人才、培养人才、使用人才、关爱人才的办法和机制，加快培育高素质人才梯队；充分利用高校、科研院所、设备厂家等科技人才优势，组建专家智库，借助“外脑”攻克关键技术难题；深化减人提效，充分利用机械化换人、自动化减人、提升装备工艺技术等手段，优化用工结构，保持职工队伍稳定。

辽宁恒星泵业有限公司修订了《劳动保护用品发放规定》，进一步强化员工职业安全健康保护措施；修订了《安全岗位责任制度》，增加了奖励措施，强化了安全分工，增强了部门领导对安全工作的重视程度；成立恒星泵业爱心基金委员会，首次启动仪式筹爱心基金款10.22万元。

六、发展中存在的问题

泵行业企业通过创新发展，抓住市场机遇，取得了较好的经营业绩，综合实力稳步提升。但是，必须认识到行业发展中存在的一些问题。

（1）产能过剩现象仍然突出。传统市场（如电力、冶金、石化等领域）需求持续下滑，环保、节能改造以及特殊定制等领域市场虽有增加，但整体量能有限，不能满足行业企业需求。

（2）企业经营呈明显分化趋势。优势企业产品需求大幅上升，大项目订单不断，产能基本饱和。另一部分企业由于外部环境、自身市场竞争力等因素，在手订单与前期相比下降明显，前景堪忧。

（3）过度竞争影响了正常的市场秩序。近年来，企业同质化现象仍未得到改变，市场竞争激烈，低价竞标现象频现。长期低价竞争的市场环境已经严重影响了企业创新的积极性，阻碍了行业发展。

（4）资金压力仍然较大。当前相当数量的会员企业订单饱满、生产繁忙，但效益增速一般。2017年，原材料价格上涨幅度较大，产品成本居高不下，利润空间被挤压，利润率下降，最终造成企业流动资金短缺。

（5）产品国产化需得到进一步支持。当前进行国产化的产品属于用户重点、高精尖设备，部分用户以国产设备没有运行业绩为由，采购设备时首选国外产品，影响企业参与国产化的积极性，制约了企业自主创新和行业技术进步。

（6）研发资金投入不足。在经济形势转好的形势下，全行业研发经费比例保持稳定，但是总体金额仍处于低位。尤其是相当部分中小企业研发资金投入极少，不能满足企业自主研发的需求。

（7）发展模式急需转变。面对激烈的市场竞争，除极少数骨干企业开始进行转型发展外，行业内绝大多数企业仍然以纯制造为主，未能实现产业链的延伸，抵御市场风险的能力较弱。

七、发展措施及建议

（1）深化企业改革。行业内企业要继续深化企业改革，不断优化企业经营体制和管理机制，激发企业发展的内在动力和活力，使企业可持续发展动力更加强劲。

（2）坚持以客户为中心的理念，推动客户满意度提升。坚持以适应市场发展为核心，以满足客户需求为导向，建立企业全价值链协同机制。重点以客户的现实需求和潜在需求为标准，持续优化完善企业的管理流程和生产组织方式，从产品设计、研发、生产、包装到销售等各个环节贯彻客户思维，满足客户需求，解决客户问题，提高市场响应速度，为客户提供更好的产品和更快的服务。

（3）坚持技术创新，引领行业发展。坚持牢牢掌握技术发展的主动权，掌握发展领域的核心技术，以技术创新和进步推动企业系统进步和发展，走创新驱动的发展道路。要通过技术创新，推动企业核心业务向纵深和基础业务延展双向发展。

（4）始终把人才摆在企业发展的核心位置，实现合作共赢。要将培养、吸引、用好人才并举，将企业人才资源转化成企业人才资本。加强产业链战略联盟，加强各企业内部合作协同，建立合作共享文化，实现企业与社会、企业与环境、企业与员工的和谐发展。

（5）推进制造业企业向服务化转型，发挥示范引领作用。把提升服务型制造支撑能力作为产业结构调整的重点工作之一，不断强化服务型制造的典型示范作用，持续发挥工业设计企业、公共服务平台等对服务型制造的支撑和促进作用，引领产业向价值链高端提升，实现制造业与服务业的有机融合，推动工业经济转型升级。

（6）通过实施“互联网+”行动，推进工业化和信息化“两化”融合互动。大力推进生产服务信息化、设施装备智能化，支持企业推进软硬件一体化，研发部署信息系统和服务平台，从单纯硬件竞争向应用服务竞争转变。重点推动有能力企业的流程工业设备健康服务中心建设，完成大数据和服务系统研发的部分功能、性能监测和优化系统的研发及智慧服务平台开发。

（7）“借船出海”。深化与国内总包合作步伐，带动高端装备走出去；要紧紧依托海外营销网络，通过联动营销拓展海外项目；紧跟国家战略步伐，积极参与“一带一路”建设；加强与国外知名企业在各领域的技贸合作；立足国外商务服务中心运作，加快国外大服务平台的搭建落地。

（8）要借力发展，重视产业间协同。要坚持高端营销，贯彻落实“高端切入、规划先行”营销战略，加大与地方政府、用户、设计院、高等院校、研究机构的合作力度，推动精准营销、深度营销。依托核心优势和全产业链一体化的商业优势，坚持深度融入，实施装备制造成套服务，共同开发其他项目，寻求新的业务开拓方向。

（9）要资源共享，整合内部和子企业优势资源。加快搭建完善以市场营销中心为战略引领、统筹布局，各事业部、子企业优势互补、合作共享，区域商务服务中心合力开拓的营销管理体系，打造集市场营销、战略决策、资源配置、管理调控四大功能为一体的大营销网络。整合各种市场营销力量，做到全员营销、一体化营销，形成“统筹协调，优势互补”的体系，真正实现“1 ＋ N”的组合效应。

（10）要加强人才队伍建设，强化人才战略支撑。培养精通战略规划、资本运作、人力资源管理、财务、法律、国际金融等专业知识的优秀企业经营管理人才。分级做好员工培训和职业发展培训，打造一支思想过硬、能力过硬，能创新、懂市场、会服务的营销队伍。要在考核全覆盖的基础上，加大绩效薪的比例，强化绩效导向。建立健全提成绩效制和特殊岗位协议工资制等分配办法，形成多种激励方式组合的分配体系。

（11）要夯实项目管理，提升现代管理水平。遵循“履约为先、管理为重、创效为本”，着力抓好项目成套的组织和协调工作。确保产品和服务质量满足履约要求，强化落实质量追溯制度和质量管控体系建设，加强全员、全过程、全方位质量管理。完善企业风险管控机制，严格把控招投标、合同执行的各个环节，要合规经营。

当前，行业企业要牢牢把握难得的市场机遇，进一步提高自身能力。要关注国家产业政策，紧紧把握市场发展方向，不断对标国内外领先企业，提高服务类营业收入的占比，打造服务型制造企业，增强抵御市场风险的能力。同时，要注重提高企业成套设计、成套交付能力，提升企业智能制造水平，力争通过加快转型升级步伐、优化产品及服务结构、增强企业核心竞争力，实现企业快速发展。

〔撰稿人：中国通用机械工业协会泵业分会王国轩、朱文兰〕

2017 年风机行业概况

一、生产发展情况

2017 年，中国通用机械工业协会风机分会共有会员单位 236 家。其中：企业会员 222 家，大学、研究院所等 14 家。在企业会员中，有国有企业 14 家、集体企业 7 家、股份制企业 8 家、民营企业 135 家、民营股份制企业 38 家、中外合资企业 12 家、外商独资企业 8 家。按大中小型企业划分，有大型企业 15 家、中型企业 42 家、小型企业 165 家。

据风机分会对 153 家风机生产企业上报的 2017 年度数据统计：年末从业人员人数合计 50 593 人，比上年增加 370 人。其中：工程技术人员 8 287 人，比上年增加 466 人；管理人员 8 913 人，比上年增加 232 人。固定资产原价为 2 062 027 万元，比上年增加 152 832 万元；固定资产净值为 1 339 444 万元，比上年减少 38 761 万元；全员劳动生产率为 196 732 元 / 人，比上年增加 19 445元/人。

2017 年，参与统计的风机生产企业共完成工业总产值 4 043 045 万元，比上年增长 11.7%。其中：风机产值 2 131 925 万元，比上年增长 0.26%，占工业总产值的 52.7%；风机配件产值 389 580 万元，比上年增长 43.8%，占工业总产值的 9.6%；其他产品产值 1 521 540 万元，比上年增长 25.2%。

2017 年各类风机产值完成情况：离心压缩机产值 366 547 万元，比上年下降 23.3%；轴流压缩机产值 67 499 万元，比上年增长 107.5%；能量回收透平机组产值 95 906 万元，比上年增长 69.3%；离心鼓风机产值 117 203 万元，比上年增长 32.6%；罗茨鼓风机产值 120 528 万元，比上年增长 25.6%；离心通风机产值 648 992 万元，比上年增长 10.1%；轴流通风机产值 440 726 万元，比上年下降 5.6%；旋涡风机产值 21 336 万元，比上年增长 19.8%；空调风机产值 87 248 万元，比上年增长 6.5%；其他风机产值 165 940 万元，比上年下降 24.1%。

从 2017 年各地区工业总产值完成情况来看：东北地区完成工业总产值 1 092 261 万元，比上年增长 7.4%；华北、西北地区完成工业总产值 603 700 万元，比上年增长 14.2%；华东地区完成工业总产值 1 584 965 万元，比上年增长 15.4%；中南、西南地区完成工业总产值 762 119 万元，比上年增长 8.8%。2017 年风机行业工业总产值前 20 名企业见表 1。

表 1　2017 年风机行业工业总产值前 20 名企业

序号	企业名称	工业总产值（万元）	同比增长（%）	序号	企业名称	工业总产值（万元）	同比增长（%）
1	沈阳鼓风机集团股份有限公司	886 266	10.6	11	佛山市南海九洲普惠风机有限公司	83 364	42.0
2	陕西鼓风机（集团）有限公司	508 111	14.7	12	山东省章丘鼓风机股份有限公司	69 906	44.8
3	山东格瑞德集团有限公司	325 410	10.8	13	中国电建集团透平科技有限公司	54 506	4.8
4	卧龙电气南阳防爆集团股份有限公司	204 744	39.5	14	上海电气鼓风机厂有限公司	51 319	−43.0
5	重庆通用工业（集团）有限责任公司	151 989	−15.7	15	湖北三峰透平装备股份有限公司	39 309	1.4
6	江苏金通灵流体机械科技股份有限公司	142 648	52.2	16	锦州新锦化机械制造有限公司	38 553	21.1
7	浙江上风高科专风实业有限公司	134 520	4.6	17	南通大通宝富风机有限公司	38 206	45.4
8	浙江亿利达风机股份有限公司	95 408	10.3	18	浙江金盾风机股份有限公司	37 370	−3.0
9	荏原冷热系统（中国）有限公司	90 532	7.7	19	广东肇庆德通有限公司	35 682	13.6
10	大连机车研究所有限公司	85 940	−10.6	20	上海诺地乐通用设备制造有限公司	30 052	13.1

2017 年，参与统计的风机生产企业共完成工业增加值 995 325 万元，比上年增长 11.8%。其中：东北地区完成工业增加值 211 820 万元，比上年增长 12.6%；华北、西北地区完成工业增加值 222 961 万元，比上年增长 31%；华东地区完成工业增加值 357 944 万元，比上年增长 4.4%；中南、西南地区完成工业增加值 202 600 万元，比上年增长 7%。

2017 年，参与统计的风机生产企业共完成新产品产值 1 187 888 万元，比上年增长 0.001%。其中：东北地区完成新产品产值 223 582 万元，比上年下降 36.0%；华北、西北地区完成新产品产值 141 378 万元，比上年增长 166.0%；华东地区完成新产品产值 471 485 万元，比上年增长 10.5%；中南、西南地区完成新产品产值 351 443 万元，比上年下降 2.0%。2017 年风机行业新产品产值前 20 名企业见表 2。

表 2　2017 年风机行业新产品产值前 20 名企业

序号	企业名称	新产品产值（万元）	同比增长（%）	序号	企业名称	新产品产值（万元）	同比增长（%）
1	沈阳鼓风机集团股份有限公司	212 577	−28.0	11	上海诺地乐通用设备制造有限公司	22 255	17.3
2	陕西鼓风机（集团）有限公司	125 486	192.5	12	湖北双剑鼓风机股份有限公司	18 953	1.0
3	卧龙电气南阳防爆集团股份有限公司	124 484	40.2	13	湖北省风机厂有限公司	17 689	−6.8
4	重庆通用工业（集团）有限责任公司	102 180	−28.8	14	百事德机械（江苏）有限公司	16 708	−2.8
5	江苏金通灵流体机械科技股份有限公司	85 000	65.6	15	广东肇庆德通有限公司	15 706	1.4
6	浙江亿利达风机股份有限公司	68 824	14.4	16	威海克莱特菲尔风机股份有限公司	15 343	58.0
7	浙江上风高科专风实业有限公司	58 652	12.5	17	南通大通宝富风机有限公司	12 614	11.9
8	山东省章丘鼓风机股份有限公司	44 600	50.7	18	浙江双阳风机有限公司	12 127	1.5
9	平安电气股份有限公司	26 473	−4.5	19	浙江义乌星耀风机有限公司	11 546	−15.0
10	浙江金盾风机股份有限公司	25 412	−19.5	20	浙江惠创风机有限公司	11 013	1.9

2017 年，参与统计的风机生产企业共生产风机 11 898 969 台，同比增长 16.6%。在统计的 10 个品种的风机产品中，离心压缩机、能量回收透平机组比上年有所下降，轴流压缩机、离心鼓风机、罗茨鼓风机、离心通风机、轴流通风机、旋涡风机、空调风机、其他风机等均比上年同期有较大增长。

据对 2017 年风机行业 153 家风机生产企业统计，生产离心压缩机的企业有 10 家。其中：沈阳鼓风机集团股份有限公司生产 115 台，比上年减少 51 台；陕西鼓风机（集团）有限公司生产 74 台，比上年增加 7 台；江苏金通灵流体机械科技股份有限公司生产小型离心压缩机 227 台，比上年减少 52 台；上海电气鼓风机厂有限公司生产 2 台，比上年减少 2 台；中航黎明锦西化工机械（集团）有限责任公司生产 6 台，比上年增加 2 台；锦州新锦化机械制造有限公司生产 24 台，比上年增加 8 台；长沙赛尔透平机械有限公司生产 5 台，比上年减少 11 台；湖北双剑鼓风机制造有限公司生产 3 台，比上年增加 2 台。另外，南通大通宝富风机有限公司生产 27 台小型离心压缩机，黑龙江凯普瑞机械设备有限公司生产8台离心压缩机。2017年生产轴流压缩机的企业仅有陕西鼓风机（集团）有限公司，生产了 51 台，比上年增加 18 台。生产能量回收透平机组的企业有 2 家，其中，陕西鼓风机（集团）有限公司生产 24 台，江苏金通灵流体机械科技股份有限公司生产 5 台。生产离心鼓风机的企业有 28 家，比上年增加 4 家；生产罗茨鼓风机的企业有 25 家；生产离心通风机的企业有 122 家；生产轴流通风机的企业有 94 家；生产旋涡风机的企业共 3 家，其中，浙江格凌实业有限公司生产 178 191 台，佛山市南海九洲普惠风机有限公司生产 2 674 台，浙江兴益风机电器有限公司生产 320 台；生产空调风机的企业有 15 家。2017 年风机产品产量见表 3。

表 3　2017 年风机产品产量

产品名称	产量（台）	同比增长（%）
合计	11 898 969	16.6
离心压缩机	491	-11.2
轴流压缩机	51	54.5
能量回收透平机组	29	-14.7
离心鼓风机	3 664	35.8
罗茨鼓风机	48 371	16.5
离心通风机	1 094 434	7.0
轴流通风机	1 743 982	12.6
旋涡风机	181 185	15.6
空调风机	8 612 341	17.5
其他风机	214 421	117.7

二、重大技术装备及关键设备完成情况

2017 年 3 月 23 日，沈阳鼓风机集团股份有限公司为林德 - 华鲁恒升年产 50 万 t 大型乙二醇项目成套提供的 CO 深冷装置用压缩机一次试车成功。这标志着我国最大 CO 深冷装置所用压缩机组一次性试车成功。此机组是单缸三段五级压缩的离心压缩机组，叶轮采用三元和高效二元流叶轮，额定转速为 10 420r/min。机组振动值低于 15μm 且振动趋势平稳，轴承温度低于 80℃，噪声不超过 85dB，机组运行各项参数优于设计标准。为有效防止 CO 介质的泄漏，轴端密封采用干气密封的结构形式。与之前机组相比，该压缩机组能耗更低、效率更高、运行更加稳定。

由沈阳鼓风机集团股份有限公司自主研发的我国首套 10 万 m^3/h 等级空分装置用压缩机组于 2017 年 5 月 15 日联动试车完成，运行平稳，机组的各项力学性能及气动性能指标均达到国际先进水平。2017 年 8 月 25 日，由杭州杭氧股份有限公司、沈阳鼓风机集团股份有限公司和杭州汽轮机股份有限公司联合研制的国产 10 万 m^3/h 等级空分装置及空气压缩机组，在宁夏银川通过了工业运行评审，主要技术性能达到国外同类装置和产品的先进水平。

2017 年 11 月，由沈阳鼓风机集团股份有限公司自主研制、设计、制造的我国首台（套）120 万 t/a 乙烯装置用离心压缩机组，在中国海洋石油总公司惠州炼化二期项目现场一次试车成功。这标志着我国 120 万吨级乙烯三机（乙烯压缩机、丙烯压缩机、裂解气压缩机）全面实现国产化。该项目的乙烯三机全部由沈阳鼓风机集团股份有限公司承制。自 2017 年 10 月 24 日裂解气透平单试，到 11 月 18 日乙烯机组空负荷联动试车结束，乙烯三机的 6 次调试试车仅用 26 天全部完成，并且全部一次试车成功，创造了国内石化乙烯行业机组最大、调试最快且指标最优的纪录。

2017 年 4 月，陕西鼓风机（集团）有限公司自主创新研制的全国产化首台（套）8 万 m^3/h 等级空分装置离心压缩机组，在江苏海力化工有限公司 30 万 t/a 合成氨联产己内酰胺、制氢项目中得到应用，其高技术含量、低能耗以及优良的综合经济指标，将有效地推动煤化工行业淘汰落后的产能，实现产业升级，同时也夯实了大型装备国产化的“中国芯”。

江苏金通灵流体机械科技股份有限公司重大工程项目的产品调试、运行获得成功。2017 年 6 月，德龙钢铁 1×40MW 高温超高压分缸再热煤气发电工程项目通过 72h 试运行，标志着公司首台（套）高温超高压分缸再热高效蒸汽轮机成功进入商业运行，进一步缩小了小型高效汽轮机与国际先进水平的差距。7 月，公司开发研制的用于光热发电的 15MW 高压中温高转速同轴中间再热轴向排汽式汽轮发电机组在河北省张北县成功并网发电，为公司研发 50MW 乃至 100MW 等级的中间再热式汽轮发电机组奠定了坚实的技术基础。9 月，林源科技 10MW 生物质秸秆气化发电项目一次并网

发电成功。该项目规模位列国内前列，项目的并网成功表明公司在生物质能源清洁开发利用产业方面迈上了一个新台阶，为公司在农业循环经济创新事业的发展奠定了扎实的基础，起到了良好的示范引领作用。

浙江金盾风机股份有限公司与上海发电设备成套设计研究院联合研制的国家科技重大专项大型先进压水堆及高温气冷堆核电站“核电站主要辅助设备自主设计与制造技术研究”课题的子课题“安全壳再循环冷却风机及监控系统样机”于2017年9月通过了上海发电设备成套设计研究院的项目预验收。

三、市场及销售

2017年，虽然风机传统市场领域需求增速放缓，但受新型煤化工、环保、基础设施建设、节能改造等领域的带动，风机行业的各项经济指标保持了稳步增长。

2017年，风机行业153家生产企业共完成工业销售产值3 911 569万元，比上年增长11.2%。其中：东北地区完成工业销售产值1 059 117万元，比上年增长8.5%；华北、西北地区完成工业销售产值584 194万元，比上年增长14.4%；华东地区完成工业销售产值1 561 676万元，比上年增长16.5%；中南、西南地区完成工业销售产值706 582万元，比上年增长2.5%。

2017年，风机行业参与统计的企业共完成出口交货值153 444万元，比上年下降4.3%。其中：东北地区完成出口交货值46 208万元，比上年下降27%；华北、西北地区完成出口交货值12 473万元，比上年下降16.5%；华东地区完成出口交货值63 115万元，比上年增长20.1%；中南、西南地区完成出口交货值31 648万元，比上年增长6.7%。2017年风机行业出口交货值前20名企业见表4。

表4　2017年风机行业出口交货值前20名企业

序号	企业名称	出口交货值（万元）	同比增长（%）	序号	企业名称	出口交货值（万元）	同比增长（%）
1	沈阳鼓风机集团股份有限公司	34 618	−16.1	11	福建东亚鼓风机股份有限公司	3 809	31.8
2	广东肇庆德通有限公司	15 555	0.1	12	江苏英德利实业有限公司	3 623	−13.4
3	陕西鼓风机（集团）有限公司	12 081	−18.0	13	重庆通用工业（集团）有限责任公司	3 414	46.1
4	卧龙电气南阳防爆集团股份有限公司	9 507	11.3	14	威海克莱特菲尔风机股份有限公司	2 855	19.1
5	浙江亿利达风机股份有限公司	9 263	−15.2	15	浙江兴益风机电器有限公司	2 323	45.6
6	浙江格凌实业有限公司	9 162	11.5	16	四平鼓风机股份有限公司	2 166	−26.1
7	上海电气鼓风机厂有限公司	8 351	39.4	17	苏州顶裕节能设备有限公司	2 001	85.4
8	罗滨森（大连）通用设备有限公司	7 650	−13.9	18	上海特瑞机械设备有限公司	1 964	
9	荏原冷热系统（中国）有限公司	6 126	8.2	19	山东章晃机械工业有限公司	1 493	16.8
10	上海哈龙风机电器有限公司	5 312	−1.0	20	山东省章丘鼓风机股份有限公司	1 224	3.5

2017年，风机行业参与统计的企业共实现主营业务收入3 906 470万元，比上年增长11.1%。其中：东北地区主营业务收入983 110万元，比上年增长12.8%；华北、西北地区主营业务收入546 304万元，比上年增长6.5%；华东地区主营业务收入1 584 182万元，比上年增长13.7%；中南、西南地区主营业务收入792 874万元，比上年增长7.7%。2017年风机行业主营业务收入前20名企业见表5。

表5　2017年风机行业主营业务收入前20名企业

序号	企业名称	主营业务收入（万元）	同比增长（%）	序号	企业名称	主营业务收入（万元）	同比增长（%）
1	沈阳鼓风机集团股份有限公司	773 229	15.4	11	大连机车研究所有限公司	85 955	−10.8
2	陕西鼓风机（集团）有限公司	456 846	4.8	12	山东省章丘鼓风机股份有限公司	69 045	44.7
3	山东格瑞德集团有限公司	375 241	1.8	13	佛山市南海九洲普惠风机有限公司	66 757	25.4
4	卧龙电气南阳防爆集团股份有限公司	202 068	30.5	14	上海电气鼓风机厂有限公司	54 985	−39.0
5	重庆通用工业（集团）有限责任公司	183 491	4.2	15	锦州新锦化机械制造有限公司	38 553	21.1
6	江苏金通灵流体机械科技股份有限公司	144 455	53.9	16	南通大通宝富风机有限公司	34 946	21.3
7	浙江上风高科专风实业有限公司	115 620	12.7	17	湖北三峰透平装备股份有限公司	33 598	1.4
8	中国电建集团透平科技有限公司	111 752	−8.7	18	浙江金盾风机股份有限公司	32 781	−4.7
9	浙江亿利达风机股份有限公司	92 846	11.4	19	广东肇庆德通有限公司	31 068	18.0
10	荏原冷热系统（中国）有限公司	90 871	11.2	20	南方风机股份有限公司	27 316	6.8

2017年，风机行业参与统计的企业共实现利润总额235 844万元，比上年增长52.0%。其中：东北地区利润总额亏损6 870万元，亏损额比上年下降72.9%；华北、西北地区利润总额51 748万元，比上年增长12.6%；华东地区利润总额115 093万元，比上年增长17.9%；中南、西南地区利润总额75 873万元，比上年增长105.5%。在153家企业中，亏损企业有25家，比上年减少7家；2017年累计亏损额36 599万元，比上年下降44.8%。2017年风机行业利润总额前20名企业见表6。

表6　2017年风机行业利润总额前20名企业

序号	企业名称	利润总额（万元）	同比增长（%）	序号	企业名称	利润总额（万元）	同比增长（%）
1	陕西鼓风机（集团）有限公司	46 335	6.1	11	浙江上风高科专风实业有限公司	4 743	30.2
2	南方风机股份有限公司	28 508	592.4	12	鞍山钢峰风机有限责任公司	4 379	20.1
3	卧龙电气南阳防爆集团股份有限公司	26 035	38.2	13	荏原冷热系统（中国）有限公司	4 367	3.9
4	山东格瑞德集团有限公司	18 962	5.5	14	重庆通用工业（集团）有限责任公司	3 917	−38.3
5	江苏金通灵流体机械科技股份有限公司	16 851	213.7	15	浙江金盾风机股份有限公司	3 645	−27.5
6	锦州新锦化机械制造有限公司	10 432	4.0	16	中国电建集团透平科技有限公司	3 318	−29.9
7	浙江亿利达风机股份有限公司	9 194	−34.2	17	威海克莱特菲尔风机股份有限公司	3 250	31.0
8	山东省章丘鼓风机股份有限公司	7 922	25.8	18	湖北三峰透平装备股份有限公司	2 925	3.8
9	浙江格凌实业有限公司	5 220	2.7	19	佛山市南海九洲普惠风机有限公司	2 795	−5.6
10	上海通用风机股份有限公司	5 027	−6.8	20	南京磁谷科技有限公司	2 795	49.7

为应对激烈的市场竞争，沈阳鼓风机集团股份有限公司在2017年坚持战略管控模式，持续完善营销体系建设；坚持实行“区域主战、子公司主建”，充分发挥集团品牌优势和子公司各自特长，进一步实现营销与各系统的支撑与共享；坚持以客户为中心，与多家大型石油化工企业签订了战略合作协议，进一步贴近客户；坚持提升核心竞争力，不断调整产品结构、强化营销和服务理念，实现了从单一传统市场到传统市场与新市场、服务市场和海外市场相结合的转变。公司与中石油、中石化、中海油均实现新增订货，实现浙江石化与中科炼化2个大型炼化一体化项目的离心式压

缩机、往复式压缩机和各类泵等产品订货；取得中石化涪陵二期、中石油管道公司广州站、河池站、梧州站长输管线压缩机订单，继续保持长输管线市场占有率100%；取得烟台万华和中化泉州百万吨乙烯项目乙烯三机的订单，再创百万吨级乙烯三机国产化纪录；实现新疆天业汇合60万t/a煤制乙二醇和宁夏宝丰60万t/a煤制烯烃全工艺流程用离心压缩机订货；成功取得赤峰云铜4万m^3/h空分装置、山东方宇8万m^3/h空分装置、宁夏宝丰10万m^3/h空分装置的订货突破。公司对新疆油田公司侏罗系稠油油藏火驱工业化开发项目积极开展项目跟踪，历时两年多，走访并邀请业主、设计院负责人来公司考察交流，核算出各种工况要求的压缩机配置方案，并给出了科学合理的解决方案和建议。2017年，新疆油田、设计院与公司签订了总价超1 000万元的合同。公司首次进入油田注气市场，实现了在四大新市场的新突破。该项目是油田火驱采油首次采用离心压缩机，作为国内先行一步的标杆工程，其应用具有广泛的示范意义。公司还获得内蒙古辉腾能源化工有限公司60万t/a煤制乙二醇项目配套用全部离心式压缩机组订单。这是公司在该领域二氧化碳压缩机组中首次采用离心多轴组装式压缩机，既能满足用户的需求，又能帮助用户降低成本，开拓了市场应用的新局面。公司签约西气东输二线广南支干线、中缅天然气管道工程压气站广州站、河池站及梧州站共5台管线压缩机组。除国内市场外，公司海外市场亮点众多。公司成功实现伊朗NISOC Kupal油田项目的订货，是海外市场第一套油田注气压缩机业绩。以设备融资的方式，首次实现海外市场天然气凝析装置（NGL）用离心式压缩机和往复式压缩机多台订货。建立了印度代表处，重回印度冶金市场，实现了印度16万t锌渣处理、HINDUSTA电站扩建项目的通风机订货。通过恒逸文莱PMB石油化工、土耳其ETISODA电站扩建、印度都利2×660MW燃煤电站和马苏化肥一期锅炉给水泵等项目订货，大幅提升了在海外市场的品牌知名度和美誉度。伊朗市场营销能力大幅增强，实现ESCO空压机＋增压机、大型乙二醇等多个直接出口项目。此外，依托多年积累的技术优势，积极探索和开拓新市场。2017年，公司在海洋装备、天然气、环保、新能源发电等多个新市场领域均有不同程度的进展和突破。在地铁项目上，公司实现了通风机产品和自控产品的订货；在海工市场上，成功与中海油湛江分公司签约W12-1油田海上平台项目，打通了离心压缩机在海工市场的整个招标流程；在天然气市场上，实现油田火驱项目用压缩机首台（套）突破；在环保市场上，MVR领域实现多台订货业绩。

陕西鼓风机（集团）有限公司立足于成为分布式能源领域系统解决方案商、系统服务商的转型需求，围绕冶金、石油、化工、空分、电力（包括核电）、城建（地铁）、环保、制药等国民经济支柱及城镇化建设产业的发展，通过持续创新和专注品质的匠心，实现了以分布式能源一体化系统方案为圆心，带动设备、EPC、服务、运营和金融等产业共同发展的新路径，开启了企业智慧绿色的品质发展之路。2017年，公司订货突破132亿元，同比增长65.2%，创历史新高。

2017年，重庆通用工业（集团）有限责任公司积极调整产品及用户结构，提质增效，制定了“存量乘势发力、增量垒基蓄势”的经营方针。通过坚持创新，传统板块市场结构和增量趋好，新产品、新市场取得突破；出口及节能改造成果明显；军工、核电等领域的市场优势地位得以巩固。全年完成工业总产值151 989万元，实现主营业务收入183 491万元、利润3 917万元，安全生产全面达标。同时，公司高度重视海外市场拓展，继上年风机产品成功进入北美市场后，已实现了重通产品的全球性覆盖。仅2017年就为伊朗地区提供了80余台风机产品，销售额达6 000余万元。这为进一步巩固和扩大中东市场打下了良好基础，有力提升了公司角逐国际市场的影响力和竞争力。

2017年，江苏金通灵流体机械科技股份有限公司销售工作稳步提升。产品订货比上年有较大提升，尤其是鼓风机市场十分活跃，超额完成了任务。借助公司技术优势，为实现从“单一产品供应商”向“系统集成方案咨询及建设运营商”转变打好市场基础。通过媒体、展览会等形式重点宣传高炉煤气发电工程、高压空气站建设及运营、鼓风机/压缩机汽拖一体化应用推广和风系统节能改造等方面的技术能力及管理运营能力；在与客户沟通过程中，让用户了解公司不仅可提供产品服务，也可提供专业的系统服务，能为用户实现更好的节能降耗目标。优势产品销售取得一定成绩，蒸汽压缩机领域继石药低温升蒸汽压缩机成功运行之后，成功中标东药低温升压缩机。低温升压缩机市场保持了较好的销售势头，继中煤远新项目后，成功签约九鼎生物、鲁西化工项目。丰原压缩机、汽轮机联袂中标，唐山旭阳项目实现了单级高速鼓风机、汽轮机双双中标。汽轮机市场开拓推进有序，继签约新疆晶和源余热发电项目后，又先后签约河南固始生物质发电、安徽黄山环保热电、徐州宜丰三堡环保热电项目。工程项目总承包是公司未来做大做强的战略方向，山西高义焦炉煤气及余热发电工程、大连华能热电引风机系统改造、多家水泥生产线风系统节能工程改造等项目为公司今后承接工程项目总包积累了经验，打下了基础。

2017 年，四平鼓风机股份有限公司在行业产能过剩严重、市场竞争激烈、原材料价格上涨、企业负担沉重和流动资金异常紧张的情况下，克服各种困难，保证企业各项生产经营活动正常进行。尽管全年各项经济指标没能达到预期目标，但比上年均有不同程度的增长。其中：订货合同额同比增长 8.9%，工业总产值同比增长 1.1%，货款回收同比增长 34.1%，销售收入同比增长 11.1%，利润总额仍处于亏损状态。公司在生产经营过程中主要做了以下工作：①积极应对严峻的市场形势，切实强化营销管理。一是不断加大承揽订货力度，确保企业生产所需合同。2017 年公司服务的重点领域——水泥和钢铁行业的市场需求虽然有所增加，但总体需求依然疲软，加之行业产能严重过剩，市场竞争十分激烈。面对严峻的市场形势，销售部门积极采取应对措施，坚持以狠抓承揽订货为重点，加大工作力度。主要领导亲自带队跑市场，抓重点项目，争取每一份订单，特别是从 2017 年 9 月开始，合同量明显增加，不但为全年生产提供了保证，也为 2018 年提供了一定量合同。同时，在国内市场需求不足的情况下，全力争取国外市场，全年完成出口埃及、缅甸、越南等项目共 58 个，实现出口交货值 2 165.6 万元。二是加强货款回收，保证企业正常生产经营的资金需要。采取预付款、进度款和发货款分步落实，老货款与新订货挂钩等多种措施，狠抓当期货款回收，避免应收账款进一步攀升，使当期发出产品回款率达到 71.4%。同时，以主要大客户为重点加强陈欠货款的清欠，必要时通过法律途径，加大应收账款清欠力度，使应收账款比年初下降 13.3%，回收 2014 年及以前年度的老货款 1 600 多万元。三是不断加强售后服务工作。在人员有限的情况下，售后服务人员及时处理用户来电来函，对现场服务实施计划管理，根据不同用户和产品对服务时间、次数、服务项目做出计划安排，加强对服务人员的指导与约束，努力提高服务效率。全年派遣现场服务 190 余人次，其中国外现场服务 10 余人次。②面向市场克难攻坚，大力加强生产的组织工作，保证安全生产。一是针对合同交货期急、产前准备难度大和人力资源不足等诸多不利因素，生产部门积极应对困难和挑战，坚持以满足顾客需求为目标，不断强化生产组织和生产调度指挥；抓好与销售部门的沟通，在保证生产计划正常执行的同时，对临时穿插的用户急需产品随时安排，做到一切服从于市场。二是针对出口交货期短、体积大、质量要求高、加工困难等重点产品，制定专门的制造方案，打破班和工种界限，集中人力、物力，通力合作，确保产品按时交货，得到了用户的认可。三是在车间人力资源严重不足的情况下，不断优化生产要素配置，根据生产任务随时对各班组人员进行调整。四是加强设备保障。公司完成了二保设备的计划维修保养，对影响正常生产的设备隐患进行了处理，对打砂机进行全面维修，利用节假日对油压机等进行检修。五是坚持不懈抓安全生产，重点落实责任，逐级签订安全生产责任书。通过标语、板报和开展“安全生产月”活动等加强安全生产教育。强化日常安全生产检查，每周通报一次，对发现的问题及时进行处理。

南通大通宝富风机有限公司与美国 GE 公司就 Sunstone600KT/300KT 两个项目签订合同，双方正式建立合作关系。Sunstone 属于炭素焙烧项目，主要用来制作氧化铝电极材料。该项目是 GE 在中国市场的第一个环境控制系统（ECS）工程。公司为其提供的引风机主要用于烟气处理。2017 年，GE 公司曾选派相关专家进行现场审核和实地考察，同期还考察了 5 家一线风机厂家。最终，公司获得 GE 的高度认可，一次性斩获两个订单。公司是核级品质的绿色动力设备和系统集成服务的提供商。2017 年 6 月，公司成功中标中核 404 某军核项目，为其供货抗震 DBE 类风机 14 台、核安全 RC 级风机 7 台。2017 年公司研制的第二代低温升蒸汽压缩机填补了国内品牌应用空白，公司全自主开发的电气控制系统获得多项国家著作权认证。

2017 年，山东省章丘鼓风机股份有限公司紧切市场脉搏，调整战略方向，在机遇中求发展。公司做出继续加大焦化、烟气治理并重点关注锅炉改造的政策指引，各办事处加大走访力度，以点带面开展工作，创造了历史最高的合同额，仅通风机在焦化厂烟气治理方面的合同额达到 4 400 余万元。同时把通风机产品做成了在焦化脱硫行业的一个品牌，从而打造和提升了章鼓通风机的品牌知名度。2017 年年初，市场部成立罗茨风机、通风机、透平机械 3 个项目组，取得了阶段性的进展，巩固了罗茨产品在行业内的地位。小机型的 ZG、ZW 产品是公司取得市场份额的关键。公司及时调整战略，抓住小风机市场，共签订合同 8 704 万元，比上年增长 36%。公司在出台《关于激活市场信息、促进客户资源转化的有关规定》的基础上积极引导，充分利用好市场信息和资源，各办事处人员积极走访市场，加强将信息转化为订单的动力。2017 年共签订新客户异地跨区域合同 4 200 余万元。根据 2017 年年初制定的向配套公司要订单的方案，销售公司领导着重于走访，重点进行跟踪，尤其是北京办事处和南京办事处实现了历史性突破。公司与北大先锋共签订合同 1 585 万元，与北京龙源环保公司签订透平产品合同 815 万元，与江苏新世纪江南环保股份有限公司签订合同 979 万元，与盐城市兰丰环境工程科技有限公司签订合同 679.5 万元。仅以上 4 家工程公司的合同量就占总量的 8%。2017 年新设立销售大区 3 个，在全国各地共设有 43 个办事处，产品销售数量和销售合同比上年都有大幅度增长。公司出台了业务员销售配件可享受提成的政策，极大地提高了业务员销售风机配件的积极性，全年由业务员签订的配件合同 380 份，合同额达 300 万元。为了让现场工人熟悉风机使用、维保、简单故障排除等基本常识，销售公司与技术部门沟通，制作了二维码，并印有公司售后服务电话，粘贴在风机醒目的地方，方便用户了解和操作，用户反映良好。2017 年公司主导产品罗茨鼓风机市场销售量比较好的有：公司引进日本公司技术的 RR 系列罗茨鼓风机（罗茨真空泵）、L 型罗茨鼓风机、3H 型低噪声三叶罗茨鼓风机、ZR 系列大型罗茨鼓风机，公司引进美国技术开发的 ZG 高速高效罗茨鼓风机、ZW 型三叶罗茨鼓风机。产品主要销往电力、化工、水泥、水处理、钢铁冶炼等行业。公司为适应市场，提高罗茨风机、小风机的市场占有率，特别调整了部分风机产品的销售政策，两个系列产品在水处理行业取得了较大的成绩。2017 年该系列产品销售翻倍，客户数量增长 50%。公司中小型机型产品产销量增长迅猛，比上年增长近一倍。公司积极进行技术创新，承接了大量适应市场需求的高新技术产品，2017 年完成新产品产值占公司工业总产值的 63.8%，新产品销售收入占公司销售收入的 66.6%。

2017 年，浙江金盾风机股份有限公司产品销售取得了较好的业绩。全年市场销售情况：地铁行业销售额 15 353 万元，隧道行业销售额 4 849

万元，造纸行业销售额 1 003 万元，工民建行业销售额 10 389 万元，核电行业销售额 3 320 万元，军工船用行业销售额 1 947 万元。其中，地铁、隧道行业销售额约占公司总销售额的 55%，比上年有所提高。造纸行业、军工船用行业销售额均比上年有大幅提升。核电行业销售额比上年有所提高，而工民建行业销售额有所下降。

2017 年，浙江明新风机有限公司在新产品的市场开发方面主要采取了三大策略：不断扩大销售地域，增加规模；结合产品的特殊性，开拓新的细分市场；采用不同的分销途径，开拓新用户。同时，公司以“质量、品牌、诚信、服务”的理念，扩大了销路。公司在国内主要城市设有办事处，拥有较强的销售能力，为产品销售铺平了道路。公司市场部充分利用现有的销售网络，开发产品市场，并有选择地参加全国相关行业展示会、公司组织的技术和应用交流会等，提高公司的知名度。2017 年公司新产品产值 8 475 万元，实现利润 2 119 万元。

2017 年，山东海福德机械有限公司实现销售收入 7 598 万元，比上年增长 4.9%；利润总额 478 万元，比上年略有增长。公司销售的主要产品是 HSR 系列 50 ～ 300 型罗茨鼓风机，主要销售市场为环保行业中的污水处理，占总销售量的一半以上。其他行业有电厂脱硫、水泥、粮食加工、食品、矿山、气力输送、钢铁、水产养殖、化工等。公司虽然拥有自主进出口权，但自营出口业务较少。产品出口主要是间接出口，出口收入占总收入的 10% 以上，主要销往亚洲、非洲、南美洲及俄罗斯等地。公司与多家进出口公司进行了业务联系，成功签订多个合同，并连续两年参加了印度尼西亚国际环保产品展览会，开拓当地市场，收到了较好的效果。

2017 年，浙江惠创风机有限公司坚持“以人为本”的经营理念，积极发挥员工主观能动性，加强对原有客户的维护，在跟大客户继续合作的同时，开发新客户，增加了市场份额，公司主要经济指标比上年有显著的增长，超过年度制定的计划。全年共完成风机产品产量 60 025 台，同比增长 28%；实现销售收入 15 265 万元，同比增长 35%；实现利税 785 万元，同比增长 35%。

HC 型回转式风机是百事德机械（江苏）有限公司的主导产品之一，主要应用于小型污水处理系统。该产品从引进技术到掌握全部核心技术，自行设计并国产化，再到系列化生产、销售，现已获得市场的普遍认可和一致好评。2017 年，公司对该产品申请了省级高新技术产品，一次性通过并获得证书。公司 HC 回转式风机的订单屡创新高，大大超越了公司现有的生产能力，连续月发货量超过 1 500 台，出现了供不应求的局面。公司及时采取措施，新增一条 HC 装配线，提高了产能，缓解了客户需求。

2017 年，威海克莱特菲尔风机股份有限公司在国内外经济逐步回暖的利好形势下，实现销售收入 23 440 万元，同比增长 29.4%。其中，轨道交通通风机产品增幅达 40%，在传统的制冷、冷却塔领域分别实现 14% 和 27% 的增幅。

2017 年，河北骞海鼓风机有限公司产品销售的重点领域是冶金行业，占比为 33.82%。另外，电力行业占比 17.65%，化工行业占比 11.76%，矿山行业占比 8.82%，环保行业占比 7.35%，水泥行业占比 7.35%，煤炭行业占比 5.88%。全年生产各类风机 136 台，其中：离心鼓风机 38 台，离心通风机 42 台，轴流通风机 56 台。实现利润 1 319 万元，比上年增长 99.85%。

2017 年，湖北省风机厂有限公司基本走出了几年来徘徊不前的困境，各项经济指标触底反弹。公司各类风机产量同比增长 6.5%；实现销售收入 48 362 万元，同比增长 45.9%；新产品产值 35 131 万元，同比增长 126.5%；利润总额同比增长 142.1%。生效订单完成年度目标的 153%，回款完成年度目标的 134%，出货完成年度目标的 123%，产出完成年度目标的 134%，备件完成年度目标的 127%。公司经济状况、资金流正常，资产负债率持续下降，充分说明公司盈利能力持续增强，为公司今后的发展奠定了坚实的基础。

2017 年，湖北双剑鼓风机股份有限公司经济运行呈上升态势，各项指标有不同程度的增长，其中：实现销售收入 26 519 万元，同比增长 12.9%；实现利税 4 388 万元，同比增长 13.3%；利润总额 2 315 万元，同比增长 10.1%。完成各类风机产量 930 台，同比增长 12.2%。产品销售市场占比情况：化工行业占 26.45%，电力行业占 13.55%，石油行业占 11.91%，环保行业占 11.8%，煤炭行业占 9.51%。

近年来，煤电市场急剧萎缩。2017 年，中国电建集团透平科技有限公司（原成都电力机械厂）在有限的市场和资源条件下做出了各种努力，公司 300MW 及以上机组的市场占有率保持稳定。在全年 300MW 及以上机组的设备招标中，公司引风机市场占有率同比提高了 3 个百分点，送风机和一次风机市场占有率同比提高了 1 个百分点。通过与 TLT 公司不断沟通和协商，2017 年，TLT 公司同意提供风洞技术，有助于公司进入国内风洞市场。天津风洞 CATARC 项目土建工程已开工，各关键大型设备也已完成采购订货，当前正按原计划快速推进。2016 年公司首次获得的成都地铁 4 号线二期东延线风机设备合同，在 2017 年完成了合同供货并顺利通过调试，成都地铁 4 号线二期工程已投入使用，公司取得了首个投运业绩。

四、科研成果及新产品

2017 年，据风机分会对 153 家企业统计，科技研发经费支出 125 227 万元，比上年增长 7.7%。其中：东北地区科研经费支出 375 87 万元，比上年下降 12.8%；华北、西北地区科研经费支出 21 318 万元，比上年增长 33.9%；华东地区科研经费支出 37 788 万元，比上年增长 13.1%；中南、西南地区科研经费支出 28 534 万元，比上年增长 19.5%。

2017 年，风机行业共完成新产品 344 种、185 646 台，品种比上年减少 68 种，产量比上年增加 78 841 台。其中：东北地区完成新产品 553 台，比上年下降 42.8%；华北、西北地区完成新产品 138 台，比上年增长 8.7%；华东地区完成新产品 176 615 台，比上年增长 91.2%；中南、西南地区完成新产品 8 340 台，比上年下降 37.6%。东北地区和中南、西南地区新产品产量下降幅度较大，华东地区空调风机产量大幅度增加，拉动了全行业新产品产量大幅提高。2017 年风机行业获国家及部、省、市级科技进步奖共 26 项。

2017 年，沈阳鼓风机集团股份有限公司组织攻克了多缸机组串联运行稳定性、多缸筒形离心压缩机的拆装等技术难题，完成了大型化肥装置用离心压缩机方案设计，高能量头、高马赫数、大流量系数模型级开发等关键技术研究，开发新产品 108 种、122 台，典型产品主要有：① 50 万 t/a 乙二醇装置压缩机。本项目产品为 50 万 t/a 乙二醇项目氢循环气压缩机、酯化循环气压缩机。氢循环气压缩机为国内最大的乙二醇氢循环气压缩机，通过采用全新模型级，效率提高了 7% 左右。酯化循环气压缩机采用铸造马氏体不锈钢 ZG06Cr13Ni4Mo 机壳，以达到防腐的性能。产品机壳净重 65t，为国内最大的压缩机铸造机壳；通过采用超大流量系数模型级，机型降低两档，大大降低了成本，机组效率提高约 2%。② 15 万 t/a 丁烷深加工装置反应气压缩机组。15 万 t/a 丁烷深加工装置是安庆市泰发能源科技有限公司配套的反应气压缩机组。该机组中应用的新型叶轮提高了机组的性能，低压缸采用大三元 NC 模型级，优化转定子结构，提高了机组稳定性。高压缸首次使用新型节能型轴承，在反应气压缩机技术上有了质的进步。③ 30 万 t/a MTO 装置配套压缩机组。包含主风机、再生气压缩机、裂解气压缩机、产品气压缩机、丙烯压缩机，涵盖了该型 MTO 装置的全部核心机组。项目先后解决了小型机组注水布置问题，重新规划了最小规格的干气密封，完成了高温机转子和机壳特殊设计，提高了压缩机组的运行可靠性。④ 75 万 t/a 合成氨、120 万 t/a 尿素大型氮肥装置用二氧化碳压缩机组。该项目完成了大型化肥装置用离心压缩机方案设计，开发了高能量头、高马赫数、大流量系数模型级，保证了机组高效、稳定运行。应用 CFD 分析计算压缩机流场，对进、出口蜗室进行了优化；完成了大型离心压缩机三元叶轮及叶片在高转速下运行状态的研究；进行了大型压缩机转子气激稳定性研究。该产品规模、性能均达到国际先进水平。2017 年，公司有两种新产品通过了省级以上科技成果鉴定。“500 万 m^3/d LNG 工厂国产化示范工程天然气液化装置用离心压缩机组”是为昆仑能源湖北黄冈液化天然气有限公司 500 万 m^3/d LNG 工厂国产化示范工程配套研发的级联式制冷液化工艺压缩机组，是当前国内最大的首台 LNG 装置用双混合冷剂压缩机组。其研制成功不仅提高了我国天然气的液化能力，也为更高产量的 LNG 压缩机开发提供了技术平台，实现了我国大型 LNG 工程建设自主化，打破了国外垄断。“垃圾渗滤液处理装置用 MVR 水蒸气压缩机”是针对我国当前垃圾填埋场渗滤液处理装置的特点，联合 MVR 蒸发工艺公司开发的系列化水蒸气压缩机，可应用于国内各个等级垃圾填埋场的渗滤液 MVR 处理装置。

为满足流程工业大型装备系统化、个性化、高效化、清洁化需求，陕西鼓风机（集团）有限公司在为市场和用户提供“硬件＋软件”服务的基础上，构建系统解决方案能力和“专业化＋一体化”的差异化核心竞争力。公司开展了超临界二氧化碳系统技术、高效一体机技术、生物质热解技术研发及能量系统平衡技术研发，已形成了“能源互联岛”和“商务＋金融”的系统解决方案。同时，创新开发出全国产化首台（套）36 万 t/a 硝酸四合一机组等多套一体化机组，不仅为流程工业大型装置优化改造、提质增效提供了智能化的系统解决方案，也为我国实体经济的高质量绿色发展提供了“绿动能”。2017 年，公司完成了 E 系列离心压缩机组、高炉煤气余热发电装置、高效轴流压缩机组、空分用离心压缩机组、煤气透平能量回收机组、超高温汽轮机组专用大型化润滑油站等 10 种、112 套新产品，经陕西省工信厅鉴定达到国际或国内先进水平。公司获批省科技厅项目 5 项，其中报西安市科技计划项目 1 项，申报陕西省科技计划项目 9 项。“5 050m^3 高炉干式煤气余压余热能量回收透平机组”项目获得中国机械工业科学技术奖二等奖，“MVR 蒸汽压缩机组的开发与应用”项目获得陕西省科技进步奖三等奖，“分布式能源智能综合利用示范项目”获得第六届西安科技调研成果奖三等奖，“0.6m 连续式跨声速风洞用压缩机组研制”获得西安市科学技术奖一等奖。

重庆通用工业（集团）有限责任公司在新产品开发方面，确保新产品开发的技术创新性和市场前瞻性，2017 年完成了多项重大技术项目。在通风机方面，继 2015 年铜陵上峰首台高效节能风机项目取得成功以来，高效节能风机深受市场好评。2017 年又完成了高效节能风机样机的性能检测和鉴定，并于 2017 年 5 月在福州成功召开“高效节能风机产品及系统应用技术”鉴定会，中国通用机械工业协会和中国水泥协会联合对该项目进行了鉴定，得到了与会专家和用户的高度认可，专家委员会一致认为：重通集团高效节能风机产品及系统应用技术，填补了国内在该领域的空白。该项目根据国家绿色制造的指导方针，凭借公司数十年丰富的产品设计经验而设计，该产品采用数据挖掘、全通流模拟计算等先进气动优化方法，可最大限度地提升风机的运行效率。根据当前水泥行业用户反馈情况，多个型号的风机系统长期运行节电率在 10% ～ 47% 之间，节能降耗效果极为显著，达到同类产品国际先进水平，突破了水泥、钢铁等高耗能行业风机节能改造的技术瓶颈。同年，该项目荣获中国机械工业科学技术奖二等奖。公司完成了低振低噪离心通风机样机试制工作，并顺利通过第三方检测。在同等技术条件下，对比现有舰船使用的噪声 80dB 以上的通风机，公司自主研发的低振低噪离心通风机样机的噪声成功降低至 63dB，降噪降振效果明显。样机试制成功的同时，该项目组也掌握了低振低噪设计的关键技术，是公司打造高效气动设计技术的延伸，对于今后公司风机产品进军高端领域有着至关重要的作用。公司完成了船用电动离心式冷水机组科研样机的 1 000h 可靠性试验及 100h 无故障的连续运转试验，成功达到了零故障的良好效果，并于 8 月 30 日顺利通过了海军相关单位及科研院所组织的科技成果鉴定。2017 年，根据三门和陆丰核电合同的需求，公司进行了第三代核电 MS01 定频水冷离心式冷水机组的整机性能优化工作。主要从气动设计及分析、压缩机结构、低流速厚壁高效换热及系统优化分析计算等方面对机组进行全面的性能优化，优化后的机组理论上整体性能由原来的 89% 提高到 100%，达到了行业领先水平。在单级高速离心鼓风机方面，MVR 压缩机组作为公司新开发的产品，2017 年实现首台（套）销售的突破。首台 MVR（35.5T）压缩机组既是新产品又是合同产品，研制时间紧、技术难度大。公司整合内部资源联合开展专项攻关，攻克了对大型 MVR 机组密封结构的设计、大型不锈钢异型机壳焊接、大尺寸钛合金叶轮加工、MVR 总装及试车试验等技术难点。

2017 年，江苏金通灵流体机械科技股份有限公司投入研发费用约 4 500 万元，占公司销售收入的 3.1%。全年申请专利 24 件，其中发明专利 9 件。公司完成了省科技成果转化专项资金项目“新型高效离心压缩机研发及产业化”、南通市重大科技成果转化项目“MW 级新能源发电用新型蒸汽轮机研发及产业化”的验收，完成了江苏省知识产权战略推进、市重大科技成果转化项目“MVR 蒸汽再循环离心压缩机研发及产业化”等项目申报工作。公司开发了 6-42、6-48、6-32 离心通风机等模型机，满足了节能改造项目的需要；完成了低温升 JEV150000 模型机设计，并进行了性能测试，达到了预期设计要求；为更好地满足产品使用要求，对主轴、空心钢管锻件技术协议及技术要求进行了完善；针对梳齿密封结构的风机壳体制作误差及运输过程中的变形情况，将主轴上的齿槽改成轴套带齿槽结构；针对梳齿密封环在安装过程中连接片容易断裂的现象，改进密封环结构，用弹簧将剖分后的密封环紧固；对 4-73 系列高转速大机号风机，采用有限元分析的方法找出叶轮前盘的薄弱点，对前盘出口位置进行加固，增加叶轮刚性，提高平衡块焊接要求。在多级离心鼓风机研发方面，中煤平朔项目风机设计采用准三元叶片，解决了性能和强度设计之间的矛盾，与传统产品相比，机组运行平稳，风量调节范围宽，性能曲线平滑，效率高、耗能少。兰州石化高压比风机采用七级叶轮结构，在满足运行要求的前提下，采用轻质铝合金材料制造，使叶轮重量和转动惯量降低，并降低了生产制作成本。单级高速鼓风机完成 13 个标准机型的设计，完成 2 个系列产品的生产和测试验证。在轴流风机研发方面，在现有叶片模型的基础上，增加叶片厚度，提高了叶片的固有频率，最大限度地防止了转速调节过程中出现的频率重叠，扩大了可运行范围。前导叶片改为矩形钢加固，导叶片上下厚度一致，提高了装配效率。低温升离心蒸汽压缩机是公司鼓风机类产品向高端装备制造领域进军的最新成果。2017 年 2 月，公司首台（套）JEV81600 低温升离心蒸汽压缩机用于鄂尔多斯水处理项目，性能达标，运行稳定。用于鲁西化工项目的 JEV23700-100/108、JEV23700-108/116 压缩机，工厂试验台运行稳定可靠，各项技术指标均符合要求，该项目是公司首个多台压缩机串联项目。山东博汇纸业 JEV150000 蒸汽压缩机用于造纸黑液处理系统，是当前产品规格中蒸发量最大、叶轮直径最大、难度系数最高的压缩机。

2017 年，山东省章丘鼓风机股份有限公司新产品开发取得多项优秀成果。①鼓风机方面。完成 GL82WD 型罗茨鼓风机、MRRF-300NRHZ 机壳夹层风机的样机试制工作；完成 TZR7-700ARH 型双级串联罗茨鼓风机、RRC-100MS3 型双端面干气密封罗茨鼓风机、3HE-140NJF3 高压罗茨鼓风机的样机试制工作；完成 T3HD-127NJY 及 T3HD-130NJY 型双级串联氧气罗茨鼓风机的设计工作；根据订货合同，完成 ZSR3-125NJY 型逆流冷却氧气鼓风机、ZSR5-297NJS3 型罗茨鼓风机的设计工作；完成 VRE-190WNJZ、VRE-200WNJZ、VRE-250WNJS Ⅲ、VRF-300WNJS Ⅲ、VM3HD-125WNJS Ⅲ、VM3HE-150WNJS Ⅲ P、VM3HE-

190WNJS Ⅲ P 等多台水蒸气压缩机的样机试制工作；完成 ZGB-200 及 ZGB-250、ZGB-290 型二叶罗茨鼓风机的样机试验工作；完成 RRB、RRC、RRD、RRE、RRF 型墙板逆流冷却真空泵的样机试制工作。②透平机械方面。先后设计开发了 C75-1.3BD、C85-1.8BD、C150-1.65B、C850-1.35 新型焊接风机，不断完善脂润滑新型焊接风机，满足客户需求；根据市场需求，设计开发了 C65-4.2/3.4NS、C140-1.3BNC、C205-1.4S 新型焊接特殊密封风机，主要完成了性能计算、结构设计、传动装置及密封部设计工作；完成 C25-1.5Z、C25-1.65Z、C40-1.2ZC、C60-1.26Z、C120-2.0Z、C150-1.9Z、C175-1.7Z、C165-1.95Z、C215-1.8Z、C250-1.5Z、C310-1.5Z、C330-1.6Z 等铸造结构多级离心鼓风机的设计开发；2017 年自主设计开发了 C600 模型机产品，在此基础上设计了 C500-1.5Z 型风机，该风机一次试车成功且性能达到设计要求，主要完成气动性能计算、叶轮及密封设计、传动装置设计等；继续推进 C70 模型机产品延伸设计开发，2017 年共开发 C45-1.85Z、C57-1.6Z、C60-1.7Z、C60-1.8Z、C60-1.85Z、C65-1.6Z、C70-1.5Z、C75-1.6Z、C70-1.7Z、C75-1.75Z 共 10 个新性能点；设计开发了 B125-2.0、B180-1.9、B165-2.15、B200-1.5、B270-2.374、B770-2.01、B145-2.18、B460-2.7、BV3-90 MVR 蒸汽压缩机产品。③通风机方面。常规风机机型不断完善，机号越来越大。对风机的转速进行了改进，并完成了高转速下、特殊材料等其他方面的校核与改进。除了选用 Q390、Q460 等低合金高强度结构钢外，还选用了 HG785 材料，并设计选用了加强锥环、加强外环等，满足了不同用户的需求。根据用户需求，风机材料选用 ND 钢。这种材料性价比非常高，且完全可以代替不锈钢。设计开发了“磁力油封”风机，磁力油封的密封效果好，寿命长，结构简单，占用空间小，能在恶劣的环境下使用。2017 年，公司申报的“CE 型脱硫离心通风机”和“MB45N 型机械密封罗茨鼓风机”项目列入山东省第二批技术创新项目，“ZMBT 型高效轴承陶瓷球磨机”和“大型输送用旋转供料器”项目列入山东省第三批技术创新项目，“MVR 蒸汽用高速离心鼓风机”和“ZGTX-T 型陶瓷脱硫泵”项目列入山东省第四批技术创新项目。

浙江上风高科专风实业有限公司携手清华大学，研发出完全拥有独立自主知识产权、国际领先的磁悬浮轴承技术，并据此成功研制出国内最大的磁悬浮高速离心式鼓风机，打破了国外企业的垄断。该磁悬浮鼓风机采用高速永磁同步电动机，高效三元流叶轮直接耦合驱动，无接触、无摩擦，无需润滑，彻底消除了传动损失；风机叶轮则采用高强度铝 - 钛合金，经 100% X 射线检测和 115% 超转速试验，确保高效可靠运转；风机能实现变频智能化控制，使得磁悬浮风机的操作更加便捷；整机采用撬装结构，布置紧凑，安装便捷，节省了大量人工。

2017 年，浙江金盾风机股份有限公司集中优势力量，不断优化产品结构，提高产品性能，使产品更具市场竞争力。其中，“安全壳内大气监测系统风机”及“可开启风帽轴流式屋顶风机”被列入省级新产品计划项目，“地铁、隧道、核电风机物联网监控及大数据采集系统”“高效低阻离心式屋顶风机”和“数字风机”被认定为浙江省重点技术创新专项和重点高新技术产品开发项目。数字风机成套设备通过温度反馈，对风机转速实施 PID 调节，可实现故障自我诊断和预警。经浙江省技术市场促进会鉴定，该设备填补了国内空白，达到国际先进水平。地铁隧道用风机共体式圆形风阀在阀片全关、风阀前后静压差为 3 000Pa 时，阀片单位长度叶片的最大变形量不应大于 0.22%，在 280℃高温下连续有效运行 1h。经浙江省技术市场促进会鉴定，该产品填补了国内空白，技术性能指标达到国内领先水平。核电用可开启式屋顶风机可实现风机风量实时监测、运行数据可视化及故障预警功能。屋顶风机能承受风载荷所产生的破坏力的影响，在室外风速（离地高度 10m 处）为 30m/s 时能正常运行，风速（离地高度 10m 处）为 43m/s 时不损坏。经浙江省技术市场促进会鉴定，该产品技术性能指标达到了国内领先水平。安全壳内大气监测系统风机在设计基准事故条件下能连续运行，输送介质含放射性的空气，每天工作 24h，连续运行时间不少于 6 个月，风机设计使用寿命为 40 年。经浙江省技术市场促进会鉴定，该产品主要技术性能指标达到国际先进水平。2017 年，“非能动核电站安全壳循环冷却机组”被评为浙江省装备制造业重点领域首台（套）产品，“安全壳再循环冷却风机”获评省优秀工业新产品三等奖。公司为提高产品加工制造水平，进行了工艺及工艺文件的编制、新型工艺技术的改进、工装夹具及模具的设计与制造。利用丹麦旋压设备，全面运用一体式防喘振环风筒结构，DTF-20# 风筒已经成熟运用于各地铁路线项目上。设计开发 3 种高压铸造叶片和 6 种高压铸造轮毂，已应用到各民用、地铁项目和核电军工项目上，大大降低了生产成本和生产周期。

浙江明新风机有限公司每年投入的自主研发费用不少于销售额的 5%，2017 年投入 689 万元。公司累计科技成果转化项目共 11 项，其中，承担省级新产品 6 项，获授权实用新型专利 5 项。2017 年新开发项目：① 280 铸铝轮毂冷却用轴流风机。产品采用 F 级、IP55 防水电动机。风筒采用一次性旋压成形，根据用户要求进行热浸锌冷镀锌处理，外形美观，防腐性能好。叶轮采用铝合金中空机翼型叶片，防腐性能好。轮毂采用铸铝轮毂，结构简单，便于安装和调试，可实时调整叶片角度，满足不同运行工况的要求。风机具有防腐能力强、效率高、性能稳定、运行可靠、安装调试方便、外形美观等特点。经上海宝丰、浙江万享等多家蒸发式冷凝器生产厂家配套使用，均给予高度评价。该产品获得授权实用新型专利 2 项。产品可广泛应用于食品冷冻、电力设备、通风制冷设备、冷却塔等。②法兰盘固定冷却用轴流风机。产品设计成法兰盘固定结构，支架中心法兰通过均匀分布的钢管固定在风筒上，每根钢管都向上拱起一定的角度，使得整个法兰盘固定支架的强度得到很大的提升。由于钢管表面是光滑的圆弧面，钢管又是均匀分布，使得气流经过支架时仍保持稳定，从而使风机的内损耗很小，显著提升了风机效率。该产品获得授权实用新型专利 5 项，分别是一种轴端固定结构、一种轴流风机的中空叶片、一种风机的轮毂与叶柄的固定结构、一种风机的轮毂、轴流风机固定法兰盘。产品广泛应用于食品冷冻、冶金设备、医药设备、电力设备、通风制冷设备、空冷器、冷却塔、热泵机组冷却装置等。由于产品在强度方面有很大提升，因此可以减小风机运行振动，保证设备安全运行。③鼓风式直联空冷器风机。风机设计成电动机轴朝上的结构，不仅提高了风机效率，而且电动机露在空冷器外面，利于散热。针对电动机轴封处防水问题，进行了 4 项改进：电动机轴带甩水盘，在运行过程中可以直接把雨水甩向四周；电动机法兰盘内低于轴承端盖处打放水孔，防止法兰盘内有积水时进入电动机内部；支架与电动机法兰止口配合处设计有防水圈，防止支架上的雨水汇集到电动机法兰盘内部；轮毂上有封闭的防雨罩，防止轮毂上有积水时沿着电动机轴往下渗。④消声一体式变压器用风机。产品对导风筒作了改进，把导风筒与消声器设计成一体式，既减少了噪声，又提高了风机效率。产品可广泛应用于国内电力、电网、冷却器设备、大中型变压器等。⑤轴承外置离心式消防排烟风机。该产品相比于老产品，对其中一轴承位置进行了调整，在箱体外部增加一块轴承支板，将原来放置于内部的轴承安装在箱体外部轴承支板上。一方面，风机轴的受力力臂减短，防止风机轴过度磨损；另一方面，由于轴承的外置，使得轴承维修、加注油脂非常方便。产品可广泛应用于民用建筑、矿场企业车间、楼宇地下室、商场等通风换气排烟。⑥轴流式消防排烟风机。该产品叶片、轮毂用焊接夹具进行定位，并使用 CO_2 自动焊机进行焊接，确保叶片分度、定位的准确性，防止叶轮在焊接过程中出现变形。并且增加了叶片的厚度，使得风机性能更加稳定，效率更高，提高了风机运行的安全性和可靠性。通过调整叶片与风筒的间隙，缩小风机叶片与轮毂的间隙，产品效率更高。产品广泛应用于高级民用建筑、烘箱、地下车库、隧道等场合。

2017年，威海克莱特菲尔风机股份有限公司开发了4种新产品。①与北京玻璃钢研究院联合研发了10m真空灌注玻璃钢大叶轮。采用风电真空灌注技术，叶片一体成型，重量轻、强度高、耐腐蚀，性能达到国际同等水平，全压效率超过90%。叶片经过严格的流场优化、有限元铺层优化分析、抗震分析、超速测试、样机性能测试、冲击测试、疲劳测试、频率测试等，保证了叶轮的气动性能和可靠性。②超低噪客滚船船用风机的开发。风机噪声比常规船用风机低10dB左右，并结合船体结构进行了整体降噪方案的设计，满足了2015版《钢制海船入级规定》中规定的最高舒适度要求。③航改燃LM2500、LM6000通风机。通过充分消化国外技术规范并进行自主设计，叶片采用后向、中空机翼结构，强度高，噪声低，不超载。消声器采用阻性降噪设计，噪声可降低20～25dB。风机出气端设置重力阀，重力阀的开启和关闭通过阀门叶片的重力自动控制。风机起动时，阀门自动开启；停车时，在重力柄的作用下，阀门在30s内自动关闭，防止空气倒流。④电力机车辅助变流器风机。TJL560-2风机是7 200kW电力机车辅助变流器风机。当前客户采用的是国外进口风机，质量问题较多，存在高压易烧毁的情况。公司采用陶瓷轴承，电动机与各个连接部件间采用绝缘板隔离，并且把原外转子电动机更换为MAF系列内转子电动机，大幅提高了整机的可靠性。

山东海福德机械有限公司根据市场需求研发的新产品，填补了现有风机在性能上的空白，如不锈钢风机、回转风机等；增加产品品种与型号，大力开拓特殊气体输送和医院、社区、村镇等小型污水处理领域。公司根据水泥、矿山、电厂等行业的客户定制需求，加强风机改进，提升风机性能，使风机流量更加适合客户需求。公司研制的扭叶罗茨风机具有气流脉动平稳、节能、噪声低、使用寿命长等特点。公司以150型风机为样机，经过多次试验，在同等压力、流量、转速条件下，噪声值比普通风机降低6～10dB，能耗节省8%，性能优势比较明显，产品差异化特点突出。同时设计生产了高转速风机，与普通风机相比，具有转速快、流量大的特点，在同样压力、流量下，可以选用较小型号的风机，市场竞争力较强。

2017年，长沙鼓风机厂有限责任公司坚持以罗茨鼓风机为主导产业，坚持特、精、尖的技术发展方向，适度发展离心风机等产品。公司对大型罗茨鼓风机进行了全面优化升级，推出了AR-II第二代大型系列罗茨鼓风机，使其综合技术性能、可靠性得到提升；成功开发出国内首套膜分离制氧专用大型双级干式罗茨真空泵，用于工业炉窑的节能应用，并获省首台（套）重大技术装备认定；大型离心通风机、多级离心鼓风机也获得了重大发展。公司在高端、特殊罗茨技术与应用领域，通过不断推陈出新，主要研发的产品包括高温罗茨鼓风机、高压罗茨鼓风机，具有专利的硫黄回收专用风机、氯气风机、多级高负压气冷罗茨真空机组等；MVR水蒸气风机、VOC气体治理风机等也获得了推广应用。

2017年，中国电建集团透平科技有限公司完成了天赐理文项目第二台新型动不调风机UA1-31/16的研发设计工作；完成了鄂州项目脱硫废水零排放项目第三台新型动不调风机UA1-28/13的设计；完成了罗源湾1 000MW三大风机（AP2-37/22引风机、AP1-28/18送风机、AP2-19/13一次风机）、兰州热电送风机AP1-19/10等共7个项目多种风机的变频+动叶可调风机的研发设计，借鉴AN风机的使用经验，梳理建立了轴系的计算标准，同时重新建立了动调叶片的设计标准；设计完成了第一台MVR蒸发结晶系统，并顺利联调联试，各项技术指标达到设计要求，已投入商业运行。

2017年，湖北省风机厂有限公司制造完成了国内首台最大型号S4500-11二氧化硫离心鼓风机，流量达到 4 500m^3/min，配套电动机功率 4 700kW，叶轮线速度达到 320m/s 以上。在该风机的设计、制造、检测过程中，公司在充分运用多年积累的先进成果及经验的同时，在单元技术基本级、机组结构、选材及大型高速叶轮焊接工艺等方面进行了创新及优化，保证风机性能达到最优，各项试验结果符合设计要求。

五、质量及标准

1. 质量管理

截至 2017 年年末，风机分会 222 家企业会员中，已有 204 家企业通过了 ISO9000 质量管理体系认证。

2017 年，沈阳鼓风机集团股份有限公司全面贯彻落实集团经济工作会议要求，继续保持“追求零失误，一次干好，第一次就干好，切实降低质量损失，提升顾客满意度”的工作目标，通过优化制度、流程、方法，健全质量管理体系，提升工作质量、产品质量和企业经营质量。采取的具体措施如下：

①以宣贯 ISO9001 新版标准为契机，不断完善质量管理体系，保持质量体系有效运行。公司通过美国石油学会对 APIQ1 质量体系的再认证审核、华信技术检验有限公司对 ISO9001 质量体系 2015 版新标准的换版换证审核，均取得新证书。②强化一把手的质量责任，牢固树立精品意识，促进各部门自主开展全方位的质量管理。公司开展了质量现场办公，向职能部门和车间宣贯“质量无小事”“下序是上序用户”的理念，提高员工质量意识；每月现场检查产品实物质量状态，保持产品实物质量；检查执行工艺纪律和质量标准情况，提升工作质量；现场质量监督检查结果纳入质量线绩效考核。③开展精细化管理，加强质量信息和质量损失分析，不断落实质量改进活动。公司进一步完善外部质量故障损失统计分析的流程，细化统计科目，充分分析设计、工艺、采购、制造、检验问题；每月统计异常质量信息、现场质量问题、质量故障损失，查找重大损失问题、影响企业信誉问题、重复低级错误问题和现场缺欠件问题。④深入贯彻产品技术标准，落实产品质量要求，不断加强技术管理质量保障体系建设。公司建立完善了产品设计包，健全设计评审流程，完善设计过程评审卡；逐台产品开展质量风险识别及应急预案；建立规范，在技术文件上明确提出产品外观、涂装、操作维护等质量标准要求。⑤严格落实质量管理责任制，继续关键工序优质优奖，促进质量管理全面改善和提高。公司重新修订了质量责任考核办法，加大质量责任处罚力度，并对给企业造成重大经济损失或重大影响的责任人和部门负责人给予行政处罚。各职能部门设立了质量责任工资实施方案，并进行质量绩效考核。⑥固化长期以来的过程控制方法，将行之有效的过程控制措施、过程检验措施坚决落实到位。公司继续实施逐台编制检验计划，明确按产品技术协议识别过程检验控制重点、特殊要求，防止漏序、漏检转入装配；坚持焊壳、底座、转子、定子组部跨车间转序检验项目确认卡，并控制检验状态标识、外观质量；实行产品出厂放行制，确保按照检验计划的所有检验项目得以完成并达到标准要求后产品才能出厂；严格执行不合格品评审制度，不合格品未经过验证不转序；严格控制产品及零部件返修过程，业务联系单必须随带“返修工艺指令单”，杜绝以业务联系单代替工艺指令单。⑦将过程控制向供应商延伸，强化过程控制，落实质量改进措施，提高配套件和外协件的质量。公司针对重点产品配套件、重点工序增加质量控制要求或设置见证点，实行现场监造；开展了重点工序外委加工协作的技术交底和工艺确认；依据外反馈质量问题，开展三包质量责任认定，实施供应商责任赔偿。⑧强化解决影响企业信誉的质量问题的措施，坚决避免问题重复发生。逐步将原有的整体铸造隔板改成分体铣制后把合或焊接的形式；建立管路组立目视化规范，统一管路走向、法兰方位、连接螺栓朝向等安装要求，提高油管路外观质量；容器公司采取系统的整改措施，提高油站外观质量、涂装质量、内部清洁度，解决现场漏油问题；增加密封气管路、

排凝管路的探伤设计要求，解决了主机密封气管路不合格问题。⑨强化异常管理，完善异常问题处理机制，开展全员质量改进活动。坚持月份异常例会制度，总结、分析生产现场、检验控制、客服现场发生的不合格及品质类异常；结合每月异常质量信息、现场质量问题、质量故障损失，查找重大损失问题、影响企业信誉问题、重复低级错误问题、现场缺欠件问题，立项QC项目，并组织实施，每月点检；分析优秀改善提案推广价值，基于改善提案提出质量改进计划，并组织实施。通过一系列质量措施的贯彻落实，取得了显著效果，产品主件主要项抽查合格率等指标高于计划要求，产品实物质量持续保持在一个稳定、较好的水平。2017年产品一次试车合格率比上年有所提升，产品整机质量处于较好水平。

重庆通用工业（集团）有限责任公司扎实开展质量管理工作：一是公司质量、环境、职业健康安全、国军标等体系运行正常有效。二是加强过程质量管控，质量损失大幅下降，进一步提升了公司产品质量和服务质量。三是持续开展QC小组活动并发布成果；启动市长质量管理奖创奖工作。“卓越运营项目”推进取得阶段性成果。

2017年，四平鼓风机股份有限公司围绕技术和质量改进，不断强化技术质量管理。一是加强了风机结构改进工作。通过采用外购产品，对标准件轴承箱进行了改进，并成功用于篦冷机风机。根据出口产品质量要求，结合企业实际，将所有长腰形孔改为大圆孔，不但提高了产品质量，还解决了轴向和径向调整的问题；针对售后服务反馈的问题，对引进轴承箱及通水轴承箱重新进行了修改设计，基本上解决了轴承箱漏油问题。二是加强了三维软件的推广应用和标准化工作，完成了所有系列风机三维设计参数化、图样转化和出图，完成了方型调节门重新标准化设计，可以有效地降低成本，减少了工时。三是加强质量改进，严格质量检验与控制，提高产品质量。针对出口重点产品，组织成立了质量攻关小组，确保了产品质量。四是加强质量管理体系建设。完成了年度外部审核和内部审核，对发现的一般不合格和相关问题进行了整改，确保质量管理体系的符合性、适宜性和有效性。

山东省章丘鼓风机股份有限公司2016年11月通过了山东世通质量认证有限公司ISO 9001：2008认证，认证范围有罗茨鼓风机、罗茨真空泵、离心鼓风机、渣浆泵的设计、制造和服务。有效期为2015年11月16日至2018年11月15日，2017年9月完成了质量认证复审。公司拥有各类先进的生产设备和检测设备近900余台（套），满足了现有风机生产加工精度、检测要求，使公司产品精度、可靠性及质量安全保持了相对稳定。通过对先进加工设备的定时保养、检修，进行质量攻关、质量培训等方式，保持了风机精度、效率、可靠性的稳定。公司长期坚持全面质量管理工作，将管理工作细化到每一个步骤和环节，及时发现和解决管理中存在的漏洞和问题，不断完善质量管理体系，塑造质量品牌。公司始终坚持“质量第一，质量兴企”的意识，在各项工作中，按照“做，就做到最好”的工作理念，并在公司内开展做“精品工程”。严抓进货、过程及最终检验，及时处理各类质量问题，并将质量信息及时反馈到各相关部门或供方。在过程检验方面，确保零部件100%受检，将风机安装、试验和发货作为检验工作的重点，风机受检率100%。定期召开质量分析会，传递质量信息，对发现的问题制定整改措施，做到举一反三，防止再次发生同类问题。公司“学莱钢、创建学习型组织”活动继续深入开展，继续推行以“整理、整顿、清扫、清洁、素养”为主题的“5S管理”活动，并开展“建立学习型组织”，实行“优质优价”即“优质岗”活动。每年通过80余项QC小组活动、运用多种质量改进工具和先进的管理方法，对生产过程中出现的质量事故及时进行调查，加强沟通与协调，稳定提高了产品质量。为健全和规范公司的管理，提供优质环保产品，提升产品在国内外市场的竞争力，公司通过了ISO14001：2004环境管理体系认证。

浙江金盾风机股份有限公司顺利通过了 GB/T 19001、GJB9001B、QC31-439311 认证，CCSR9001 船级社认证和“浙江制造”产品认证等一系列质量体系的外部审查以及各核电工程公司的质保监查和监督检查等。结合程序文件的完善，公司内部的监查、内审、监督检查等质量体系管理手段，为进一步强化公司体系管理、流程管理打下了一定的基础。2017 年 5 月，公司开展了安全月、质量月活动。公司形成了重视安全生产、重视质量进步、崇尚质量创新、关注质量安全、倡导资源节约的良好氛围，进一步加强了安全管理、质量管理控制工作，确保了公司的质量管理体系有效运行。

山东海福德机械有限公司增强质量意识，加强产品检验。整合所有工艺文件，加强工艺管理，严格操作规程，严肃工艺纪律，进一步明确关键零件技术标准；在工序流转过程中采取防护措施，防止产品摔伤、划伤，保证产品质量；强化员工“质量在我手中，客户在我心中”的服务理念，树立“打造精品”的质量观念。通过自检、互检及质检部门的专业检查等手段保证产品质量，保证产品合格率为 100%，为客户提供放心产品。

中国电建集团透平科技有限公司通过全员、全过程、全方位管理与控制，提高管理运行质量和效益，增强了公司核心竞争力。各车间、部门也将“提质增效”纳入本车间、本部门日常生产中、经营管理全过程，收到一定的实效。公司建立了根据外部质量信息反馈加强内部质量控制的制度。根据外部反映存在的问题，有针对性地完善各部门标准化作业。同时形成质控、技术、生产、装配、仓储等车间部门的交流、沟通机制，及时完善图样、工艺、流程，形成对产品质量问题的封闭。通过这一逆向工程，及时找到了多起困扰用户现场的质量问题根源。通过以上措施，公司外部损失年均下降 20%，

2. 标准化管理

2017 年，全国风机标准化技术委员会主要开展了标准报批、标准立项、国际标准化方面的工作。

（1）完成了《电站空冷风机》《防爆罗茨鼓风机》《变压器专用低噪声冷却通风机》《罗茨鼓风机用隔声罩》《通风机叶轮超速试验》《风机消声器技术条件》和《石油、化学和气体工业用整体齿轮增速组装型离心式空气压缩机》7 项行业标准的报批工作。

（2）标准立项工作。参加工业和信息化部召开的标准立项评审会，对行业标准《工业吊扇 技术条件》进行了答辩。该标准已通过立项。

（3）国际标准化工作。全国风机标准化技术委员会参加了第 31 次国际标准化 ISO/TC117 会议。会上分别讨论了《通风机性能试验》《能源效率等级》《空气幕》和《射流风机》4 项国际标准，加强了与国际标准化组织的交流与合作，加快了风机行业与国际接轨的步伐，提高了我国风机行业实质参与国际标准的能力。此外，完成国际标准投票 4 次，完成《工业通风机 标准实验室条件下通风机声功率级的测定 第 1 部分：通用要求》标准及相关文件的翻译工作。截至 2017 年年末，风机行业现行国家标准和行业标准共 57 项。风机行业现行国家标准和行业标准见表 7。

表 7 风机行业现行国家标准和行业标准

序号	标准编号	标准名称
1	JB/T 2977—2005	工业通风机、透平鼓风机和压缩机名词术语
2	JB/T 4113—2017	石油、化学和气体工业用整体齿轮增速组装型离心式空气压缩机
3	JB/T 4296—2011	矿井轴流通风机
4	JB/T 4355—2004	矿井离心通风机 技术条件
5	JB/T 4357—2008	工业锅炉用离心引风机
6	JB/T 4358—2008	电站锅炉离心通风机
7	JB/T 4359—2014	一般用途轴流式压缩机

（续）

序号	标准编号	标准名称
8	JB/T 4362—2011	电站轴流式通风机
9	JB/T 4364—2014	风机配套消声器　性能试验方法
10	JB/T 6444—2004	风机包装通用技术条件
11	JB/T 6445—2017	通风机叶轮超速试验
12	JB/T 6886—2010	通风机　涂装技术条件
13	JB/T 6887—2004	风机用铸铁件　技术条件
14	JB/T 6888—2004	风机用铸钢件　技术条件
15	JB/T 6891—2017	风机用消声器　技术条件
16	JB/T 7258—2006	一般用途离心鼓风机
17	JB/T 7259—2006	烧结厂用离心鼓风机
18	JB/T 8689—2014	通风机振动检测及其限定值
19	JB/T 8690—2014	通风机　噪声限值
20	JB/T 8822—2013	高温离心通风机　技术条件
21	JB/T 8940—2014	通风机产品型号编制方法
22	JB/T 8941.1—2104	一般用途罗茨鼓风机　第 1 部分：技术条件
23	JB/T 8941.2—2014	一般用途罗茨鼓风机　第 2 部分：性能试验
24	JB/T 9099—2014	冷却塔轴流通风机
25	JB/T 9100—2014	矿井局部通风机　技术条件
26	JB/T 9101—2014	通风机转子平衡
27	JB/T 10213—2014	通风机　焊接质量检验技术条件
28	JB/T 10214—2014	通风机　铆焊技术条件
29	JB/T 10281—2014	消防排烟通风机
30	JB/T 10489—2004	隧道用射流风机技术条件
31	JB/T 10533—2005	地铁轴流通风机技术条件
32	JB/T 10562—2006	一般用途轴流通风机技术条件
33	JB/T 10563—2006	一般用途离心通风机技术条件
34	JB/T 10820—2008	斜流通风机　技术条件
35	JB/T 10832—2008	工业通风机　法兰
36	JB/T 10981—2010	玻璃纤维增强塑料轴流通风机
37	JB/T 11417—2013	烟叶烘烤风机技术条件
38	JB/T 11418—2013	诱导通风机技术条件
39	JB/T 11419—2013	蒸发式冷凝器冷却风机技术条件
40	JB/T 11956—2014	防爆屋顶通风机
41	GB/T 1236—2017	工业通风机　用标准化风道进行性能试验
42	GB/T 2888—2008	风机和罗茨风机噪声测量方法
43	GB/T 3235—2008	通风机基本型式、尺寸参数及性能曲线
44	GB/T 10178—2006	工业通风机　现场性能试验
45	GB/T 17774—1999	工业通风机　尺寸

（续）

序号	标准编号	标准名称
46	GB/T 19074—2003	工业通风机　通风机的机械安全装置护罩
47	GB/T 19075—2003	工业通风机　词汇及种类定义
48	GB/T 19761—2009	通风机能效限定值及能效等级
49	GB/T 19843—2005	工业通风机　射流风机的性能试验
50	GB/T 21151—2007	煤矿用轴流主通风机技术条件
51	GB/T 25630—2010	透平压缩机　性能试验规程
52	GB/T 26137—2010	高炉煤气能量回收透平膨胀机　热力性能试验
53	GB/T 26410—2011	防爆通风机
54	GB/T 28381—2012	离心鼓风机能效限定值和节能评价值
55	GB/T 28246—2012	高炉煤气能量回收透平膨胀机
56	GB/T 29542—2013	工业尾气能量回收透平膨胀机
57	GB/T34877.3—2017	工业风机　标准实验室条件下风机声功率级的测定　第 3 部分

六、基本建设及技术改造

2017 年，风机行业 153 家企业共完成固定资产投资 130 173 万元，同比下降 18.9%。其中：购置设备投资 47 103 万元，同比下降 61.7%。

2017 年，沈阳鼓风机集团股份有限公司营口透平装备有限公司建设项目包含大型透平压缩机组研发（实验）中心建设项目、国家能源大型透平压缩机组研发（实验）中心完善及为煤化工配套大型压缩机组研制项目，完成了试验厂房、加工装配厂房、66kV 中央变电所、食堂等 24 项单体工程建设并投入使用，完成建筑面积 128 473m^2；采购各类设备 123 台（套），全部设备均已投入使用。预期达到目标：建成年产 165 台（套）16 124t 压缩机、工业汽轮机和燃气轮机的生产基地。

2017 年，陕西鼓风机（集团）有限公司利用国家投资和自筹资金 8 300 多万元，实施多项技术改造工作，其中包括：陕鼓分布式能源智能综合利用示范项目、10kV 4 000kV·A 两用变频器和高压综合电力控制系统软件升级、水蒸气压缩机选型计算软件升级、集团技术资源共享平台建设、陕鼓资源计划信息系统改造、新购关节臂测量机、新购微机控制磁粉探伤机等。截至 2017 年年末，已完成固定资产投资 2 393 万元，其中设备购置投资 1 909 万元。

上海电气鼓风机厂有限公司自加入上海电气集团以后，得到了集团的全力支持，企业正向科技型和工程型方向发展，寻求工业透平产业链系统解决方案。2017 年，公司中标 CTW 风洞压缩机系统项目，该项目的压缩机系统是其中核心部分。为保证压缩机系统 2017 年开始进行压缩机台位改造，确保压缩机试车电容量达 150MW，公司建设了启东生产基地。

2017 年，重庆通用工业（集团）有限责任公司实验室建设工作进入攻坚期，离心通风机、鼓风机智能测试实验平台及理化计量检测中心已建设完成并顺利投入使用；通风机模型机性能实验室和鼓风机实验室的 CNAS 认证在进行中；离心式压缩机模型级试验台建设在进行中。同时，三大实验室和透平检测中心被授牌“高效离心压缩机智能化技术重庆市工业和信息化重点实验室”，技术平台建设获得权威认可。

四平鼓风机股份有限公司全面完成燃煤锅炉改造工作。2017 年，公司对 2 台 10t/h 燃煤锅炉进行了改造。在经过大量调研、论证和实地考察之后，最终确定利用原有两台旧锅炉进行生物质燃料改造的方案。在锅炉改造过程中，先后完成了旧烟囱、旧鼓引风机的拆除，新除尘设备场地平整、基础制作和防护棚安装，进行了锅炉主体、送料排渣系统、除尘系统、电控系统、排烟系统等各项改造和更新，合计投入费用 110.5 万元。

2017 年，山东省章丘鼓风机股份有限公司为贯彻落实国家环保政策，适应公司发展要求，投资 52 万余元改造喷漆房等设施，提高了产品的涂装质量，减少了因涂装而造成的环境污染。

浙江明新风机有限公司“年产 10 万台工业配套风机”技改项目建设期为 2017 年 4 月至 2018 年 12 月，项目总投入 9 000 万元，建成后形成年产 10 万台工业配套风机的生产能力。2017 年已完成厂房购置，已签订基建合同并在执行基建及厂房装修工作。项目达产后，每年可新增销售收入 20 000 万元，创利税 4 300 万元。

2017 年，湖北省风机厂有限公司投资 3 000 多万元，建设一条机器人地铁风机焊接生产线，进口了第二台五轴立式加工中心，大大提升了交货能力和加工能力。同时提高了生产效率和产品质量，降低了生产成本，进一步提升了公司的硬实力。

七、企业经营管理及改革

2017 年，沈阳鼓风机集团股份有限公司完善了“十三五”规划和实施路径，制定了高端装备转型规划等专项规划及子公司发展规划。公司通过多次战略规划研讨论证，总体发展目标更加坚定，实施路径更加清晰。公司积极推进国企改革，出台了一系列重大改革方案，在重要领域和关键环节落实改革举措工作取得阶段性进展。《沈鼓集团综合创新改革工作方案》明确了公司综合创新改革工作的总思路、总体框架和实施路径，为公司改革创新发展提供了指引和主要依据。公司完善了法人治理体系和机制，将党建工作总体要求纳入公司章程；依法修订相关会议议事规则和“三重一大”（重大问题决策、重要人事任免、重大项目安排和大额度资金使用）规定，明确界定“三重一大”标准、审批流程。全面开展三项制度改革，聘请专业咨询公司积极推进人事制度改革、用工制度改革和分配制度改革，完成管理诊断和集团管控模式的总体设计和企业组织架构的设计。

山东省章丘鼓风机股份有限公司在产品结构调整和企业转型升级过程中广泛寻求合资合作，增强公司发展新活力。2017 年 6 月 19 日，公司与中钢集团洛阳耐火材料研究院有限公司举行战略合作伙伴签约仪式，达成合作生产耐磨陶瓷部件的协议，实现了双方优势互补，真正实现了生产、研发共同发展。根据市场调研，公司为减少流通环节、缩短交货期、提高合同履行效率，与金川集团信息与自动化工程有限公司合作开发渣浆泵生产基地，就地生产市场急需产品，满足了客户需求，提高了公司的知名度。公司紧跟国家步伐，发挥企业优势，一方面根据国内、国际市场的需求，不断开发罗茨鼓风机新产品，特别是节能、降耗的新产品；另一方面，积极稳妥地改进老产品，改进和优化加工工艺，降低成本，同时着力提高产品质量，确保罗茨风机在国内的领先地位，并不断扩大在国际市场的份额。公司主营产品罗茨鼓风机是用于水处理工艺中生化反应和反冲洗过程的基本设备。公司加大新产品的研发特别是高速、高效罗茨鼓风机的研发及市场推广，重点开发了节能效果显著、噪声低的单级高速离心风机、多级离心鼓风机等，来满足污水处理行业不同客户的需求。公司专门开发了高压空冷罗茨风机及通风机等新产品，来满足脱硫行业不同用户的需求。随着越来越多的公司特别是有色冶金、煤化工等行业开始投资建设制氧项目，公司有针对性地开发大型罗茨鼓风机和真空泵新产品，改进现有产品，完成了 ZSR3-125NJY 型逆流冷却氧气鼓风机的试制工作。

浙江金盾风机股份有限公司专业生产离心风机、轴流风机、地铁隧道轴流风机、射流风机和船用风机、风阀等产品。2017 年 10 月，公司完成了对浙江红相科技股份有限公司和江阴市中强科技有限公司的并购重组。收购的两家公司分别主营红外、紫外成像产品和隐身技术类产品，在技术上形成了互补，将推动公司产品的多元化发展，优化产业布局。

2017 年 6 月，成都电力机械厂与都江电力设备厂重组整合，都江电力设备厂成为成都电力机械厂的全资子公司。2017 年 12 月，成都电力机械厂更名为中国电建集团透平科技有限公司。改制后的中国电建集团透平科技有限公司，面对传统风机市场持续萎缩的不利局面，紧紧围绕“创新驱动、同核扩张、产业延伸、投融资战略、国际化战略和商业模式创新”六大战略，强化制度建设，推动 2017 年公司“制度建设年”各项目标的实施。公司适时调整了经营系统的组织机构，撤销了市场营销部，组建了电力工业事业部、地铁隧道事业部、风洞矿山事业部和水处理事业部。公司修订了客户资产部的职责和名称，建立了检修 4S 店，来满足公司转型升级的发展和需要。为了突破人才瓶颈，快速推动企业转型，公司加大社会人才的招聘力度，基本完成水处理事业部的人员配置。公司由原来单一产品、单一行业和单一市场的发展模式正逐步转型为产品多元、行业多元和市场多元的发展模式。公司深化三项制度改革，为建立办事效能、运转协调、行为规范的管理体系，从工作职能和具体业务事项出发，结合公司的实际情况，完善了各项制度和流程，使岗位职责划分更加合理、岗位权限更加明确具体，实现了以制度管人、按流程做事。

江苏金通灵流体机械科技股份有限公司在经营管理工作中夯责任、排隐患，安全生产形势保持稳定。2017 年，公司建立健全安全生产责任制，组织签订全员安全生产责任书，编制了《金通灵公司安全生产总纲》《生产安全事故综合预案》《生产安全事故专项预案》《生产安全事故现场处置方案》，完善了《安全违章违纪行为经济处罚考核制度》《安全违章违纪行为 24 分考核制度》等。公司以安全月活动为抓手，通过加强安全文化主题宣传、安全知识系列培训、强化重点区域危险源意识、深入开展事故隐患排查治理工作、提高应急演练和处置能力等活动，进一步树立红线意识，落实企业安全生产主体责任，提升全员安全文明素质。为适应中长期发展，公司在 2017 年 2 月调整了组织架构，成立了四大事业部：高端制造事业部、军工事业部、农业循环经济创新发展事业部、工程建设事业部。2017 年，选举产生了公司新一届的董事、监事，聘任了高级管理人员，使公司治理结构更趋于合理。公司建立了以省劳模季总为带头人的科技创新、优化设计、工艺改进、安全管理、质量提升、文明生产六大主题创新工作室，各劳模工作室以先进工作者为引领，明确工作目标、攻关重点，激活创新思维。

四平鼓风机股份有限公司以挖潜降耗为重点，加强企业管理，努力增加经济效益。2017 年，受原材料价格的快速上涨、制造成本上升等因素的影响，公司经济效益面临巨大压力。公司把管理工作的重点放在节约挖潜、活化资金方面，向管理要效益。一是降库存，节约挖潜，减少费用支出和损失浪费。对库存长期积压的产成品进行顶用，有效降低了库存，减少了流动资金占用；车间通过对复合板产品堆焊，大大减少了外购费用支出；通过套裁下料和加强边角余料管理及利用，节约钢材超过 440t；对长期积压的标件箱、附件箱进行了拆解和利用，全年共返库标准件 12 200 多件，铝件约 30 件，电阻、温度计 131 件，地脚螺栓约 2 000 件，轴承体、联轴器、慢转机构和煤气风机轴瓦等合计 135 套。二是积极运作，及时完成流动资金贷款的倒贷工作。同时，还充分利用省市有关政策，积极申报争取银行贷款贴息项目资金支持。三是加强各项管理，全面完成年终物资清查盘点工作，并对盘点中发现的问题及时进行处理。完成了 OA 协同办公系统升级，并根据人员变动对 OA 系统进行调整和完善。公司加大现场管理整顿和检查力度，根据需要对档案库房进行了调整。

山东省章丘鼓风机股份有限公司在市场需求日趋多样化和差异化、市场竞争日益激烈化的情况下，2017 年继续坚持“拉长主业、上新创新、合资合作、做大做强”的长期战略思路，以“做，就做到最好”为工作理念，不断强化企业内部管理，加快技术创新步伐。公司为适应市场发展要求，在全国各地40个销售网点做了部分调整，采取大区管理模式。公司专门成立了电子商务部和网销部，利用网络平台资源优势，通过网上调研、大量搜集市场信息、整合市场信息，并及时将信息反馈给线下销售网点，实现信息资源共享。线下为主力，线上为辅助，充分发挥互联网渠道优势，对公司产品的推广和企业品牌的宣传起到了积极有效的作用。

浙江明新风机有限公司结合工作实际和市场形势，先后出台了一系列的规章制度和政策，确保企业健康发展。公司修订了《安全生产管理制度》《员工奖惩制度》等，规章制度的执行力度明显加强。2017年，公司积极配合上级组织开展了安全生产月活动，以增强员工安全意识；在与街道签订安全责任状的同时，企业与车间、班组层层签订安全生产责任状，措施落实到位；进一步完善安全生产台账，健全安全生产管理组织网络，定期召开安全生产例会，定期组织安全生产检查，制定事故应急预案和安全生产制度。2017年安全生产大检查员工参与度为100%，自查隐患共有12项，上级检查隐患共28项，均已整改完毕。做好新员工三级安全教育；针对特种作业人员、特种设备作业人员，做好在岗人员培训，确保其持证作业；做好企业负责人、安全管理员培训，确保其持证上岗。

八、企业节能、降耗、减排情况

2017年，风机行业参与统计的企业生产用钢材消耗量554 910t，同比增长14.3%；全年用电量35 691万kW·h，同比增长9.3%；综合能耗总量63 364t标准煤，同比下降2.4%。

2017年，沈阳鼓风机集团股份有限公司进一步强化能源管理，开展节能、降耗、减排工作，采取了以下节能措施：①不断完善集团能源管理三级网络。由集团领导任组长、相关职能部门领导为成员的集团节能管理领导组是企业能源管理工作的领导机构。②坚持巡检制，对厂区能源使用、节能降耗情况进行现场巡检监督。坚持日检查、周公示、月季总结、年评比，及时做节能提示，表扬先进，纠正违规用能现象。③加强能源统计分析工作，细化每月各种能源消耗量统计分析，增加各部门消耗情况变化与生产工时动态完成数据的分析整理。④加强公司用能定额管理，制定和不断完善各种用能定额，对生产车间实施“机加工时单位耗能定额”，对非生产车间实施“限量定额”，考核各指标的执行和完成情况。⑤加强对以热处理车间为主的重点耗能管理，提高热处理车间炉热利用率、装炉率，并对热处理燃气炉加装了二次流量仪，准确区分生产用量和采暖用量。不断完善能源计量仪表，配齐各种能源计量仪表。⑥加强对峰、谷、平用电合理使用，下发峰、谷、平用电的指导意见，收到了一定效果。合理调控用电设备，提高功率因数，达到了电业局要求的功率因数95%以上，年节约电费100万元。利用直购电节约电费132万元，向电业局报停一台变压器5个半月，节约基础电费242万元。⑦大力开展节能宣传和节能技术培训工作。在2017年以“节能有我，绿色共享”为主题的全国节能宣传周期间，组织节能员参加经济技术开发区“低碳节能活动月”宣传活动，组织人员参加活动月启动仪式、论坛等活动。同时利用集团广播站、沈鼓信息报、办公局域网、各车间宣传板等宣传途径，传达和宣传国家节能法及节能降耗小常识，节能先进事迹、各种节能措施，提高员工节能意识，发动员工为节能降耗提合理化建议及实施措施。2017年，公司综合能耗13 616t标准煤，同比下降4.87%，万元产值综合能耗为0.015 7t标准煤，同比下降12.28%。

2017年，陕西鼓风机（集团）有限公司建成首个能源系统“九联供”的能源互联岛全球运营中心，充分利用太阳能、地热、雨水等自然资源，实现冷、热、电、风、水、废、消防、安防、监控的智能化管理。通过能源的相互转化和梯级利用，实现了土地集约、运营集约、功能集约、设备集约。能源互联岛全球运营中心投运以来，公司万元产值能耗由21.08kg标准煤降至当前的

18.09kg 标准煤，降幅达 14.18%，已经实现了透平行业万元产值能耗最低的目标，并且在持续优化。

南通大通宝富风机有限公司利用企业设备及管理优势，进入工业废水零排放市场。机械式蒸汽再压缩（MVR）技术是当前国际上先进的蒸发技术，是替代传统蒸发器的升级换代产品。其利用电能将系统产生的低温、低压蒸汽进行压缩，压缩后产生高温高压蒸汽再次进入系统中进行利用，实现废蒸汽能量回收，以达到节能环保的目的。公司以透平机械的设计及制造为基础，加大了在此领域的研发投入，并引入了自动选型、报价、设计一体化软件，提高了设计效率及可靠性。产品已进入环保（工业废水浓缩、水循环再利用）、食品发酵（氨基酸等浓缩提取、糖液浓缩干燥、饮料果酱浓缩）、制药（中药制剂、西药低温浓缩、维生素制剂）、化工（有机物浓缩结晶、香料提纯、化工原料生产）等多个领域。

山东省章丘鼓风机股份有限公司根据国家对“两高一低”产业的环保整治政策，结合公司实际情况，制定了企业节能减排目标措施。首先，投资建设了危废仓库和事故水池，对 7 个伸缩式喷漆房进行了改造，制定了环境保护应急预案并备案，编制了变更环境影响分析报告，制定了环境保护管理制度。通过有机废气 VOCs 的专项治理验收及环保部督查组的多次检查，于 2017 年 9 月通过了环境保护验收监测和环境保护验收工作。其次，围绕公司重点生产车间耗电和排放重点，强化管理培训，推动节能减排降耗工作的开展，收到了一定效果。

浙江明新风机有限公司注重社会责任，以绿色环保为己任，重视开发节能、降耗、低噪声及环保型新产品。公司开发的烟叶专用烘烤风机在节约铝合金原料的同时可大大节约用电量；开发生产的防疫风机填补了国内军用防疫车防疫风机的空白。2017 年，公司的新项目都进行环评，购置环保设备，用于废气、废水处理，对减排起到了很大的作用。

河北骞海鼓风机有限公司制定了企业节能降耗、减排目标，三年内水电消耗逐年递减 1%；减少了噪声污染，保护了员工健康；废弃物 100% 回收再利用。节能降耗具体措施：车间照明灯遵循用几盏开几盏的原则，杜绝开无用灯、常明灯。各灯开关分配到人，负责按时开关灯具。所有用电设备必须做到人走机停，杜绝设备空载运转。对大功率设备，合理安排计划，集中生产，杜绝频繁起动而增加能耗。严格控制下料尺寸，严格按计划下料，杜绝私自增加库存而造成积压浪费。根据使用情况定量发放抛光、磨光片，杜绝因乱扔、使用不彻底造成浪费。拉料车、叉车要停车熄火，严禁以车代步，避免燃油浪费。

九、行业及企业人才培养情况

风机分会为了培养中小企业的风机专业技术人才，推动企业技术进步，曾多次聘请大学老师和企业技术专家，联合举办通风机设计、制造工艺、性能测试、动平衡、焊接等培训班。这种短期培训实用性强，有针对性，能解决企业的实际问题，很受企业欢迎。2017 年风机分会举办了两期离心通风机设计与工艺制造专业技术培训，有 95 人（非风机专业大学毕业生）参加学习。培训内容主要有：离心通风机基本知识、离心通风机设计理论、通风机选型设计、通风机的相似设计方法与实例、如何确定通风机的合理工作范围；采用新设备、新工艺完善加工方法，提高生产效率、提高产品通用性及通风机的焊接工艺技术等，得到了企业和学员的认可。除此之外，风机行业有些企业也非常重视人才培养，自行开展了各类培训工作，收到了很好的效果。

沈阳鼓风机集团股份有限公司十分注重企业的人才培养，打造有利于高端人才发展和创新的平台，把创新精神、劳模精神和工匠精神融入企业文化中。公司大力实施“人才兴企”“科技强企”战略，逐步建立和完善了人才开发、培训、考核、使用激励制度，以能力建设为核心，不断加强人才引进、人才培养、人才使用等工作，及时满足了企业对各类人才的需求。截至 2017 年年末，公司在岗员工 6 436 人，其中，干部岗位员工 3 143 人、技能工人岗位 3 293 人。干部岗位员工中含工程技术人员 1 510 人、管理人员 1 071 人。公司重视人才引进渠道建设：①积极参加省、市人才“招才引智”“走出去、请进来”等人才引进活动，借助政府提供的平台，面向社会宣传企业、介绍企业人才发展战略，吸纳人才。②通过校企合作形式，充分发挥高校高端人才资源优势，为产、学、研提供技术支持和保证。当前，公司与西安交通大学、浙江大学、大连理工大学、东北大学、兰州理工大学等高校建立了校企合作平台，形成了三站三院五中心的产学研模式。③高起点引进人才。每年根据企业人才发展战略，有针对性地选择部分重点高校，开展人才招聘、引进工作。近五年来，通过校园招聘等方式共引进人才 1 090 人，其中，本科学历 555 人、硕士研究生学历 118 人、博士研究生学历 2 人。④提供社会服务资源，将企业资源向各大高校开放，为高校相关专业在校生提供培训、实习、调研平台，为人才引进创造机会。公司完善人才管理机制，激励人才成长：①关注人才职业生涯发展，从企业实际出发，以非领导职务聘任、“三优”人才评聘为载体，建立技术、销售、技能、管理四大类人员职业生涯发展通道。定期组织职称评聘，鼓励各类员工通过职称评聘不断提升自身职业技能水平。定期组织青年干部选拔、测评，组织成立青年干部培训班，通过拓展、军训、沙盘、管理提升培训等形式，提高员工综合素质能力，为企业未来发展储备战略性人才。②以人才发展为导向，调整薪酬体系。针对外部引进的高端人才，建立激励性薪酬机制；针对各领域突出人才，建立“三优津贴”“职称津贴”“管理责任津贴”“技能津贴”等激励机制；结合企业发展需要，建立科研项目奖励机制，鼓励技术人员承担企业科研项目。③完善人才考核体系，以集团绩效管理体系为基础，结合员工绩效考核工作，对各领域专家、科室主任、外部引进人才制定了有针对性的人才考核办法，将考核关注点集中在新领域开拓、技术管理创新、重点课题攻关、青年人才培养等方面。

四平鼓风机股份有限公司为满足企业生产经营需要，进一步加强了人力资源管理。2017 年共参加人才招聘会 11 次，办理 9 人录用手续。在加强劳动合同管理的同时，完成了 2015 年稳岗补贴材料上报和上级检查等工作，争取到补贴资金 13.7 万元。为提高员工素质，全年组织新职工入厂教育、特种作业人员复审和会计人员继续教育和安全生产培训等共 8 次，培训 47 人次、152 学时。

2017 年，山东省章丘鼓风机股份有限公司进一步加强了高、精、尖人才的引进和培养。公司把人才引进与培养作为长期的战略方针，定期进行每周一课的专业技能培训，各研究所根据实际情况，不定期单独开展培训项目。公司主要通过三种途径发展人才队伍：一是“请进来”。在国家政策的鼓励引导下，积极引进高科技人才、专家、院士、泰山学者、“5150”人才，引“智”借“力”，提升公司技术和管理能力。举办专家讲座、培训，驻企定期工作，现场研究开发技术项目。聘请知名专家、教授为不同岗位员工进行专题培训。二是“走出去”。到同行业厂家参观学习，学习其优势项目技术和先进技术工艺。派遣部分技术骨干到美国、日本、韩国等国家参观考察，开阔视野。三是内部培训。招聘大学毕业生，并进行系统的培训。公司持续开展各类专业技术学习、班组建设，组建青年团员突击队，充分调动起技术人员的工作热情和创新积极性。根据公司劳动密集型的特点，对有潜质的员工进行职业生涯规划设计，建立能者多劳、多劳多得的工作机制。

2017 年，浙江金盾风机股份有限公司继续加强人才引进及培养工作。一方面，公司积极配合和参与上虞区政府组织的招聘活动；另一方面，重视地区人才招聘会、网络招聘、校园招聘等多种方式的招聘工作。全年始终把培训工作作为重点工作进行，进一步完善培训机制，全年组织各种培训 30 余次。培训内容包括公司制度、企业文化、三级安全教育、特种岗位上岗证培训、核安全文化宣导、三体系转版、焊工考证、内审员考证等。通过大量的培训，公司员工进一步明确了自身的工作职责，全面了解了公司的政策，更深刻地领会到公司的经营理念、企业文化及价值观。

浙江明新风机有限公司通过三种渠道开展员工培养及职业发展规划工作：①多途径搭建员工广阔发展平台。为使每位员工都可以找到适合自己的上升路径，公司明确了不同职系的晋升评估、管理办法，为员工提供“横向”“纵向”并存的双轨制职业发展通道，充分给予员工不断上升的机会。②建立职业生涯辅导制度，不断帮助员工调校职业阶段性发展。为增强员工职业规划意识，公司人事部专门制定了职业生涯规划制度，并设立专人管理。员工试用期结束后，公司运用多种测评工具和方法对员工进行个人特长、技能评估和职业倾向调查。同时，对员工职业生涯目标实施定期跟踪管理，督导员工向设定的目标方向发展，最终实现职业生涯目标。③建立多种培训平台，帮助员工实现职业发展。在做好员工职业发展指引的基础上，公司还积极构建多种学习成长平台，如公司三级培训、员工换岗、后备人才培养计划等，初步形成了职前培养、职后发展与培训提升良性循环的职业教育体系。

2017 年，江苏金通灵流体机械科技股份有限公司秉持“适度从紧，内部调配”的原则，全年招聘录用 60 人。公司开展了“管理者基础与商务礼仪”的内训；利用周末对数控操作人员进行高级工鉴定的考前培训，46 人通过考试；与南通中专合办的中德合作“金通灵”班有序推进。公司在保持薪酬体系大框架不变的基础上，遵循按劳分配的原则，体现效率优先、兼顾内部分配的公平性。

十、信息化建设情况

沈阳鼓风机集团股份有限公司以信息化和工业化深度融合为指引，全面推进企业信息化建设。公司确立了“数字化企业”总体建设目标，全面推进和实施数字化设计、数字化管理、数字化生产、数字化服务、数字化决策，持续完善信息化系统，优化各项业务流程。公司通过深化应用“财务业务一体化”ERP 系统，对财务、人力资源等进行流程优化，同时完善数据管理规则，严格控制金属原材料编码，不间断地对数据进行维护，实现了集团本部及下属 11 家生产型子公司的采购到付款、销售到收款、生产到成本核算三条业务主线管理，构建起涵盖人财物、产供销等业务内容、核心信息系统全面集成、数据全面共享的集团化管控平台。开发和部署了云端 OA 办公系统平台，构建起集团级邮箱系统，实现 60 多项业务流程的开发应用，实现了 OA 与 ERP 系统的集成应用，彻底解决了财务资金审批困难等问题。通过云端 OA 系统的建立，确保公司在任何地点、任何时间都能登录和访问企业内部应用和数据。公司正在建设三维数字化协同设计与管理平台，通过统一各子公司的二维、三维一体化基础环境，实现统一存储和统一管理及同步更新，为产品研发设计的标准化和规范化奠定基础。公司近百台高端服务器集群构成了完备、高效的集团信息化数据中心，可有效实现从硬件设备到软件应用的技术融合。IBM P 系列服务器集群为 ERP、PDM 等核心应用系统提供稳定的运行环境，通过服务器虚拟化技术实现了云 OA 系统等多项应用的集中管理。运维团队通过多角度、全方位技术手段，在数据存储、访问、备份、恢复等各个环节，配合缜密的计算机备份策略与人工巡检制度，有效保证了集团信息化数据安全。同时对终端 PC、内外部网络、运行软件、打印机等涉及集团内部运营的全线产品、所有 IT 办公设备建立了规范化的信息化运维管理制度和体系，不断提高运维质量，实现高效运维。公司以科技信息安全保密为核心，坚持统一规划、统一部署、统一建设，以技术手段、制度标准、保障力量和管理体制四个要素为抓手，坚持“人防”和“技防”相结合，保证科技信息的机密性、完整性和可用性。公司当前正在构建一套纵深防御的技术防护体系，制定严格有效的制度标准体系，建立自上而下的分级管理体系。重点关注管理和技术两个方面，着力保护产品技术信息在产生、存储、传输、交换、使用和复制过程中的机密性、完整性和可追溯性，提升科技信息系统的安全水平，全面提高企业信息安全防护能力。

2017年，威海克莱特菲尔风机股份有限公司进行新旧动能转化，加快自主创新，进行智能升级。克莱特公司与电子信息技术公司签订了“精益咨询”协议，全面推进精准生产及智能化工厂建设。8月份又启动了“两化融合”体系贯标活动。公司以“客户体验智能化、研发设计智能化、生产过程管理智能化、车间底层控制智能化、危险源识别预警智能化、产品服务智能化”为建设主线，搭建共生、共享的云计算存储平台，改变原来离散制造业相对固化的生产线及生产体系，使企业从营销、研发、工艺、制造、仓储、运维全环节更加紧密、柔性和智能，着力打造数字化的企业运营平台，实现商业模式和盈利模式的创新转变。

浙江明新风机有限公司围绕公司发展战略，通过信息总体规划，不断强化信息管理系统的建设，分步实施拓展信息化工作，实现管理效益最大化、营销网络化及办公自动化。公司本着“低投入、高产出”和“经济、高效”的原则来配置硬件网络设施。根据信息化工作总体规划，分步实施的指导思想和按照经济、可靠、高效、适用的原则，针对公司订单式生产、生产工序繁多、工艺复杂的业务流程特点，开发一系列适合内部管理需要的信息管理系统；引进通用的成熟软件。当前公司在信息化方面的投入主要是财务软件（金蝶）、技术设计软件（浩辰CAD）、三维软件、OA及局部ERP等。

江苏金通灵流体机械科技股份有限公司在2016年ERP应收及资金管理项目的基础上，完成了组织建设、项目调研、实施计划编制、新版本软件安装调试，并稳步推进PLM项目。2017年，公司将高邮林源公司位于界首的工厂连入，并入ERP账套，更利于集中管理。

2017年，中国电建集团透平科技有限公司大客户平台框架搭建完毕，实现了公司与用户企业的有效结合，提高了风机运行维护水平，加强了产品监测管理。同时，公司的ERP软件逐步完善，提高了公司的管理水平；CAXA图文档用于信息化管理，增强了安全规范。

2017年，河北骞海鼓风机有限公司为更好地实现信息化管理，共配备了123台计算机，比上年增加了41台，公司办公基本实现了电算化。公司在上年实现采购计划、采购管理、库存管理电算化的基础上，2017年实现了计算机记账、打印凭证、财务管理等，大大简化了财务结算工作，提高了工作效率。公司采用CAD及CAXA制图技术进行产品设计，大大增强了公司的技术力量，推动了技术进步。公司使用凤凰卫士反商业泄密软件，绘制的图样及技术资料均通过服务器端平台自动加密形成加密文件，未经授权无法打印及备份该加密文件。该软件通过自动加密、权限控制、操作日志、端口封锁、自动备份系统等措施，为公司提供了全方位一体化的反商业泄密解决方案。

〔撰稿人：中国通用机械工业协会风机分会董友、邱娟　审稿人：中国通用机械工业协会风机分会郭绍华〕

2017年阀门行业概况

一、生产发展情况

2017年，据国家统计局统计，全国1 714家阀门生产企业实现主营业务收入2 486.3亿元，同比增长8.17%；利润总额167.93亿元，同比增长11.27%；主营业务利润率6.75%，较上年略有提高。

根据中国通用机械工业协会阀门分会统计，

2017 年参与统计的企业有 142 家，完成工业总产值 410 亿元，同比下降 2.7%。其中，工业总产值超过 5 亿元的企业有 27 家，工业总产值超过亿元的企业有 93 家。完成工业销售产值 392 亿元，同比下降 1.31%，出口交货值同比略有增长，主营业务收入同比下降 2.13%，利润总额同比增长 13.67%。年末从业人员人数同比增长 0.82%，与上年基本持平。其中，工程技术人员变动较小，同比下降 0.49%，工人与学徒数量增长 13%，管理人员数量明显减少。科研开发经费总额有显著增加，同比增长 31.17%。

2017 年阀门行业工业总产值前 20 名企业见表 1。2017 年阀门行业工业销售产值前 20 名企业见表 2。2017 年阀门行业利润总额前 20 名企业见表 3。

表 1 2017 年阀门行业工业总产值前 20 名企业

序号	企业名称	工业总产值（万元）	序号	企业名称	工业总产值（万元）
1	苏州纽威阀门股份有限公司	239 517	11	上海凯科阀门制造有限公司	80 331
2	江苏苏盐阀门机械有限公司	157 685	12	浙江石化阀门有限公司	67 223
3	吴忠仪表有限责任公司	150 000	13	北京航天石化技术装备工程有限公司	66 116
4	河南通海流体设备有限公司	147 635	14	上海双高阀门（集团）有限公司	66 032
5	远大阀门集团有限公司	112 848	15	陕西航天泵阀科技集团有限公司	65 254
6	江苏神通阀门股份有限公司	92 660	16	江苏盐电阀门有限公司	64 483
7	山东益都阀门集团股份有限公司	91 998	17	上海冠龙阀门机械有限公司	63 089
8	河南省高山阀门有限公司	89 950	18	北京市阀门总厂股份有限公司	63 013
9	浙江盾安智控科技股份有限公司	87 013	19	慎江阀门有限公司	60 369
10	中核苏阀科技实业股份有限公司	85 692	20	上海美科阀门有限公司	54 560

表 2 2017 年阀门行业工业销售产值前 20 名企业

序号	企业名称	工业销售产值（万元）	序号	企业名称	工业销售产值（万元）
1	苏州纽威阀门股份有限公司	204 898	11	北京航天石化技术装备工程有限公司	68 832
2	江苏苏盐阀门机械有限公司	157 149	12	陕西航天泵阀科技集团有限公司	65 254
3	河南通海流体设备有限公司	139 862	13	浙江石化阀门有限公司	64 056
4	远大阀门集团有限公司	101 320	14	北京市阀门总厂股份有限公司	60 002
5	江苏神通阀门股份有限公司	91 907	15	上海双高阀门（集团）有限公司	59 752
6	山东益都阀门集团股份有限公司	91 899	16	江苏盐电阀门有限公司	58 032
7	河南省高山阀门有限公司	87 261	17	慎江阀门有限公司	56 459
8	中核苏阀科技实业股份有限公司	85 946	18	上海美科阀门有限公司	51 159
9	浙江盾安智控科技股份有限公司	85 541	19	宣达实业集团有限公司	49 105
10	上海凯科阀门制造有限公司	77 369	20	环球阀门集团有限公司	48 977

表 3　2017 年阀门行业利润总额前 20 名企业

序号	企业名称	利润总额（万元）	序号	企业名称	利润总额（万元）
1	苏州纽威阀门股份有限公司	25 769	11	凯喜姆阀门有限公司	4 729
2	江苏苏盐阀门机械有限公司	17 874	12	江苏盐电阀门有限公司	4 490
3	河南通海流体设备有限公司	11 139	13	慎江阀门有限公司	4 388
4	上海凯科阀门制造有限公司	7 419	14	中核苏阀科技实业股份有限公司	4 119
5	江苏神通阀门股份有限公司	7 366	15	潍坊裕川机械有限公司	3 980
6	浙江盾安智控科技股份有限公司	7 216	16	成都乘风流体科技集团有限公司	3 839
7	河南省高山阀门有限公司	6 819	17	环球阀门集团有限公司	3 809
8	北京航天石化技术装备工程有限公司	6 528	18	超达阀门集团股份有限公司	3 683
9	浙江石化阀门有限公司	6 256	19	宣达实业集团有限公司	3 570
10	远大阀门集团有限公司	5 828	20	北京市阀门总厂股份有限公司	3 535

在我国经济由高速增长阶段转向高质量发展阶段的大背景下，作为传统制造商的上海阀门厂股份有限公司，紧紧跟随国家战略发展规划，以高端科技技术发展为企业发展前进方针，2017 年实现了较为稳健的增长。公司于 2016 年登陆新三板，注册资本 1 亿元，拥有员工近 300 名。2017 年公司总资产约 3.4 亿元，实现订单承接约 3.1 亿元，主要产品安全阀、球阀、止回阀等广泛应用在石油、化工、电力、核电以及军工等重要领域。公司在发展业务的同时，积极研制新产品 30 多种规格，涉及核电、火电以及军工等多个工业领域。2017 年，公司继续被认定为上海市“专精特新”企业、上海市劳动关系和谐企业等；通过嘉定区非公企业社会责任标准认证。

扬州电力设备修造厂有限公司隶属于中国能源建设集团，现有职工 392 人，注册资本 1.2 亿元。企业主导产品有阀门驱动装置、电站辅机备品及高中低压成套设备。其中，阀门电动装置（电动执行机构）在国内电动装置行业名列前茅，在全国同行业中具有明显的优势。公司现有资产 36 766 万元，2017 年实现营业收入 40 049 万元，利润总额为 1 158 万元。

2017 年，四川飞球（集团）有限责任公司完成工业总产值 31 956 万元，同比增长 21%；完成订货 33 014 万元，同比增长 6%；实现销售收入 36 993 万元，同比增长 20%。公司与市政府签订整体搬迁协议，申报四川机械工业 50 强企业，通过了 CE 证书年度审核，荣获自贡市 2016 年工业成长型十佳企业称号。公司积极参与中石化 2017 年框架投标，并顺利通过中石化资格审查现场复核工作。

苏州纽威阀门股份有限公司实施基础建设及技术改造项目，其中核级阀门热态鉴定试验台架、三代核电阀门鉴定的高温高压鉴定试验台架，完成寿命试验、热循环试验（关断类阀）、方向回流试验（止回阀）、冷热交变试验，已投入使用。投资 255 万元进行车间照明智能 LED 灯改造，车间使用的 1 984 盏金卤灯更换成 LED 节能灯，已投入使用。工厂 MES 泵验系统上线，资金总额达 100 万元，已投入使用。投资 105 万元的焊接机器人堆焊工作站，其中的机器人是弧焊专用机器人，焊机是数字逆变控制的多功能自动脉冲焊接电源，可以实现 CO_2 气体保护焊、MIG 焊及 MAG 焊，适合于普通碳钢、不锈钢及铝材的焊接，已投入使用。

保一集团有限公司创建于 1983 年，1999 年改制为浙江保一阀门集团有限公司。2003 年，保一集团有限公司成立，业务涉及阀门、泵、机电设备、新能源、安全防护、房地产等领域，全力打造“保证质量、信誉第一”的品牌文化。2015 年，“保一”商号被认定为浙江省知名商号。2016 年，保一集团技术中心被浙江省经信委认定为省级企业技术中心。2017 年，保一集团品牌商标荣获浙江省著名商标称号，代表企业集团形象的集团标识获得省著名商标称号。保一阀门工程技术研究院被认定为浙江省企业研究院，对于进一步突破制约产业发展的核心关键技术、瓶颈问题，补齐企业创新链方面的短板，增强产业创新能力和核心竞争力起到了强大的推动作用。

上海凯科阀门制造有限公司主要产品为闸阀、截止阀、止回阀、球阀、蝶阀以及高、低温阀门。在研发超低温阀门、高温高压阀等系列产品的基础上，增加多品种型号球阀的研发，2017 年申报 8 项专利，已通过初审受理。2017 年生产阀门 42 887t（含新品开发），同比稍有增长。公司为适应市场需求，对产品结构进行较大的调整，本着“在量上减少，在质价上提高”的经营方针，在充分保证机器设备完好率的同时，增加设备和人力投入，改造现有设备，研发新品。2017 年公司实现主营业务收入 77 369 万元，同比增长 1.4%；实现利润总额 7 419 万元，同比下降 2.1%。

2017 年，远大阀门集团有限公司继续推进精益化管理，产品销量有所增加，平稳完成了既定目标。公司产品产量 59 722t，同比增长 24.5%；完成营业收入 88 744 万元，同比增长 34.7%；实现利润 5 828 万元，同比增长 23.6%；原材料消耗 35 258 万元，同比增长 18.8%；成本 71 582 万元，同比增长 48.8%。

二、科研成果及新产品开发情况

2017 年，中核苏阀科技实业股份有限公司研发的 H3-6″ ZB3WR22C-Q3U13（YJ）核三级气动闸阀公称通径为 150mm，公称压力为 300Lb，设计温度为 195℃，设计压力为 4.0MPa，全行程时间≤ 25s。该产品填补了国内空白，主要技术参数和性能指标达到国际同类产品先进水平。研发的 H2-3″ ZB9WR22C-Q4U13（YJ）核二级气动闸阀公称通径为 80mm，公称压力为 900Lb，设计温度为 316℃，设计压力为 8.5MPa，全行程时间≤ 20s。该产品填补了国内空白，主要技术参数和性能指标达到国际同类产品先进水平。研发的 CH2-12″ ZA1WR22R-D5U13BK（YJ）直流电动平行座闸阀（W 型）公称通径为 300mm，公称压力为 150Lb，设计温度为 190℃，设计压力为 1.0MPa，全行程时间≤ 120s。该产品填补了国内空白，主要技术参数和性能指标达到国际同类产品先进水平。研发的 H1-2″ JW16WR2R-Q3KU13（YJ）核一级气动截止阀公称通径为 50mm，公称压力为 1 690Lb，设计压力为 17.13MPa，设计温度为 343℃，全行程时间≤ 15s。该产品主要技术参数和性能指标达到国际同类产品先进水平。研发的 H2-3″ JW1WR2R-Q3KU13A（YJ）核二级气动截止阀公称通径为 80mm，公称压力为 150Lb，设计压力为 1.6MPa，设计温度为 60℃，全行程时间≤ 10s。该产品主要技术参数和性能指标达到国际同类产品先进水平。研发的 H1-4″ Z16WR22R-D4ABK（YJ）核一级快速启闭隔离阀（闸阀）公称通径为 100mm，公称压力为 1 525Lb，设计温度为 343℃，设计压力为 17.2MPa，全行程时间≤ 10s。该产品主要技术参数和性能指标达到国际同类产品先进水平。

2017 年，上海阀门厂股份有限公司有 3 种产品研制成功并通过专家鉴定，分别是 CAP1400 低压差止回阀、CAP1400 主给水止回阀和三代压水堆核电站安全一级弹簧式稳压器安全阀。这些产品都具有自主知识产权，且所具备的技术科技含量均已经达到国际先进水平，其中 CAP1400 主给水止回阀属于国内首创。

江苏神通阀门股份有限公司研发的非能动型核电站用气动蝶阀公称通径为 2 ～ 40in（1in=25.4mm），工作压力为 2.0MPa，适用温度≤ 320℃，设计寿命为 60 年；研发的耐磨浆液专用阀公称通径为 250mm，公称压力为 150Lb，工作压力为 0.8 ～ 1.0MPa，工作温度为 40 ～ 80℃；研发的特种下料阀公称尺寸为 NPS4 ～ 24，压力等级为 Class150 ～ 600，适用温度为 -29 ～ 425℃，设计寿命≥ 15 年；研发的“华龙一号”安全壳隔离阀公称通径为 350mm、850mm，设计压力为 2.0MPa，适用温度≤ 156℃，设计寿命为 60 年。其中：非能动型核电站用气动蝶阀、耐磨浆液专用阀、特种下料阀均已完成样机鉴定，达到国内领先、国际同类产品先进水平；“华龙一号”安全壳隔离阀达到国际同类产品先进水平。

河南通海流体设备有限公司研制完成的大口径高参数智能控制阀达到国际先进水平，TS811型高压差多级消能淹没式调节阀、DN4 000 全铸型蝶阀、双向动水关闭重锤式液控蝶阀、上装式金属密封全通径半球阀均达到国内领先水平。

兰州高压阀门有限公司研制的 DN1 100 大口径闸阀压力为 150Lb，公称通径为 1 100mm，适用温度为 -29 ～ 425℃，适用介质为水、蒸气、油品等。该产品技术处于国内领先水平。研制的井口紧急切断阀适用温度为 -29 ～ 120℃，适用介质为天然气。该产品技术处于国内领先水平。研制的特殊合金阀门压力为 600Lb、900Lb，适用温度为 -29 ～ 315℃，适用介质为黑水、灰水、腐蚀性介质。该产品技术处于国内领先水平。2 500Lb 18″带袖管闸阀压力为 2 500Lb，口径为 NPS18，适用温度≤ 570℃，适用介质为高温蒸气。该产品技术水平处于国内领先水平。研制的硬密封氧气球阀压力为 300Lb，公称通径为 100mm，适用温度≤ 200℃，适用介质为氧气。该产品技术达到国际先进水平。

苏州纽威阀门股份有限公司研发的电站球阀公称通径为 1/2 ～ 2 1/2in，压力等级为 Class900 ～ 4 500，适用温度为 -29 ～ 620℃。该产品处于国内领先水平，当前已完成样机试制。研发的球形全焊接球阀公称通径为 24in，压力等级为 Class600。该产品采用球面支撑设计结构，处于国内领先水平，当前已完成样机试制。研发的火灾安全型楔式闸阀公称通径为 6in、10in，压力等级为 Class600。该产品采用软密封阀座和紧凑型体盖结构，处于国内领先水平，当前已完成样机试制。研发的核级 Y 形波纹管截止阀公称通径为 50mm，公称压力为 2 500Lb，设计压力为 25MPa，设计温度为 360℃，安全等级为 1 级。该产品处于国内领先水平，当前处于装配阶段。研发的高温工况双阀芯泄压式套筒调节阀公称通径为 4in，压力等级为 Class600，适用温度为 -29 ～ 425℃。该产品可在高压差下使用，处于国内领先水平，当前处于样机试验阶段。公司完成了内销轴斜瓣式止回阀的研发，该阀门的公称通径为 8 ～ 14in，压力等级为 Class150 ～ 600、Class2 500。该产品采用内销轴设计，减少外漏点，处于国内领先水平。此外，公司进行了核电阀门密封面堆焊镍基硬质合金工艺研究，高耐磨性、低摩擦系数新型硬化涂层技术及应用可行性研究，适用于所有规格的硬密封球阀。

北京航天石化技术装备工程有限公司研制的电气系统控制式氮气水击泄压阀主要用于燃料油、原油等黏稠液态介质的输送管道。该产品具有流通能力强、动作性能稳定、具备水击保护能力的特点。产品设定压力偏差≤ ±2%，响应时间小于 100ms，动作及密封性能、响应时间等达到国内一流水平。当前已完成样品到产品的转化。

大连亨利测控仪表工程有限公司研制完成的高温三偏心金属硬密封蝶阀公称通径为 1 800mm，压力等级为 Class300，适用温度为 800℃，适用介质为再生空气。研制完成的笼式导向型单座调节阀公称通径为 600mm，压力等级为 Class300，适用温度为常温，适用介质为热气体旁路。两种产品均填补国内空白，达到同类产品国际水平。

2017 年，四川飞球（集团）有限责任公司圆满完成了中石化南京阀门储备中心大口径电动加长杆全焊接球阀，中石油西三线全焊接缩径锻钢球阀，湖北天然气发展公司全焊接加长杆气液联动锻钢球阀，董家口液化工气动、电动硬密封球阀等重点项目。

慎江阀门有限公司研制完成的可在线维修平板闸阀公称通径为 50 ～ 2 000mm，公称压力为 1.6 ～ 42.0MPa。该产品达到国际先进水平，供货 3 000 余万元，已申报发明专利。

江南阀门有限公司研发的高温高压 Y 型疏水阀（DN600 ～ 2 500mm）、核电站用快速关闭气动锻钢抽汽止回阀（DN100 ～ 600mm）、智能型高精度单导杆双锥面金属密封调压阀（DN200mm）

处于国内领先水平。产品当前处于小试阶段。

上海凯科阀门制造有限公司研发的双气缸摆动式双盘阀公称压力为 2.5 ～ 6.4MPa，公称通径为 3 ～ 2 000mm，适用温度≤ 427℃，适用介质为油、水、气等多种非腐蚀性或腐蚀性介质；研发的超耐磨型软密封针型阀公称压力为 2.5 ～ 4.0MPa，公称通径为 3 ～ 2 000mm，适用温度为 -20 ～ 440℃，适用介质为油、水、气等多种非腐蚀性或腐蚀性介质。产品均处于国内先进水平，当前在评审阶段。

扬州电力设备修造厂有限公司承担的重点科技项目包括：下一代核电核级阀门驱动装置研发及其产业化，为江苏省科技厅的江苏省科技成果转化项目；核级气动执行机构，为江苏省经信委的江苏省重点技术创新导向项目（质量攻关类）；现场总线冗余控制（FCS）配套电动执行机构，为江苏省经信委的江苏省重点技术创新导向项目（新技术新产品类）。产品获奖情况：2017 年 2 月，超（超）临界发电机组配套非侵入式电动执行机构获江苏省科技厅科学技术奖三等奖；2017 年 11 月，下一代核电核级阀门驱动装置研发获中国电力企业联合会中国电力创新奖三等奖；2017 年 10 月，F-DZB 石化系统用隔爆型电动装置获中国能源建设集团有限公司科学技术奖三等奖；2017 年 11 月，2SA9 系列电动执行机构获全国电力职工技术成果奖二等奖。产品认定情况：2017 年获得高新技术产品认定 3 项，1 个产品被认定为江苏省首台（套）重大装备及关键部件。其中 HQ 核级气动执行机构被江苏省经济和信息化委员会认定为江苏省首台（套）重大装备及关键部件；2HA 1E 级核级电动装置、F-DZW 电动装置及 F-2SA3 系列电动执行机构被江苏省科学技术厅认定为高新技术产品。2017 年申请专利 18 项，其中发明专利 10 项；授权专利 5 项，其中发明专利 4 项。截至 2017 年年底，企业拥有各类知识产权累计 78 项，其中发明专利 16 项。

2017 年 10 月 31 日，西安泵阀总厂有限公司完成的“JYGA-120 型 PN12MPa DN1 400 新型大口径绝缘接头”新产品鉴定会召开。2016 年 12 月至 2017 年 4 月，公司分三批为锦郑线项目提供了同类结构的 PN10MPa DN600 和 PN10MPa DN650 等规格绝缘接头，该管线已陆续投入使用；2017 年 3 月，公司为西气东输三线中靖线工程提供了同类结构的 PN12MPa DN1 200 绝缘接头，所有性能完全满足技术协议和新的产品标准要求。鉴定委员会认为，该产品的研制成功，为 PN12MPa DN1 400 绝缘接头国产化提供了强有力的技术支持，其产品总体技术达到国际领先水平，同意通过鉴定，建议加快推广应用。

2017 年 12 月 2 日，江苏苏盐阀门机械有限公司研制的 LZ943WF-900LB-24″调节型平板闸阀、24″ FLJ941H900LB 节流截止放空阀、井口用暗杆式平板闸阀 3 台新产品样机鉴定会召开。鉴定委员会听取了研制总结汇报，专家现场见证报告，查阅了有关设计、制造、试验、检验等文件资料，考察了制造和试验现场，一致认为这些新产品主要技术性能指标达到国内外先进水平，可以批量投产。

2017 年 12 月 22 日，精工阀门有限公司研制的轨道式强制密封阀通过鉴定。与会专家一致同意通过鉴定，认为该强制密封阀具有自主知识产权，填补国内空白，主要技术性能指标达到国外同类产品先进水平。

博纳斯威阀门股份有限公司开发了大量新产品。①微量排气阀的研究与开发。该阀门主要技术参数：公称通径为 15 ～ 50mm，公称压力为 1.0 ～ 4.0MPa，介质温度为 -29 ～ 65℃。产品特点：在阀盖上增设两个或多个微量排气阀阀座部件，与浮球上的密封柱共同构成微量排气阀，阀门的整体体积减小，占用安装空间也相应减少，两个或多个微量排气阀的设计使排气效果更好。通过滚动启闭的原理，规避了介质压力对阀门启闭件的作用力，从而突破了微量排气孔的面积受浮体重力的限制，大大提高了排气孔面积。②具有轴套防泥沙阀门的研究与开发。该阀门技术参数：公称通径为 500 ～ 2 000mm，公称压力为

1.0 ～ 4.0MPa，介质温度为 -29 ～ 65℃。产品特点：在阀体上增设两道密封圈或安装两个油封，密封圈与阀体、阀轴形成可靠的密封副，可将水中的泥沙与轴套、阀轴有效隔离。通过隔绝法的原理，规避了介质进入轴套与阀轴之间的间隙，防止了泥沙对阀轴、轴套的磨损，从而大大减少了阀门的故障率，提高了阀门的使用寿命。③过流缓冲型静音止回阀的研究与开发。该阀门技术参数：公称通径为 50 ～ 200mm，公称压力为 1.0 ～ 4.0MPa，介质温度为 -29 ～ 65℃。产品特点：阀门采用软密封的密封形式，可以应用在大部分循环水系统中，适用范围广，节省成本；密封结构用压板压住密封圈，使得更换密封圈方便，省时省力，延长了阀门的使用寿命；阀门密封可以实现软密封和金属硬密封两种密封效果，拆下压板密封圈即可，扩大了阀门的使用环境，提高了阀门的使用价值；阀门密封圈压板为缓冲型压板，在阀门正常过流工作时，能减少由于流体压差过大而产生的水锤，而且可避免阀门由于冲击力过大受到损坏，实现了静音止回与缓冲塞的双重作用。④能防浮球旋转高速进排气阀的研究与开发。该阀门技术参数：公称通径为 50 ～ 300mm，公称压力为 1.0 ～ 4.0MPa，介质温度为 -29 ～ 65℃。产品特点：将设置在阀体体筒的导向筋取消，使进排气阀体腔面积更大，流经的气流更顺畅，对进排气量的影响也更小；通过导向杆控制浮球定位在一定范围内，导向杆截面为非圆形截面，结合导向支架上同样形状的中心孔，有效防止球体的旋转和与阀体体筒的碰撞，彻底解决了浮球密封受损这一难题。⑤通过多级降压防水锤高速进排气阀的研究与开发。该阀门技术参数：公称通径为 50 ～ 300mm，公称压力为 1.0 ～ 4.0MPa，介质温度为 -29 ～ 65℃。产品特点：将阀体进口端设计为文丘里管式的结构，使得介质压力大大降低；在进口端内部设有多层的缓冲板，形成了多级降压，有效减少介质对浮球的冲击，避免介质压力过大对浮球冲击，从而造成阀门过早或突然关闭产生水锤。⑥具有多级调流调压功能的调流调压阀门的研究与开发。该阀门技术参数：公称通径为 500 ～ 1 400mm，公称压力为 1.0 ～ 4.0MPa。产品特点：阀体设计为一体复合式，阀体两体筒由几根筋连接为一整体，强度高，且高能量的水流经中间的体筒，体筒将消耗部分能量；流经体筒后的水再流经周边布满小孔的活塞，因活塞上的小孔是均匀对称布置的，故通过活塞后的水流将在活塞腔内相互碰撞，碰撞后的水流能量将被大大削弱，从而达到降压消能的作用；阀门通过蜗轮蜗杆、活塞、曲柄连杆等机构可靠连接，转动平稳，在运转过程中不会产生振动、噪声。⑦在线更换阀杆密封圈闸阀的研究与开发。该阀门技术参数：公称通径为 50 ～ 400mm，公称压力为 1.0 ～ 4.0MPa，介质温度为 -29 ～ 65℃。产品特点：解决了阀门更换阀杆密封圈需将整条管线系统停止运行的这一实际问题，大大减少了维修成本，以及因停水造成的社会负面影响，消除了因漏水产生的阀杆锈蚀问题；阀杆更换密封圈时只需将阀门开到全开位置，拆下手轮，取下压盖中的损坏密封圈并更换新的密封圈，整个过程仅需 10min 左右即可完成，大大缩短了维修工期。⑧上装式排气球阀的研究与开发。该阀门技术参数：公称通径为 200 ～ 1 200mm，公称压力为 1.0 ～ 4.0MPa，介质温度为 -29 ～ 65℃。产品特点：在球阀的阀盖上端加装一套微量排气阀组，一旦管网中的气泡经过具有排气功能的偏心半球阀时，气泡将通过微量排气阀将气体排出管网，这有效解决了因管网在运行过程中产生气泡而影响输送效率、破坏管网等一系列问题。当偏心半球阀用于含有粉尘、泥浆或煤灰等介质中时，经常由于泥浆、粉尘、煤灰聚集于球芯密封面而导致阀门不能开启或关闭等故障。为了解决这一难题，只需将微量排气阀组当中的小球阀接一气管或水管，然后对阀芯密封面处进行吹扫或冲洗，这大大减少了阀门的故障率，保证管网的正常运行。

湖北高中压阀门有限责任公司研制了特种高压水止回阀组（高压气动闸阀 + 高压止回阀），其主要技术参数：公称通径为 40 ～ 300mm，公称压力为 32.0MPa，适用温度≤ 80℃。该特种高压水止回阀组安装在高压水除磷泵的出口管道，用于控制介质的输出并起防止介质倒流从而保护泵不致损坏的作用。所研发的高压止回阀关键技术和创新点：①安全性。阀体采用不锈钢锻件一体成形，强度高，致密性好，安全性高，降低坯料预制尺寸，减少物料损耗。②合理性。阀门采用旋启式阀瓣、直通流道，流阻系数小，冲击小（原升降式止回阀属 Z 型流道，流阻系数大，且阀芯垂直回落时的冲击大）。③可靠性。无弹簧疲劳损坏，冲击小，因而内件故障率低。④高品质。阀门的关键零部件均采用特殊不锈钢材料，经表面镀覆耐磨层处理，具有耐磨性能好、抗腐蚀性能强等优异性能；硬质合金密封面耐磨层可承受高于 30.0MPa 以上除磷水压力，提高了钢板质量，延长了止回阀组使用寿命。所有密封件均采用进口产品，性能稳定可靠，使用寿命长。⑤节能、环保、绿色。自力式驱动，阀门响应快，开关平稳迅速；维修简便，无污染；结构紧凑，动作灵敏，抗污能力强。⑥方便性。阀门结构紧凑，拆装方便，便于维修保养。所研发的气动闸阀关键技术和创新点：①安全性。阀体采用不锈钢锻件一体成形，强度高，致密性好，安全可靠性高。②合理性。气动闸阀采用自平衡锥阀式结构，启闭件（阀芯）在介质中间运动，基本处于平衡状态，使阀门的启闭力大大减小；传动部分采用螺旋 + 轴承传动结构，进一步减小阀门的启闭力。③可靠性。手动关闭可靠，克服原液动闸阀靠电磁分配器控制、控制环节多且电磁分配器极易损坏的缺点。④高品质。密封面堆焊钴基硬质合金，硬度高、耐磨性好、抗冲刷能力强；阀门的关键零部件均采用特种合金材料，经特殊工艺处理，具有耐磨性能好、抗腐蚀性能强等优异性能；阀门所有密封件均采用进口产品，性能稳定可靠，使用寿命长。⑤方便性。阀门的气动驱动部分、阀芯部分独立设置，可独立拆装或整体拆装，维修、保养和备件方便。⑥节能、环保、绿色。气动控制，阀门响应快，切换迅速；控制简单，维修简便，无污染；结构紧凑，动作灵敏，换向频率高，抗污能力强。公司研发的 Z773Ms 型液动高压耐磨闸阀的公称通径为 80 ～ 600mm，公称压力为 0.6 ～ 2.5MPa，适用温度为 -29 ～ 425℃，适用介质为纸浆、机制木浆、废纸、碎布片，冶金采矿中的炉渣水、煤水混合物及煤粉等，化学工业中的糊剂、胶质体、粒状物、膨胀物及化学污水、废水等，制糖工业中的糖浆、果汁等，污水处理厂中的污水、泥浆、带有浮物的水等。产品核心技术及创新点：液动耐磨闸阀包括耐磨闸阀主阀及驱动耐磨闸阀主阀的液压缸组件。阀座的表面包覆有耐磨高分子材料层，阀体的中部设有进出口，闸板上开设有导流孔。阀杆与阀盖的上端口之间设有 O 形密封圈。阀体的下端固定连接有带密封填料的填料压盖，填料压盖的下端固定连接有填料压板，密封填料的下表面低于填料压盖的下表面。液动耐磨闸阀的阀座具有弹簧预压及自动补偿，形成双面强制密封，不会造成阀门中腔积灰和堵塞，使阀门启闭不发生卡阻；使用较长时间发现密封面磨损时，只需松动阀座两侧的调节螺钉和弹簧，关闭时再转动少许，可实现自动补偿和可靠密封，延长使用寿命。

天津百利二通机械有限公司研制的 IMC 系列阀门电动装置共计 5 个机座号、14 个规格。产品转矩为 100 ～ 3 000N · m，转速为 18 ～ 48r/min，防护等级可达 IP68。该产品处于国内领先水平。研制的双电源式隔爆型阀门驱动装置共计 13 个机座号、22 个规格。产品转矩为 100 ～ 10 000N · m，转速为 12 ～ 48r/min，防护等级 IP67。该产品具备电源紧急转换、快换备用电源接口、智能控制等功能，处于国际先进水平。

安徽方兴实业股份有限公司研制的地埋加长杆闸阀、中线蝶阀等产品处于国内领先水平。

三、行业面临的形势

从 2017 年度会员企业统计数据及部分阀门生产企业的情况来看，阀门行业整体形势比 2016 年好，市场有所好转。但是发展面临的困难依然很多，其中招工难是很多企业的共识。尤其是近年来随着生产技术的升级，对工人的技术要求增加，如何培养技术型工人以及如何留住人才是很多企业面临的挑战。此外，普遍存在铸件采购困难和应收款居高不下的困难；小企业融资困难，科技人才缺乏也是共性问题。

〔撰稿人：中国通用机械工业协会阀门分会郭瑞、宋银立〕

2017 年压缩机行业概况

2017 年，压缩机行业企业面对国内外复杂的经济形势，在国家“调结构、去产能”和“一带一路”倡议的大背景下，积极进行适应性调整和战略性调整，克服了资金紧张、市场竞争激烈等诸多不利影响，深入挖潜，提质增效，全年实现了经营效益改善、出口回升、经济运行稳中向好的良好局面。

一、生产发展情况

2017 年，中国通用机械工业协会压缩机分会共有会员单位 178 家，其中，压缩机企业 88 家、配套企业 84 家、研究院所 3 家、地方协会 1 家、媒体 2 家。压缩机分会 178 家会员单位中，有国有企业 11 家、混合所有制企业 1 家、外商独资企业 16 家、台资企业 4 家、股份制企业 39 家、民营企业 107 家。

2017 年，压缩机分会参与统计的会员企业共 63 家，其中，一般动力用空压机生产企业 23 家，主要生产石油天然气用压缩机企业 11 家，主要生产工艺用压缩机及特殊气体压缩机企业 27 家，配套企业 2 家（不含螺杆空压机主机）。

2017 年，根据 63 家会员企业上报数据统计：完成工业总产值 153.52 亿元，同比增长 13.47%。工业总产值同比增长的企业有 42 家，同比下降的企业有 20 家，持平的企业有 1 家。全年从业人员平均人数 23 085 人，同比增长 1.75%。产品累计订货 143.63 亿元，同比增长 21.89%。其中，37 家企业累计订货同比增长，12 家企业累计订货额同比下降。流动资产合计 177.66 亿元，同比增长 2.2%，较上年提高 28.24 个百分点。应收账款为 51.73 亿元，同比增长 1.35%，较上年提高 9.19 个百分点。存货 58.16 亿元，同比增长 18%，较上年提高 9.15 个百分点；其中产成品库存为 19.9 亿元，同比下降 4.15%，较上年回落 25.41 个百分点。

2017 年，参与统计的 63 家企业共生产各类型压缩机 142.82 万台，同比下降 5.81%。生产一般动力用空压机 140.9 万台，同比下降 6.26%，主要是由于微小型空压机产量下降导致。其中，生产各类型螺杆空压机 37.63 万台，同比增长 36.11%。生产各类工艺用及特殊气体压缩机 11 246 台，同比下降 2.19%。其中，生产各类往复式活塞压缩机 9 625 台，同比下降 0.17%；生产隔膜式压缩机 574 台，同比增长 30.16%；生产迷宫式压缩机 18 台，同比下降 28%；生产螺杆压缩机 433 台，同比增长 16.09%；生产离心压缩机 57 台，同比下降 12.6%。

按压缩气体类别分，2017 年生产氢气压缩机 442 台，同比增长 5.74%；生产氮氢压缩机 230 台，同比增长 155.56%；生产氮气压缩机 189 台，同比增长 18.13%；生产石油天然气压缩机 1 138 台，同比增长 21.6%；生产氧气压缩机 183 台，同比增长 39.69%；生产煤气压缩机 83 台，同比增长 53.7%；生产二氧化碳压缩机 91 台，同比增长 49.18%；生产其他气体压缩机 8 856 台，同比下降 4.66%。

二、市场及销售情况

2017 年，根据 63 家会员企业上报数据统计：实现主营业务收入 148.46 亿元，同比增长 16.08%，高于上年同期 19.68 个百分点。主营业务收入同比增长的企业有 42 家，同比下降的企业有 20 家，持平的企业有 1 家。

在 63 家会员企业中，23 家一般动力用空压机生产企业共实现主营业务收入 94.13 亿元，同比增长的企业有 17 家，同比下降的企业有 5 家，同比持平的企业有 1 家；11 家石油天然气用压缩机生产企业共实现主营业务收入 16.39 亿元，同比增长的企业有 6 家，同比下降的企业有 5 家；27 家工艺用压缩机及特殊气体压缩机生产企业共实现主营业务收入 37.5 亿元，同比增长的企业有 17 家，同比下降的企业有 10 家。2017 年压缩机行业主营业务收入前 20 名企业见表 1。

表 1　2017 年压缩机行业主营业务收入前 20 名企业

序号	企业名称	序号	企业名称
1	浙江开山压缩机股份有限公司	11	沈阳透平机械股份有限公司往复机事业部
2	红五环集团	12	中国石油集团济柴动力总厂成都压缩机厂
3	上海汉钟精机股份有限公司	13	浙江志高机械股份有限公司
4	苏州通润驱动设备股份有限公司	14	温州固耐化机制造有限公司
5	沈阳远大压缩机股份有限公司	15	上海优耐特斯压缩机有限公司
6	温岭市鑫磊空压机有限公司	16	山东省潍坊生建集团
7	宁波鲍斯能源装备股份有限公司	17	上海齐耀螺杆机械有限公司
8	厦门东亚机械有限公司	18	上海斯可络压缩机有限公司
9	无锡压缩机股份有限公司	19	中车北京南口机械有限公司压缩机公司
10	四川金星清洁能源装备股份有限公司	20	苏州鸿本机械制造有限公司

2017 年，63 家企业共实现利润 8.12 亿元，同比增长 110.24%（若剔除非经常性损益，实现利润 7.25 亿元，同比增长 12%）。在 63 家企业中，亏损企业有 14 家，亏损额为 3.73 亿元，企业亏损面为 22.2%。

从不同应用领域来看，23 家一般动力用空压机生产企业共实现利润 57 955 万元，同比增长的企业有 13 家，同比下降的企业有 10 家；11 家石油天然气用压缩机生产企业共实现利润 12 638 万元，同比增长的企业有 4 家，同比下降的企业有 7 家；27 家工艺用压缩机及特殊气体压缩机生产企业共实现利润 10 656 万元，同比增长的企业有 15 家，同比下降的企业有 10 家，同比持平的企业有 2 家。2017 年压缩机行业利润前 20 名企业见表 2。

表 2　2017 年压缩机行业利润前 20 名企业

序号	企业名称	序号	企业名称
1	宁波鲍斯能源装备股份有限公司	11	沈阳远大压缩机股份有限公司
2	上海汉钟精机股份有限公司	12	上海优耐特斯压缩机有限公司
3	浙江开山压缩机股份有限公司	13	德耐尔节能科技（上海）股份有限公司
4	厦门东亚机械有限公司	14	中国石油集团济柴动力总厂成都压缩机厂
5	苏州通润驱动设备股份有限公司	15	广东葆德科技有限公司
6	大丰丰泰流体机械科技有限公司	16	红五环集团
7	温岭市鑫磊空压机有限公司	17	常熟明翔特种压缩机有限公司
8	沈阳透平机械股份有限公司往复机事业部	18	温州固耐化机制造有限公司
9	四川金星清洁能源装备股份有限公司	19	诺曼艾索机械技术（北京）有限公司
10	浙江志高机械股份有限公司	20	上海斯可络压缩机有限公司

2017年，压缩机行业企业积极拓展海外市场，特别是东南亚市场取得了较快的增长。63家会员企业完成出口交货值16.24亿元，同比增长15.76%。产品出口交货值占全行业销售产值的10.89%。2017年压缩机行业出口交货值前10名企业见表3。

表3　2017年压缩机行业出口交货值前10名企业

序号	企业名称
1	浙江开山压缩机股份有限公司
2	苏州通润驱动设备股份有限公司
3	温岭市鑫磊空压机有限公司
4	苏州鸿本机械制造有限公司
5	上海汉钟精机股份有限公司
6	无锡压缩机股份有限公司
7	上海斯可络压缩机有限公司
8	四川金星清洁能源装备股份有限公司
9	上海大隆机器厂有限公司
10	厦门东亚机械有限公司

2017年，根据63家会员企业上报数据统计：行业经济效益综合指数为189.62%，较上年提高34.79个百分点。从经济效益综合指数所反映的7项指标来看：反映企业全部资产的获利能力和企业经营业绩和管理水平，评价和考核企业盈利能力的核心指标总资产贡献率为5.39%，较上年提高1.36个百分点，低于国家标准值（10.7%）5.31个百分点；反映企业的资本完整性和保全性及增值情况的指标资本保值增值率为104.92%，较上年回落7.66个百分点，低于国家标准值（120%）15.08个百分点；反应企业经营风险的指标资产负债率为53.24%，比上年提高1.58个百分点，低于国家标准值（60%）6.76个百分点，资产负债率是逆指标，数值越低，说明企业经营风险越低；反映企业经营状况、资金利用效果，衡量企业流动资金周转快慢的指标流动资产周转率为0.9次，较上年回落0.2次，低于国家标准值（1.52次）0.62次；反映企业投入的生产成本及费用的经济效益的指标成本费用利润率为5.37%，较上年提高2.14个百分点，高于国家标准值(4.51%)0.86个百分点；反映企业生产技术水平、经营管理水平、职工技术熟练程度和劳动积极性的综合指标全员劳动生产率为18.36万元/人；反映企业产品产、销衔接状况的指标产品销售率为97.05%，较上年提高0.51个百分点，高于国家标准值（96%）1.05个百分点。

2017年10月1日，江苏杰尔科技股份有限公司为新加坡Ulu Pandan项目提供的2台GL-TURBO单级高速离心机（GL8/630KW/6.6KV）发往用户。此前，经过各项性能测试，杰尔GL-TURBO离心机经受住了新加坡专家的严苛评估，全部测试项目均一次顺利通过验收，并以其卓越的性能获得验收专家的肯定。

四川金星清洁能源装备股份公司通过参加乌兹别克斯坦国际石油天然气展览会，成功签订5台CNG压缩机及其配套设备。2017年6月，公司与乌兹别克斯坦某气田地面工程客户签订16台抑制剂加注撬、10台缓蚀剂加注撬、1台移动式单井分离计量撬项目合同。公司克服项目设计工作量巨大且交货期短的困难，于当年9月份首批产品顺利通过工厂验收，按期发往乌兹别克斯坦的用户现场。

三、产品研发及应用情况

压缩机行业企业在“中国制造2025”战略等相关产业政策的引导下，在市场倒逼机制的推动下，自主创新，寻求新的经济增长点，积极探索转型发展的新路径。2017年，63家会员企业科技研发费用投入6.42亿元，同比增长34.63%。

1. 永磁变频两级压缩螺杆空压机

温岭市鑫磊空压机有限公司研制的永磁变频两级压缩螺杆式空压机主要创新点是：双同轴一体式设计，双永磁同步电动机设计，主电动机采用双变频控制，采用两级压缩主机。该产品技术的主要优点是在终端压力不变的条件下，采用分级驱动、分级控制、分级压缩；压力和排量调整灵活，各级均利用无级变速功能，且相互协调控制。

2017年1月18日，由中国通用机械工业协会组织的“永磁变频两级压缩螺杆空压机”项目科技成果鉴定会在温岭市鑫磊空压机有限公司召开。来自中国标准化研究院资源与环境分院、中石化洛阳石油化工工程公司、中国神华煤制油化工工程公司、中国纺织机械协会、中国水泥协会、合肥通用机电产品检测院和中国通用机械工业协会的7位专家组成了鉴定委员会。专家们一致认为，项目产品设计理念新颖，结构合理，节能效果显著。产品样机经国家压缩机制冷设备质量监督检验中心检测，其性能和能效指标均符合JB/T 6430—2014《一般用喷油螺杆空气压缩机》和GB 19153—2009《容积式空气压缩机能效限定值及能效等级》标准要求。XLPM150A-IID永磁变频两级压缩螺杆空压机组经实测机组输入比功率为6.01kW/（m^3/min），优于国家1级能效规定的机组输入比功率6.3kW/（m^3/min）的标准要求，所研制的样机技术性能满足设备规范和相关标准要求，达到国际同类产品先进水平，建议进一步加大推广应用。鉴定委员会一致同意通过鉴定。永磁变频两级压缩螺杆空压机荣获2017年中国机械工业科学技术奖二等奖。

2. 核电站中压空气压缩机

核电站中压空气压缩机系统是核电站运行的重要安全保障设备之一，当核电站发生紧急情况时，空气压缩机系统输出压缩空气，用于启动应急发电系统发电，保证核反应堆冷却系统用电，防止核反应堆过热而引发灾难性事故。

由南京尚爱机械制造有限公司自主研发的“84SHS-2260N核电站空气压缩机”采用三级四列S型结构布局、单悬臂曲轴支承、多边筒状直流阀和舌簧阀的流道设计；通过结构参数的优化设计，降低了整机的振动和流动阻力，使得产品比功率和振动烈级达到国际同类产品的先进水平；主要性能指标满足核电装备要。该产品已获授权专利5项，其中发明专利2项。公司当前为法国阿尔斯通发电集团生产的核电站中压空气压缩机，已在福建宁德核电站正式投用，替代进口，并成为其在亚洲地区的合格供应商。

2017年4月9日，江苏省经济和信息化委员会组织压缩机和核电行业专家，在南京召开了由南京尚爱机械制造有限公司自主研发的“84SHS-2260N核电站空气压缩机”新技术鉴定会。经过鉴定，该产品主要性能指标满足核电装备要求，首次实现了我国核电站用中压空气压缩机的国产化，填补了国内空白，属国内首创，整机达到国际先进水平。

3. 260万t/a沸腾床渣油加氢压缩机

2017年，沈鼓集团往复机事业部与中石化镇海分公司合作，承担了国产化首台首创里程碑意义的260万t/a沸腾床渣油加氢项目。

沸腾床渣油加氢是石油化工领域的新工艺。针对该项目的特点，在设计选型过程中，经过专家反复论证，决定全部采用往复式压缩机组来实现工艺要求。该工艺方法的实现将大大降低石油炼化行业成本，未来市场潜力巨大，对我国石油炼化技术具有重要的指导意义和标杆作用。

该项目是当前我国首套沸腾床渣油加氢工程项目，项目总投资36亿元。沸腾床渣油加氢机组由新氢压缩机组和循环氢压缩机组构成，而此项新工艺在国内并无业绩。为确保项目万无一失，沈鼓集团往复机事业部成立攻关团队，先后攻克了关键部件的结构性优化，有效降低了机组的承载力，突破了往复式压缩机应用于循环氢工艺的关键技术难题，使机组达到同类产品国际先进水平，首次实现了世界最大吨位系列的新氢压缩机组和循环氢压缩机组的全部国产化制造。

4. 大功率高速压缩机

2017年5月15日，中国石油集团济柴动力总厂成都压缩机厂自主研发的6CFB压缩机发运出厂。该机组额定功率为6 000kW，额定转速为1 000r/min，最大工作压力为48MPa，最高排量可达每天153万m^3，是国产最大功率高速往复式压缩机，填补了国内空白，替代进口，改变了同类产品依赖进口的被动局面。

该机组运用于集团公司重大现场试验项目“枯竭油气藏型储气库固井技术与压缩机组现场试验”子课题“天然气压缩机组研制与现场试验”，应用 7 项关键技术，机组国产化率超过 90%。首次将电动调节余隙装置成功应用在国内压缩机组上，并且在储气库原进口机组的基础上，优化解决了以往进口机存在的问题。机组主要性能指标达到国际先进水平，在连续负荷能力、机组振动、易损件寿命等方面优于当前在用的国外进口机组。该机组的成功运用，有效扼制了进口机组价格，降低了运行成本，提高了我国能源重大装备领域的技术水平和生产能力，对国家天然气调峰及能源储备具有战略意义。

5. 高含碳天然气处理示范工程

2017 年 11 月 27 日，四川金星清洁能源装备股份有限公司的高含碳天然气处理示范工程在大庆油田徐深 9 项目二期工程正式进气投产成功。该项目是公司在推进 EPC 项目上的一次探索，也是公司在工程项目 EPC 中承上启下的一次重要转折点。2014 年 3 月，公司参与了徐深 9 项目二期扩建的可行性研究工作，并在规划阶段提出切实可行的撬装化方案设计。2016 年 3 月，在该项目立项后的初步设计中，公司全程指导该项目的成撬方案和工艺方案，突破了徐深 9 二期扩建项目中生产工艺参数不能达标的瓶颈。该项目主要包括天然气脱碳装置、三甘醇脱水装置和二氧化碳尾气回收单元（包括二氧化碳增压和分子筛脱水两部分）。该项目工程主要为净化商品天然气和二氧化碳。按 2015 年预测气量计算，该工程扩建后，商品天然气产量为 $191.6\times10^4m^3/d$，副产二氧化碳产量为 $22.9\times10^4m^3/d$。

6. 大型苯乙烯尾气螺杆压缩机

2017 年 8 月 14 日，七一一所大隆公司承接的国内首台 816 大型苯乙烯尾气螺杆压缩机一次试车成功，各项性能均达到设计指标，获得了业主的高度评价。此次 816 大型苯乙烯尾气螺杆压缩机试车成功，打破了欧美及日本长期在该领域的垄断，填补了国内空白，为开拓大型苯乙烯装置应用领域奠定了坚实的基础。

7.TRLPM 永磁电机驱动螺杆压缩机主机

苏州通润驱动设备股份有限公司研制的 TRLPM 永磁电动机驱动螺杆压缩机主机，电动机转子与压缩机头采用一体共轴式结构，无传动效率损失。该机结构简单紧凑，比传统的压缩机体积减小 40% ～ 50%，易于安装维护，大大降低了电动机运转噪声。该产品荣获 2017 年度中国机械工业科学技术奖二等奖。

8. 新型移动式空压站

国营安庆海燕机械厂研制了一款集制造、干燥、冷却和存储于一体的移动式高压、大排量、高洁净度压缩空气设备，解决了不宜建立固定空压站而又需要高压气源的矛盾问题。该产品是一种高压、大排量移动式供气系统，特别适用于海洋开发、海外保障、偏远地区的矿产开掘等领域。

该移动式空压站采用集装箱式结构设计，所有组成设备集中安装在标准集装箱内。该系统是以 CW-480/40A 型船用空气压缩机为主机，结构紧凑，集成压缩空气系统、冷却循环水系统、排污系统、控制系统和辅助系统等于一体。空压机的监测和控制通过空压机控制系统来完成。空气通过空气过滤器进入压缩机，经各级气缸、冷却器、油水分离器进行压缩、冷却、分离后至 40MPa，安全输出。该设备移动灵活，可直接对高压空气使用现场进行供气，还可以作为气源对高压气瓶进行充装。

9. 热泵产品

2017 年，上海汉钟精机股份有限公司在北京海淀区成功完成首例大型集中采暖项目。通过 2017 年供暖季的运行监控，热泵产品运行情况良好。为满足更多市场需求，公司不断强化产品性能，成功完成 LT 空气源热泵专用双级系列产品开发，并实现批量市场应用。同时，成功完成 R134a 工业高温泵产品应用推广，并开始在 R245fa 工业蒸气热泵产品进行推广。

四、入选目录情况

工业和信息化部发布的《节能机电设备（产品）推荐目录（第八批）》共涉及 12 大类、432 个型号产品，压缩机行业一般用喷油螺杆空气压缩机的 31 个型号产品列入其中。入选企业产品分别是：

厦门东亚机械有限公司 9 个型号产品、鑫磊压缩机股份有限公司 7 个型号产品、上海斯可洛压缩机有限公司 1 个型号产品、复盛实业（上海）有限公司 2 个型号产品、宁波德曼压缩机有限公司 1 个型号产品、阿特拉斯·科普柯（无锡）压缩机有限公司 1 个型号产品、宁波鲍斯能源装备股份有限公司 6 个型号产品、苏州牧风压缩机设备有限公司 4 个型号产品。

2017 年度《能效之星》涵盖工业装备四大类、24 个型号产品，其中 6 家压缩机企业的 8 个型号产品机组输入比功率优于能效 1 级。入选产品型号分别是：温岭市鑫磊空压机有限公司的 XLPM60A-IID、XLPM200A-IID，苏州牧风压缩机设备有限公司的 MDE75A、MDE90A，宁波鲍斯能源装备股份有限公司的 ZMF37、GMFII22-8，复盛实业（上海）有限公司的 SA90A-7T，宁波德曼压缩机有限公司的 EV22B。

2017 年度装备系统节能技术目录共 17 项，其中压缩机行业 3 项，分别为基于智能控制的节能空压站系统技术、空压机节能驱动一体机技术、压缩空气系统节能优化关键技术，被列入《国家工业节能技术应用指南与案例》。

五、知识产权申请和保护情况

2017 年 3 月 13 日，四川金星清洁能源装备股份有限公司的“一种利用废气余热为热源的 LNG 液化装置”获得国家知识产权局授权，专利号为 ZL201621046189.9。该专利是关于分布式能源创新技术，是为了解决地处偏远、零星、小型油气田开采过程中因基础设施不完善，没有相关配套设施导致配套的燃气发电机组产生的废气得不到有效利用（约有 30% 被白白浪费排放掉）的问题，而提供一种利用燃气发电机组废气余热为热源、采用氨吸收式预冷 MRC 工艺、为中小型撬装液压装置提供预冷的 LNG 液化装置。

2017 年 9 月 29 日，四川金星清洁能源装备股份有限公司发明专利“用于往复活塞式压缩机的空冷结构”获得国家知识产权局授权，专利号为 ZL201610257613.2。该发明公开了一种冷却结构，尤其是一种用于往复活塞式压缩机的空冷结构。提供了一种无需增加额外动力源的用于往复活塞式压缩机的空冷结构，包括气缸、活塞杆和填料。该发明的有益效果是：通过在活塞杆上设置扫风部件，可以在活塞往复运动的时候，使得空气经过填料，从而带走填料的热量。这种结构仅需增加扫风部件，而扫风部件不需要额外的动力源进行驱动，而扫风部件与活塞杆的运动频率相同，这样就可以根据往复活塞式压缩机本身的功率自动调整风量，达到自动调节温度的目的。截至 2017 年年底，公司拥有专利 88 项，其中发明专利 8 项。

2017 年，宁波鲍斯能源装备股份有限公司获得 1 项发明专利和 1 项外观设计专利。发明专利为“一种制冷压缩机的电机冷却装置”，专利号为 ZL201310366685.7。该发明公开了一种制冷压缩机的电动机冷却装置。该冷却装置主要应用于公司制冷螺杆压缩机主机，采用独立的冷却电动机，同时也应用“补气增焓”的方式提高压缩机的性能。实用新型专利“移动式螺杆空气压缩机外观设计”应用于公司新开发的双级节能移动式螺杆压缩机系列产品，产品设计简洁、新颖、美观。截至 2017 年年底，公司（不含全资子公司及控股子公司）共有发明专利 11 项、实用新型专利 20 项、外观设计专利 3 项。

2017 年 3 月 29 日，无锡五洋赛德压缩机有限公司获得 1 项国家知识产权局授权的发明专利。专利名称是应用于空压机转子的去毛刺旋转平台，专利号为 ZL201410583891.8。截至 2017 年年底，公司共有发明专利 4 项、实用新型专利 8 项。

2017 年，上海汉钟精机股份有限公司获得 3 项实用新型专利。其中，实用新型专利“双螺杆无油干式空气压缩机的密封结构”，专利号为 ZL201720704786.4。该专利公开了一种双螺杆无油干式空气压缩机的密封结构，迷宫环密封低压气体效果较好，唇形密封件密封润滑油效果较好。通过简化密封结构，以达到干式空气压缩机的功能性。实用新型专利“喷水式无油螺杆压缩机”，专利号为ZL201720704181.5。该专利是为了克服现有技术的喷水式无油空气压缩机结构复杂且材料成本很高的缺陷，提供一种喷水式无油螺杆压缩机。实用新型专利“双电机驱动空气压缩机”，专利号为ZL201720100368.4。该专利提供了一种双电动机驱动空气压缩机，旨在解决齿轮速比固定而无法调速的问题。

六、基础建设情况

2017年3月20日，上海优耐特斯压缩机有限公司与日立产机常熟压缩机项目落户签约仪式在江苏常熟举行。该项目实施主体是上海优耐特斯压缩机有限公司与日立产机成立的合资公司，其中，优耐特斯持股30%、日立产机持股70%。该项目总投资6 000万美元，注册资本2 000万美元，首期建设3万m^2厂房主要从事空气压缩机的研发与生产，达产后预计年销售额可达10亿元。

2017年10月16日，宁波鲍斯能源装备股份有限公司召开第三届董事会第十一次会议，会议审议通过了《关于投资设立苏州鲍斯智能工厂技术有限公司的议案》。为了加快推进智能制造进展，促进工业智能化项目实施，提升生产自动化，同时推进公司现有装备及零部件向自动化产业下游延伸，公司拟筹资1亿元设立全资子公司苏州鲍斯智能工厂技术有限公司（暂定名，最终名称以工商部门核准的公司名称为准），公司持有100%股权。

上海汉钟精机股份有限公司位于上海金山枫泾工业园区内的新建兴塔厂项目于2017年年底全部建设完毕。新建兴塔厂项目是2015年通过非公开发行募集资金投资项目，共投入1.98亿元，项目规划总建筑面积58 427m^2，规划建筑物总占地面积25 184m^2。当前，涡旋压缩机、空气压缩机、离心热泵机组产品等生产线都已投入使用。“压缩机零部件自动化生产线项目”“企业技术中心项目”“机械零部件精加工生产线技改项目”相关设备及各项硬软件都已投入建设中，为公司未来发展的产能需求提供了有效保障，为智能化制造打下了基础。

七、标准化工作

1.行业团体标准工作启动

随着行业的不断发展，尤其是新技术、新产品和新业态的出现，不论是用户行业还是生产企业对标准的需求不断增大，团体标准越来越为企业所关注，大力培育发展团体标准成为加快构筑行业新型标准体系的重要手段。为发挥行业协会通过制订先进标准引领行业创新发展的作用，弥补现行国家及行业标准未能覆盖领域的不足，及时反映市场需求和技术创新发展，加快科技创新成果的规范性推广应用，并与现行国家标准、行业标准的制修订工作形成互补和相互支撑，压缩机分会积极探索建立团体标准应用示范工作机制，大力推进开展团体标准工作。根据压缩机行业发展的需要，通过征询行业企业意见，经过充分研讨，最终确定3个主题：《压缩空气站能效分级指南》《压缩空气站节能设计指南》和《一般用离心空气压缩机》。2017年，《压缩空气站能效分级指南》开展了实质性的推进工作。

2017年8月，中国通用机械工业协会压缩机分会与气体净化设备分会申请立项《压缩空气站能效分级指南》。该标准由合肥通用机电产品检测院有限公司和阿特拉斯•科普柯（上海）贸易有限公司作为主起草单位，十余家企业共同参与编写。

2017年11月4日，召开压缩机行业第一个团体标准《压缩空气站能效分级指南》启动会。12月14日，召开《压缩空气站能效分级指南》团体标准初稿评议会。

2.5项国家标准和12项行业标准批准发布

2017年12月，由全国压缩机标准化技术委员会归口的5项国家标准和12项行业标准批准发布。2017年发布的压缩机国家标准和行业标准见表4。

表 4　2017 年发布的压缩机国家标准和行业标准

序号	标准编号	标准名称	代替标准	实施日期
1	GB/T 4976—2017	压缩机　分类	GB/T 4976—1985	2017.12.1
2	GB/T 33625—2017	机车、动车用全无油润滑往复活塞空气压缩机		2017.12.1
3	GB/T 30475.4—2017	压缩空气过滤器 试验方法　第 4 部分：水		2018.4.1
4	GB/T 3853—2017	容积式压缩机　验收试验	GB/T 3853—1998	2018.5.1
5	GB/T 30475.3—2017	压缩空气过滤器　试验方法　第 3 部分：颗粒		2018.5.1
6	JB/T 5439—2017	容积式压缩机球墨铸铁零件的超声检测	JB/T 5439—1991	2018.4.1
7	JB/T 5440—2017	容积式压缩机锻钢零件的超声检测	JB/T 5440—1991	2018.4.1
8	JB/T 5441—2017	容积式压缩机铸钢零件的超声检测	JB/T 5441—1991	2018.4.1
9	JB/T 5442—2017	容积式压缩机重要零件的磁粉检测	JB/T 5442—1991	2018.4.1
10	JB/T 13341—2017	螺杆空气压缩机机头　技术条件		2018.4.1
11	JB/T 13342—2017	螺杆空气压缩机机头　试验方法		2018.4.1
12	JB/T 13343—2017	容积式压缩机用铸钢件技术条件		2018.4.1
13	JB/T 13344—2017	往复活塞压缩机主要零部件　曲轴		2018.4.1
14	JB/T 13345—2017	一体式永磁变频螺杆空气压缩机		2018.4.1
15	JB/T 10526—2017	一般用冷冻式压缩空气干燥器	JB/T 10526—2005	2018.4.1
16	JB/T 10532—2017	一般用吸附式压缩空气干燥器	JB/T 10532—2005	2018.4.1
17	JB/T 13346—2017	一般用压缩空气过滤器		2018.4.1

3. 地区性团体标准

2017 年 11 月 12 日，由浙江省标准化研究所牵头组织、温岭市鑫磊空压机有限公司起草的《一体式永磁同步两级压缩螺杆空气压缩机》团体标准评审会召开。

八、行业发展面临的形势及任务

压缩机行业经过前几年的高速发展，暴露出诸多问题。压缩机市场早已进入微利时代，与十年前相比，压缩机行业的竞争性质已经发生了根本性变化。这意味着低价销售、成本削减的粗放式发展老路已经走不通了。面对原材料涨价、节能环保政策等影响企业发展的外部因素，必须改变陈旧思维，重新定位，创造新的价值空间。因此，实施转型升级，增强竞争实力，是压缩机行业企业自我改革的需要、经济形势的需要，也是可持续发展的需要。

（1）创新、协调、绿色、开放、共享的五大发展理念，不仅是对钢铁、汽车、造纸、化工等重点行业提出的要求，同时也是对压缩机行业提出的要求。要研发生产科技含量高、附加值高、智能化程度高而碳排放少的新型装备，同时还要调整产业结构，转变发展方式，实现转型升级。随着各个国家对噪声污染、节能技术、废气污染、热排放、漏油等因素的限制标准不断提高，国际贸易门槛也相对提高，要使产品参与国际竞争，就必须满足国内、国际双重标准要求。

（2）信息化技术加深。电子技术、微电脑、传感器与控制系统集成化正在改变传统的压缩机产品，互联网、大数据、云计算等信息化技术的应用将向纵深发展。压缩机行业的智能化、人性化的“两化”融合程度正在进一步加深，产品技术要不断向信息化、智能化、人性化方向发展才能适应未来市场的需求。

（3）大、中小型化同步发展。一方面，工艺流程用压缩机将朝着大型化发展；而集输用石油天然气压缩机将朝着更高压力、高转速、集成化、可移动方向发展；另一方面，一般动力用空气压缩机将朝着更节能、智能化、人性化方向发展。

当前，传统的机械制造业受经济大环境的影响发展速度放缓，面临着巨大的压力和挑战，但仍然面临一定的发展机遇：

（1）新型城镇化建设为转型升级带来机遇。《国家新型城镇化规划（2014—2020 年）》表明，在基础设施方面，到 2020 年我国普通铁路网要覆盖20万以上人口城市，快速铁路网基本覆盖50万以上人口城市；普通国道基本覆盖县城，国家高速公路基本覆盖20万以上人口城市；民用航空服务要覆盖全国90%左右的人口。在公共服务方面，国家对基本公共医疗服务等领域的巨大投资将带动交通运输、供水、污水处理、城市生活垃圾处理、信息化基础设施、城市社区综合服务设施的投资需求。这些均为压缩机产品结构的转型升级提供了难得的机遇。

（2）“一带一路”倡议为行业带来机遇。“一带一路”涉及大量设施建设，会对压缩机行业产生直接拉动。如东南亚的铁路、公路、港口、电网、油气管线等建设项目；中亚的中吉乌铁路、中塔公路二期以及中亚天然气管道C线、D线；东北亚的中俄东线、西线天然气管道；南亚的中巴公路、核电厂、工业园区等，都有大量的压缩机产品需求。对于我国压缩机行业而言，积极向东南亚、中亚及东北亚方向挺进，有利于打破当前行业低迷的状况。

（3）科技的投入为转型升级带来活力。近年来，一些企业通过增加科技投入、提高产品科技含量的方式提升产品性能和质量，摆脱同质化的困境，以期在日益激烈的市场竞争中占据主动。这客观地推动了我国压缩机技术水平的提升，自主品牌企业竞争力得到增强。

当前，我国经济发展新常态仍将持续。只要遵从创新、协调、绿色、开放、共享的五大发展理念，坚持可持续的发展方向，走转型升级的发展道路，我国压缩机行业就一定能够实现由生产型向生产服务型转变、由粗放式管理向精益化管理转变、由低端制造向高端制造转变。

〔撰稿人：中国通用机械工业协会压缩机分会刘海芬〕

2017年干燥设备行业概况

一、生产发展情况

2017年，据中国通用机械工业协会干燥设备分会统计：22家重点企业共完成工业总产值251 295万元，实现主营业务收入214 176万元。2017年干燥设备行业22家重点企业工业总产值见表1。2017年干燥设备行业22家重点企业主营业务收入见表2。

表1　2017年干燥设备行业22家重点企业工业总产值

序号	企业名称	工业总产值（万元）	序号	企业名称	工业总产值（万元）
1	天华化工机械及自动化研究设计院有限公司	62 900	12	无锡市林洲干燥设备有限公司	5 285
2	石家庄工大化工设备有限公司	54 999	13	溧阳正昌干燥设备有限公司	5 050
3	常州市范群干燥设备有限公司	23 840	14	上海千山远东制药机械有限公司	4 000
4	常州一步干燥设备有限公司	16 196	15	常州金陵干燥设备有限公司	3 673
5	山东天力能源股份有限公司	13 055	16	哈尔滨东宇农业工程机械有限公司	2 950
6	江苏省范群干燥设备厂有限公司	10 715	17	成都望昌干燥设备有限公司	2 750
7	江苏先锋干燥工程有限公司	9 890	18	三门峡天昊干燥设备有限公司	2 156
8	江苏宇通干燥工程有限公司	8 520	19	青海三四一九干燥设备有限公司	2 100
9	浙江尔乐干燥设备有限公司	7 655	20	临沂金铭机械有限公司	1 300
10	东台市食品机械厂有限公司	7 060	21	成都倍力干燥设备有限公司	1 035
11	辽宁金谷干燥设备有限公司	5 600	22	常州普兰达干燥设备有限公司	688

表 2　2017 年干燥设备行业 22 家重点企业主营业务收入

序号	企业名称	主营业务收入（万元）	序号	企业名称	主营业务收入（万元）
1	石家庄工大化工设备有限公司	47 008	12	溧阳正昌干燥设备有限公司	4 800
2	天华化工机械及自动化研究设计院有限公司	44 633	13	无锡市林洲干燥设备有限公司	4 587
3	常州市范群干燥设备有限公司	23 840	14	上海千山远东制药机械有限公司	3 800
4	常州一步干燥设备有限公司	16 080	15	哈尔滨东宇农业工程机械有限公司	2 582
5	江苏省范群干燥设备厂有限公司	10 900	16	成都望昌干燥设备有限公司	2 234
6	山东天力干燥股份有限公司	8 658	17	青海三四一九干燥设备有限公司	2 100
7	江苏宇通干燥工程有限公司	8 500	18	三门峡天昊干燥设备有限公司	1 982
8	江苏先锋干燥工程有限公司	7 800	19	临沂金铭机械有限公司	1 800
9	浙江尔乐干燥设备有限公司	7 249	20	常州金陵干燥设备有限公司	1 450
10	东台市食品机械厂有限公司	6 728	21	成都倍力干燥设备有限公司	983
11	辽宁金谷干燥设备有限公司	5 600	22	常州普兰达干燥设备有限公司	587

2017 年，天华化工机械及自动化研究设计院有限公司受装备制造行业整体低迷、市场需求严重不足、钢材价格大幅波动等因素影响，发展压力仍然较大。面对严峻复杂的国内外经济形势和艰难的市场环境，公司紧紧围绕 2017 年工作部署，以提质增效为中心，以转思路、抓创新、强管理为重点，深化管理提升，优化营销策略，完善体制机制，实施创新驱动，狠抓降本增效，强化风险防控。在生产经营、市场开拓、技术创新、安全环保等各项工作中真抓实干，攻坚克难，较好地抵御了经济下行压力，经济运行总体保持了平稳发展。

2017 年，石家庄工大化工设备有限公司完成工业总产值 54 999 万元，比上年增加 7 173 万元；实现销售收入 47 008 万元，比上年增加 4 133 万元；利润总额 5 285 万元，较上年增加 299 万元。

2017 年，常州一步干燥设备有限公司继续围绕“面向客户、服务客户，面向一线员工、服务一线员工，管理创新、技术创新、服务创新，提高经济效益为中心”开展工作。全年共完成产品 430 台（套），其中：喷雾干燥机 55 台，湿法制粒机 25 台，热风循环烘箱 52 台，制粒机 34 台，真空耙式干燥机 20 台，双锥回转真空干燥机 46 台，闪蒸干燥机 25 台，气流干燥机 6 台，带式干燥机 15 台，振动流化床 18 台，提升机 27 台，滚筒刮板干燥机 25 台，空心桨叶干燥机 10 台，干法制粒机 30 台，闭路循环喷雾干燥机 4 套，卧式沸腾干燥机 9 台，热风炉 8 台，方锥、V 型、料斗混合机以及料斗共 21 台。在新常态的经济形势下，公司工业总产值创历史新高，而且再次获批国家高新技术企业，获得常州市名牌产品、常州市放心消费创建活动先进单位、郑陆镇工业经济科技创新奖等荣誉，通过了安全标准化三级单位的复审。公司在车间各班组推行生产现场 6S 管理制度，记录数据形成生产周报，完善一线员工绩效考核细则，把考核落到实处；实行新员工“传、帮、带”激励制度，形成你追我赶的良好工作氛围，大幅提高了工作效率。公司为了更好地推广气保焊接工艺，提高设备焊接质量，新购入多台自动气保焊机。围绕“管理创新、技术创新、服务创新”的目标，公司在信息化建设方面进行了大规模投入。为了加强技术信息安全的保护，新添了绿盾加密软件，对公司文件资料的收发进行监控，保证公司知识产权的安全，文件资料管理更加规范化。公司通过实施 ERP 项目，提高了管理效率，并不断向精细化方向发展。

2017 年，哈尔滨东宇农业工程机械有限公司对 6.2 万 m^2 的生产基地进行了进一步的建设和完善，购进了立式升降铣床、动平衡机等设备，完成了 3 项技术改造项目。生产谷物干燥机、装配式金属筒仓、提升机、输送机、清选机等产品 199 台（套），完成工业总产值 2 950 万元、工业增加值 1 779 万元，高新技术产品收入 1 637 万元。

2017 年，江苏宇通干燥工程有限公司在稳定和做大现有市场的基础上，开发新市场，同时加强公司内部管理，提高产品质量，以质量保市场，向管理要效益。公司完成工业总产值 8 520 万元，净增资产 1 000 多万元，承建制药、化工及环保等项目 50 多个。

二、市场及销售情况

2017 年，天华化工机械及自动化研究设计院有限公司紧抓国家节能环保产品市场需求旺盛的发展机遇，大力开发废水、废渣、污泥及 VOC 废气处理技术及装备在石油化工、冶炼、环保、新材料等领域的市场应用。同时，优化电商流程，丰富现有营销体系。以跨境电商为突破，加大产品海外推广和销售力度；加大专业展会、专业期刊、行业会议等宣传投入，有效提升公司形象，拓展营销渠道；加强战略协同合作，充分发挥比较优势。公司紧密结合市场发展需求，着眼于新型先进干燥装备并优化传统工艺设备，推进干燥技术向自动化、大型化、成套化、节能化方向发展，产品实现专业化、专有化以及产品类型的多元化。公司用高质量的国产化产品替代进口产品，用节能装置替代高能耗装置，进而实现技术成果的工业应用和推广，实现技术成果的辐射和扩散：污泥无害化密闭处理成套技术实现了蒸汽凝液热量综合利用、废水循环利用；乙苯脱氢催化剂新型高温焙烧炉技术开发改善了催化剂的焙烧效果，大幅度提高了催化剂的强度、活性，应用于乙苯脱氢制苯乙烯工业装置后，将大大减少催化剂在反应过程中的破碎率，避免催化剂粉末堵塞床层，由此可以确保长周期稳定运行，从能耗和设备运行等各方面都产生较大的效益。

2017 年，石家庄工大化工设备有限公司在巩固现有销售领域的基础上，深入分析相关行业市场，积极拓展细化行业市场，推进行业产品标准化。通过网络营销及行业技术会议宣传，为公司的销售业绩增加了新的增长点。当前，公司的盘式连续干燥机已拥有 1 000 多个固定客户，在碳酸钙、硫精矿、杀虫剂、百菌清、三元材料等领域已占据主导市场。在城市生活污泥、工业污泥、制药厂废渣、糖厂废渣、餐厨垃圾等行业成功经验的基础上，总结出一套完整的处理工艺，并独立设计、开发出相应的污泥干化成套设备（双桨叶干燥机、卧式转盘干燥机、盘式干燥机、薄膜干燥机），研发了一系列的污泥干燥技术，有效解决了污泥粘壁和动能消耗过大等关键技术难题。

2017 年，常州一步干燥设备有限公司坚持开拓新市场，加强优势产品在网络及报纸杂志上的推广，参加全国制药机械博览会、深圳电池展、生物发酵会、原料药展、固废气展、污泥展以及德国阿赫玛、印度尼西亚包装展等，加大产品推广力度，取得了不错的效果。通过前期市场调查，把握行业发展方向，捕捉行业前沿信息，提高产品市场占有率，不断巩固在中药配方颗粒、中药饮片、新材料、新能源等行业的地位，提高特色产品质量水平。喷雾干燥机、制粒机、热风循环烘箱等产品仍保持强劲的增长势头。其中，中药配方颗粒专用喷雾干燥机、中药材带式干燥机、钛白粉专用闪蒸干燥机的订单源源不断，贵州振华义龙新材料有限公司、枣庄市杰诺生物酶有限公司、江苏丰源环保科技有限公司等陆续订购公司的闪蒸干燥机。公司的拳头产品喷雾干燥机在公司市场销售中一直遥遥领先，尤其在中药配方颗粒生产领域占据一席之地。内蒙古常盛制药有限公司订购一套 LPG-5500 大型离心喷雾干燥机，该项目大部分是室外施工，公司克服恶劣的冰雪天气、紧张的工期等不利因素，保质保量完成交付，并达到客户预期效果。2017 年公司在中药配方颗粒生产领域实施的项目有：广东康美药业、安徽华润金蟾药业、江西百神、浙江佐力、修正药业、仲景宛西、河南辅仁堂、上海远跃、贵阳新天、苏州共仁进出口、江西天施康中药等企业的项目。

公司的喷雾干燥机产品在化工、制药行业不断发展，逐步实现了公司专业化和多元化的经营发展战略。2017 年公司完成工业总产值 16 196 万元、新产品产值 4 364 万元，实现工业销售产值 15 870 万元、利润总额 1 602 万元。

2017 年，哈尔滨东宇农业工程机械有限公司承建粮食干燥、种子加工及粮食仓储项目 20 余项。公司实现销售收入 2 582 万元、利润总额 65 万元。产品已覆盖新疆、甘肃、贵州、四川、湖南、湖北、陕西、宁夏、安徽、河南、河北、山东、北京、江苏、浙江、内蒙古、广东、海南、吉林、辽宁、黑龙江等地。公司研发的玉米大缓苏烘干塔等实用新型专利产品已应用于工程项目中，使用效果良好。

2017 年，江苏宇通干燥工程有限公司产量增长 30% 以上，实现销售总收入 8 520 万元、利润总额 580 万元。产品畅销全国 28 个省、市、区，并出口到美国、土耳其、希腊、英国及东南亚等地。

三、科技成果及新产品

天华化工机械及自动化研究设计院有限公司的“污泥无害化密闭处理成套技术”为甘肃省科技重大专项计划项目，于 2017 年 7 月通过专家组验收。该技术利用干燥蒸发的水蒸气作为惰性保护气控制湿含量和氧含量；风机采用变频操作，控制载气系统湿含量；通过控制污泥干化产品湿含量，避免粉尘的产生；同时应用先进的自动化控制系统，对主要的监测点实现在线检测、实时记录和可靠报警，从而解决污泥粉尘爆炸、含油污泥易燃的技术难题。项目创新提出了污泥干化尾气密闭循环冷凝回收以及除臭工艺，研制了污泥无害化密闭处理成套装备，实现了蒸汽凝液热量综合利用、废水循环利用。该技术产品在烟台润达垃圾处理运营有限公司污泥处理项目中实现了工程化应用，实现了污泥的稳定化、减量化、无害化、资源化，减少废水废气排放，改善了现场操作环境。以湿基处理量 400t/d、含水率由 80% 降至 40%、蒸汽压力 0.5MPa 为例，相比原开放式工艺，每吨污泥干化成本降低约 15 元，同时可节约水资源 3.96 万 t/a、节约脱盐水约 11.88 万 t/a，污泥产品可直接代替煤作为燃料使用，节约了能源，降低了焚烧费用；污泥焚烧的灰渣约 0.44 万 t/a，可以成为优良的建筑材料。当前已推广应用于印染、市政、药渣、石化行业的污泥干化工程中，经济和社会效益显著。2017 年，公司共有 11 项科技项目列入中石化科技开发项目；通过中石化、省科技厅组织的技术鉴定、验收、评议项目 8 项；完成成果推广 31 项；“褐煤蒸汽管回转干燥技术及装备”获甘肃省科技进步奖二等奖。公司自主研发、设计制造的首套 220 万 t/a PTA 装置 CTA 溶剂交换组技术水平达世界领先水平，已具备大规模工业化应用和推广能力；大型制氢装置废热锅炉打破国外垄断。“精对苯二甲酸装置氧化单元粗对苯二甲酸的‘过滤、洗涤、分离’的方法”荣获 2017 年度中国化工专利奖。

2017 年，石家庄工大化工设备有限公司为提高企业自主创新能力，继续推动企业与高等院校产学研用的有机结合，加快科技成果转化。公司为某公司设计制造的高真空型双桨叶干燥机，干燥面积达 $150m^2$，真空度达到 -0.095MPa。为湖南某公司制造的高真空型盘式干燥机，打破了之前断断续续进出料的工艺缺陷，实现了高真空密闭连续进出料，真空度达到 -0.09MPa，适用于热敏性极高的物料。这一工艺达到国际先进水平。公司申请发明专利 2 项，内容为高炉渣回收利用方法、算法提取粉煤灰中氧化铝的溶析结晶工艺；获授权发明专利 2 项，内容为一种高盐废水的回收处理方法、甲醇羰基法合成乙酸的废酸母液回收方法。

2017 年，常州一步干燥设备有限公司继续完善和改进现有产品，对常规产品进行通用化、标准化、系列化设计，保证产品的不断创新换代。公司对现有带式干燥机内部结构进行改造升级，克服了原有技术存在的不足，增加了清洗系统，实现干燥机完成物料干燥后的彻底清洗，充分保证了干燥机的清洁度，避免多种物料使用一种干燥机干燥过程中产生交叉污染的现象，也满足了一种干燥机可以干燥多种物料的多样化需求，提供了一种清洗方便、安全卫生、适应性强、操作方便、质量稳定和干燥效率高的带式干燥机。用户反映新型带式干燥机投入生产后，大大提高了生产效率，改善了产品质量，并且节约了成本。公司研发的多层节能环保型带式干燥机获得国家发明专利（专利号：ZL201310088022.3）。多层节能环保型带式干燥机已成功应用于国内多家食品厂家，技术处于国内领先水平。另外，公司还研发出最新款MZG系列脉冲真空干燥机。脉冲真空干燥机是公司吸收大量客户反馈及使用需求，在现有产品技术的基础上，自主开发设计的新型干燥设备。该设备广泛应用于制药行业、生物工程等领域，是一种符合新版GMP的真空箱式干燥装置，其主要针对热敏性物料、黏性大物料和需要回收溶剂物料的干燥，尤其对物料含糖量高、易溢出、易起泡中药浸膏类的物料干燥能力和效果非常好。该设备采用“脉冲”层流真空干燥原理，是一种高效的低温干燥方式。与传统干燥设备相比，其效率提高200%以上，大大缩短了干燥时间；相比热风循环烘箱能耗节约80%以上；产品均匀性更高，干燥后的产品品质和颜色更好；具备在线清洗或浸泡式清洗功能，移动式料车设计，更方便清洗；针对易起泡物料，采用脉冲破泡设计；针对不易破泡的物料，采用爆炸式干燥的方式，充分利用蒸汽的潜热及其欠饱和蒸汽的吸水性；全自动控制系统，整套系统人机界面操作，可分段设定参数，实现更复杂的工艺流程，保障干燥效率和效果。公司承接上年度对干燥设备尾气回收利用节能装置继续研究，启动了脉冲式沸腾制粒干燥机、热泵烘干、食品专用冻干机等新技术的开发。2017年申请发明专利2项、实用新型专利2项，获批发明专利2项、实用新型专利2项。为了进一步规范公司产品，实现标准化，对公司起草的中药浸膏喷雾干燥机国家标准进行了宣贯和实施，公司起草的双锥回转真空干燥机行业标准已发布。

2017年，哈尔滨东宇农业工程机械有限公司的“水稻育秧基质板及制板机技术研究与应用”项目列入哈尔滨市应用技术研究与开发项目，获得50万元资助。水稻育秧基质板的制备是以作物秸秆为主要原料，通过物理技术加工处理，与草炭等多种有机复合物按比例混合成泥浆，经过模具成型、高温烘干处理，制成具有肥沃土壤特性的育秧基质板，具有环保、节能、高效、节约等特点，对加快农业可持续发展起到了积极的促进作用。该产品自2015年开始向全国推广，至2017年年底已建成4条生产线，并在黑龙江、内蒙古、新疆、湖北、河南、辽宁、吉林等地推广使用，平均增加水稻产量6.8%，受到广大农户的青睐。

江苏宇通干燥工程有限公司研发的氮气闭路循环、回收甲醇VC干燥技术项目是针对氮气闭路循环，回收甲醇维生素C的干燥而专门研发的专用技术，采用振动－沸腾组合床板，应用高真空关风机、高效旋风分离器、振动－沸腾干燥机、冷冻溶液多级循环吸收塔、双道迷宫式挡水器、拆卸式板式换热器等多项专利和技术开发出新的发明专利“氮气闭路循环专用干燥装置”。该项目具有生产能力大、循环氮气的含水率低、连续性强、运行安全可靠、无三废排放等特点，是高效节能环保型装备，有良好的市场潜力和发展前景。该项目研究解决的关键技术及创新点：氮气代替空气，避免了物料氧化变质；闭路循环没有尾气排放，避免了对大气造成环境污染；回收甲醇，资源充分利用，节省了能源；吸收液循环利用，无废液排放；尾气吸收，无粉尘排放；整套系统的安全性大大提高，从理论上达到了零排放；自动化控制，智能化操作，生产效率大大提高。该项目已获得发明专利2项，分别是闭路循环、溶媒回收及喷雾制粒干燥系统的干燥主机及其工作方法（专利号：ZL201210099552.3），闭路循环、溶媒回收及喷雾制粒干燥系统及其工作方法（专利号：ZL201210099553.8）；获得实用新型专利2项，分别是振动沸腾干燥机（专利号：ZL201720031196.X），一种冷冻溶液循环吸收塔（专利号：ZL201721035952.2）。同时申请发明专利3项，已受理，拥有自主知识产权，在国内同行业属首创，与浙江农林学院合作研发，并经东北制药总厂落实应用，具有广阔的发展前景。

四、企业人才培养情况

天华化工机械及自动化研究设计院有限公司人才培养情况：①加强干部队伍建设。严格执行民主集中制和选人用人工作制度，规范干部选拔任用工作。②重视人才培养，积极推进减员增效。引进硕士研究生 4 名、重点大学本科毕业生 13 名。完成了化工过程机械硕士点的宣传、招生、复试、教学工作，按计划招收全日制硕士生 2 名，授予硕士学位 2 名；先后组织 403 人次参加中央党校党建培训班、注册类考试培训、英孚网络培训、持续改进等专业和技能培训。积极推进专业技术职务评聘工作，14 人晋升教授级高工，35 人晋升副高级职称；经评审，有 53 人取得中级职称任职资格，有 10 人取得初级职称任职资格。③强化绩效考核和薪酬管理。强化人事考核评价体系建设，不断提高员工职业能力，改进工作绩效。2017 年，先后完成 2017 年度领导班子在线测评和现场述职、考核工作；完成 6 名甘肃省领军人才的年度考核；进一步完善员工薪资结构，实行科学、公平、有竞争力的薪酬制度。

常州一步干燥设备有限公司始终坚持以人为本，大力实施人才强企战略。根据企业发展规划，有计划地招收大中专毕业生，大力引进经验丰富且懂干燥技术专业的相关人员，充实技术力量。当前，公司有大专以上学历技术人员 38 名，其中，中级工程师 15 名、高级工程师 9 名。除了引进、招聘外，公司还聘请干燥技术专家做公司的技术顾问，与天津科技大学、江南大学、常州河海大学等高等院校进行产、学、研对接活动，为公司作技术服务、技术指导，承担公司重大项目技术攻关、科研课题等工作。公司为有效提高一线员工岗位技能操作水平，特别邀请常州铁道职业学院的老师对公司一线员工进行为期 2 个月的专业培训，培训主要围绕气保焊、氩弧焊、电工、精工等工种。公司安排专职人员负责对接，此次培训达到预期效果，共 60 人获得等级证书，其中，初级 20 人、中级 34 人、高级 6 人。

2017 年，哈尔滨东宇农业工程机械有限公司引进本科生两名，已通过试用期考核，进入相应岗位工作；招聘工人技师 18 人，全部进入相关岗位工作。全年组织工程技术人员、技术工人参加技术培训、技术考察等 8 次，累计培训 120 人次。

〔撰稿人：中国通用机械工业协会干燥设备分会高书燕〕

2017 年减变速机行业概况

一、生产发展情况

近两年，为全面实施“中国制造 2025”发展战略，加快推进供给侧结构性改革，促进产业转型升级，提升制造业技术管理水平和产业发展质量，国家出台了一系列配套产业政策，如“强基工程”“智能制造”专项以及制造业重大技术改造升级工程等，这些政策的出台对减变速机行业的发展和经济运行的带动作用在进一步释放，也推进行业发展动力由要素驱动向创新驱动转变，产业结构由传统制造向服务型制造和智能、绿色制造转变。

减变速机作为机械传动的重要基础部件，是国民经济发展及装备制造业的重要组成部分和重要部件。随着我国制造业的全面升级，减变速机行业发生了巨大的变化，减变速机技术发展迅速，重大装备的设计、制造和系统集成能力都得到大幅提高，产品向重载、高硬度、高精度、高速度、高可靠性、高效率方向迈进。随着数控化制造技术和模块化设计制造方式的成功运用，减变速机产品制造水平进一步提升，生产效率与产品质量明显提高。市场需求方面，从对下游行业的减变速机的配套来看，减速电机与减速机（齿轮箱）呈现出差异化增幅；从运用细分来看，精密减速机需求量增加，通用类产品市场需求出现分化。

（一）经济运行特点

据国家统计局统计，2017 年，齿轮及减变速机规模以上生产企业 858 家，行业拥有资产总额 1 601 亿元。2017 年，减变速机及齿轮行业经济运行保持了稳中有升的发展态势。

1. 减速机产量快速增长，齿轮产量大幅下降

2017 年，减速机产量 671.2 万台，同比增长 11.35%，较上年提升 11.61 个百分点；齿轮产量 257.99 万 t，同比下降 6.04%，较上年回落 12.65 个百分点。

2. 出口交货值大幅下降

2017 年，齿轮及齿轮减变速箱出口交货值 105.87 万元，同比下降 16.39%，较上年回落 31.18 个百分点。

3. 工业增加值平稳增长

齿轮和传动部件工业增加值同比增长 12%，较上年提升 3.7 个百分点。

4. 主营业务收入及利润总额稳中有升，增幅较上年略有回落

2017 年，实现主营业务收入 1 862.3 亿元，同比增长 6.89%，较上年回落 1.07 个百分点；实现利润总额 142.59 亿元，同比增长 6.33%，较上年回落 0.85 个百分点；主营业务利润率 8.3%，比上年下降 0.05 个百分点；规模以上企业 858 家，亏损企业有 86 家，亏损额为 6.58 亿元，同比下降 18.16%。

5. 进出口同步增长，进口增速高于出口增速

（1）行星齿轮减速器进出口总额 4.87 亿美元，同比增长 33.06%，较上年提高 33.04 个百分点。其中：进口额 2.66 亿美元，同比增长 49.44%，较上年提高 62.61 个百分点；出口额 2.21 亿美元，同比增长 17.55%，较上年提高 1.5 个百分点。贸易逆差为 4 507 万美元（上年顺差为 990 万美元）。

（2）齿轮及其他变速、传动装置等进出口总额 31.77 亿美元，同比增长 9.17%，较上年提高 20.74 个百分点。其中：进口额 12.19 亿美元，同比增长 19.91%，较上年提高 53.5 个百分点；出口额 19.58 亿美元，同比增长 3.43%，较上年提高 8.21 个百分点。贸易顺差为 7.39 亿美元，较上年减少 2.27 亿美元。

（二）企业发展情况

江苏泰隆减速机股份有限公司于 1982 年创办，经过 30 多年的发展，已成为装备精良，产品研发、销售、生产、工艺体系完善的行业龙头企业。公司拥有资产总额 15.5 亿元，占地面积近 80 万 m^2。公司创建了国家级博士后科研工作站、江苏省企业技术中心、江苏省传动机械与控制工程技术研究中心、泰隆－哈工大工程技术研究中心，形成了强大的技术研发团队。在全国各地设立 328 个办事处，构筑了以直销为主、经销为辅，不断扩大电子商务进行交易的三位一体的立体营销网络。公司不断开拓创新，瞄准行业前沿，开发高科技含量、高附加值产品，2017 年获得江苏省品牌 50 强。2017 年实现销售收入 12.62 亿元，同比增长 16.38%。

江苏国茂减速机股份有限公司经过 20 多年的发展，“国茂”品牌在减速机行业已具有较高的知名度，得到了客户的广泛认可。经过多年发展，公司在销售网络、品牌声誉、技术研发、产品多样性等方面具有较强的优势。2017 年，公司减速机产量为 514 903 台，较上年增加 75 587 台。实现销售收入 147 841 万元，同比增长 28.4%；利润总额 15 547 万元，同比增长 37.5%。公司研发了锥双挤出机减速机 SZL 系列、棕榈油减速机、JE 高承载挤出机减速机系列、模块化减速机升级版、高承载能力通用齿轮箱系列等产品。

2017 年，山东华成中德传动设备有限公司面对错综复杂的国内外经济形势，积极应对市场、

回款、安全环保等各方面压力，各项工作都取得了较好成绩。减变速机新产品共计 106 种，包括行星减速机、蜗轮蜗杆、轧机减速机、小型立磨减速机、JS 矿用减速机等取得新突破。减变速机销售额同比增长 42.1%，其中煤炭行业同比增长 21.8%、港口行业同比增长 41.1%。

2017 年，南京高精传动设备制造集团有限公司坚持以技术进步推动市场需求，通过自主创新、节能环保的生产模式与加强提供及出售相关零部件的销售策略，推动产品销售，保持市场地位。轨道交通产品获得国际铁路标准认证证书，并应用在海外多个国家和地区的轨道交通传动设备上。2017 年整个集团齿轮业务板块实现主营业务收入 78.04 亿元，同比下降 4.1%。其中，工业齿轮箱实现销售收入 10.01 亿元，同比增长 28.5%，风电齿轮箱实现销售收入 68.03 亿元，同比下降 7.6%。

2017 年，山西省平遥减速器有限责任公司产品向硬齿面、替代进口、高速齿轮箱等转型发展，产品结构更加优化。公司逐月组织召开销售营销分析会议、部长销售会议，对销售工作计划落实、营销指标进行细化分析，为市场拓展起到了积极的促进作用。对销售价格实行价格审批制度，确保产品价格指数的有效掌控。各营销人员拓宽销售渠道，积极承揽外加工和维修业务。公司销售、回款分别同比增长 88%、44%。公司组织申报省、市、县科技项目累计 8 次，其中专利资助、专利成果转换、科技工业攻关项目获得资金支持；共申报专利 5 项。公司与太原理工大学合作成立山西省齿轮传动研究生创新教育中心，“机械加载器项目”获山西省科学技术进步奖二等奖。

杭州嘉诚机械有限公司主要产品为 RFKS 系列齿轮减速机，WP 系列、NMRV 系列蜗轮减速机和 SWL 系列蜗轮丝杆升降机。2017 年，公司生产减速机 23.6 万台，完成工业总产值 10 500 万元、新产品产值 7 262 万元、工业增加值 3 432 万元，实现销售收入 8 896 万元、利润总额 1 105 万元，与上年相比，各项指标明显提升。

浙江午马减速机有限公司成立于 1995 年，2008 年搬迁改造。公司主要从事高精密减速机的研发与生产，曾研发出全国第一台铝合金无级变速器以及第二台铝合金蜗轮蜗杆减速机并获取国家专利，是国家级高新技术企业（2017 年第一批通过复审）、国家级火炬计划企业、精密减速机省级高新技术企业研究开发中心。公司以适度成本、差异化、服务价值为发展理念，向品质效益型发展。当前有两条半自动化的压装装配流水线（针对 RV 减速机），每一台减速机出厂都经过专用试车台正反转测试超过 1h。2017 年调整发展步伐，提出二次创业，制定 5 年发展规划，向高端减速机制造商迈进。2017 年，公司生产、销售、利润稳步发展。

2017 年，河北北方减速机有限公司积极布局，以高精设备投入，加强转型升级力度，谋求更大发展。公司先后引入多类数控加工设备，提高了企业市场竞争力。公司为东方电气集团配套多台电站用锅炉密封片，稳步进入电站锅炉用密封片生产配套市场，并以优质的产品质量赢得用户的首选。随着技术的不断进步，公司针对早期产品进行升级，根据客户需求，推出多项产品优惠升级改造业务，2017 年成功完成 10 多个项目的改造升级，深得广大客户的认可。

山东柳杭减速机有限公司主要以设计制造各类中硬、硬齿面齿轮减速机为主。产品已形成 JZD、JZL、JZS 三大系列，共 300 余个规格型号，均实现系列化批量生产。公司专注于砖瓦行业专用减速机的研发和制造，奉行“差异化、定制化”战略，“量身定做”设计了许多高性能的减速机产品，深受用户好评，是国内生产砖瓦行业专用减速机的代表企业之一。公司具备年生产 10 000 台减速机的能力，并参与起草了 JC/T 2363—2016《烧结保温砖和保温砌块成套生产设备通用技术条件》国家建材行业标准。2017 年，公司产品销量名列前茅，产品质量稳定提高，产值、收入、利税都有所增长。

2017 年，南京创力传动机械有限公司紧紧围绕“做品牌”这一目标，抓机遇、求发展，各项工作均取得了前所未有的成绩，综合实力大大增强。公司产值同比增长 34.6%，销售收入同比增长 15.14%。公司在研发费用方面的投入占公司营业收入的 13% 以上。

2017 年，兰州西腾润工装备制造有限公司紧紧围绕经营方针，以加强企业制度建设为起点，以销售创新为核心，以技术创新为企业发展的动力源，巩固发展了第三产业。公司完成工业总产值 1 746 万元，同比下降 28.62%；实现销售收入 2 920 万元，同比增长 22.63%；完成销售回款 2 750 万元，同比下降 15.98%；实现利润 45 万元。公司完成了摆线针轮减速机新的理论方程推导，并用新方程对现有摆线针轮减速机进行了优化设计；完善了滚针减速机的改进理论设计和工艺。

2017 年，宁波东力股份有限公司根据年初制定的工作方针，大力开拓市场，提升经营效率，推进并购重组。利用上市公司资本平台，以发行股份及支付现金的方式购买年富供应链 100% 的股权，进入先进服务业领域。公司实现营业收入 128.7 亿元，同比增长 2 399.8%；实现归属于上市公司股东的净利润 1.59 亿元，同比增长 1 277.3%。公司设立了宁波东力传动设备工程技术中心，子公司东力传动、欧尼克为高新技术企业，一直致力于齿轮和自动化装置新技术的研究和新产品开发，当前拥有专利 50 项，其中发明专利 7 项。作为组长单位负责起草《中国齿轮行业中小功率工业通用减速箱》系列标准，担任国家住建部行业标准《医用推拉式自动门》的唯一主编单位，入选国家卫生部汇编出版的《医院专用设备图集》的全国唯一定点医用门厂家；与英国罗曼克斯公司、郑州机械研究所、浙江大学等单位建立长期的科研合作。公司通过技术工艺的消化吸收，获得制造高端产品所需要的工艺、方法等关键技术，与国内同行相比，具有明显的竞争优势。

2017 年，浙江双环传动机械股份有限公司紧紧抓住国内自动变速器快速启动的机会，抢滩工程机械和商用车业务迅猛增长的市场，通过内部管理深度挖潜，较大程度地抵消了钢材涨价所带来的不利影响。公司实现销售收入 26.39 亿元，同比增长 51.43%；归属于上市公司股东的净利润 2.43 亿元，同比增长 30.61%。

银川威力传动技术股份有限公司拥有 30 多年的行星齿轮减速器设计和制造经验，以齿轮浮动均载技术、齿轮修形技术、传动轴密封技术等技术为核心，研发、生产、销售高端行星齿轮减速器，为风力发电机制造企业、索道生产企业等提供高精度、低噪声、高效率、高稳定性的行星减速器产品。2017 年，公司面对我国风电装机容量出现下滑的情况，积极开发国内排名前 20 位的风力发电机制造商以及国外多家风力发电机制造商，并已取得积极进展。公司在江苏远景能源公司 2.XMW 平台偏航减速器年度招标中获得 30% 订单份额；被湘电风能列为战略合作伙伴，获得湘电风能 2018 年度 50% 左右的市场份额。公司与客户共同研发 3.5MW、4.0MW、5.0MW、6.0MW 大功率陆上及海上风力发电偏航、变桨减速器，太阳能光热回转减速器及新能源汽车轮边减速器均取得了一定进展。公司与国家 20 个光热示范项目的总承包商和业主单位进行交流，与部分单位达成合作意向，太阳能光热回转减速器样机已完成厂内试验，并交付客户现场进行安装调试。

宁波中大力德智能传动股份有限公司自成立以来，一直专注于减速器、减速电机的生产研发，公司建立了较为全面的产品体系，能够为客户提供丰富的动力传动与控制应用解决方案。面对竞争日益激烈的市场环境，公司采取积极的应对策略，着力巩固区域市场地位，保持竞争优势，加强营销推广，认真贯彻落实年度经营计划。2017 年，公司实现营业总收入近 5 亿元，同比增长 34.64%；利润总额 6 978 万元，同比增长 29.73%。

2017 年，杭州前进齿轮箱集团股份有限公司专注齿轮传动装置和摩擦材料及摩擦片的研究和开发，通过自主开发、引进消化吸收国外先进技术以及再创新开发，当前已形成了完整的具有自主知识产权的齿轮传动装置领域核心技术。2017

年，公司实现营业收入 16.58 亿元，同比增长 7.46%；实现归属于上市公司股东的净利润 1 061 万元，同比增长 45.35%。全年共完成各类新产品开发项目 76 个，新增授权专利 32 项，其中发明专利 7 项。公司累计拥有各类有效专利 290 项，其中发明专利 34 项；主持修订的国家标准、行业标准 29 项；承担的国家科研项目 3 项。

河南蒲瑞精密机械有限公司是一家专业的减速机和起重机零部件制造企业，公司产品完全自行研发并拥有自主知识产权。公司现有 20 余项产品专利，独特的点线啮合齿轮传动技术，轻量化的起重机用卷筒、吊钩，矿机用高强韧车轮等技术处于国内领先水平。公司当前已形成了完善的高中低档各类系列化产品：起重机用车轮，具有完善的普通车轮、先进的欧式车轮和领先的高强度车轮；减速机类，有常用的 ZQ、ZQA、ZSCA 等产品，轻量化起重机用 QJ、QY、ZSY 等系列产品，欧式起重机用 NDG、F、K 等系列产品。“起重机用直联式硬齿面点线啮合驱动单元”和“内平衡支持硬齿面模块化减速机”被评定为河南省科学技术成果，DQJ 点线啮合齿轮减速器和起重机用底座式硬齿面减速器 QY 系列产品被评定为河南省工业节能产品，“轻量化起重机专用硬齿面减速器关键技术研究”入选河南省科技攻关计划，并已完成相关研究工作。

沃德传动（天津）股份有限公司是集传动设备研发、生产、销售及服务于一体的国家级高新技术企业，业务涉及高端产品定制服务、再生制造服务和设备智能健康管理服务。产品主要包括通用系列工业减速机、行星系列减速机、井下工作面运输机用减速机、电厂空冷岛专用减速机、泵类专用减速机、起重专用减速机、港机专用减速机及自动化设备、环保设备等。2017 年，公司完成工业总产值 12 000 万元，同比增长 10%；新产品产值同比增长 33%。

二、进出口情况

据海关统计，2017 年，减变速机行业进出口总额为 38.52 亿美元，其中出口额为 22.36 亿美元、进口额为 16.16 亿美元。贸易顺差为 6.2 亿美元。

1. 行星齿轮减速器进出口情况

2017 年，行星齿轮减速器进口额为 2.66 亿美元，同比增长 49.44%；出口额为 2.21 亿美元，同比增长 17.55%；逆差为 0.45 亿美元。

进口额排在前五位的国家分别是：德国（进口额 9 567.64 万美元，同比增长 67.46%）、日本（进口额 6 672.49 万美元，同比增长 48.43%）、意大利（进口额 3 479.06 万美元，同比增长 30.38%）、韩国（进口额 2 419.21 万美元，同比增长 122.82%）、印度（进口额 1 460.77 万美元，同比增长 38.86%）。这 5 个国家进口额合计 2.36 亿美元，占比为 88.7%。

出口额排在前五位的国家分别是：美国（出口额 6 852.28 万美元，同比增长 82.82%）、德国（出口额 3 945.62 万美元，同比增长 21.21%）、日本（出口额 3 645.83 万美元，同比增长 10.48%）、印度（出口额 1 549.87 万美元，同比增长 5.2%）、意大利（出口额 1 508.62 万美元，同比增长 7.92%）。这 5 个国家出口额合计 1.75 亿美元，占比为 79.2%。

2. 齿轮及其他变速、传动装置等进出口情况

2017 年，齿轮及其他变速、传动装置等进口额为 12.19 亿美元，同比增长 19.91%；出口额为 19.58 亿美元，同比增长 3.43%；顺差为 7.39 亿美元。

进口额排在前五位的国家（地区）分别是：德国（进口额 2.85 亿美元，同比下降 7.36%）、日本（进口额 2.72 亿美元，同比增长 41.04%）、台澎金马（进口额 2.46 亿美元，同比增长 52.79%）、美国（进口额 9 849.83 万美元，同比增长 34.68%）、意大利（进口额 7 493.11 万美元，同比增长 9.16%）。这 5 个国家进口额合计 9.77 亿美元，占比为 80.15%。

出口额排在前五位的国家分别是：美国（出口额 7.58 亿美元，同比增长 3.98%）、印度（出口额 1.06 亿美元，同比下降 35.75%）、德国（出口额 8 417.46 万美元，同比下降 11.95%）、意大利（出口额 8 178.19 万美元，同比增长 20.01%）、巴西（出口额 6 709.8 万美元，同比下降 18.6%）。这 5 个

国家出口额合计10.98亿美元，占比为56.17%。

从进出口情况看，我国产业升级和高端需求快速增加，行星齿轮减速器进出口大幅增长。高端产品供应不足、低端产品供应过剩的不平衡状态仍未根本改变，专用装备等短板发展不充分的问题依然突出。

三、科研成果及新产品

随着市场需求的多样化和技术进步，企业的科研投入不断加大，行业新成果也大量涌现。

江苏泰隆减速机股份有限公司通过承接核电、风电、轻量化减速机课题等国家重点工程，与大专院校、科研院所进行战略合作，组织出国交流学习等方式，开发、引进、消化、吸收适用的先进技术和先进标准，提高技术创新能力。近三年有3个产品获得高新技术产品认定证书，获得泰州市科学技术进步奖二等奖1项、泰州市科学技术进步奖三等奖1项，RPG39型特大功率辊压机减速装置获江苏省首台（套）重大装备及关键部件项目。当前，公司拥有专利162项，其中，发明专利29项、实用新型专利125项、外观设计专利8项。公司主持和牵头编制了11项国家标准和行业标准。

2017年，山西省平遥减速器有限责任公司开发大功率矿用减速器12种；西门子、SEW类减速器八大类、13种规格；开发了ZFY560等成套非标硬齿面减速器共30余种；开发了大功率行星减速器YCNG132等4种系列永磁电动机配套行星齿轮减速器。新开发的8台煤安认证样机进入型式试验阶段。公司对原有的交流电封闭试验台进行了升级改造，改造后的直流母排回馈电封闭试验台节能效果显著，节电效率达75%以上。

南京高精传动设备制造集团有限公司为客户提供多元化大型风力发电齿轮箱，具有研制5MW和6MW风力发电齿轮箱的能力和技术，产品技术水准已与国际竞争对手同步。公司研制的应用在上海、香港及墨尔本的PDM385型双级地铁齿轮箱，具有结构紧密、噪声低、易维护等特点，其无检修寿命10年，关键件设计寿命35年。公司研制的应用于巴基斯坦日产6 700t水泥生产线的MP标准行星齿轮箱成功出厂。该齿轮箱承载能力为3 200kN·m，配套于2 200mm×1 600mm生料辊压机，满足了客户的交付周期短、可靠性高的要求。公司研发出国内最大的开炼机配套主减速机，当前已批量交付。

杭州嘉诚机械有限公司的JCWD系列温室减速机项目研发取得了突破性进展，特别是在关键技术“行程开关的稳定性控制”上克服技术难关，实现了项目的小批量生产。该项目的研发成功，可推动温室装备业的快速发展，替代进口减速机。公司的RFKS系列减速机成功通过浙江省省级新产品（新工艺）鉴定，当前该系列产品已经实现批量生产。

宁波东力股份有限公司狠抓技术创新，积极整合产品结构，不断优化产品升级，获授权专利8项，其中发明专利1项。东力传动宁波市级企业工程技术中心获评立项，与浙江大学合作的博士后工作站正式启动；欧尼克嵌入式软件增值税即征即退项目获批；橡胶行业密炼机齿轮箱的研发、输送机驱动装置集成化研究等两项攻关项目通过验收；承担的重大专项为“一体化智能驱动永磁减速电机装置”“DM3系列高效模块化电机的研发”；设计开发了新气密门和双电动机驱动门，超声波定位人脸识别开门系统等取得专利授权。

浙江双环传动机械股份有限公司完成多项新产品研发和工艺改良，RV设计优化取得显著成效，产品性能达到领先水平，产品系列进一步完善。公司的RV减速机荣获中国机器人产业联盟“金手指奖·2017年最具成长性奖”。公司技术中心试验技术服务能力进一步提升，并顺利通过国家CNAS现场评审。机械研究院携手兰光创新打造SIMES智能制造系统，助力推进双环智能制造，当前已经上线联调，成果初显。

宁波中大力德智能传动股份有限公司主导和参与了6项国家和行业标准的起草工作，是国家标准《电子调速微型异步电动机通用技术条件》和行业标准《小型齿轮减速交流电动机技术条件》《小型齿轮减速电动机通用技术条件》的第一起草人，是国家标准《微电机用齿轮减速器通用技术条件》《交流伺服系统通用技术条件》和《控制电机型号命名方法》的主要起草人。公司的 ZD-220BX-81-RVE 摆线针轮 RV 减速器获评装备制造业重点领域省内首台(套)产品，永磁无刷电机行星齿轮减速机构项目列入国家火炬计划，VRSF-78VR20-200 行星减速器产品列入国家重点新产品计划。公司坚持对小批量、多品种的差异化研发，每年为客户量身定制近百项新产品，公司研发的精密摆线针轮减速器成功中标国家强基工程项目。

山东省德州市金宇机械有限公司研制成功国内首套速比为 3.375 的二次包络环面蜗杆减速机。该蜗杆减速机为安赛乐米塔尔钢铁集团公司设计选型。该减速机原为美国克利夫兰公司制作。在减速机国产化方面，采用二次包络蜗杆传动替代国外渐开线圆柱蜗杆传动和尼曼蜗杆传动是非常有效的方法。公司有数控包络环面蜗杆专机 16 台、机械式包络环面蜗杆专机 12 台、数控圆柱蜗杆磨床 3 台、普通圆柱蜗杆磨床 3 台，可承接各种型式的蜗杆减速机和蜗杆传动的设计制造。

2017 年，南京创力传动机械有限公司研制的 NGGS630A 型大功率高速齿轮箱被江苏省经信委认定为江苏省首台（套）重大装备产品，被南京市经信委认定为新兴产业重点推广应用新产品，获得江苏省机械工业科技进步奖二等奖；CLSX 型鼓风（压缩）机用整体式高速齿轮箱通过江苏省经信委的新产品技术鉴定，新产品技术达到国际同行业先进水平。2017 年新增专利 10 项，正在申请的发明专利 12 项、实用新型专利 12 项。

沃德传动（天津）股份有限公司研发的湿式冷却塔专用减速机填补了公司减速机在湿式冷却塔领域里的空白，打破了国外品牌在该行业的垄断；研发的港口机械用起升专用减速机是在原有标准减速机的设计基础上采用加长中心距、焊接箱体等优化设计结构，该产品正式供货于上海振华港口机械（集团）股份有限公司。沃德杨克纸机减速机项目机型为专用造纸杨克烘缸驱动设备，对减速机要求非常高，当前已经攻克技术难关。公司研发的激振器用减速机可完全替代德国申克进口激振器减速机 DF 系列。当前该机器运行状态良好，无故障运行 10 个月。

银川威力传动技术股份有限公司研制的风力发电机变桨减速器成果转化与推广获得宁夏回族自治区科技进步奖三等奖，太阳能光热 20m^2 镜面俯仰追光系统获得宁夏回族自治区科学技术成果，2.5WM 风力发电机组变桨减速器获得宁夏名牌产品证书。2017 年，公司获得国家高新技术企业证书；获得实用新型专利 10 项、外观设计专利 2 项、软件著作权 1 项。

四、质量及标准

1. 质量管理

质量的好坏是企业管理水平的综合反映，是企业赖以生存的根本，完善的质量保证体系是产品质量控制、质量改进的保证。

江苏国茂减速机股份有限公司建立了职责分明的质量管理组织机构，建立起质量体系的自我完善机制，建立了内部审核、管理评审以及纠正和预防措施实施机制；建立并培训内审员队伍，定期开展内部审核和管理评审活动，并对管理评审的改进措施进行了跟踪验证和落实。公司通过定期开展内部审核、管理评审及质量监督工作，确保了产品质量稳定受控。公司于 2017 年 6 月 15 日获得江苏省计量协会颁发的《计量保证确认证书》，有效期至 2022 年 6 月 14 日。

杭州嘉诚机械有限公司继续实施 ISO 质量体系认证，体系要求的各项指标稳中有升。公司加强质量管理制度建设，并购入了先进的检测设备，不断提升产品质量。

浙江午马减速机有限公司每一台减速机出厂都经过温升检测、箱体气密性测试、耐疲劳试验、负载测试（可提供效率测试报告），每一台减速机在专用试车台正反转测试超过 1h。对 20% 的齿轮零部件实行严格的首检、巡检、完工检，达到可跟踪的检查记录。公司通过了 ISO9000 认证复审，质量管理体系认证证书有效期为2017年9月20日至2020年9月27日。

山西省平遥减速器有限责任公司全年累计产品主项质量一次合格率达到99.16%，产品出厂合格率为100%，实现了年初产品主项质量一次合格率达到98%、产品出厂合格率为100%的要求。在过程质量控制方面，技术部共组织工艺纪律检查4次。质检部每月收集售后服务信息，针对用户反馈，及时提出改进方案或要求，对产品结构实施改进。通过不定期召开质量分析会、内部质量现场会等形式，不断强化质量要求，确保产品质量的稳定。

2. 标准

2017年11月4日，经十二届全国人大常委会第十三次会议表决通过了新修订的国家标准化法，针对1989年版的标准化法部分内容进行了修订，将团体标准纳入了标准化法涵盖的范畴，明确了团体标准的法律地位。

由全国减速机标准化技术委员会组织起草的GB/T 33923—2017《行星齿轮传动设计方法》国家标准于2017年7月12日批准发布，并于2018年2月1日正式实施。GB/T 33923—2017是国内至今为止唯一的行星齿轮传动装置设计方法的国家标准。该标准是在充分消化国外先进标准的基础上，取国外标准中的先进成分，与我国的成功经验和创新成果相融合后的结晶。标准内容丰富，既具有中国特色，又和国际最先进的标准接轨，具有先进性和实用性。该标准的制定为我国齿轮技术的发展和传承注入了新能量。标准的发布和实施，将会对我国行星齿轮产品设计水平的提高、促进产品转型升级起到重要的推进作用。

2017年，完成了行业标准《重载行星齿轮减速器通用技术要求》的征求意见稿（标准计划号2015-0364T-JB）。

山东柳杭减速机有限公司参与起草JC/T 2363—2016《烧结保温砖和保温砌块成套生产设备通用技术条件》国家建材行业标准，该标准于2016年7月11日发布，自2017年1月1日起实施。

沃德传动（天津）股份有限公司成立了标准化委员会，建立了企业标准化体系，分为设计标准、产品标准、方法标准、工艺标准、质量特性分级标准、补充标准等，总计划约300项标准。截至2017年，已经完成150项企业标准的编制和下发。沃德企业标准以GB、ISO和DIN标准为基础，并高于这些标准，确保产品高效节能、可靠、性能优良。

五、基本建设及技术改造

行业企业为了提高生产效率，增强竞争力，不断加大技术改造力度。

江苏泰隆减速机股份有限公司坚持“经济效能”原则，建立精、大、稀关键设备管理办法、设备故障管理办法等设备管理制度，将预防性保养与故障性维修相结合，有效提高了设备完好率。根据公司技术改造创新项目的需要，公司加大基础设施改造投入，制定并实施基础设施更新改造计划，逐年提高了基础设施的技术水平，促进了产品研发能力的提升。2017年4—9月，公司依靠自身技术力量，自主搬迁各类加工中心11台（套）、数控磨齿机6台（套）、其他普通金属切削设备40多台（套）。2017年9月，公司从德国纳尔斯公司购进的一台全自动数控成型磨齿机出现故障后，公司加工备件，经过技术人员的精心磨配调整，历时4个月，利用较少的维修资金，恢复机床加工精度，完成维修任务。

山东华成中德传动设备有限公司二厂区大修大型落地镗铣床和4m立式车床，新增焊接减速机箱体变位机，提高生产效率。二厂区试验站6 000V启动柜改造，用变频启动柜代替水阻柜，调速方便，更加节能。2017年，公司还新增焊接吸烟尘器，对喷漆房改造升级、砂轮机更新，符合国家环保标准要求。

兰州西腾润工装备制造有限公司与兰州北科维拓科技有限公司、兰州国器装备集团公司合作，计划投资2.5亿元在兰州新区建设新型减速机产业项目，已于2017年10月29日开工建设。该项目利用3～5年时间，通过“出城入园”提升制造业的硬件，通过技术创新提升产品核心竞争力，从而实现制造业的产业升级。

杭州嘉诚机械有限公司对铸造车间实施技术改造，引进 2 条自动潮模砂生产线和 1 条消失模生产线，对配套的砂处理设备进行了升级。设备改造以后，铸造产能由原来的 3 500t/a 提高到 6 000t/a，可满足更高的环保要求。为了满足配套齿轮减速机的电机需求，成立组建了杭州浙嘉齿轮电机有限公司，可满足嘉诚机械年产 2 万台齿轮减速机电机的采购需求，可加快减速机的交货速度，提高客户的满意度。

浙江午马减速机有限公司为了提高产品质量，加大设备和工装的投入，将年销售额的 10% 用于软硬件投入。公司先后购进德玛吉、马扎克的加工中心，山特维克、格里森的工装，以及爱德华的检测设备等先进设备，自行产品测试线等装备齐全，确保产出高品质的产品。

山东柳杭减速机有限公司对厂容厂貌进行一系列整理，增强基础设施，重新投资安装了一整套自动化多功能喷漆房。该喷漆房经过自动化控制系统处理，使有机废气达标排放，通过环保监察部门的验收启用。焊接机器人安装调试完成，完成了 6 台（套）设备自制研发、升级改造工作，提升了公司的装备水平。

山西省平遥减速器有限责任公司在 H 系列模块化减速器进行安标试验前，对原有的交流电封闭试验台进行了升级改造。经测试，改造后的直流母排回馈电封闭试验台节能效果显著，节电效率达 75% 以上。这项升级改造为公司 HB 模块化减速器取得煤安证提供了保障。

2017 年，宁波东力股份有限公司完成了对重庆神箭的战略收购，浙江事业部玉环制造基地开启全新升级模式，双环产业园破土动工并部分交付使用。

六、信息化建设情况

“两化融合”是指以信息化带动工业化、以工业化促进信息化，走新型工业化道路，其核心就是信息化支撑，追求可持续发展模式。当前电子信息技术正在改变着人类生活，工业信息化建设势在必行，行业的信息化建设在逐步推进并不断提升。

江苏泰隆减速机股份有限公司信息化建设始终坚持在统一标准、统一部署的集成平台基础上，2017 年开始进入创新突破阶段，实现数据集中管理，发挥信息数据的战略价值，有力地支持公司的经营和发展。2017 年 10 月，公司开始进行两化融合管理体系贯标项目的策划及前期准备工作，成立了公司两化融合管理领导委员会和两化融合管理体系推进实施组。

浙江午马减速机有限公司信息化建设不断更新和完善，当前库存采用 SAP 系统，结合云端、条形码，实现厂内所有工序流转及仓库出入由 PDA 扫描完成，平台与智能无线终端硬件无缝集成。信息化建设的不断完善，使企业的精益生产更加精准。

河南蒲瑞精密机械有限公司建立了较为完善的信息网络系统，包括内外部邮件系统、ERP 系统、NC 系统、人力资源管理系统、供应链管理及客户管理系统等。公司注重企业信息化建设，除了购置和搭建成熟的信息管理系统外，在企业业务发展战略的基础上，还根据产品特点和企业运营流程，与专业软件公司合作，编写适合企业使用的专用系统。公司为保障信息管理系统的畅通和安全，配置了服务器、交换机、内部局域网、防火墙等，保障内部信息安全。公司利用顾客信息输入、供应商的建议、过程分析、绩效趋势和审核监督构成改进战略的基础，建立评价、改进、创新和分享的管理程序，使支持过程与价值创造过程的运行要求、组织的发展方向和战略规划相一致，保持公司绩效的稳定性。

山东柳杭减速机有限公司践行务实高效、协作争先的企业精神，秉承诚实守信、创新品质的经营理念，奉行差异化、定制化的发展战略，以品牌为向导，积极转变管理理念，建立健全现代企业管理制度。通过实施 SolidWorks 三维设计、PDM 管理系统与 ERP 系统的无缝集成，完善了公司的信息化平台，做到了可视化管理，提升了公司的管理水平和创新能力，提高了公司对市场变化的反应速度，为实现智能制造奠定了坚实的基础。

宁波东力股份有限公司推进管理升级，启动智能化工厂建设，数据入“阿里云”平台；ERP信息化项目运营，实现流程固化、信息共享、效率提升；实施阿米巴管理模式，成立了独立核算的事业部，在货期、效率、成本控制等方面实施管理控制导入，促进内部协作更为紧密；建立动态的原材料调价机制，科学预判并合理备库，积极应对材料价格波动。

浙江双环传动机械股份有限公司实施生产装备数控化、检验测量电子化、作业标准化、管理流程化等四大工程。公司推行以提升管理者品德和绩效为目的，建立文化力、学习力、运营力和创新力等“四力”共聚的领导力系统（MPS），有效促进管理理念和战略目标的落实。公司在热处理数据库分析与运用、干切工艺法的突破、PFMEA库的建立与运用等方面有着丰富的实践积累。

七、人力资源管理情况

人力资源是一个企业发展的重要资源，人才也是企业核心竞争力，在人才流动频繁的今天，越来越多的企业意识到了人才的重要，当前企业都非常重视员工的培养和个人发展。

江苏泰隆减速机股份有限公司高度重视技术人才的培养和引进，通过校园招聘、校企合作委托培养、员工引荐、猎头公司、高层推荐、产学研培养等途径，培养了一大批技术人才。公司育有江苏省“333工程”培养对象1人、江苏省“六大人才高峰”培养对象1人、泰州市“311工程”培养对象2人、泰兴市“323工程”培养对象4人。公司构建了完善的人力资源管理体系，实现人力资源向人才资源的转化，满足企业发展的需要。

杭州嘉诚机械有限公司引进了一批高层次人才，其中包括高学历人才和技术型人才；多次开展公司员工的培训和团队素质拓展训练。

浙江午马减速机有限公司在人才培养方面，一是把感恩之心植入企业方方面面，二是把企业发展与员工和社会相结合。2017年7月开始积分制管理，用奖分和扣分来激励员工；加强员工学习，派出学习与请进培训相结合，并为员工举办了“造车先育人”的主题培训。

河南蒲瑞精密机械有限公司建立了新员工入职培训体系，对新入职员工采取一级培训、车间实习、岗位培训等多种方式进行培养。公司还组织内部、外部咨询公司对不同在岗员工进行培训，鼓励技术和质检部门员工外出培训，提升岗位技能。公司基于工作系统状况，为员工提供了“横向”和“纵向”并存的“双轨制”职业发展通道。员工可通过内部招聘、外部招聘、人才储备、岗位轮换等方式实现个人职业生涯的发展。此外，公司对员工从激励机制上予以引导，在制度上予以保障。公司出台《蒲瑞公司科技进步奖励办法》《提案改善管理办法》《QC小组管理办法》等制度鼓励员工通过合理化建议、QC小组活动等多种技术创新、管理创新活动，实现员工自身价值。

山西省平遥减速器有限责任公司为鼓励在岗员工的工作热情，让更多的员工与企业共谋发展、共享红利，连续出台了《2017年增加储蓄激励股的规定》《身股激励方案》《2017年在岗职工贡献激励办法》《补充养老保险办法》等，249名职工获得身股奖励，从2018年起全部在岗职工获得补充养老保险激励。

浙江双环传动机械股份有限公司引进一批国千人才、省千人才、博士等高端人才，并吸引数十位生产制造、项目管理、企业管理、信息化领域专业人才加盟，充实公司研发和管理团队。公司组织开展了高级经营管理研修班，事业部、子公司关键岗位继任人培养班，以及班组长技能提升培训班等。为适应公司快速发展和国际化需求，打造以工程师队伍为核心的人才梯队，公司制定了本硕生五年培养计划，并与国内多所高校建立产学研合作关系。此外，为巩固公司人才梯队建设，持续创新激励机制，公司实施了第二期股权激励，优化绩效考核体系，激发员工内在动力。

宁波中大力德智能传动股份有限公司为解决

部门之间、岗位之间、员工之间发展不平衡问题，着力实施人才发展通道建设，先后制定实施了《员工职业发展实施方案》《员工绩效等级评定办法》《蓝领人才技能等级评定办法》。根据公司的发展需要，结合员工个人的优势和性格特点，帮助他们进行职业生涯规划。公司招聘国际化人才，建立国际化人才体系，优化国际业务流程和完善布局国际市场。公司通过市场招聘、校企招聘、员工介绍等多种方式引进培养后备人才，为公司发展创新提供坚实力量，建立符合企业快速发展需要的人才梯队。

八、行业发展形势和任务

近两年，随着供给侧改革的不断深入推进，减变速机行业出现产销两旺的势头。电力、冶金、矿山、石化、环保、建材、食品、医药、物流及一些细分领域（如塑料、橡胶、水泥、纺织、印染、饲料、制药等）都呈现出需求增长态势。

（1）物流仓储。当前，我国物流业的保管和管理费用过高，主要原因是商品和货物在物流过程中的保管和管理环节智能化程度不足、仓储效率低、人工成本高等。当前，国内物流企业对降低居高不下的物流成本需求迫切，在运输费用难以在短时间下降的情况下，提升物流的智能化程度、提升仓储效率、提升自动化技术必将成为我国物流行业发展的必然趋势。而随着立体仓库下游行业尤其是烟草、医药、零售、汽车、食品饮料行业对快速分拣、精准抓取的需求，自动化立体仓库将继续保持较高速增长。

（2）环保机械。环保设备已成为我国环境保护的重要物质基础，在战略性新兴产业中居于重要位置，企业对环保的重视也成为企业产业转型升级发展的重要举措。因此，在国家环保政策的大力支持及环保投资日益增长的情况下，环保设备行业规模必将继续扩大，像除尘设备、脱硝设备、燃煤烟气脱硫设备、城市污水处理设备等都将保持持续增长。

另外，传统行业对减变速机的需求向高品质、高可靠性发展，客户对减速机产品的质量、售后服务、品牌影响力等愈发重视，更多的客户倾向于购买质量与服务有保障的大企业所生产的产品。

我国减变速机行业经过 40 年的发展已形成教学、研发、生产及门类齐全的全产业链研发制造体系，也是生产规模最大的供给体系。通过技术引进和持续的自主创新，在产品设计、工艺水平和质量控制等方面，已接近世界先进水平，尤其是装备水平与国际知名品牌差距逐步缩小。但是，行业发展和转型升级还有很长的路要走。

（1）市场需求升级带给知名品牌更大的市场空间。在近两年的市场环境下，行业优质资源在市场中展现出得天独厚的发展机遇，特别是外资品牌市场发展迅速，为内资企业的发展树立了标杆。

（2）企业利润没有明显的改观。企业发展一方面受恶性竞争拖累，另一方面被外资企业挤压，利润空间严重蚕食。行业发展需要优秀的企业引领，更需要差异化的、可持续的、有序的发展，因此，要加强行业自律，实现共赢。

（3）成本上升很快。企业用人难、用人贵、留人更难，受原材料价格不断上涨、环境治理等因素的制约，当前一小部分企业订单在维持水平，扩张能力有限，议价能力很小。不加强内部管理、不加大投入，没有准确的市场定位，企业将很难生存和发展，用户会更加追求知名品牌和企业。由此，将无法提高行业集中度。

（4）企业发展需要找准定位。随着下游行业的转型升级，市场对产品品质、服务要求不断提升，倒逼企业走市场专业化、产品专业化的发展道路。企业要在专用的应用领域深入下沉，把产品做专、做精，形成有针对性、有特色的企业。

〔撰稿人：中国通用机械工业协会减变速机分会李多英〕

2017年气体分离设备行业概况

气体分离设备行业和钢铁、冶金、玻璃等产能过剩行业密切相关，受这些行业去产能政策影响较大。2016年，全行业产值、产量、利润等指标降至五年来的最低点。2017年起，通过化解过剩产能，提高了产能利用率和盈利水平。2017年，全国工业产能利用率达到77%，钢铁、有色、水泥、平板玻璃等行业拉动了再投资，一些大型煤化工项目进入实质性启动阶段，有效增加了市场需求。在此背景下，气体分离设备行业出现了明显的触底上升现象。

一、生产发展情况

（一）主要指标完成情况

2017年，气体分离设备行业结束了连续四年的持续下跌，出现了快速增长，产销指标大致回到2015年的水平。据中国通用机械工业协会气体分离设备分会对2017年度企业上报数据统计：12家企业完成工业总产值166.76亿元，同比增长16.25%；完成工业销售产值163.52亿元，同比增长13.41%；实现营业收入164.25亿元，同比增长15.07%；利润总额10.8亿元，同比增长1 746.55%。

2017年，尽管行业产销值均实现了增长，但不是所有的企业都实现增长，大约有1/3的企业出现不同程度的下跌。

2017年，行业利润总额高达10.8亿元，且增长幅度很大。但行业内只有一半的企业利润总额出现了增长，其余企业的利润是大幅下跌的。行业利润总额增幅较大，主要是因为杭州杭氧股份有限公司、四川空分设备（集团）有限责任公司两家企业利润水平的拉动。其中，杭州杭氧股份有限公司利润总额6.34亿元、四川空分设备（集团）有限责任公司利润总额2.78亿元，两家企业利润之和占行业利润总额的84%。两家企业实现高额利润，得益于工业气体行业的复苏。两家企业进行了制造业向制造服务业转型升级的改革，投资建设了许多气体公司，盈利情况很好，远超制造板块。

2017年，工业气体市场中的液氧、液氮、液氩的销售价格一反近年来走低的趋势，在气体分离设备制造业取得较大发展的同时，空分设备生产的产品——氧、氮、氩等工业气体价格上涨，液体供应紧张，从事工业气体的各个企业获利丰厚。

2017年，低温液体市场价格走出了一波先抑后扬、快速拉高的行情。液氧从年初的450～500元/t到7月下旬的1 100元/t，8月下旬达到近年来的最高点1 600元/t，10月份开始回落到800元/t；液氩从年初的500元/t上涨到7月份的3 000元/t，8月份达到最高点3 500元/t，9月下旬有所回落，但10月下旬至年底又再度上扬至2 500元/t以上；液氮价格上涨幅度最小，从年初的500元/t到7月份的800元/t，8月份达到1 000元/t以上，之后回落到约800元/t，同样获得了很好的收益。

2017年，全行业完成出口交货值7.54亿元，同比增长4.27%。其中，苏州制氧机股份有限公司出口2套4万m^3/h空分设备，杭州杭氧股份有限公司出口至马来西亚1套2万m^3/h空分设备，开封东京空分集团有限公司出口1套1万m^3/h空分设备。

（二）产量和订货情况

1. 空分设备产量

2017年，全行业共生产空分设备155套，其中：生产1万m^3/h等级及以上空分设备55套，生产3万m^3/h等级及以上空分设备24套，生产

6 万 m^3/h 等级及以上空分设备 7 套，8 万 m^3/h 等级及以上空分设备没有生产。2017 年，新生产的成套空分设备折合制氧总容量约 199.75 万 m^3/h，同比增长 27.44%。

2017 年，钢铁冶金型空分设备明显增多。粗略统计，2017 年共生产钢铁冶金型空分设备 43 套，制氧总容量约为 65 万 m^3/h，约占新生产的成套空分设备总制氧量的 1/3。

据调查，2017 年生产的钢铁冶金型空分设备多并且交货周期缩短，用户需求迫切。在钢铁去产能的政策背景下，新生产的钢铁冶金型空分设备反而明显增多，大中型钢铁企业联合推动钢铁价格上涨，短期内钢铁行业效益明显增强，市场上存活下来的钢铁企业爆发了新的投资热情。当前国内批准新建的大型钢铁项目极少，多数需求是来自一些中小型钢铁企业扩大产能。从区域看，2017 年，京津冀地区去产能政策执行最为严格，区域内钢铁企业对空分设备需求量很少，新增的需求主要分布在福建、新疆等钢铁冶金业不发达的地区。

2017 年，配套煤化工项目的 6 万 m^3/h 等级以上特大型空分设备减少。原因是这些项目所需的特大型空分设备在此前几年已经密集投产，2015 年、2016 年新签的大型煤化工型空分设备订单较少，始于 2012 年左右的第一阶段的新型煤化工项目投资到 2016 年告一段落，2017 年又掀起了一股新的投资热潮。

2015 年左右，受气源不足等因素影响，液化天然气需求增速受到限制，因此天然气液化成套装置市场需求没有明显增加。2017 年，天然气液化装置的市场比 2016 年略好，但产量仍然不多。相比之下，加气站设备、储槽等产量明显增多。据了解，沼气及焦炉煤气分离装置的产量有一定增长。

2. 订货情况

2017 年，全行业累积订货额达到 272.57 亿元，同比增长 35.73%。四川空分设备（集团）有限责任公司、开封空分集团有限公司、开封东京空分集团有限公司、苏州制氧机股份有限公司等企业累积订货额增长近一倍。天然气液化装置新增订货量同比增长 50% 左右。

2017 年，杭州杭氧股份有限公司取得新订货合同额约 100 亿元，其中制造板块订货额达 50 多亿元。新订大型空分设备成套合同 20 多套，特别是 7 万 m^3/h 以上空分设备订货达 17 套。

虽然 2017 年生产的 6 万 m^3/h 等级以上特大型空分设备不多，但 2017 年新签订单却较多，主要配套于大型煤化工项目。据不完全统计，全国新签订的 7 万 m^3/h 以上空分设备有 30 多套，杭州杭氧股份有限公司取得了 50% 的订货，其余则由液化空气（杭州）有限公司、林德工程（杭州）有限公司及空气化工产品（中国）投资有限公司、杭州福斯达深冷装备股份有限公司等企业取得。

杭州福斯达深冷装备股份有限公司近年来在行业中的表现非常突出，2017 年再次获得 1 套 8.4 万 m^3/h、1 套 7.5 万 m^3/h 空分设备及多套 6 万 m^3/h 等级以下空分设备的订货合同。

四川空分设备（集团）有限责任公司气体投资收益很好，其中唐山 LNG 冷能利用工厂和鄂尔多斯天然气液化工厂均取得非常高的利润，弥补了制造板块的不足。

开封黄河空分集团有限公司、河南开元空分集团有限公司、开封东京空分集团有限公司等几家企业在 2016 年经营比较困难，2017 年生产经营情况明显好转，新增订货也较多。

（三）市场需求状况及存在的问题

2017 年，在国家发展新兴产业、去产能、节能减排等政策的有力推动下，又迎来了对空分设备和其他气体分离设备的新需求，气体分离设备行业大部分企业均已走出困境，并呈现如下特点：①大型、特大型空分设备数量增加。2017 年以来新增的订单已超过前两年的总和，特别是 8 万 m^3/h 等级以上的空分设备的订单为历史最高。②总体来看，煤化工行业是需求的主流，但冶金行业也出现不少需求，主要来自煤化工、石油炼化、冶金三大行业，其制氧能力分别为煤化工 45%、石油炼化 30%、冶金 25%。③用户对空分设备的技术要求、能耗、可靠性、交货周期等提出更高要求，仅仅满足出氧是远远不够的。

预计这波市场需求还能持续 2 ～ 3 年，特别是煤化工项目建设周期长，单个项目对空分设备的需求量大（制氧规模与数量），冶金工业的节能降耗需求将持续相当长的一段时间。存在的问题如下：①虽然市场有回暖、向好的态势，但气体分离设备市场竞争仍然激烈，拼价格、低价竞标的情况屡屡发生，设备订货价格仍维持低位，供大于求、制造能力过剩的局面未根本改观。这是今后一段时期行业转型升级的根本点。②制造企业有订单，有制造量，但当前阶段应收款的压力仍很大。③装备制造业盈利能力下降。就 2017 年而言，在原材料、配套部机价格上涨以及国际大公司压价竞争的双重作用下，空分设备制造业的利润水平下降，行业制造板块的平均利润率不到 2%。如杭州杭氧股份有限公司简单合并利润中有 70% 来自气体产业，其他企业则更低。利润水平降低，必将造成企业的发展后劲不足。④用户对国产装备设置招标门槛。在设备招标过程中，国内的用户（因历史原因以及对国产技术进步不了解）对国产设备歧视、对国外设备盲目信任，有意设置门槛和招标条件，拒国产设备于门外。

二、行业发展中的亮点

1. 特大型空分设备国产化取得新突破

杭州杭氧股份有限公司自 2012 年以来先后设计、制造了 8 万 m^3/h、12 万 m^3/h、10 万 m^3/h 等级的空分设备，2014 年取得了 9 万 m^3/h 空分设备合同，2015 年取得了 8.5 万 m^3/h、7 万 m^3/h 空分设备合同。2017 年 3 月 15 日，由杭州杭氧股份有限公司为神华宁煤集团年产 400 万 t/a 煤炭间接液化示范项目配套的 7# 10 万 m^3/h 等级大型空分设备顺利产出合格氧氮产品。经在线分析确认，氧纯度为 99.6%，氮纯度为 99.999%，系统运行稳定，装置各项指标达到设计要求。该设备一次开车成功并顺利出氧，表明杭州杭氧股份有限公司在 10 万 m^3/h 等级特大型空分设备设计制造方面的实力已获得验证，已跨入特大型空分设备世界第一梯队供货商的行列，真正具备了同国际一流企业同台竞争的实力，这是我国空分设备发展史上的一个重要里程碑。

杭州杭氧股份有限公司在首套 10 万 m^3/h 等级空分设备成功投运后，获得了用户的高度认可，凭借产品质量及售后服务等优势，在后续的竞标过程中势如破竹，迅速成为特大型空分设备角逐中最重要的一支竞争力量。2017 年 11 月 9 日，取得了神华榆林循环经济煤炭综合利用项目第一阶段 3 套 10 万 m^3/h 等级空分设备订货合同。2017 年共签订 8 万 m^3/h 等级以上空分设备 15 套，约占当年特大型空分设备合同的一半。

杭州杭氧股份有限公司为神华宁煤 400 万 t/a 煤炭间接液化示范项目制造的 12# 10 万 m^3/h 等级特大型空分设备的配套压缩机组由沈阳鼓风机集团股份有限公司自主研制。2017 年 5 月 15 日，12# 10 万 m^3/h 等级大型空分装置一次试车成功。运行数据表明，该机组振幅值、轴承温度、轴位移等轴系检测数据均符合合同规定，空压机和增压机流量、压力、工艺参数等性能指标均满足装置需求，机组的各项力学性能及气动性能指标均达到国际先进水平。至 2017 年 8 月 25 日，神华宁煤 400 万 t/a 煤炭间接液化示范项目配套的 6 套 10 万 m^3/h 空分设备已全部开车成功并安全运行。

2017 年 8 月 25 日，中国机械工业联合会与中国通用机械工业协会在银川组织召开了国产 10 万 m^3/h 空分装置及空气压缩机组工业运行评审会。形成评审意见如下：国产 10 万 m^3/h 空分装置及压缩机组的研制成功，填补了国内空白，打破了国外对大型空分装置和空气压缩机及汽轮机的垄断，是我国重大装备国产化的又一突破，其主要性能达到国外同类装置和产品的先进水平，可以满足国内大型煤化工、石油化工及冶金等重大工程对 10 万 m^3/h 及以上等级空分装置的需求，建议尽快推广使用。

2. 特大型空分设备配套部机国产化有可喜进步

在特大型空分设备配套部机国产化研发方面，

也取得了可喜的进步。其中，杭州杭氧股份有限公司、四川空分设备（集团）有限责任公司、苏州三川换热器股份有限公司、开封空分集团有限公司、杭州中泰深冷技术股份有限公司、无锡众博换热器有限公司、无锡佳龙换热器股份有限公司等企业均研制出了工作压力为8.0MPa以上的板翅式换热器，满足了内压缩流程产品高压输出大型空分设备、天然气液化设备和石化用低温设备的需求；杭州杭氧股份有限公司、开封空分集团有限公司研发了国产的低温液体膨胀机，并在2017年得到了实际运行，促进了特大型空分设备的节能；杭州杭氧股份有限公司研制出大型空分用分子筛吸附器三杆式切换阀，性能优于进口三杆阀，已在行业配套产品中广泛应用；开封空分集团有限公司、杭州福斯达深冷装备股份有限公司研制出大型绕管式换热器，广泛应用于压力高、压差变化大、温度变化大的天然气液化、石化低温设备。各企业均推出了大型空分冷箱厂内组装的新工艺，有效保证了空分设备安装质量。这些部机的研发成功，促进了气体分离设备行业从高速度向调质量发展的转化。

3. 转型升级成效明显

杭州杭氧股份有限公司是行业内首个完成纯制造业向制造 + 制造服务业转型的大型企业。该公司在2009年左右即开始推进纯制造业向制造服务业转型，大力开拓气体投资业务，当前已运营气体公司28家，2017年气体投资板块营业收入和利润所占份额都已过半，远超制造板块。当前，杭氧集团全年工业总产值、主营收入恢复到历史最高水平，很大程度上得益于企业的转型。

四川空分设备（集团）有限责任公司也在推进制造业向制造服务业的转型，投资建设了多家气体公司和天然气液化工厂，这些项目获得了丰厚回报。其中，唐山LNG冷能利用工厂和鄂尔多斯天然气液化工厂均取得了非常高的利润。

此外，开封东京空分集团有限公司在伊朗开设了气体公司。

4. “一带一路”倡议促进了产品出口

“一带一路”倡议增进了产业界同“一带一路”沿线国家的了解和信任，促进了我国气体分离设备行业产品出口。2016年，杭州杭氧股份有限公司与马来西亚联合钢铁（大马）集团签订了2套20 000m^3/h制氧海外工程EPC总承包项目的商务合同。该合同除成套空分设备供货外，还包括工程设计、工程材料、安装和土建。这标志着杭氧品牌价值在海外市场得到进一步提升，为以后大规模“走出去”奠定了基础。

2016年，开封东京空分集团有限公司在伊朗投资建设了一套5 000m^3/h制氧能力的气体公司，并于当年顺利投产运行。2017年，又在该项目中投入建设一套10 000m^3/h的空分设备，该设备当前正准备发货。2017年签订在伊朗的气体投资项目合同，需要新建一套3 500m^3/h的空分设备，已经完成了部分发货任务。当前，开封东京空分集团有限公司在伊朗已经投资建设了2家气体公司。

三、标准化情况

截至2017年年底，全国气体分离与液化设备标准化技术委员会归口管理国家标准1项、行业标准38项。在研国家标准2项、行业标准9项。

1. 标准制修订

2017年，SAC/TC504完成《空气分离设备能效限额　第1部分：外压缩流程设备》《空气分离设备能效限额　第2部分：内压缩流程设备》《空气分离设备能效限额　第3部分：液化设备》《空气分离设备能效限额　第4部分：液体设备》和《一体化移动式天然气液化装置》5项机械行业标准立项。《铝制空气分离设备制造技术规范》《粉末绝热低压深冷贮槽》《纯氮设备》和《溶解乙炔设备》4项行业标准于2017年3月完成报批。《特大型空气分离设备》《空气分离设备流程图　图形符号和文字代号》2项国家标准于2017年12月完成报批。

2. 标准化科研

《空气分离设备能效限额　第1部分：外压缩流程设备》等4项能效标准为行标制定项目，列入工业和信息化部工业节能与绿色标准化研究项目，2017年完成阶段性工作。

3. 学术会议

2017 年 9 月 19 日，SAC/TC504 在杭州召开年会，出席会议的委员、专家及会务人员共 30 人，其中委员及委员代表 25 人。会议听取了 2017 年标准制修订工作、标准化研究项目、重要标准化管理工作、秘书处组织管理和功能建设等标准化工作汇报，审查标准化经费、2018 年拟申报的国家标准和行业标准计划项目等，部署 2018 年标准化重点工作等。会议对 2017 年拟完成报批的 2 项国家标准送审稿进行了讨论和审查。

〔撰稿人：中国通用机械工业协会气体分离设备分会徐建平、王世超〕

2017 年冷却设备行业概况

冷却塔是一种将水冷却后重复利用的设备，它利用空气与高温热水直接或间接接触，降低水温，达到循环利用工业用水的目的。按照水和空气的接触方式划分，可分为开式冷却塔和闭式冷却塔，发电、工业制造、空调制冷等领域中常用的冷却设备是开式冷却塔。闭式冷却塔通过间壁式换热将循环水热量散发至环境中，由于避免了循环水与环境的直接接触，闭式循环冷却系统的循环水可以一次性填充脱盐水或软水，在长期运行中没有循环水量损失，避免了换热器内部结垢和腐蚀对生产工艺系统的影响。近年来，闭式冷却塔在工业领域中的应用越来越普遍。

冷却塔广泛应用于石化、冶金、电力等工业领域和商场、酒店、医院、数据中心等民用领域，这些行业对冷却塔的需求分为两方面：一是行业扩大产能、产业整合、产业升级等新增固定资产投资产生的新增设备需求（新建塔需求）；二是受国家节能减排等政策因素的推动，行业进行节水、节能改造而产生的更新设备需求（改造塔需求）。

一、生产发展情况

2017 年，中国通用机械工业协会冷却设备分会会员总数 97 家，其中，冷却设备生产企业 74 家、配件生产企业 19 家、高校和科研院所 4 家。新增加会员单位 7 家，分别是浙江海冷冷却科技有限公司、常州天马集团有限公司（原建材二五三厂）、江苏环球龙圣环境科技发展有限公司、安徽洁能冷却设备有限公司、浙江明新风机有限公司、威海恒山正源风机有限公司、广东格菱冷却设备有限公司；新增加理事单位 1 家 —— 威海克莱特菲尔风机股份有限公司。在中国大陆登录主板市场的企业 1 家 —— 江苏海鸥冷却塔股份有限公司（证券代码：603269），登录创业板市场的企业 1 家——洛阳隆华传热节能股份有限公司（证券代码：300263），登录新三板市场的企业有 2 家 —— 威海克莱特菲尔风机股份有限公司（证券代码：831689）和浙江万享科技股份有限公司（证券代码：833280），在山东齐鲁股权交易中心挂牌的企业 1 家 —— 山东天一冷暖科技股份有限公司（证券代码：300905）。

据中国通用机械工业协会冷却设备分会统计，2017 年行业实现主营业务收入约 127 亿元，同比增长 6.1%。按应用领域分，民用塔主营业务收入约 59 亿元，占比为 46.5%；工业塔主营业务收入约 68 亿元，占比为 53.5%。按开式、闭式类型分，闭式冷却塔主营业务收入约 32 亿元，占比为 25.2%；开式冷却塔主营业务收入约 95 亿元，占比为 74.8%。利润较上年增长约 3.7%，行业企业经营效益有所改善。具体到工业塔领域，受国家产业结构性调整的影响，以及国内煤改气、垃圾焚烧及分布式能源等清洁能源的推广建设，提升了一部分工业冷却塔的市场需求；宾馆、商场、影剧院、民用建筑等领域的增长给民用冷却塔带来了市场。闭式冷却塔的增长得益于钢铁、煤炭去产能，改善了供给质量，提高了产品价格，企业效益大幅回升。

2017 年 5 月 17 日，江苏海鸥冷却塔股份有限公司正式在上海证券交易所主板上市。根据《江苏海鸥冷却塔股份有限公司首次公开发行股票招股说明书》披露，公司计划通过购置或租赁场所在五大区新增设 12 个营销服务办事处，包括华北地区 3 处、华南地区 3 处、西北地区 2 处、西南地区 3 处以及上海地区 1 处。在国际市场方面，公司于 2013 年 7 月在马来西亚成立了全资子公司海鸥亚太，以海鸥亚太为基础打开了国际化业务平台。随着国家“一带一路”倡议的实施，公司借此契机大步“走出去”，抢占国际市场，提高海鸥品牌的竞争力。在国内市场方面，公司充分利用多年积累的国内市场存量，提升产品附加值，逐渐取代单纯以量为扩张的经营模式与营销模式，确保国内市场综合效益稳步增长。

广州览讯科技开发有限公司凭借优良的质量、精湛的工艺技术，吸引了德国、新加坡、印度尼西亚、马来西亚、韩国等地多家知名冷却塔企业开展技术合作。产品远销欧盟、澳大利亚、韩国、朝鲜、越南、巴基斯坦、泰国、尼日利亚、缅甸等 20 多个国家和中国香港及澳门地区。

山东格瑞德集团有限公司拥有以集团为中心，划分京津唐、华北、东北、西北、南方五大区域，以北京、天津、潍坊、沈阳、兰州、武汉等大中城市办事处为基点，辐射全国的销售、安装、服务、配套体系网络。产品销往全国 30 多个省、市、自治区，远销美国、澳大利亚、苏丹、马来西亚、泰国等 40 多个国家和地区，广泛应用于轨道交通、地产住宅、石油石化、军工、医药、电力等各大领域。

新菱空调（佛冈）有限公司主要采用经销商模式，在全国各地区发展合作的经销商，建立区域分销办事处，同时配以大客户和招标形式的直销。公司加强对区域内经销商的管理和售前、售后服务，已在国内 30 多个城市建立完善的经销商网络。公司培养了一支专业化的技术服务队伍，为用户提供优质、完善的服务。公司在完善国内经销商网络的同时，加快了国际发展步伐，产品畅销东南亚、南美及中东地区。

威海克莱特菲尔风机股份有限公司坚持“服务高端装备，提升核心价值”的战略方针，积极对标高端装备产业智能化制造，持续为客户、股东、员工创造长期的、不断增值的、安全可靠的产品和服务，建立全球互相信任的伙伴关系。

上海安得利给水设备有限公司积极响应“一带一路”开发进程，LP 系列产品获得欧美客户的直接订单，产品远销亚洲、非洲、欧洲及美洲。

二、新产品、新技术研发情况

2017 年，江苏海鸥冷却塔股份有限公司持续加大研发投入，借助国内国际研发力量，提升研发实力，落实科技项目，着力突破关键核心技术。公司取得江苏省高新技术产品认定 1 项、常州市高新技术产品认定 1 项；申报发明专利 3 项、实用新型专利 27 项，获得授权发明专利 2 项。2017 年新产品研发主要体现在超大型自然通风冷却塔高位集水装置、核电用冷却塔、环保型冷却塔等方面。公司完成了超大型自然通风冷却塔高位集水装置技术的标准化设计及产业化生产，该技术具有节能、低噪声、综合换热性能佳等优点，应用于神华国华九江电厂高位塔高位收水装置项目。公司通过一系列深入研究，已完成核电用冷却塔的标准化设计，具备国产化的条件，现已具备整塔的工艺、结构设计能力，以及核电用冷却塔各部件的生产、安装能力和整塔的运行调试能力。该项成果已应用于田湾核电站 5、6 号机组，为两台百万千瓦级核电机组提供机械冷却塔芯材料。该核电项目的 SEW 系统机械冷却塔为鼓风式机械通风冷却塔，分为公共管廊和 4 个相同的冷却单元，总循环水量为 1 800m^3/h。公司完成了环保型冷却塔消雾、节水、降噪一体化设计方法及总成技术，第二代三维空气导流装置在第一代的基础上进行了优化，增强消雾效果，可做到风筒出口无羽雾，达到了保护环境的目的，应用于杭州九峰生活垃圾焚烧发电项目。该冷却塔在最严苛的设计消雾点（大气压 100.4kPa、干球温度 0℃、相对湿度 87%）条件下，满足风机出口空气消雾效果达到《干湿消雾节水冷却塔性能验收试验测试规程》中规定的零雾型标准。

广州览讯科技开发有限公司针对传统循环水冷却塔存在能耗高、耗水量大等问题，自主开发填料盘管复合式节水冷却系统。根据传热传质机理研究和数值计算分析，优化确定复合式冷却塔主要结构形式，研制高效循环水冷却强化管换热器和喷淋系统，研发添加特殊纳米级导热粒子的喷淋水传热冷却工质，构建基于设计参数、结构参数和运行参数三者最优平衡的冷却系统集成，优化风机配风量和水泵喷淋水量，可实现冷却系统高效节能、节水运行。该项目被列为广东省科技项目。公司针对传统循环水冷却塔存在能耗高、耗水量大、水雾浓等弊端，与中山大学、香港科技大学合作，开发基于外界条件（热负荷、空气和水的热物性等）动态调整干式与湿式组合运行模式和参数匹配，构建基于设计参数、结构参数和运行参数三者最优平衡的冷却系统集成，可实现较传统的冷却塔节水 10% 以上，节电 5% 以上。公司还成立了广东省高效节能节水降噪冷却系统（览讯）工程技术研究开发中心，研发冷却塔节水技术、节能技术、消雾技术和降噪技术。节水技术：通过在冷却塔气室两侧增加高效空冷换热装置，该部分的换热量占总换热量的 15% ～ 20%，与常规冷却塔相比，年均节水率（以蒸发水量计）达 15% ～ 20%。节能技术：通过精细化设计，使冷却塔上塔压头和风机电动机能耗做到更低；在高回水压力循环水系统中，通过合理设计，利用水动风机技术，合理有效利用高回水压头，节约风机电动机用电。消雾技术：通过降低从风筒出口排出气流的相对湿度，从而减少与大气混合过程中产生的水蒸气冷凝现象，实现低温环境下运行的羽雾减排。降噪技术：通过增加进风口消声器、排风口消声器、风机电动机减振装置、消声填料等装置，与常规冷却塔相比，冷却塔设备标准点处噪声降低 3 ～ 10dB。公司在节能、节水、消雾、降噪等技术方面，拥有发明专利 6 项、实用新型专利 80 多项、外观设计专利 1 项。

上海金日冷却设备有限公司每年将超过 4% 的销售额用于产品开发。产品研发采用校企合作方式，同时发挥学校和企业各自的优势，将学校的科研成果转化到实际生产中。公司与上海理工大学合作开发密闭式冷却塔和散热片性能测试实验装置，与上海交通大学合作开发动平衡测试 FRP 低噪声新风机，与南京航空航天大学合作开发新的螺旋桨风机。

新菱空调（佛冈）有限公司每年将不低于当年销售收入的 3% 用于科研。2017 年，公司研发新项目 10 项，其中 CEF 系列方形逆流式冷却塔、SC 系列方形横流式冷却塔产品获得节能、节水产品认证证书；直流无刷风机盘管、变流量冷却塔、悬挂填料逆流冷却塔 3 项产品获得 2017 年度高新技术产品认证。2017 年公司承担了多个大型项目，包括贵州移动观山湖枢纽中心、南昌天虹广场、中铁青岛世界博览城、百度国际大厦西塔、富雅国际金融中心、国航西南区域生产指挥中心、番禺区政府冷塔更换工程、清远新世界旅游及住宅发展项目酒店区、北京市轨道交通安保中心工程（308 工程）冷却塔设备、玉林第一人民医院等多个大型项目。

上海良机冷却设备有限公司为提高能源利用效率，解决空调制冷行业发展所急需的基础课题研究，为企业的技术进步及可持续发展提供技术保证，与学校合作成立研发项目组，共同进行逆流型闭式冷却塔全年供冷特性的研发、验证及推广工作。

益美高（上海）制冷设备有限公司一直致力于开发绿色环保产品和配套服务，推出并且不断更新 eco 系列绿色节能冷却塔、太阳能系列冷却塔、空气能源系列空冷器及水处理配套产品等。同时，公司的工业换热设备在其钢结构中大量使用再生钢，不锈钢机组所含有的再生钢超过 80%，从减少噪声到节约用水，消除化学品的使用。

青岛沃斐特空调设备有限公司加大技术改造和研发投入，新建能源塔实验台，加强对风机、喷头(或筛孔)、填料部件对散热性能的影响分析，并进行理论分析和实验验证；通过三维计算机辅助软件提高了结构设计能力，并整合行业内先进资源，比如模压风筒、电机中置式工业塔风机，给用户以更人性化的使用体验，提供了使用寿命更长、易维护的产品。

威海克莱特菲尔风机股份有限公司坚持自主研发，加强与国内外知名科研院校（如清华大学、西南交通大学、哈尔滨工业大学、山东大学、济南大学等）合作，充分利用院校丰富的设计资源，对产品的可靠性、安全性及节能性进行优化设计。依托技术创新，公司承担 20 余项省级以上科技计划项目。2017 年，公司柔性引进了西南交通大学教授、博士生导师张卫华，研发“高速动车组智能化轻量化牵引电机通风机”项目。

南方泵业股份有限公司将技术研发作为企业命脉，陆续推出 CHM 煤改电专用泵以及 CDL 升级版 CDM 产品。根据产品应用领域的需求以及产品性能的提升，对新产品做出改良。

上海安得利给水设备有限公司积极响应“一带一路”开发进程，不断开发新产品、新技术。其中，一种冷却塔专用喷淋一体化水泵（专利号 201720054053.0），运用 3D 技术（由于叶片之间的空间较窄，加工空间有限，不能采用强度和刚度都较好的大直径刀具进行加工，采用 3D 技术来塑性，确保动态平衡）和绿色环保新材料，为企业的技术创新和新产品开发、增强企业的自主创新能力孕育更加具有激励作用的外部环境。

三、企业信息化管理、智能制造情况

浙江万享科技股份有限公司积极进行机器换人，采用 AGV 自动送货小车、自动冲床、自动剪板及激光焊接等；尝试 IBD 工业大数据，与中国科学院合作建立智慧工厂，实施智能制造。

广州览讯科技开发有限公司对流水线自动化设备进行改造升级，提高自动化水平，成为冷却塔行业自动化程度较高的企业。通过流水线汽车工业化模式生产出冷却塔，公司在属于传统手工制造业的冷却塔行业中走出一条依靠创新、大量采用“新技术、新材料、新工艺、新的商业模式”的四新大道。

湖南元亨科技股份有限公司采用客户关系管理系统（CRM），实现市场营销、销售、服务等活动自动化，并建立一个客户信息的收集、管理、分析、利用系统，实现以客户为中心的管理模式。在智能制造方面，公司将数控设备应用于钣金件生产中，实现结构件流水线作业；将原部分焊接结构件经设计改进，改为钣金结构件，减少焊接工艺及镀锌工艺，实现无焊接工艺，五金件生产基本实现数控自动化；公司新引进 C 型钢成形机，实现型材自主生产，降低生产成本，理论上达到零余料；数控板材切割机、数控管材切割机、数控钻孔机、数控扁钢冲切机等设备的投入，代替了繁杂的部件生产，由人工操作设备转为自动化生产，减少了人工劳动强度，生产效率提高 3 倍以上。

益美高（上海）制冷设备有限公司引入智能制造，重视节能环保产品技术的改革。公司已研发投入了自动焊接机器人、自动弯管机等，取代了原先的人工操作，提高了生产效率和产品品质。随着近年来数据中心冷却需求量增加，发展专用的高效冷却系统，最大限度降低能耗，以最少的能耗获得最大的制冷效果成了技术改革中尤为重要的任务。公司通过互联网大数据比较和评估产品性能、售后服务等，对产品进行更科学的选择。

山东格瑞德集团有限公司投巨资引进世界一流的高端空调制作技术和设备、全自动 U 型弯管机、高速数控冲床、自动焊接机、龙门式数控钻床、数控砖塔冲床、自动抛丸机、脱脂烘干机、全自动校直切断机等先进设备，为集团奠定了年产 30 亿元的产能基础。公司推行 GIT 准时化生产模式，在此基础上导入了6S管理和TPM全员设备管理理念。公司拥有国家级中央空调检测中心，通过了CNAS和GMPI认证，检测范围达2 000冷吨，安全性能综合测试仪、卤素检漏仪等高端检测设备确保了所有产品出厂前均进行全面检测。公司利用互联网+，构建了数字化客户协同平台、数字化供应协同平台、数字化内部运营平台、数字化设计开发平台和数字化决策支持平台，通过五大平台的有机联系，形成了格瑞德特色的信息化系统，充分发挥信息网络在当今社会超前、快捷的作用。

威海克莱特菲尔风机股份有限公司通过探索智能工厂建设途径和应用新模式，建设集在线生态圈、共享设计、智能制造、远程运维和客户体验中心为一体的智能工厂，引进数字化设备、焊接机器人、自动喷漆线等硬件设备，包括在线供需平台、客户智能选型软件、数字化研发平台、三维模拟仿真、虚拟制造、智能制造MES系统等。以智能工厂建设促进智能产品研发，有效利用智能工厂的优势，提高通风散热装备制造的智能化水平和国产化水平，扩大国内外市场份额，开发出一系列具有较强市场竞争力的智能产品，引领通风方案的世界潮流。公司依托互联网+平台的创新模式，投资开发了手机移动端的创新app——风源网，致力于打造开放、创新、专业的风机社群。公司建立完善的创新体系，鼓励员工一切形式的创新，通过实施“创新银行”积分制，实现员工零门槛提报、互助方案解决、自助积分兑换的创新模式，掀起全员创新的热潮。平台聚集了行业专家，建立风机创新专家库，实现风机行业协同发展。

上海安得利给水设备有限公司优化产业组织，扩展云家平台，使分散在各地的存量市场、碎片化客户通过引流纳入统一纳管系统，帮助客户实现多云资源的调配和管理。针对企业客户底层去IOE和资源池化、上层应用互联网和大数据化的需求，提供自主可控的云平台细分市场的解决方案。

四、标准化情况

标准化工作一直是冷却设备分会工作的重中之重，通过实施标准化，规范行业秩序，提高产品质量和水平。

（1）参与国家标准GB/T 7190.1—2008《机械通风冷却塔　第1部分　中小型开式冷却塔》和GB/T 7190.2—2008《机械通风冷却塔　第2部分　大型开式冷却塔》的修订工作。当前这两项标准已经完成修订编写工作，进入报批阶段。

（2）启动国家标准GB/T 7190.3《机械通风冷却塔　第3部分　闭式（蒸发）冷却塔》的编写工作，该标准将于2018年完成编写任务。

（3）积极配合中国通用机械工业协会开展标准管理工作。经中国通用机械工业协会专家委员会和标准化管理委员会成立会议暨首届委员会第一次工作会议审议，将《干湿消雾节水冷却塔性能验收试验测试规程》《中小型冷却塔性能评价（CCTI认证）技术规范（试行）》《闭式冷却塔标准》上升为团体标准。

五、冷却塔性能评价

为规范市场秩序，打击以次充好乱象，提高行业整体质量以及行业整体信誉，冷却设备分会与北京新华节水认证公司合作，开展冷却塔性能评价，节能、节水认证工作，为企业降低了费用，同时还节省了一定的时间。2017年，对4家会员单位的5个系列产品进行了性能评价工作，包括上海金日冷却设备有限公司的HKD方形横流系列冷却塔、KFT逆流钣金系列冷却塔，浙江海冷冷却科技有限公司的SF方形横流系列冷却塔，广东康明空调设备有限公司的MK方形横流系列冷却塔和浙江金菱制冷工程有限公司的JNT方形横流系列冷却塔。

六、人才培养

冷却塔、蒸发冷却（冷凝）器、空冷器——冷却设备行业三大主流产品涉及工程热力学、工程流体力学、传热传质学、流体动力机械、制冷空调原理与换热设备、测控等多学科，而当前行业从业人员大多是机械制造与自动化、环境工程、工业设计等专业毕业。冷却设备分会与上海理工大学联合举办针对从事冷却设备设计、制造、测试、选型、技术支持等工作的工程技术人员和从事节水、节能方面的工程技术人员的培训班。2017年8月19—27日，在上海理工大学举办冷却设备专业知识培训班（第二期），共招收学员52名，邀请了上海理工大学、中国水利水电科学院、清华大学、华中科技大学、南京理工大学、浙江万享科技股份有限公司、烟台蓝德空调工业有限责任公司的专家授课，内容涉及冷却设备概论，冷却塔工艺原理，冷却塔节水消雾技术，数值模拟在冷却设备设计中的应用，工业塔设计与计算，蒸发冷却（冷凝）器设计与工艺，空冷器工艺原理，空冷器设计、工艺及工程应用，闭式冷却塔设计与工艺，冷却水系统的水处理，以及冷却塔如何在冬季用于空气源热泵系统作为吸热塔、传热传质的新技术。

七、行业发展中存在的问题

1. 技术方面

（1）与“一带一路”相配套的冷却设备技术是相对成熟的技术，重点是要提高产品质量。对于国内经济转型主要研究方向：一是提高冷却设备的效率问题，主要工作是减小气动阻力；二是研发新型换热器或淋水填料；三是系统优化，提高效率，如发电厂冷端运行优化。

（2）节水技术研究。一是节水产品（节水型冷却塔）技术研究；二是节水测试技术与标准制定与研究；三是提升循环水的浓缩倍数，降低排水量。

（3）环保方面的技术研究内容主要是冷却塔的大气污染控制与噪声防治、消雾冷却塔及相关的测试与标准制定。

（4）新型前沿冷却技术研究。主要包括AP1000和AP1400重要厂用水冷却塔技术开发、1 000MW机组配套的大型高位收水冷却塔技术开发。

2. 产业方面

（1）缺少专业技术人员。冷却塔是多学科集成的综合产品，产品涉及材料、结构、传热传质、空气动力、流体力学等学科领域，行业缺乏能够综合应用这些专业知识的技术人才，人才培养迫在眉睫。

（2）厂房租金高、土地贵、融资难，加之产品同质化竞争激烈，企业的利润空间逐年压缩。

（3）企业环保压力大，面临搬迁、新上环保设备、产能升级等问题。

（4）冷却塔市场参与企业众多，但行业集中度不高。

（5）大多数冷却塔企业研发投入严重不足，产品开发基本上靠模仿。主要有两个方面的原因：一是知识产权保护不够完善，企业投入积极性不高；二是存在无序化的市场竞争，产品利润不能满足研发所必需的人力资源及装备所需费用。

总的来说，冷却设备行业企业逐步向互联网+应用趋势转型；智能制造已贯穿于产品设计、制造、服务等全生命周期的各个环节及相应系统的优化集成；技术创新、服务创新，坚持品质的理念深入人心，成为推动企业不断进步的动力；重视发展节能减排、绿色环保、生态建设，已经成为企业不得不思考和不得不实施的方针和策略；国内市场以新技术提升产品附加值逐渐取代单纯以量为扩张的经营模式与营销模式，同时抢占国际市场，树立国际品牌已成为规模以上企业拓展市场的新战略。

〔撰稿人：中国通用机械工业协会冷却设备分会张文玲、尹证〕

中国通用机械工业年鉴2018

人物

2017年度中国通用机械行业科技进步贡献奖获奖人员介绍

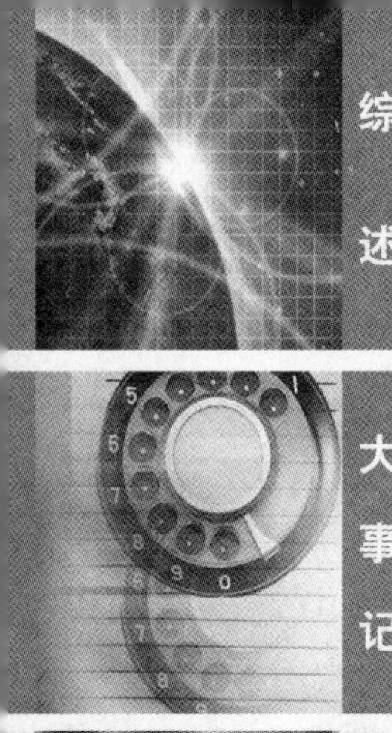

人物

2017 年度“中国通用机械行业科技进步贡献奖”获奖名单

“科技创新突出贡献奖”获奖名单

序号	姓名	性别	职务 / 职称	所属单位
1	陈永锋	男	室主任	沈阳鼓风机集团股份有限公司
2	何　晖	男	高级工程师	杭州杭氧股份有限公司
3	孙　皓	男	总工程师	重庆通用工业（集团）有限责任公司
4	张江涛	男	技术部副部长	中国电建上海能源装备有限公司
5	黄　科	男	总工程师	四川空分设备（集团）有限责任公司
6	施　亮	男	技术中心主任	上海凯泉（泵业）集团有限公司
7	罗绍华	男	高级工程师	重庆水泵厂有限责任公司
8	肖　箭	男	副总经理	大连大高阀门股份有限公司
9	邹　蒙	男	高级工程师	北京中科科仪股份有限公司
10	王宏耀	男	高级工程师	山东天力能源股份有限公司
11	卓跃光	男	高级工程师	开封空分集团有限公司
12	田　峰	男	工程师	上海阀门厂股份有限公司
13	胡　军	男	副总工程师	西安泵阀总厂有限公司
14	张生涛	男	工程师	山东省章丘鼓风机股份有限公司
15	魏汤尧	男	工程师	浙江丰球泵业股份有限公司
16	刘　苹	女	总工程师	四川金星清洁能源装备股份有限公司
17	费秀国	男	高级工程师	南京创力传动机械有限公司
18	袭建富	男	经理	莱芜天元气体有限公司
19	朱　峰	男	副总工	安瑞科（蚌埠）压缩机有限公司
20	仲伟蛟	男	研发中心主任	本溪水泵有限责任公司
21	姜绍东	男	技术部长	山东双轮股份有限公司
22	马培花	女	高级工程师	中国长江动力集团有限公司
23	包冰国	男	研发部经理	江苏海鸥冷却塔股份有限公司
24	温时明	男	工程师	山西平遥减速器有限责任公司
25	洪艳红	女	工程师	杭州福斯达深冷设备股份有限公司

“能工巧匠突出贡献奖”获奖名单

序号	姓名	性别	职务 / 职称	所属单位
1	周李荣	男	高级技师	杭州杭氧股份有限公司

（续）

序号	姓名	性别	职务 / 职称	所属单位
2	郑　勇	男	高级技师	沈阳盛世高中压阀门有限公司
3	张贺然	男	技师	沈阳鼓风机集团股份有限公司
4	郭建国	男	高级技师	中国航天兰州真空设备有限公司
5	郭业民	男	技师	大连大高阀门股份有限公司
6	门卫阳	男	技工	陕西鼓风机（集团）有限公司
7	樊世峰	男	技师	安瑞科（蚌埠）压缩机有限公司
8	唐金龙	男	技师	重庆通用工业（集团）有限责任公司
9	朱举华	男	高级技师	重庆水泵厂有限责任公司
10	杨志发	男	技师	重庆江北机械股份有限责任公司
11	栾卫虎	男	技师	上海阿波罗机械股份有限公司
12	周永贵	男	高级技师	重庆气体压缩机厂有限责任公司

“管理创新突出贡献奖”获奖名单

序号	姓名	性别	职务 / 职称	所属单位
1	张逸芳	女	总裁	江苏神通阀门股份有限公司
2	王学智	男	董事长	重庆气体压缩机厂有限责任公司

人 物 介 绍

“科技创新突出贡献奖”人物介绍

陈永锋

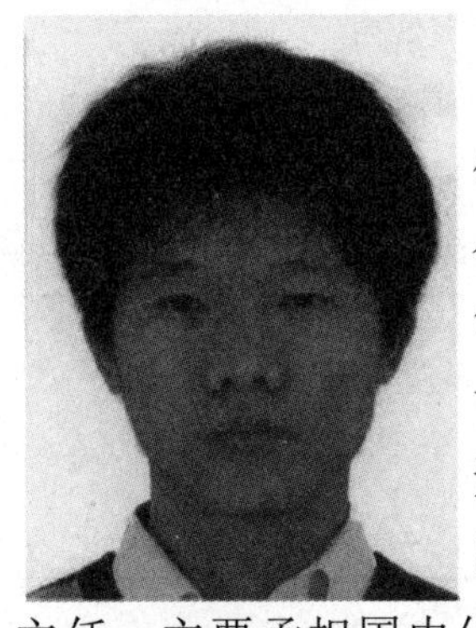

陈永锋自 2005 年 7 月从西安交通大学毕业后，进入沈阳鼓风机集团股份有限公司（简称沈鼓集团）工作，一直从事离心压缩机的设计开发研制工作。现任沈鼓集团透平设计院压缩机设计室主任，主要承担国内化工、乙烯市场及海外市场等压缩机的气动技术报价选型、通流设计、结构设计工作。

陈永锋完成 300 多项新产品开发任务，其中不乏大量国家级项目、省级科研攻关项目，填补诸多国内空白。共获得市级以上科技创新奖 10 项，完成公司级科研任务 6 项，获得公司级新产品奖 20 项；2009 年被评为沈鼓集团“杰出青年”，2010 年获得沈阳市铁西区五四青年奖章，2010 年、2014 年被评为沈鼓集团先进科技工作者，2016 年被评为沈鼓集团特等劳动模范。为了更好地跟上技术发展的步伐，陈永锋于2009年报考沈鼓－西安交通大学工程硕士班，并于2014年获得工程硕士学位。

陈永锋完成的设计任务中，有不少都是需要通过技术创新、技术改进才能完成的重点项目。他先后完成国家级的镇海乙烯、武汉80万吨级乙烯装置丙烯压缩机的开发；神华煤制油项目的丙烯压缩机和原料气压缩机的研制；完成国内最大MTO装置丙烯压缩机的研制工作；完成国内最大煤制甲醇项目用原料气压缩机设计，该压缩机共4个缸体、29级叶轮，是当前沈鼓集团单体装置缸数和叶轮数目最多的压缩机组。此外，完成国内首套丙烷脱氢制丙烯装置用丙烯热泵和产品气压缩机组的开发，完成意大利达涅利钢厂还原铁新工艺用压缩机的开发，完成大量LNG装置冷剂压缩机的研制。他主导开发的丙烷脱氢制丙烯装置用热泵压缩机和产品气压缩机的开发，大胆研发新O型轮，优化该压缩机进气蜗室、叶轮、扩压器、排气蜗壳等，降低了首段叶轮和壳体直径，保证项目顺利执行。项目填补国内该行业用压缩机的空白，当前该机组已经成功运行，达到国际先进水平。

何晖

何晖，1977年出生，博士、高级工程师，现任杭州制氧机集团有限公司（简称杭氧）制氧机研究所总经理。凭着10多年来积累的空分设备设计经验，经过潜心摸索，成功开发了从空分设备中提取稀有气体氪氙、氖氦的分离设备，丰富了杭氧的气体品种，填补了杭氧气体产业发展的空白。项目荣获浙江省机械工业科学技术奖一等奖，获授权发明专利6项。

近年来，何晖致力于特种气体、稀有气体领域的产品开发，并掌握了同位素分离的计算方法，获得了同位素分离设备开发的第一手资料，获得了公司科研立项，为国产化同位素设备的开发打下了坚实基础。

孙皓

孙皓毕业于西安交通大学，先后获得学士、硕士、博士学位。2014年进入重庆通用工业（集团）有限责任公司（简称重通集团），现任重通集团副总经理、总工程师。同时，担任中国通用机械工业协会专家委员会委员、中国通用机械工业协会标准化管理委员会委员、中国通用机械工业协会能量回收分会技术工作委员会副主任委员及《风机技术》杂志编委会副主任委员。

作为公司技术领军人，孙皓于2014年结合丰富的流体机械气动设计与优化经验和重通集团深厚的风机技术底蕴，提出了研发三元流高效节能风机的构思，牵头组织研发了新一代高效节能离心通风机、MVR蒸汽离心压缩机组、新型电厂专用氧化风机、双级高效离心式冷水机组等新产品，短短几年就实现了重通集团主要产品线的全面升级换代。2017年，新产品实现新增销售收入2亿元左右，实现利润3 000万元左右。其中新一代高效节能离心通风机节能效果最高达40%。2017年5月，中国通用机械工业协会和水泥协会在福州联合举办了重通集团“高效节能风机及系统应用技术”产品鉴定及推广会，专家组鉴定后认为，该产品及系统解决方案等技术填补了国内空白，相关产品达到同类产品国际先进水平，突破了水泥等高耗能行业风机节能改造的技术瓶颈。该产品及相关技术的推广和应用，有力地推动了风机行业技术进步及其在水泥等高耗能领域的节能减排。2017年10月，该产品及相关技术获得中国机械工业科学技术奖二等奖。

在技术管理方面，孙皓创造性地提出了“技术系统人才梯队建设”的构思，并牵头负责重通集团技术系统人才队伍建设工作。当前，已构建了制冷压缩机、离心通风机等四个产品大类方向和气动噪声、转子动力学、强度与刚度分析等10个学科方向的专业技术团队。该平台一方面可有效加强技术交流，从而打破了过去技术系统各部门之间的壁垒；另一方面，促进了应用基础性研究工作与产品研发的有效结合，为解决产品瓶颈技术和打造产品核心竞争力提供了源源不断的动力。

在企业战略规划方面，孙皓在充分了解行业发展形势的基础上，从未来市场定位、产品研发方向、创新要素聚集、创新模式完善、技术发展层次、技术创新与经营模式有效结合等多个方面，首创提出了“研发与营销一体化、产品产业工程化、技术标准化和人才梯队化”的“四化建设”发展构想，系统地完善了技术发展规划，极大地丰富了重通集团的战略发展规划。

张江涛

张江涛，1982年9月出生，硕士、高级工程师，现担任中国电建集团上海能源装备有限公司产品研发中心副主任。

张江涛长期致力于电站锅炉给水泵组产品的技术研发及项目管理工作，针对电力领域重大技术装备国产化战略发展需要，采用CAD/UG/CFD/PIV技术进行研发，利用先进的工艺装备和试验检测手段，研制出多台国内首台（套）具有完全自主知识产权的锅炉给水泵组，取得的主要创新成果包括：

（1）2017年完成“1 000MW等级火电机组100%容量超（超）临界锅炉给水泵组”研制。采用新技术、新工艺，开发了大流量、高效率水力模型，优化了整体结构，样机运行平稳可靠，水力效率高、高效区宽，综合技术性能指标满足设计要求，达到国际同类产品先进水平，填补了国内空白，有力地增强了我国流体机械制造业的自主创新能力和国际竞争力。

（2）2016年参与“高效多级生物质泵的研制”项目。项目产品采用节段卧式多级设计，采用启停装置推力平衡结构，设计倾斜泵壳补偿泵壳体变形量，避免由于热胀冷缩对于泵造成的影响。现成功应用于上海电气淮北、五河生物质发电等项目，为国家大力发展高效清洁能源生物质发电做出了重要贡献。

（3）2015年参与完成“660MW等级火电机组配套100%容量锅炉给水泵”研制。产品通过了PIV、工厂型式试验验证，具有高效的水力模型、可靠的结构性能、迷宫式密封、整体式芯包等特点。现已在山西华光电厂成功运行，并取得了内蒙古上都、中煤平朔等电厂业绩，打破了国外垄断，为推进我国能源重大技术装备国产化具有重要意义。

张江涛发表核心论文20余篇，获授权专利8项；获得2017年上海市产业青年创新大赛金奖，2017年中国机械工业科学技术奖二等奖，2016年上海市科技进步奖三等奖，2015年上海市浦东新区科技进步奖一等奖，2016年、2017年中国电建科学技术奖一等奖，2015年中国电建科学技术奖三等奖，2014年中国电建科学技术奖特等奖。

黄科

黄科，高级工程师，2003年7月毕业于浙江大学机械与能源学院制冷与低温专业，2003年7月就职于四川空分设备（集团）有限责任公司，先后从事空分设备设计、工艺流程设计、科研项目研发、技术管理等工作。曾担任设备设计工程师，流程设计工程师，低温技术研究院副院长、院长，集团公司副总工程师，现任四川空分设备（集团）有限责任公司总工程师、董事会董事。

黄科组织并参与完成国家能源局组织的“伊朗北帕斯大型LNG工艺流程及冷箱关键技术研发”项目，顺利通过验收；组织研发完成的首台（套）大型开架式LNG汽化器（ORV）填补了国内空白；组织并参与研发完成的200万m^3/d天然气液化装置，是国内国产化率最高的LNG装置，于 2014 年年底一次开车成功；组织并参与国家科技支撑项目富氧燃烧用新型空分设备的研制，并顺利通过国家验收；组织并参与神华国华电力“富氧燃烧用低纯度新型空分设备的关键技术”研发，并顺利通过验收；组织研发完成了四川空分集团特大型 10 万 m^3/h 等级空分设备的研发；组织研发完成了稀有气体全提取技术。

黄科获得国家发明专利 2 项、实用新型专利 6 项。多次被集团公司评为优秀党员、优秀管理干部；2017 年获得简阳市“优秀专业技术人才”称号；担任西安交通大学化学工程与技术学院创新创业学术导师；作为机械工业气体分离与液化设备标委会委员，多次参与空分装置相关国家标准的制定。

施亮

施亮，高级工程师，2000 年毕业于江苏大学流体机械及工程专业，一直在上海凯泉泵业（集团）有限公司从事技术工作。2004 年任课题组主管，负责建筑用管道泵系列五大类产品的技术开发工作。2005 年进入工业泵领域，任工业泵事业部产品线经理，主要从事凝结水泵、长轴泵、液下泵等产品的技术研发与改进。2010 年进入技术中心，一直从事核电及重大项目新产品的设计研发。2015 年起任集团副总工程师，并担任江苏大学全日制研究生校外指导教师。2017 年初任凯泉集团技术中心主任。

2010 年至今，主要承担和参与的项目课题有三代核电核三级 AP1000 余热排出泵的设计开发（已通过国家级鉴定）、LNG 长轴海水提升泵的设计研发（已通过国家级鉴定）、二代核电主泵叶轮的设计绘型及试制研究、海水淡化取水提升泵的设计开发、四代核电 TMSR 钍基熔盐堆高温主循环泵的研制、三代核电 AP1000 厂用水泵的设计开发、CAP1400 余热排出泵的研制；担任田湾核二级泵项目执行技术负责人、巴基斯坦 K2K3 余热排出泵项目执行技术负责人。

施亮至今获得国家专利 13 项，其中发明专利 4 项；在各类期刊会议发表论文 6 篇。

罗绍华

罗绍华主持开发重庆水泵厂有限责任公司的 BB3 型泵，在 2009 年通过重庆市经委技术创新项目验收。该系列泵已获得上亿元合同，现延伸开发出 SZDP 系列和 2ZDP 系列，其中 2ZDP 泵在包钢成功替换进口泵，已累计运行超过 3 年，没有大修和零件更换，创新效果非常明显。

罗绍华参与化肥行业甲铵泵国产化工作，首次打破国外泵垄断，为公司在化肥行业取代进口泵提供了坚实基础；完成公司首台高压切焦水泵研发工作，获得 2011—2012 年度重庆市优秀新产品三等奖，产品被重庆市科委列为 2014 年度重点新产品；首次接触泵的进口有 14MPa 高压力的特殊注水泵开发，产品在用户现场一次试车成功，

比同期订购的另一台国外泵提前一年交货，用户非常满意；参与研制的“SD、ZD 系列高压自平衡多级离心泵”被重庆市科委列为 2010 年高新技术产品，高压除鳞泵在韩国市场上与日本荏原竞争后首次进入韩国市场，在 2014 年通过了重庆市经信委的技术创新项目验收；参与公司首台 -60℃的低温半贫甲醇泵研制，独立提出高低温泵轴新定位结构，获得发明专利授权，现已完成该专利的运用标准转化；参与公司“高效离心泵理论与关键技术研究及工程运用”项目，获得 2014 年国家科技进步奖二等奖；参与公司首台 400℃高温泵开发，开创了公司 400℃高温泵的业绩；参与当前国内最高压力的 40MPa 超高压离心泵研发，确保了 3 000 万元的销售合同，并获得 2017 年中国机械工业科学技术奖三等奖。

罗绍华获得集团或重庆机电股份公司的“青年之星”、首届首席工程师（设计）奖、企业创新奖等奖项，拥有 30 余项国家专利授权（发明专利 2 项）；在《泵工程师》等行业期刊杂志上发表论文 4 篇，在核心期刊《噪声与振动控制》《流体机械》上发表论文各 1 篇。

肖箭

肖箭，1963 年出生，研究生学历，研究员级高级工程师，现任大连大高阀门股份有限公司总工程师、副总经理。担任全国阀门标准化技术委员会委员、中国机械工程学会流体工程分会阀门与管道专业委员会委员、中国阀协科技专家委员会委员、大连理工大学校企合作委员会委员和大连机械工程学会副理事长。

肖箭专业技术过硬，在他的引领下，大连大高阀门股份有限公司的研发团队在石油化工、超（超）临界火电、核电、军工以及新能源领域的高端阀门研发上取得了丰硕的成果。近年来，最具代表性的研究课题有国家科技重大专项“高温气冷堆主蒸汽隔离阀”、国家科技重大专项“爆破阀”、工业和信息化部科技成果转化项目“不锈钢抗高温冲蚀表面工程”、国家能源局天然气长输管线高压大口径全焊接球阀、LNG 液化天然气超低温阀门、超（超）临界火电机组关键阀门、军工舰船用关键系统阀门、核级泵阀锻件研制等。掌握了一批关键阀门的核心技术，最终形成自主知识产权技术并应用到工程上。其中研发的爆破阀课题达到国际领先水平，研发的高温气冷堆主蒸汽隔离阀、核一级大口径闸阀、核一级 ADS 自动降压阀、主给水止回阀等项目达到国际同类产品先进水平。

近年来，肖箭主持编写国家标准 1 项、行业标准 10 项；荣获中国通用机械行业科技进步贡献奖 1 项、中国机械工业科学技术奖三等奖 1 项、辽宁省科学技术奖二等奖 1 项、大连市科学技术奖一等奖 1 项；授权发明专利 4 项、实用新型专利 8 项，撰写论文被 EI 等收录 5 篇。

邹蒙

邹蒙，1980—1984 年，在西安交通大学工程力学系学习，获学士学位；1987—1990 年，在清华大学力学系学习，获工程硕士学位。1984—1987 年，在原国家建材局北京玻璃钢设计研究院工作，从事纤维增强缠绕制品的设计、试验工作。1990—1999 年，在原国家建材局北京人工晶体研究所工作，从事超高压模具的设计、试验分析、晶体生长等工作。1999 年，在北京中科科仪股份有限公司从事离子泵、分子泵等真空产品研发工作。2003 年，任正研级高级工程师。完成了 FF160/620C 型分子泵设计，实现了转子的电火花整体加工；完成 FF160/620、FF200/1200 脂润滑型分子泵设计，使公司在国内率先推出脂润滑分子泵产品，满足了市场需求；参与完成分子泵转子高速铣削工艺项目，使得分子泵产品在制造、性能方面有了根本性改善；主持并完成《分子泵性能测量》等国家标准的制定。

2009年以来，邹蒙承担国家重大专项“磁悬浮分子泵系列产品开发及产业化”项目的技术组织及产品设计工作，在国内率先成功研制出CXF200/1400、CXF250/2300型号磁悬浮分子泵并顺利投入批量生产，产品性能达到国际同类产品性能水平。该项目的实施，实现了我国磁悬浮分子泵产品从无到有，产品具有完全自主知识产权，为磁悬浮分子泵产品进一步的拓展研制、改进升级打下重要基础。产品已开始应用于集成电路制造设备的大束流离子注入工艺和高密度等离子刻蚀工艺、半导体材料制备的分子束外延（EMB）工艺及薄膜工艺；高能物理试验装置、航空航天环模设备等。

王宏耀

王宏耀于1996年7月毕业于山东工程学院机械工程师范专业，1996—2005年，先后担任山东省科学院山东天力能源股份有限公司技术工程师、市场工程师、市场部经理、总经理助理。2005年开始担任山东天力能源股份有限公司副总经理，2008年起兼任山东天力设计研究院院长。2011年荣获“济南市青年学术技术带头人”称号，并被聘任为《有色冶金设计与研究》理事会副理事长。

王宏耀长期从事干燥、节能、环保等技术及产品的研究开发工作，带领相关技术人员在煤化工领域开发了褐煤等低阶煤的干燥、干馏、气化、水回收、余热回收等技术，并与相关大型企事业单位开展了褐煤提质、低温干馏、褐煤干燥、干燥废水回收、煤制油残渣处理技术的研发合作。在化工成套领域开发了以苯为原料的苯精制、醇酮、己二酸、乙二醇技术，在生物化工领域开发了以甲醇为原料的甲醇蛋白、蛋白丝技术，在有色冶金领域开发了以铜为代表的有色冶金矿粉干燥加工技术。主持和参与了公司的褐煤干燥与干馏提质技术研究及产业化，褐煤辊压成形技术及装置研究，外热式多管回转煤提质技术，煤泥、气化煤渣资源化利用高效干燥技术，过热蒸汽循环分级粉碎低阶煤提质技术研究，能源节约关键设备与控制技术开发，化工行业大型内置换热流态化干燥装置及系统等课题的研究。

王宏耀共获得国家发明专利15项、实用新型专利8项，获得山东省科学技术进步奖一等奖1项、二等奖2项、三等奖1项，中国石油和化学工业协会科技进步奖一等奖1项，山东省科学院科学进步奖二等奖1项，山东省技术市场科技金桥二等奖1项；共发表论文5篇。

卓跃光

卓跃光，1981年5出生，2003年6月毕业于合肥工业大学化学工程与工艺专业，2003年7月进入开封空分集团有限公司，2003年11月进入开封空分集团设计研究院流程室。

卓跃光自工作至今，一直从事空气分离装置的设计、研发、制造、安装调试和技术服务等工作，承担了大量的设计任务和技术交流工作，先后主持和参与了近百套空分装置的设计、现场

调试工作。主持制定了各项设计工作的标准规范以及针对市场开发新产品。2007 年，KDON-28000/28000 型空分设备获得开封市科技进步奖一等奖；2013 年，35 000m^3/h 全提取空分装置研发获得河南省科技进步奖二等奖。

卓跃光多次被河南能源化工集团和开封空分集团评为先进工作者，并获得 2014 年度开封市第十一届青年科技奖；发表多篇具有较高学术价值的文章，获得授权发明专利 6 项。所负责的为阳煤深州 22 万 t/a 乙二醇项目配套的 CO-H_2 深冷分离装置是开封空分集团重点研发的新产品。开封空分集团 CO-H_2 深冷分离装置填补了国内空白，打破了国外企业的垄断局面。

田峰

田峰入职初期，应某船厂用户的要求，主持了水控主蒸汽抽汽截止止回阀的研制，成功消除了原阀门冲击工况下的填料处泄漏问题；解决了阀门截止时振动和噪声过大的问题。该阀门当前已在线工作超过 10 年，运行情况良好。后续参加了巴基斯坦恰希玛核电厂二期工程项目、红沿河与宁德 BOP 项目及 AP1000 技术 PV32 项目阀门产品的设计。2009 年，担任核电阀门项目主任工程师，负责上海阀门厂股份有限公司承接的核电项目产品的设计及研发工作，先后完成了阳江、红沿河及中广核等多个核电阀门项目。

2015 年，上海阀门厂股份有限公司参与《国家中长期科技发展规划纲要》确定的 16 个重大科技专项之一“CAP1400 主给水止回阀”的研制。田峰担任该项目的负责人及主设计师。通过采用先进的轴流式流道结构、快关 - 缓闭结构、轴心自调整结构、可在线维修中腔等结构，实现了低流阻、减小水锤效应、降低破管时介质的倒灌及实现轴流式阀门在线维修功能。为验证该样机关阀时间和水锤效应，设计了一种专用的自动阀门关阀时间测试系统，验证了样机的关阀时间和水锤升压。这种实验系统已申请了发明专利，当前正处于实审阶段。该样机于 2017 年 7 月在中国机械工业联合会的主持下，邀请叶奇蓁院士等核电行业专家进行了鉴定，鉴定专家一致认为该样机属国内首创，并达到了国际先进水平。在 CAP1400 主给水止回阀样机的研制过程中，申请了“一种轴流式止回阀的在线维修结构”专利，该专利已获授权。2017 年，田峰主持设计的 CAP1400 主给水止回阀获得公司授予的技术发明奖。

胡军

胡军，1966 年出生，1987 年毕业于陕西机械学院机械制造专业，1988 年 1 月参加工作，现任西安泵阀总厂有限公司副总工程师，担任全国阀门标准化技术委员会委员、中国阀协第三届科技专家委员会委员。2014 年获得中国机械工业科学技术奖二等奖。

2015—2017 年，胡军分别主持了“绝缘接头应力测试与性能试验对比分析研究”“DN1 200 PN12MPa 新型大口径绝缘接头”“DN1 400 PN12MPa 新型大口径绝缘接头”课题项目研发工作，对其技术难点全面展开了研究。

“绝缘接头应力测试与性能试验对比分析研究”是中国石油天然气集团公司的“输气管道绝缘接头泄漏原因分析及相关技术研究”课题的子项目。研究使用了 11 台试验样机，进行了绝缘密封材料、金属材料、热处理工艺评定、焊接工艺评定等研究性检测和试验以及 50 余项整机工况及极限验证试验；解决了绝缘接头用金属和非金属密封绝缘材料关键性能指标、计算方法、密封结构、焊接工艺、组装和试验关键设备研制等，为 SY/T0516《绝缘接头和绝缘法兰技术规范》2016 版新标准在材料指标完整性和量化、设计计算方法明确、制造技术规范方面提供了数据支撑，为制造高质量的国产化产品提供依据。

“DN1 200 PN12MPa 新型大口径绝缘接头”项目是《绝缘接头和绝缘法兰技术规范》新版标准颁布后国内首台新型高压大口径产品研制项目。主要创新内容：产品首次采用卡箍型计算模型，显著提高了绝缘接头极限承载能力，达到相连直管段的100%以上；总结出装配预紧力计算方法，研制出控制装配预紧力的数控压装机，保证产品组装工艺的稳定性和产品质量；开发出F70级低合金高强钢锻件，首家完成F70和X80管材的焊接工艺评定。产品经鉴定达到国际先进水平，已在西气东输三线、塔里木轻烃回收项目、锦郑线等管线运行，为国家输油输气管线工程建设提供了关键产品，取得了良好的社会效益。

“DN1 400 PN12MPa 新型大口径绝缘接头”是以中俄东线工程为目标研制出的国内首台DN1 400 PN12MPa规格的耐低温（-45℃）绝缘接头产品，成功解决了绝缘、密封和强度一体化技术难题，其主要创新内容：建立了大口径绝缘接头优化分析整体模型；采用卡箍计算法及对接焊缝位于固定套外的新结构，显著提高了绝缘接头极限承载能力和产品安全可靠性；形成了产品设计和制造的专有技术；开发出大口径、耐低温（-45℃）氟橡胶密封件，满足低温环境的使用要求；研制出用于DN1 400 PN12MPa绝缘接头组装、测试的专用设备，满足批量生产的需要。该产品经鉴定，总体技术达到国际先进水平。

张生涛

张生涛，1995年7月毕业于华北工学院，现任山东省章丘鼓风机股份有限公司透平机械公司技术厂长兼透平机械研究所所长，曾任鼓风机研究所设计工程师、离心风机项目部部长。自参加工作以来，一直从事技术研发工作，获得授权实用新型专利5项，完成山东省技术创新项目7项、济南市科学技术发展计划项目5项。

张生涛积极为公司培养人才，培养年轻的工程技术人员，为他们创造更好的学习条件，提高了研究所全体工程技术人员的综合水平。张生涛重视新产品开发和技术进步，主导设计和参与研发的多项新产品填补了国内空白，荣获省、市级奖励，列入省、市重点项目。研发设计的“B型单级高速离心鼓风机”列入山东省科技发展计划项目，荣获山东省机械工业科技进步奖二等奖、章丘市科技进步奖一等奖；主导设计研发的铸造结构多级离心鼓风机、大型焊接离心鼓风机、特殊用途多级离心鼓风机、新型铸造结构多级离心鼓风机等多项产品均列入山东省技术创新项目，其中“大型焊接离心鼓风机”项目荣获山东省机械工业科技进步奖二等奖、济南市科技进步奖三等奖。

刘革

刘革，1966年10月出生，高级工程师。曾任四川正升能源技术服务有限公司（原资中石油钻采设备厂、四川正升环保科技有限公司）技术中心设计工程师、技术项目经理、技术总监、CNG设计室主任。2011年9月至今，任四川金星清洁能源装备股份有限公司副总工程师兼天然气工程研究所副所长、办公室主任和工艺室主任。

刘革曾参与国家级产品D301自动缫丝机工艺设计，中石油昆仑燃气、中石油昆仑利用、中油洁能、中油恒燃、华润、鲁能、河北新奥、武汉中能、中华燃气、港华等等几百余项CNG加气

站脱水装置设计，哈萨克斯坦阿克纠宾让纳若尔油田天然气处理及综合利用工程第三油气处理厂Ⅱ、Ⅲ期工程中的分子筛脱水脱硫醇装置设计。主持研发的燃气净化撬装模块式自动化工厂成套装备于2014年4月通过了四川省科学技术厅组织的成果鉴定。鉴定结论为属于国内首创，总体技术达到国际先进水平。该产品的成功研制，填补了国内空白，增强了公司产品的竞争力。2015年该产品获得四川省科技进步奖三等奖。2016年，研发了油气田撬装设备等14项创新产品；2017年，研制了天然气净化装备、分子筛脱水系统等16种创新产品。其中，主持研发的天然气净化装备获评2017年成都市专利银奖（专利号ZL201210232802.6）。

刘革组织研发的11项技术获得国家专利授权，包括天然气净化装备（发明）（专利号ZL201410351079.2）、MRC混合制冷剂自动配比控制系统及方法（发明）（专利号ZL201410430872.1）、分子筛脱水系统以及分子筛脱水工艺（发明）（专利号ZL201410432941.2）、天然气脱水装置（发明）（专利号ZL201510260156.8）、烟气回收回注工艺及其设备（发明）（专利号ZL201510483735.9）、可移动油气田井口回收气一体化装置（实用新型）（专利号ZL201720835639.0）和一种制冷脱水设备（实用新型）（专利号ZL201720840263.2）等。

费秀国

费秀国，1977年出生，毕业于南京农业大学机械制造专业，工商管理学硕士、高级工程师。现任南京创力传动机械有限公司创始人、董事长兼总经理，担任南京农业大学机械传动技术研究所副所长，南京航空航天大学航空齿轮传动技术实验室副主任、南京工业大学客座教授等，是中国机械工程学会高级会员、中国通用机械工业协会减变速机分会技术委员会专家，费城高速齿轮传动技术传承者、NGGS高速齿轮箱核心开发者、鼓风（压缩）机用整体式高速齿轮箱开创者。

2005年，费秀国选择自主创业，成立了南京创力传动机械有限公司，专业设计、制造高速齿轮箱。曾研发和制造出国内首创的省首台（套）“大功率高速齿轮箱”和通过江苏省经信委鉴定的“鼓风（压缩）机用整体式高速齿轮箱”。2014年至今，公司已有3个系列的高新技术产品：CLSX-节油型高速齿轮箱、CLSY-航空试验用高速齿轮箱、NGGS-节能型高速齿轮箱。

费秀国一直致力于大功率、高转速齿轮传动的研发工作，曾多次参与“航空及海军动力传动装备”的设计及研发工作，所开发的产品曾先后获得南京市科技进步奖二等奖、江苏省机械工业科技进步奖二等奖、江苏省首台（套）重大装备产品等殊荣。当前拥有各类授权专利30多项，其中发明专利10余项；发表各类专业学术论文十余篇。2014年荣获南京市十佳创业青年企业家称号。

袭建富

袭建富，1964年出生，1982年7月参加工作，毕业于山东干部函授大学经济管理专业，高级工程师。现任山东钢铁股份有限公司莱芜分公司能源动力厂党委书记、经理，莱钢集团银山型钢有限公司能源动力厂经理，山钢股份莱芜分公司/山钢集团莱钢集团银山型钢公司能源管控中心主任，莱芜天元气体有限公司执行董事、经理；担任中国工业气体工业协会理事会理事、山东制冷学会第六届理事会理事、山东制冷学会深冷专业委员会主任委员。

袭建富坚持用信念和责任经营企业，展现了新时代共产党员对事业、对企业的无限忠诚和无私奉献。他提出了能源动力系统现场诊断、项目管控、模块化建设、内部市场化、星级现场“五深化”，业绩管理、对标管理、标准化作业、信息化平台建设、能力提升“五支撑”的精益管理工作思路，开创了能源动力系统精益管理新局面。组织实施的管理创新、技术进步、节能环保等项目，年创效益上千万元。他组织实施了内部现有管理平台的网络化升级、人工智能化建设，将生产保供、精益管理、安全管理、设备管理、点检管理等系统大数据进行优化和深度融合，以数据集中和共享为途径，推动技术融合、数据融合、信息共享，形成信息统一接入、数据全覆盖、统筹利用的数据共享大平台，实现了设备检修精准化、稳产保供高效化、管理决策科学化。针对企业生产经营发展的客观实际，指导建立了直面市场、反应快速、运营管理科学的市场化运营机制，进一步强化市场化管控，实现了工序效益最大化。结合企业实际，他提出了挖掘对标空间提效益、依靠科技进步提效益、优化运行方式提效益、堵塞管理漏洞提效益降本增效工作思路，实现了节能减排、降本增效最佳效益。

在袭建富的带领下，公司先后荣获全国模范职工之家，山东省文明单位、山东省现场管理样板企业、山东省平安建设先进基层单位、山东省安全生产工作先进单位、山东省安全生产“双基”工作先进单位、山东省道路危险货物运输安全规范优秀企业、首批山东省诚信企业、山东省平安建设先进基层单位。他先后发表10余篇论文，20余项管理技术成果获山东省冶金科技进步奖、省冶金系统优秀质量管理成果奖、山东省冶金行业企业管理现代化创新成果及莱芜分公司技术创新奖等。

朱峰

朱峰，1992年参加工作，1997年在西安交通大学进修压缩机专业。从事压缩机制造、设计工作20多年，现任安瑞科(蚌埠)压缩机有限公司副总工程师兼研发室主任。从事军工产品、动力用空气压缩机、中压吹瓶压缩机、天然气压缩机与CNG加气站、油田中高压压缩机、化工工艺压缩机、高速往复机、特种压缩机及压力容器的设计研发工作，2014年获评安徽省领军人才称号。

朱峰参与研制了80～200kN活塞力的大型工艺压缩机基础件，主持研发出压缩机基础件及采用新基础件的产品，通过省级新产品鉴定的有：MW-21/2.6-29型混合制冷剂压缩机，获安徽省首套重大技术装备认定；MF-2/（25～35）-250型天然气母站压缩机，MFD-5/（2～4）-250型天然气标准站压缩机，MFD-1.8/（25～40）-250型天然气高速压缩机，XF-0.7/500-B型高压空气压缩机；DFD-3[0.28]/(2～4)[25～200]-250型标兼子天然气压缩机，集成子站与标站两种功能模式并可智能切换。

朱峰带领团队研发出多项新产品与新技术，获得1项发明专利和10多项实用新型专利的授权，多名研发人员走上中层管理岗位。作为主要人员参与公司战略研讨、方针目标编制、项目激励考核、降成本设计、技术引进等技术管理工作。

姜绍东

姜绍东，1975年出生，高级工程师。1998年6月毕业于甘肃工业大学流体机械及流体动力工程系，进入山东双轮集团股份有限公司工作，现任山东双轮股份有限公司技术部部长。

姜绍东自参加工作以来，一直从事水泵的设计、开发和技术管理工作。2011年主持开发SLZD系列固液两相流渣浆泵项目，作为项目负责人，负责该项目的总体方案设计，确立了以固液两相流理论建立高效水力模型的开发路线，解决了生产企业采用的渣浆泵水力模型效率低下问题。SLZD 系列渣浆泵共 52 个规格，通过了节能产品认证。该产品获得授权发明专利 1 项、实用新型专利 5 项。“固液两相流渣浆泵节能关键技术研发与应用”项目获得威海市科技进步奖。2014 年，主持开发 GS 系列大型高效节能单级双吸离心泵项目，效率比当前国内同行业产品高 5% 以上，通过了国家节能产品认证，并列入工业和信息化部发布的《能效之星产品目录》2015 年版、2016 年版。项目获得山东省科技进步奖二等奖、教育部科技进步奖一等奖、水利部大禹科技进步奖一等奖。

通过不断地进行新产品开发，在高效水力模型研发、水泵内部流场 CFD 分析、转子动态分析、泵结构设计方面积累了丰富的设计经验，共取得国家专利 13 项。应用这些专利技术主持研发了 7 个系列新产品，并通过了科技厅、经信委的新产品鉴定，技术水平达到国内领先水平。其中，2 个系列产品列入国家科技部火炬计划项目，1 个系列产品获得国家重点新产品称号，3 个系列产品通过节能产品认证。

包冰国

包冰国，1981 年 4 月出生，2004 年毕业于安徽工业大学，2016 年于常州大学攻读硕士研究生。毕业后进入江苏海鸥冷却塔股份有限公司工作，现任工程技术中心主任。

自 2004 年以来，包冰国一直从事冷却塔相关专业的研究工作，主持室内外冷却塔性能测试百余项，主持了国内第一座大型机力通风海水冷却塔工艺研究、国内第一座消雾节水型冷却塔工艺研究和结构设计，合作开发国内第一套核电核岛及常规岛冷却塔的研究、国内超大型冷却塔（高位收水冷却塔）关键技术研究，主持开发了十余种不同型号的机械通风冷却塔，主持发明设计风筒、填料、收水器、喷头等冷却塔产品。

参与了 GB/T 7190.1（2）—2008《玻璃纤维增强塑料冷却塔》、GB/T 18870—2011《节水型产品通用技术条件》、GB/T 50102—2014《工业循环水冷却设计规范》、GB/T 50392—2014《机械通风冷却塔工艺设计规范》、CCTI TL001—2014《干湿消雾节水冷却塔性能验收试验测试规程》、CECS 118：2016《冷却塔验收测试规程》、CECS 120：2017《消雾节水型冷却塔验收测试规程》等国家标准、行业标准工作。在江苏海鸥冷却塔股份有限公司工作期间，获得实用新型专利 56 项、外观专利 7 项、发明专利 9 项，这些专利产品已在江苏海鸥冷却塔股份有限公司冷却塔中得到广泛应用并取得了显著的经济效益。

温时明

温时明，1982 年 7 月出生，2008 年毕业于太原理工大学机械设计制造及其自动化专业，同年 8 月进入山西省平遥减速器厂工作（2013 年 12 月改制为山西省平遥减速器有限责任公司）。历任产品组组长、圆弧齿轮研究室主任。温时明自参加工作以来，始终活跃在生产的第一线。在产品的革新、工艺改进等方面取得了突出的成绩。

面对企业产品“传统”，不能较好地适应市场，温时明主动带领产品组技术人员进行了产品的差异化设计，成功地将XJY系列橡胶机用减速器和KTH系列矿井提升减速器推向了市场。2012年，针对JLH1000-53H型减速器的防盗油塞出现漏油情况，他主动寻找问题，进行设计改进，通过改变退刀槽的结构形式，制造出符合要求的防盗油塞。2015年，各油田市场出现了减速器长期运转时刮油器处的外表面出现渗油的情况。他经过多次改进，成功地设计出棱形刮油片，不仅改善了刮油效果，还杜绝了污染，成为公司产品销售的亮点。该项目获山西省“五小”竞赛活动三等奖，同时被山西省劳动竞赛委员会记个人二等功一次。2016年，抽油机减速器的供货量急剧上升，而使用公司原有的杠杆加载装置进行出厂试验，效率比较低。通过成功改进加载装置，为公司节省了几十万元的试验成本。该项目获晋中市“五小”竞赛活动一等奖，被晋中市授予“五一劳动奖章”。

近年来，以温时明职工创新工作室开展的活动课题形式多样，切实解决了生产一线的难题，提高了劳动生产率，产品质量有了保障。同时，工作室革新的产品链带动了周边铸造业、机械加工业的发展。温时明先后在国家一级刊物上发表论文2篇，取得国家发明专利1项、实用新型专利4项。

洪艳红

洪艳红，1984年出生，2007年毕业于南昌大学过程装备与控制工程专业，就职于杭州福斯达深冷装备股份有限公司，主要从事压力管道设计和研发，现任管道室主任。

作为基层管理者，她积极推广新工具的应用，使用SolidWorks、PDMS进行三维配管，应用CⅡ分析管道，提高设计效率和质量。技术研发中心同时还担负着联合项目部开发新项目的重担。几年来，她积极配合公司项目部，累计开发了集装箱冷箱、真空冷箱等。其中，山东恒伟焦炉气制LNG项目是公司首套百万等级焦炉气制LNG装置，分块撬装冷箱的设计模式填补了国内空白，开辟了新的设计思路，对促进焦化和能源行业的技术进步和产业发展具有典型的示范和推广作用。山东烟台国润铜业有限公司16 000m^3/h富氧空分装置运行几年后需要搬迁。根据用户这一特殊要求，结合设计经验，采用了分块撬装设计，成功完成了公司迄今为止最大的撬装空分冷箱设计。

洪艳红始终兢兢业业、求真务实。她注重业务学习，充分利用业余时间和工作机会，不断学习新的理论知识，提高技术水平和创新能力。自参加工作以来，学习ASME标准，参加工业设计培训，考取压力容器工艺责任工程师，取得压力容器A2、C3设计审核资格，获得压力管道GC1设计审核资格，学习应用CⅡ软件进行管道分析。几年来，洪艳红申请了12项专利，撰写了两篇论文。

“能工巧匠突出贡献奖”人物介绍

周李荣

周李荣，1961年出生，高级技师，现任杭氧股份板翅式换热器厂的钎焊技能专家。他在30多年真空钎焊的实际操作过程中积累了大量实践经验，摸索总结了一套“用点、线、面温控操作法”，通过对时间、温度、速率、真空度适时布局调控，使板翅式换热器的产品质量达到“零”报废，实现了产品生产稳定化、质量精品化。周李荣参与了错流式过冷器结构设计及制造工艺项目，获得了杭氧科技进步奖一等奖。参与依托镇海炼化100

万 t/a 乙烯冷箱换热器的研制任务，该项目荣获杭州市科技进步奖二等奖。

作为真空钎焊工作室的带头人，完成了宁煤 12 台大型高低压一体板式换热器的研制，为公司创造了巨大的经济效益。参与研制 12.8MPa 高压板式换热器，打破了国外长达 30 多年的技术垄断，实现了飞跃发展。

郑勇

郑勇，1971 年 8 月出生，高级技师。1990 年毕业于沈阳高中压阀门厂技工学校焊工班，同年参加工作，一直从事焊工工作。郑勇现在已成为沈阳盛世高中压阀门有限公司焊工岗位的领军人物，以负责的态度和过硬的技术为企业攻克了一个又一个难关，保证了企业科研生产的顺利进行。

2004—2010 年，郑勇先后参与了高温高压小口径全封闭电动闸阀、核级波纹管密封钠截止阀、六通切换阀、核级自然循环止回阀等产品的研制工作，承担主焊接任务。郑勇运用自己的技术和经验，与技术人员沟通交流，反复调整焊接参数，完善焊接工艺，进行工艺验证，最终顺利完成样机的焊接任务。上述产品均达到国内先进水平，曾先后获得工业和信息化部、中国机械工业联合会、中国机械工程学会、中核集团等单位颁发的科学技术进步奖，取得多项实用新型专利。

2013 年，公司承担 HEA 工程用主止回阀的生产制造。该产品的阀板采用的是钛合金铸件，而且阀板在配平后需对封头位置进行焊接。原设计采用 10 个配重钨棒的封头单独焊接，极易出现裂纹。郑勇提出采用 10 个钨棒共用一个封头的方式进行分段焊接的方案，可有效降低焊接缺陷的产生。经与设计单位沟通确认，由郑勇在试验件上验证后，各项指标完全满足使用要求，此方案应用在产品中均一次焊接成功。

2014 年，公司承担 HEA 工程用阀箱的生产制造。这批产品采用分体锻件，需要焊接组装阀箱。工艺要求采用单面焊、双面成形技术，焊接后不再进行机械加工，因此焊接变形量的控制将直接影响产品质量。郑勇提出将原焊接坡口角度减小，采用分段形式，对称点焊固定后，再进行分段跳跃对称焊接方案。运用该方案后，经检验，阀箱箱体内表面成形良好，焊接后的变形量控制在质量标准以内。

张贺然

张贺然，1973 年出生，是沈鼓集团齿轮压缩机公司车工高级技师，主要承担各种轴瓦、密封、SVK/GM/G 系列高速齿轮轴以及 GM/G 型叶轮超转芯轴的加工任务。近三年均参加沈阳市职工技术大赛，每年都获得技术标兵称号。同时，他连年被评为集团劳动模范或质量标兵。

2017年3月，军工产品主油泵齿轮投放到公司加工生产，急需6组（每组5种小齿轮）。这种齿轮精度高、加工工序多、制造周期长，而偏偏又在小齿轮装夹在工装芯轴上磨齿这道工序出现了问题。面对这一问题，他在加工过程中多次试验，细心琢磨，终于找出原工装芯轴制造缺陷，设计制作了一套磨齿工装芯轴，彻底解决了困扰生产很多天的加工难、效率低的问题。

2017年2月，集团公司研制新产品，需要借用试验叶轮，所借用的是GST.2A-2轴齿轮，需要赶制。该轴齿轮为拉杆结构，又细又长，还要在两个半环上热装推力盘，转数为46 000r/min，加工难度非常大。他与技术人员密切合作，反复研究，大胆提出改变原有工艺流程的想法，得到工艺的认可。在加工过程中，为防止热装推力盘导致的弯曲变形，采取在车床上两项装夹、双架位支撑、低速旋转扶正的办法，并在轴热胀冷缩过程中，精心调架位爪及尾座顶尖，最终完美地加工出两根轴齿轮。经检验，其直线打表精度控制在0.005mm以内，使多个叶轮顺利地通过实验，保证了新产品的实验工期，受到集团公司研发部门的高度赞扬。

张贺然是集团出了名的能工巧匠，干活的手法和质量在集团车工中数一数二。2017年，他获得的优质品奖是最高的，其中关键件轴瓦的优质品率达到90%以上。

郭建国

郭建国，1978年4月出生，1997年9月至1999年7月，在中国石化兰州石化学校学习焊接专业；1999年9月至今，在兰州真空设备有限公司容器车间从事焊接工作，现任电焊班班长。2010年，取得国家高级技师技能等级资格。2010年起，担任兰州市质量技术监督局特种设备焊工培训——兰州真空设备有限责任公司培训中心焊培教师。2013年9月至2016年1月，在西北工业大学网络教育学院学习机械制造及其自动化本科专业。

公司承接中核集团核动力研究所的新产品，焊接是最大的生产困难。郭建国经过十多次不断创新试验，最终完成任务。公司把此创新焊接工艺确定为成熟焊接工艺，应用于生产中。2017年9月20日，中国航天五院五一〇空间研究所所长张伟文到公司调研，对此创新成果给予高度评价。

2017年3月7日，郭建国赶赴湖南湘投金天钛金属股份有限公司，成功抢修我国第一台大型高真空钛板热处理炉。若当时维修不当，将会使整个炉体报废，造成上千万元的损失。为此，该公司向郭建国发来了感谢信。

液氧罐是公司承接的国家大型项目，在生产过程中出现了前所未有的焊接困难，郭建国革新的焊接工艺和焊接方法被列为军品生产成熟的焊接工艺和方法而一直被采用。他成功焊接了我国航天集团的神舟五号、六号直到神舟十号的空间实验地面模拟舱及大型地面配套产品；天宫1号和天宫2号电推进实验舱及相关实验配套产品等，为公司赢得了声誉，为国家航天事业做出了巨大贡献。他还参与了国家新项目9镍钢的焊接实验及工艺评定，真空泵紫铜管与泵体之间采用二氧化碳气体保护焊、林肯自动焊机小焊丝改造及焊接工艺评定以及新智能焊机的学习和调试等，累计创新工艺20多项。

郭业民

郭业民，1960年10月出生，高级技师。1980年参加工作，近30年的生产一线工作，让他练就了一身“能工巧匠”的技艺。他先后被评为大连大高阀门股份有限公司劳模、大连市级优秀班组长、全国机械工业劳动模范等；多次带领团队积极参加国家、省、市的重要技能比赛，发挥出了其特有的技能，解决了大量生产制造过程中的疑难问题，受到了同行业专家的好评。

郭业民专业技术过硬，他带领的班组在生产过程中不断总结经验，在阀瓣间隙量、阀瓣与阀座研磨方法、摇臂防转设计等方面业绩突出，并在产品实际改进中得到了应用。经他带领班组人员装配的阀门密封泄漏率非常低，远远低于标准要求，一些堆焊硬质合金的金属硬密封阀门甚至可以达到零泄漏，远超过国内外同类产品水平。在超低温阀门的装配过程中，解决了低温阀门密封圈装配及低温泄漏等多项难题。同时攻克了一个又一个的难关，为工厂解决诸多阀门装配及试验等方面的棘手问题。如 DN550 主蒸汽隔离阀、DN1 050 主蒸汽隔离阀、高温气冷堆大口径闸阀、LNG 系列球阀等产品成功研制，达到了国内外同类产品先进水平。

郭业民较好地发挥出老同志的“传、帮、带”作用，他带领的装配二班一直有着“专业”“敬业”的传统。他作为老班长培训并引导一批又一批年轻员工，不断充实到生产的各个环节中，并担当着重要的角色。在中广核组织全国制造企业的“班组建设”中，他所带的班组被评选为优秀班组。

门卫阳

门卫阳 1997 年从陕鼓技校毕业后进入陕鼓工作，现任西安陕鼓动力股份有限公司总装车间主机班班长，是公司透平主机装配岗位的技术能手。

门卫阳带领的主机班是一支由 80 人组成的团队，近年来完成了数百台透平主机的装配任务。他近年来攻克装配技术难题 30 余项，培养青年徒弟 20 余人。班组独立承担并完成了首台冰机、焊接 TRT、全焊接 AV100-22 大型轴流压缩机、氢气压缩机、PTA 多轴压缩机、10 万 m^3/h 空分压缩机、宝钢湛江 AV100、循环氢 EB90-7、风洞 AV100-15、天然气管线压缩机等项目。这些项目不仅是陕鼓首台（套）研发项目，也是国内首次研发设计制造的大型机组。产品的成功制造，填补了国内市场空白，也为陕鼓分布式能源透平机组制造按期履约提供了有力的保障。

冰机是陕鼓进入丙烯领域的首台（套）压缩机，该机组在 -40℃左右的环境中工作，既要考虑材料冷缩量，又要确保工作介质不能有丝毫泄漏，当前该机组技术主要由国外少数公司所掌握。门卫阳和技术人员计算材料在低温下的冷缩量，最终掌握了材料低温下的性能和状态，计算出转子、定子的合理装配间隙，并确保机组在低温状态下运转正常，最终顺利完成了机组的组装，机组在用户现场一次投用成功。

在公司首台 8 万 m^3/h、10 万 m^3/h 空分压缩机的研发过程中，门卫阳作为机组安装的主操作手，他带领班组员工研究安装过程中的难点和可能出现的问题，并提出相应的解决方法。他提出的偏量计算车偏法对现有的进排气的找正工艺进行了很好的改进和补充，不仅提高了找正的精度，还大大缩短了装配调整时间。门卫阳还攻克了进口多轴齿轮箱安装技术难题，他所在的小组先后完成了龙宇、江苏虹港石化等 11 套多轴压缩机，这些压缩机已在国内石化、空分等领域运行。

门卫阳攻克完成了公司首台天然气管线压缩机组的组装。该压缩机是公司首台天然气离心压缩机，在设计、制造技术上采用国际先进技术标准，机组的成功研制打破了欧美等企业在该领域的技术垄断地位。

门卫阳负责组装的国内首台（套）焊接机壳的 AV100-22 轴流压缩机，是公司研发制造的首台焊接机壳轴流压缩机组，是当前国内生产的重量最大、级数最多的轴流压缩机，对装配的要求很高。门卫阳和设计、工艺技术人员研究探讨，攻克了大型焊接机壳轴流压缩机装配精度控制工艺方法，同时掌握了静叶角度的精确控制等技术难题。

樊世峰

樊世峰，1977 年 8 月出生，现担任安瑞科（蚌埠）压缩机有限公司焊接技师。樊世峰爱学习、爱思考、爱钻研，在工作中勤于探索、勇于创新。他从事压力容器焊接工作以来，为企业解决不少技术难题，提高了工作效率，减轻了焊工劳动强度，改善了工作环境，为企业节约生产成本累计达 200 多万元，连年被公司评为“先进工作者”，成为公司焊接生产线上的排头兵。

公司生产的产品品种多、样式繁，每一个系列产品高达数百种，制作通用化、标准化的焊接工装夹具势在必行。樊世峰根据公司缓冲器罐的特点，设计了专用工装，大大提高了生产效率。他还把冷却器由箱体式和气腔式统一设计成 M 型冷却器，焊接方法由焊条电弧焊改为氩弧焊，每只冷却器节约成本 0.2 万元，累计为企业节省成本 120 多万元。由于焊接工艺改进，客户反映产品质量良好，至今无渗漏现象，每年减少售后成本约 5 万元。公司压力容器焊接原来一直采用焊条电弧焊，生产率低下，焊工劳动强度大，焊接烟尘大。在他的建议下，公司购进新设备 M2-1000 型自动埋弧焊焊机。经过他两个月的焊接调试，正式用于压力容器的生产，大大提高了生产效率，降低了职业病的风险。

樊世峰还通过市级技能大师工作室的建立和运作，充分发挥高技能人才在技术创新、传授技艺、技术交流、技术会诊、技能攻关和实现绝技绝活传承等方面的作用，培养更多的焊接技能人才。

唐金龙

唐金龙，1996 年 7 月毕业于重庆通用机器厂技工学校车工专业，后分配到重庆通用工业（集团）有限责任公司机加工车间镗床组。现在是重庆通用工业（集团）有限责任公司机加工分厂工人，是公司优秀的青年骨干、工人技师。他在业务技能上勤学肯钻，创新意识强，技术过硬，多次承担新产品开发中的关键零部件的加工技术攻关任务，承担车间急难零件的加工任务，并能出色、高效地完成工作。自工作以来，他带出的 10 余名学工，均成为企业的骨干、分厂的栋梁。

2009 年，由于公司搬迁，唐金龙负责操作公司新引进的帕玛（PAMA）落地镗铣加工中心。2010 年，公司承接新疆庆华煤化有限公司的 2 台全国最大离心式氨压缩机加工任务。该产品长达 4.6m、毛坯重量达 45t，加工完后的净重为 40t，而且精度要求高、工艺难度大。公司无加工这种超大型氨压缩机的成功经验，经过反复分析和充分讨论，由唐金龙来担当该氨压缩机的箱体加工。唐金龙仔细探索工艺，用近 2 个月的时间，高质量地完成了该项目 2 台氨压缩机的加工。最后试机全部达到设计水平，至今该产品在新疆庆华煤化有限公司运行良好。

朱举华

朱举华，1984 年 10 月出生，高级技师。2015 年毕业于大连理工大学机械制造与自动化专业，现任重庆水泵厂有限责任公司一车间金工一组组长。

朱举华作为一车间数控车工组长，操作设备肯动脑筋想办法，乐于钻研技术。在平时的工作中承担了许多急难零件的加工，做到了工作任劳任怨、技术精益求精。长轴一直是公司的重要零件，朱举华负责的小组主要负责长轴加工。为了保质保量完成工作进度，他经常主动放弃休息时间，抢进度。2015 年，朱举华被公司选为“杨海荣创新工作室”成员，开展的“深径较大的内孔加工技术攻关项目”取得成功并形成理论论文，被《重庆理工大学自然科学》杂志采用。在 2017 年公司首届技术创新表彰大会上被评为技术创新先进个人。

朱举华多次参加行业大赛。2014 年，参加了重庆市第三届青年职业技能大赛暨重庆市机械行业第二届职业技能比武活动，荣获数控车工一等奖。2015 年，参加重庆市都市功能区机械冶金行业数控车工大赛，荣获二等奖。2016 年，参加“培育巴渝工匠，助推转型升级”重庆市制造行业职业技能大赛，荣获数控车工一等奖；同年，参加重庆市第四届机械行业职工技能大赛暨第五届重庆市青年职业技能大赛，荣获数控车工一等奖。

栾卫虎

栾卫虎，2008 年 9 月考入大连市技师学院，2010 年获得第一张焊工职业证书。2010 年 12 至 2014 年 4 月在辽宁省机械（集团）股份有限公司工作，2014 年进入上海阿波罗机械股份有限公司，主要负责产品焊接工作。现就读于东北大学机械制造与自动化专业，攻读本科学业。曾获得 2010 年大连市职工院校技能大赛第 3 名、2010 年“亚龙杯”第三届辽宁省技工院校职业技能大赛第一名、2010 年第三届全国技工院校技能大赛优秀奖，被评为 2012 年辽宁省机械（集团）股份有限公司优秀青年员工、2014 年上海阿波罗机械股份有限公司年度先进工作者、2015 年上海阿波罗机械股份有限公司年度先进工作者。

2013 年 1 月，上海阿波罗启动乏燃料贮存格架项目的研发工作。2014 年 5 月，栾卫虎进入公司后，加入该项目组中。在乏燃贮存格架项目实施过程中，栾卫虎主要负责样机产品的焊接工作。在他的带领下，焊接小分队经过反复的试验，模拟焊接过程中可能出现的各种问题，针对出现的故障查找原因，对焊接设备和焊接工艺等方面进行改进，记录适合焊接的最佳参数，寻求最好的焊接方案。通过本次样机产品的焊接工作，栾卫虎积累了宝贵的焊接技术经验，为以后其他产品的焊接工艺奠定了扎实的基础。

周永贵

周永贵，1964 年 11 月出生，高级车工，现为重庆气体压缩机厂有限责任公司金工车间车工组组长。曾获得 2016 年重庆机电（控股）集团公司“十佳技能绝活”、2017 年中国通用机械行业协会压缩机分会“工匠精神奖”等荣誉，并多次荣获“十佳员工”“优秀共产党员”等称号。

自1983年9月进入重庆气体压缩机厂有限责任公司从事车工工作以来，周永贵兢兢业业、勤思善钻，从学工逐步成长为一线骨干。

风冷系列压缩机产品是公司重点产品之一，风冷产品的缸体设计精度要求高、形位公差小。如何保证缸体加工后既能达到设计形位公差，又能克服加工环节的变形影响，就成了小缸径缸体制造的一道难题。周永贵以多年丰富的一线操作经验，在实践中总结了一些独到的加工风冷缸体的操作技能。他利用自制工装对缸径直接精车后进行磨削，保证了零件的粗糙度，并且由于仅需一次装夹到位，保证了同轴度及垂直度，满足了设计要求。该加工方法在公司推广并使所有小缸径的缸体及缸套在加工时更容易保证形位公差，有效提高加工效率30%以上，同时，降低废品率近60%，保证了产品质量。

“管理创新突出贡献奖”人物介绍

张逸芳

张逸芳，1963年1月出生，研究员级高级工程师。1981年8月参加工作，历任阀门厂技术员，技术科副科长、科长，副厂长、厂长。2001年起，任江苏神通阀门有限公司总经理、党委副书记。2010年至今，任江苏神通阀门股份有限公司总裁。现在是国际（ISO/TC153/WG8）标委会阀门和管件技术委员会蝶阀工作组成员、国家科技部专家库专家、全国阀门标委会(SAC/TC188)委员兼蝶阀标准工作组组长、全国绿色制造技术标委会(SAC/TC337)委员及中国阀协科技专家委员会委员。

张逸芳多次被列入“江苏省六大人才高峰计划”，是江苏省“333高层次人才培养工程”首批中青年科学技术带头人、江苏省“六大人才高峰”培养对象、南通市“226高层次人才培养工程”中青年创新创业领军人才；享受国务院特殊津贴，曾获中国机械工业“优秀企业家”、全国“三八红旗手”、国家知识产权局“企业知识产权先进个人”、江苏省有突出贡献中青年专家、江苏省第六届“十大杰出专利发明人”、南通市“科技兴市功臣”等荣誉称号。作为第一发明人获得授权发明专利18项、实用新型专利77项；主持或参与了4项国家标准、32项行业标准的制修订；参编3本阀门专著；发表学术论文12篇（其中第一作者9篇）。获得中国机械工业科学技术奖2项、国家能源局科技进步奖1项、全国工商联科技进步奖1项、江苏省科技进步奖4项。共组织实施国家、省重大项目20多项，率领团队研制的产品有9个被列为国家重点新产品、54个被认定为省高新技术产品。

王学智

王学智，1972年10月出生，教授级高级工程师，重庆工商管理硕士学院工商管理专业研究生。1995年7月，毕业于重庆大学资源与环境工程学院工程机械专业；1995—2009年，先后在重庆水泵厂有限责任公司成套工程处担任工程技术设计、在永川通用机械分厂任厂长、在重庆水泵厂有限责任公司任副总经理；2010年，调至重庆气体压缩机厂有限责任公司，现任公司党委书记、董事长。

2007 年，王学智被选为重庆市永川区第十五届人大代表；2016 年，当选为重庆市沙坪坝区第十八届人大代表；2011 年，被重庆市国资委评为“国企贡献奖——先进个人”；2012 年，获得“重庆市优秀企业家”称号；2017 年，在重庆机电集团创先争优活动中被评为“先锋模范之星”；2017 年，入选为国家能源局能源装备项目筛选评估专家、重庆市经济信息委评审咨询专家、重庆市科学技术委员会项目咨询专家。现为中国通用机械工业协会压缩机分会副理事长、中国通用机械工业协会振噪检测与故障诊断专业委员会委员、重庆市特种设备安全管理协会压力容器专业委员会副主任委员。

王学智坚持“生产一代、研发一代、储备一代”的研发管理思路，公司技术创新成果丰硕。2010 年至今，成功开发 100 余项新产品，新产品产值占比始终保持在 75% 以上；取得了 150 多项专利授权、900 余项著作权登记。国内首创的全套“高压无油润滑压缩机”地面供气系统、国内最高压力 50MPa 氮气压缩机系列化的设计、LNG/L-CNG 加气站工艺及成套设备、高转速压缩机等多项新产品处于国内领先水平。

近年来，王学智获得 1 项发明专利、6 项实用新型专利。2017 年主持编制的《导弹地面供气设备通用规范》通过部队评审，成为各军种指导导弹地面供气系统设备研制、交付的主要规范标准。

中国通用机械工业年鉴2018

介绍部分企业的经营理念和成功经验，为管理者成功决策助力

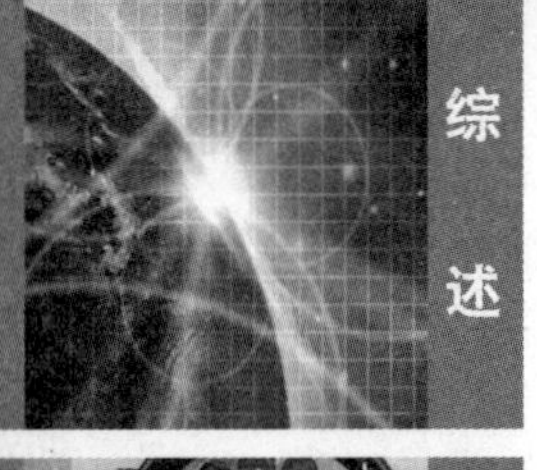

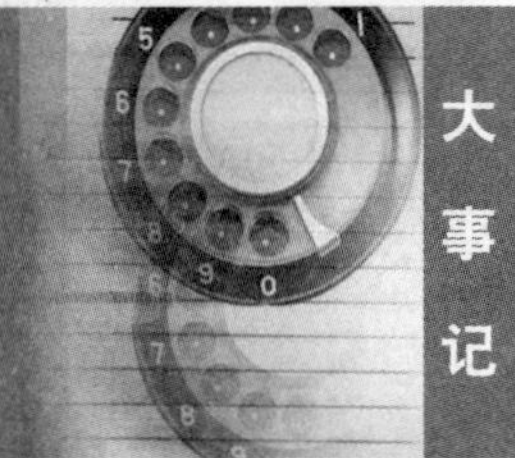

中国通用机械工业年鉴 2018

企业概况

加强自主创新
推进转型升级
促进由大变强
高端访谈

开拓创新 做世界一流空分设备制造商

——访杭州杭氧股份有限公司董事长蒋明

《中国通用机械工业年鉴》编辑部 魏素芳 陈美萍

蒋明董事长

蒋明，1984年大学毕业后进入杭氧工作，先后担任杭州制氧机集团有限公司经济发展部部长、总经济师、董事长兼党委书记，现任杭州制氧机集团有限公司党委书记、董事长，杭州杭氧股份有限公司党委书记、董事长。先后多次被评为浙江省、杭州市优秀企业管理者，2012年获得“浙江省优秀企业家”称号，2013年获得“中国能源装备优秀管理者”称号，2014年被评为“全国机械工业劳动模范”，2015年获得“浙江省功勋企业家”称号，2016年获得“世界杭商大会杰出杭商”称号。

杭州杭氧股份有限公司（简称杭氧）是目前全球颇具规模的大型空分设备制造企业，拥有国家级企业技术中心，是我国重大技术装备国产化基地。自1955年设计制造出中国第一套空分设备以来，杭氧一直引领中国空分设备产业的发展，为世界提供一流的空分设备。

杭氧为我国冶金、化肥、石化、煤化工、航天航空等行业研制、提供成套空分设备4000多套，其中公司研制的10万m^3/h等级空分设备经中国机械工业联合会与中国通用机械工业协会联合鉴定，总体技术达到国际领先水平。公司具有年设计、生产50套以上大中型空分设备的能力，年产空分设备制氧总量达到180万m^3/h，杭氧设计制造的产品遍布世界40多个国家和地区，获得国内外用户的普遍认可和好评。

近年来，杭氧利用公司在空分设备设计制造方面的优势，大力进军工业气体领域，实现产业链的进一步延伸，已发展成为国内最主要的工业气体供应商之一。

一、从生产型制造企业向服务型制造企业转变

“十二五”以来，杭氧制定了“重两头、拓横向、做精品”的发展战略，致力于由生产型制造企业向服务型制造企业转型升级。所谓“重两头”就是致力于以成套空分设备为核心向两头延伸，向上发展工程总承包服务业务，向下发展工业气体产业，形成了全产业链的经营模式；所谓“拓横向”是指在主攻成套空分设备的同时，兼顾发展石化低温相关产业和空分设备关键配套机组等以深冷技术为支撑的、具有竞争优势的特色产品，在不断巩固国内市场的同时，开拓国际市场；所谓“做精品”是指不断改进和优化管理体制和生产组织模式，强化质量控制体系，提高效率，追求卓越，提供符合用户个性化需求的产品和优质服务。

杭氧为“世界级”世纪工程——神华宁煤400万t/a煤炭间接液化项目研制的6套10万等级空分装置

1. 强化核心产业，壮大气体产业

为实现由生产型制造企业向服务型制造企业的转型，杭氧继续做强做大现有的空分设备研发制造产业。经过多年的技术攻关和持续创新，杭氧已经具备了自主研发和制造特大型空分设备的能力，空分设备最大单机容量已经达到全球规模最大的12万m^3/h等级，在氖、氦、氪、氙等稀有气体提取设备的研制方面也取得了重大突破。

杭氧充分利用公司上市后的融资功能，发挥募集资金的使用效益，抓住机遇，加快工业气体项目的投资力度和项目储备。当前，杭氧以投资新建、收购或兼并等方式在全国组建了多家气体公司，投资项目涉及钢铁、有色、化工、二氧化碳等多个领域，并在实现开发区管网供气的模式上有新突破，确立了杭氧在国内工业气体市场的地位和影响力。杭氧通过从“卖奶牛”到“牵着奶牛卖牛奶”的经营模式创新和企业战略转型，实现了核心产业向气体延伸，形成空分设备制造和工业气体运营相辅相成的经营格局。

衢州杭氧气体有限公司

河南杭氧气体有限公司

2. 不断提升工程建设水平

杭氧以空分设备为主线，纵向向上拓展延伸至工程成套。公司以杭氧化医工程有限公司为依托，向客户提供空分设备的“交钥匙”工程服务。近年来杭氧的工程成套能力也得到了迅速提升，至今已累计完成总承包项目50多个，实现销售收入超过30亿元，完成了10万m^3/h等级空分设备、8万m^3/h等级空分设备的总承包，执行了马来西亚2套2万m^3/h等级空分设备的总承包，确立了杭氧在工程服务市场的地位。通过不断创新，杭氧在优化产品（产业）链的同时，延长价值链，提高企业的竞争力，全面提升企业的附加值和经济效益。

3. 石化和关键配套部机多点开花

杭氧凭借在低温领域的技术优势和市场影响力，实现了向石化领域的横向拓展，已形成包括乙烯冷箱、液氮洗装置、轻烃回收冷箱、天然气液化流程及成套设备、一氧化碳精制流程及成套设备等在内的丰富的石化产品体系。截至2017年年底，累计签订石化设备类合同177个，合同总额近20亿元。多个石化项目成功开车，且性能指标均达到或超过设计要求，奠定了杭氧在石化设备领域的技术领先地位。

借助具有杭氧特色的“三层次试验平台”，即：以临安试验基地为一级试验平台开展空分机理研究，获取有价值的理论数据；以各制造子公司为二级平台对关键配套部机进行研究，并与具有国际先进水平的同类设备进行比较、分析，推动关键部机的国产化进程；以分布在全国各地的气体公司为三级试验平台，运行杭氧研制的空分设备和配套部机，收集现场运行数据，并反馈到研发、生产环节用以改进。杭氧立足于自主研发，对空分设备以及高压板式、新型填料、透平机械、低温泵、中高压阀门、低温液体储罐、中高压膨胀机等关键配套部机的核心技术进行攻关，极大地提高了空分设备的性能；研制的高端产品丰富了杭氧的产品菜单，大幅提升了配套能力。

二、加强投入，深入开展产学研合作，不断提高科研水平

杭氧实施新的发展战略后，更加重视对研发和技术改造的投入，每年都会将制定新产品、新技术、新工艺计划列入公司工作考核的重点，并将其转化为技术成果。杭氧充分发挥包括国家级企业技术中心、浙江省企业研究院、国家级博士后科研工作站在内的各级各类创新平台的作用，攻克了能耗、环境影响，应力计算，大型钢结构计算及关键设备开发等一系列课题，研制成功的8万m^3/h等级、10万m^3/h等级、12万m^3/h等级空分设备，百万吨级乙烯冷箱，12.8MPa高压铝制板翅式换热器等一大批创新成果填补国内空白，既满足了国家重大项目的需求，也实现了企业新的快速发展。公司先后获得中国机械工业科学技术奖一等奖、浙江省工业设计大赛金奖，中国创新设计大会“中国好设计”银奖，被评为浙江省创新型试点企业、科技部创新方法示范企业、机械工业现代制造服务示范企业等。杭氧已经成为世界上为数不多的能研制10万m^3/h等级以上特大型空分设备的企业之一。

杭氧与浙江大学、浙江工业大学、西安交通大学、哈尔滨工业大学等众多知名高校有过合作，共同研发成功了一批技术成果。在今年登上央视《大国重器》节目的神华宁煤10万m^3/h等级空分设备研发过程中，杭氧就与浙江大学联合攻关了低能耗关键共性技术，使得空分设备能耗达到国际领先水平；与南京大学合作，在空分行业首创了污染物定量分析方法，解决了特大型空分装置受环境影响的问题。此外，杭氧还与上述大学及其他众多知名高校在空分装置区污氮气排放物分布评价、化工区碳氢化合物等排放物在空分装置区分布评价等方面都开展了深入合作。

今后，杭氧在空分设备成套技术研究方面，将进一步开发大型和特大型整装空分设备，实现标准空分设备系列化；提高关键部机的性能；启动一键智能空分设备的开发应用；开发节能型空分设备，提高节能、降耗的水平等。在气体应用设备成套技术研究方面，除常规的氧、氮、氩外，开发稀有气体、特种气体、能源气体、高纯气、健康气体、混合气、标准气等气体产品。

三、加强质量管理，实施“精品工程”

杭氧一直坚持以成为世界一流的空分设备制造和气体运营专家为使命，无论是在自主研发、制造空分设备方面，还是在营运工业气体等方面，杭氧始终秉承“安全第一，质量卓越，以满足顾客需求为己任”的理念，高标准、严要求、强管理，打造杭氧特色精品工程，提升企业核心竞争力。

三轴氮气压缩机

杭氧研制的浙石化83000m^3/h空分整装冷箱

1. 发挥好行业标准的引领作用

空分设备行业现行有效国家标准、行业标准共40项，其中杭氧主导及参与的共计32项。空分设备行业唯一的“浙江制造”标准也是以杭氧为主制定的。近五年，未发生因公司产品质量问题引起的安全事故。

2. 加强卓越管理，实施“精品工程”

《卓越绩效评价准则》是目前世界上先进的管理标准之一。杭氧自实施卓越绩效管理以来，通过对标和自我评价，形成持续改进的良性循环，大大提高了工厂的运行质量和效率，也保证了产品质量的安全、稳定。2014年，杭氧凭借“单件小批大成套空分集成制造卓越管理模式”获得浙江省人民政府质量奖。

公司实施了以全面质量管理和精细化管理为核心的“精品工程”，为用户打造空分设备行业最高质量标准的产品。空分设备具有单件、小批、多学科、大成套的特点，几乎每套产品都是根据客户需求量身定做，一套空分设备就是一个复杂的气体工厂系统。为了给用户提供安全、可靠、稳定的空分产品，杭氧制定了一套详尽的高于国家标准的空分设备制造和检验内部标准，把做精品的要求细化到每个空分部机单元，大到整体部机，小到每一条焊缝，共30大项、3000分的精品考核标准。由检验部门按照标准逐一考核打分，结合奖惩措施，力求做到每套产品质量安全可靠、精益求精。

3. 不断完善质量保证体系

公司全面贯彻实施ISO9000质量标准，建立和完善符合ISO9001的质量体系，通过了挪威船级社（DNV）审核、浙江质量体系审核中心（ZQAC）的质量体系审核、国家质量技术监督局对公司ISO10012计量确认体系的审核及中国新时代认证中心的军品质量体系审核等。

通过建立并完善质量体系，强化体系的实施效果及体系的审核，公司产品的实物质量不断提高，产品的市场占有率不断上升，质量和服务获得用户一致好评。

四、重视人才培养，实施人才强企战略

近年来，杭氧实施了岗位标准化管理。根据各部门职责和岗位说明书，推行岗位标准化管理，并制定岗位薪酬标准化管理办法，依据绩效考核情况对岗位标准化进行动态管理，起到激励先进、鞭策落后的作用。

公司加强人才储备，做好人才梯队建设。根据人才队伍的综合能力，建设有第一梯队、第二梯队年青干部队伍。针对年青干部的特点及成长规律，通过学、炼、管相结合，不断提高他们的综合素质和实际工作能力，为青年干部创造职业上升通道和个人发展平台。同时，公司加强对科技、管理、技能三支人才队伍的建设，培养造就一批高层次人才，建设高水平创新团队。

经过近几年的探索，专家人才的作用进一步显

现。通过不断提升人才工作的科学化、规范化水平，营造出优秀人才脱颖而出的良好氛围，逐步完善博士后科研工作站的管理，发挥技能人才、技能大师工作室引领作用。形成了尊重人才、认同人才、争当人才的主流价值观念，积极推进创新驱动和人才强企战略。

公司还采取各项措施开展针对性培训，全面为员工“充电”。通过杭氧党校、杭氧学院、杭氧职工学校、杭氧团校的设立，开展各类培训，全员素质得到整体提高。

“十三五”期间，杭氧根据国家宏观经济新变化、产业发展新趋势和结构调整新动向，坚持既定的发展战略不动摇，继续坚持“重两头、拓横向、做精品”的转型升级战略目标。公司以对标发展为引领，坚守主业，围绕做强做大空分设备和工业气体产业，优化产品和产业结构，持续为用户提供高效率、低能耗的空分设备，提供稳定运行的工业气体，提供全方位、全生命周期的服务；加大技术创新，向技术和服务等高端环节过渡，全面提高杭氧的市场竞争力，使杭氧成为重大技术装备制造的示范者、工业气体产业的引领者。杭氧将始终如一地朝着发展目标前行，努力成为世界一流的空分设备和工业气体运营专家。

杭氧临安制造基地鸟瞰

烟台万华75万t/a丙烷脱氢项目冷箱

杭氧同机械科学研究总院战略合作协议签约

国产10万等级空分装置及压缩机组工业运行评审现场

杭氧大事件

1917年

由三个铜匠组成的浙江陆军一师军械修理工场开张

1941年

修理工场变更为修械厂

1945年

修械厂变更为修械所

1949年

修械所改名为公营力余铁工厂

1950年

力余铁工厂和浙江汽车修配厂合并，成立浙江铁工厂

1951年

浙江铁工厂成功制造出中国第一台麻纺机

1952年

承接生产国内第一台制氧机的重任；浙江铁工厂被国家重工业部指定为中国制氧机定点生产厂家

1953年

浙江铁工厂更名为国营杭州通用机器厂

1956年

30m^3/h成套制氧机试车成功，填补了国内制氧机生产的空白，开始专业化批量生产制氧机；杭州通用机器厂进行迁扩建

1958年

更名为杭州制氧机厂

1960年

杭州制氧机研究所成立；完成我国自制第一代制氧机——3350m^3/h制氧机

1961年

完成125m^3/h制氩设备、0.042m^3/h氪氙提取设备、8L/h液氢设备的开发，开创了我国稀有气体提取设备和气体液化设备的先河；杭氧迁扩建工程完成，建筑面积155870m^2；杭州制氧机研究所创办专业科技刊物——《深冷简报》（1975年更名为《深冷技术》）

1965年

杭氧派人员和技术支援开封空分厂3200m^3/h空分设备试制；开办了中等技术专业学校

1964-1971年
杭氧支援自贡市机械厂、四川空分厂建设

1977年
杭氧二期扩建竣工，竣工面积5659m^2；召开建厂以来首次科技大会

1978年
开始引进国外空分设备技术

1979年
杭氧与林德公司合作生产4套10000m^3/h、3套28000m^3/h空分设备；向林德公司出口自行研制的板翅式换热器翅片冲床以及相关技术

1980年
成立杭州通用机械修造厂（又名杭氧劳动服务公司），开发了大量适销对路的机械新品

1981年
引进日本日立公司中压氧气透平压缩机技术

1983年
被批准为一、二、三类压力容器制造单位；进行了分厂制、以承包为中心的经营责任制、浮动工资制等一系列企业改革尝试

1985年
开始试行厂长负责制；向兄弟厂提供新的技术转让；在中层干部中实行聘用任期制，在专业技术人员中实行专业技术职务评聘制

1986年
被批准为第三批扩大外贸自主权企业；再次与林德公司合作，成功生产、制造了首钢30000m^3/h空分设备

1988年
被列入第一批大型工业企业的“大二”级企业类型，被批准为国家二级企业；研制成功采用常温分子筛净化、增压膨胀流程技术的吉化6000m^3/h空分设备，该项目获机械工业部科技进步一等奖；成立了科学技术协会

1992年
兼并杭州船厂；进行以全员劳动合同为主体内容的“三项制度改革”

1993年
杭氧集团暨杭州制氧机集团公司正式成立，开始从工厂模式向公司化管理模式转变；建立以“事业部制”为基础的管理模式，将分厂改制成专业厂；为湘潭钢厂设计制造当时国产化程度最高的14000m^3/h空分设备；杭氧娄塘制氧机厂成立，这是杭氧在气体产业中的第一次尝试；向印度出口10000m^3/h空分设备，该项目是中国首次出口的大型成套空分设备

1994年
杭氧重组，对事业部进行重新设置；杭氧和法液空合资组建了中外合资企业——杭州杭氧液空有限公司；兼并杭州茶叶机械总厂

1995年
杭州制氧机集团有限公司成立；通过了ISO9001质量管理体系认证，通过了ISO10012测量管理体系审核

1998年
为邢台钢铁公司制造的采用规整填料塔与全精馏无氢制氩技术的6000m^3/h空分设备开车成功

1999年
杭氧技术中心被批准为国家级企业技术中心；杭氧分立式改制方案通过

杭氧大事件

2001年

杭氧集团下属所有26家具有法人资格的企业全部完成挂牌，独立运作；乙烯冷箱国产化项目——燕山石化66万t/a改扩建项目乙烯冷箱圆满完成

2002年

由杭州杭氧科技有限公司经股份制改造的杭州杭氧股份有限公司正式成立；杭氧自行设计制造的30000 m^3/h空分设备在宝钢一次开车成功

2003年

杭氧第一家气体公司——杭州杭氧建德气体有限公司成立

2004年

杭氧研制的国内首台液氮洗冷箱——华鲁恒升30万t/a液氮洗冷箱开车成功；与德国梅塞尔集团签订了联合促销与发展协议，确定了战略合作关系

2006年

收购江西制氧机厂的全部有效资产，组建了江西制氧机有限公司；杭氧迁扩建工程启动，临安制造基地开工建设

2008年

杭氧气体中心成立；签订了一套出口德国的32000m^3/h空分设备合同；杭氧采用自主技术、自主集成的国内首套60000m^3/h空分设备在宝钢开车成功

2009年

搬迁工作顺利结束，临安制造基地竣工投产；杭氧化医公司成立，主要从事工程成套业务

2010年

提出“重两头、拓横向、做精品”发展战略；杭氧股份在深圳交易所上市交易；为神华包头项目研制的4套60000m^3/h空分设备开车成功

2011年

杭氧总部搬迁至杭州市中山北路592号弘元大厦

2012年

启动SAP-ERP企业信息化项目；通过国家一级安全生产标准化企业验收

2013年

与神华宁煤签订6套100000m^3/h空分设备合同；为伊朗卡维集团制造的120000m^3/h空分设备发运；研发的8万m^3/h等级空分设备在浙江省工业设计大奖中获金奖

2015年

气体业务收入首次超过设备制造业务；杭氧特种气体研究中心在衢州成立；成功制造了国内首套PDH装置冷箱；杭氧股份公司通过“浙江制造”认证评审

2016年

研制成功国内首套CO/H_2分离装置；签订马来西亚两套20000m^3/h工程总承包项目；杭氧服务型制造新模式获中国好设计银奖

2017年

签约浙江石化4套83000m^3/h空分设备合同；神华宁煤首套100000m^3/h空分设备开车成功

秉承技术优势 创新与可持续发展并举

——访液化空气工程与制造中国区总经理艾穆宁先生

《中国通用机械工业年鉴》编辑部　魏素芳　陈美萍

艾穆宁（Pierre HAMELIN）先生

艾穆宁（Pierre HAMELIN）先生，法国人，毕业于里昂国立应用科学学院（INSA Lyon），拥有工程硕士学位以及MBA学位。自2009年以来，一直效力于液化空气集团，曾在不同国家的多个岗位担任过重要职务，涉及采购和跨国项目等领域，积累了丰富的工作和管理经验。自2016年10月起，开始担任液化空气工程与制造中国区总经理。

《通机年鉴》：作为法国液化空气集团的子公司，液化空气（杭州）有限公司经过20余年的发展，成为气体分离设备行业的重点骨干企业，请介绍一下公司的发展历程及当前的生产经营情况。

艾穆宁：作为液化空气工程与制造事业部的一员，液化空气（杭州）有限公司（以下简称液空杭州）于1995年成立，标志着集团的工程与制造业务正式进入中国。经过20多年的发展，液空杭州已成为集团重要的工程与制造中心，拥有近600名员工。公司专业从事先进的空分装置、合成气纯化装置、制一氧化碳装置、制氢装置及其他工业气体装置的设计、工程、制造和安装业务，业务足迹遍布中国40多个城市以及世界各地，是中国低温领域的领先制造商。

得益于全球领先的专利技术、强大的制造能力以及先进的制造装备，目前液空杭州具有设计和制造产氧量为15万m^3/h的超大型空分装置的能力，已在全球范围内交付了超过100套大型空气分离装置和超过290套标准装置（包括APSA、YANGO、EOX等）。在中国，除了为液空集团建造了数十套装置，用于为各类客户提供工业气体外，还为中石化、神华、鞍钢、首钢、兖矿等大型企业，以及伊泰、华鲁恒升、灵谷化工等企业提供了安全、可靠、高效的装置。

《通机年鉴》：面对激烈的市场竞争，公司如何在中国本土提高企业的竞争力？

艾穆宁：进入中国20余年，公司始终致力于提高企业的竞争力。这不仅要求我们与常规战略合作供应商保持紧密的合作，不断创新，实现其产品的本地化，同时也要求我们尽可能地利

用中国本土的庞大资源，寻找那些符合我们产品配件要求和标准的供应商。我们看到，本地市场正在不断地提升质量。之前不合格的供应商也会成为合格的供应商，同时还有许多未被发掘的潜在资源，因此市场潜力不容小觑。

《通机年鉴》：优质的产品是企业创造品牌、开拓市场的有力保证，公司是如何加强产品质量控制的？

艾穆宁：质量保证是一个完整的过程，并非一蹴而就。公司的质量体系通过一套强有力的质量保证程序得以实现，涉及公司业务的方方面面。产品质量通过以下三个步骤进行控制：①预防措施，就是将检查和平衡融入到体系之中，以确保从设计到交付整个过程的质量；②质量控制，包括产品在制造和安装过程中的现场勘察和文件核实；③经验总结与实践分享，从而不断完善体系。

《通机年鉴》：请介绍一下公司近几年新产品研发情况以及典型应用项目。

艾穆宁：近年来，我们不断探索提升竞争力的方法，致力于产品的创新和开发，这离不开集团全球工程网络和市场团队的紧密协作和大力支持。

我们所提供的产品中融合了由液化空气研究和技术中心所开发的最新创新成果，这些创新技术不仅提升了我们产品的竞争力，同时也降低了工厂的能耗。近日，液化空气在南非SASOL的世界最大空分装置试车成功就是最好的证明。这一产能高达5800t/d的大型装置，在空气压缩工艺方面进行了多项创新，使其每年节省用电量20%以上。

在中国，我们关注模块化装置，其中的一个旗舰产品就是Yango™。这是一种高度撬装的模块化解决方案，为客户的快速启动项目而设计，产氧量为330～770t/d。根据客户的需求、能耗成本以及与客户工艺间潜在的整合可能性，Yango™可调整配置以达到资本支出和营运费用的优化。我们可以提供兼顾建造、运营和可靠性的优化解决方案。

《通机年鉴》：请谈一下公司未来的发展愿景以及发展规划。

艾穆宁：公司未来发展的愿景可以描述为以下三个方面：一是凭借我们在技术方面的独特优势，成为客户业务发展的有力支柱；二是通过我们卓越的运营能力以及一流的能耗和安全绩效，支持客户的利润增长；三是致力于推动当地的经济发展，支持社区的建设与繁荣，为可持续发展贡献力量。我们将一如既往地践行对中国的长期承诺，不断地推出新的工程技术产品，立足中国市场，与中国工业共发展。

励志前行　创新发展

——大连海密梯克泵业有限公司

大连海密梯克泵业有限公司（简称大连海密梯克）成立于1997年12月25日，由德国海密梯克泵业有限公司（HERMETIC-Pumpen GmbH）与大耐泵业有限公司合资创建，于1998年4月1日正式挂牌营业。公司现有员工近300人。德国海密梯克泵业有限公司成立于1866年，是世界无泄漏泵（屏蔽泵、磁力泵）高端市场的领导者，产品遍布全球42个国家和地区。大耐泵业有限公司成立于1953年，是中国石油化工流程泵和各类耐腐蚀泵领域的开创者。2002年，在大连市政府的支持下，大耐泵业有限公司在双D港投资建成占地面积15万m^2、生产规模达到10亿元的泵业园区，成为大连地区新的经济增长点。

一、绿色经营，永续发展

在大连海密梯克成立初期，公司就将使命提升到“做一家致力于人类的安全和环境保护事业的无泄漏泵公司”的高度，就是要致力于制造“绿色的”环境友好型产品，致力于“绿色的”生产经营过程。

公司引进德国海密梯克泵业有限公司的技术，秉承德国质量管理理念，生产的无泄漏泵产品解决了传统离心泵跑冒滴漏的问题，为中国装备制造业的发展做出了贡献。尤其是近几年在重大技术装备国产化方面，在多个领域实现了关键设备国产化。

在化工、石油化工领域API685泵的研发上，公司经过技术引进、转化，成为行业内可以同时掌握API685屏蔽泵和磁力泵技术的企业，其产品在乌兹别克斯坦纳沃伊PVC、烧碱、甲醇生产综合体项目和中石化九江石化8万t/a乙苯-苯乙烯装置中得到应用。大连海密梯克提高了我国API685标准无泄漏泵的制造水平，挺进了世界API685标准无泄漏泵制造企业的前列。

随着化工、石油化工领域多装置对汽蚀余量的严苛要求，公司在潜液式屏蔽泵和磁力泵的研发上也获得了重要突破，产品在甲醇制烯烃、煤制烯烃、液化LNG等重要项目上得到应用。公司提升了产品的多样性，满足了行业内各种需求。

在核电配套设备的研制方面，公司实现了核三级泵设计、制造及成套技术的全面突破，并参与设计和制造了“华龙一号”的屏蔽泵，打破了核电配套屏蔽泵依赖进口的局面。

在现代轨道交通用机车泵的研制方面，公司实现了技术的多轮演化。机车用屏蔽泵以高效节能、小巧轻便为主流。公司抓住轨道交通产业发展的机遇，与动车、高铁、机车、地铁等轨道交通设备需求商长期合作，累计提供产品5 000余台，设备连续无故障运行近10年。

大连海密梯克在致力于无泄漏泵的生产制造的同时，还积极致力于生产经营过程的安全环保，就是在生产经营过程中，遵章守法、合理利用资源、节能降耗、预防及控制污染、识别潜在风险，保障员工的职业健康安全，保护人类的生存环境。

2006年，公司通过了辽宁省二级安全生产标准化认证。2011年，公司通过德国莱茵公司ISO14001、OHS18001认证。2012年，投资建成大连泵业园污水处理站。公司先后荣获国家履行社会责任突出贡献奖、辽宁省履行社会责任突出贡献奖、大连市履行社会责任突出贡献奖。2018年，应BASF、德固赛等国际客户的要求，公司参加法国EcoVadis公司履行社会责任的测评，荣获金牌。

二、智能制造，科技发展

“成为中国无泄漏泵行业的领导者，为社会创造财富”是大连海密梯克的愿景，而“时刻领先一步”正是保证此愿景实现的行动基础。

随着国家两化融合的不断深入，“智能制造”被国家放到了制造业转型升级的战略高度。德国工业 4.0、《中国制造 2025》是对装备制造业未来发展方向的明确指引，也为大连海密梯克下一步具体工作的开展指明了方向。

面对未来不断提升的客户需求及复杂多变的产品应用环境，公司在中国地区率先布局数字化产品全生命周期管理的工作。在通过参数化三维设计，优化产品设计、生产周期的同时，逐步推进智能物联产品的研发，让产品具备自我数据采集、汇聚分析、远程诊断的能力，努力实现产业价值链的增值，打造制造业服务产业，从而为客户提供更为及时有效的服务，为社会创造价值。

三、转变思维，创新发展

“客户导向、以人为本、创新、责任”是大连海密梯克的核心价值观，其中，创新就是要与时俱进，在理念上、体制上、方法上不断创新，不断超越自我。“新时代”和“新常态”将成为“时代的常态”；唯“变”的年代，只有唯“变”的思维、唯“变”的行动，才能适配未来。大连海密梯克面对复杂多变的国内外经济环境，积极洞察市场机遇，调整经营战略，转变思维，创新发展。

大连海密梯克综合分析公司内外部环境变化，分析市场所带来的机会与威胁，确定公司的战略目标和行动方案，并在执行过程中适时监控，确保战略方向的正确性。

在大连海密梯克成立初期，为了尽快打开国内市场，调整组织结构，加大产品本土化及市场开拓力度，实现了公司历史上第一个获利年度；在国内市场价格竞争如火如荼的时候，公司提出了开拓东南亚市场的蓝海战略，出口额逐年上升；先后成立上海分公司、南京分公司，以优质的团队及快速的响应服务于上海及南京地区的 BASF、BAYER 等国际知名客户。随着国家对中国内陆，尤其是对“一带一路”前沿地区新疆的经济发展进一步的关注，新疆成为中国实施西部大开发战略的重点地区，大量投资及合作项目不断涌入新疆地区，大连海密梯克在新疆地区客户现场服役的设备近 2 000 台；2018 年，大连海密梯克在新疆伊犁奎屯独山子经济技术开发区成立新疆分公司，加大新疆地区的市场开拓力度，更好地服务新疆地区客户。

大连海密梯克的创新还体现在管理机制上，管理机制的创新为公司的发展注入活力。

公司先后 3 次与大连理工大学合作，开发适合公司经营战略的人力资源管理框架，推行以能力及业绩为导向的员工激励及人才培养机制，不断完善绩效及薪酬管理体系。建立基于岗位胜任能力要求的标准化培训课程体系，培养专业化的内部师资队伍，定期组织内部培训，聘请专家内训，公派员工参加外部培训以及出国培训。

公司引进卓越绩效管理模式，从领导、战略、顾客与市场、资源管理、过程管理、测量、分析与改进、经营结果等方面对公司进行全方位的诊断，识别出改进机会。公司系统地导入“六西格玛”管理思想、“QCC”管理思想，成立六西格玛改进小组、QCC 改进小组。六西格玛改进项目是公司自上而下进行设立的，用于解决高端的质量问题；QCC 改进项目是员工自下而上进行设立的，由员工确定课题实施改进，其目的是充分发挥、调动员工的积极性。

公司引入营销策划项目，策划内容包括营销定位、品牌定位、营销策略及营销管理体系等，提高公司的品牌知名度，提升公司的竞争力；引入精益生产项目，优化生产流程、降低库存、缩短交货周期，提高用户满意度，最大限度地满足市场需要。

作为中德合作 20 年的优秀典范，大连海密梯克在投资双方股东以及社会各界的支持下，在各方面均取得了显著的成绩。先后参与起草了 GB/T 3216—2016《回转动力泵　水力性能验收试验　1 级、2 级和 3 级》、GB 25286.5—2010《爆炸性环境用非电气设备　第 5 部分：结构安全型“c”》、GB/T 51007—2014《石油化工用机泵工程设计规范》、SH/T 3148—2016《石油化工无密封离心泵工程技术规范》等标准。2013年11月，主持成立了全国泵标准化技术委员会无轴封离心泵标准工作组，并牵头起草了《电力机车用屏蔽电泵》行业标准。公司拥有51项国家专利。公司产品取得了欧盟CE认证及国际电工委员会IEC认证，完全符合安全、卫生、环保和消费者保护等一系列欧洲指令所要表达的要求。公司产品在民用核安全领域也获得了民用核安全设备设计、制造的相关许可。先后多次被全国机泵网、全国化工设备设计技术中心站、中国石化集团公司机械技术中心站授予“最佳供应商”企业，荣获辽宁省质量管理奖、大连市首届市长质量奖，公司产品被连续评为辽宁省名牌产品。

未来，大连海密梯克将一如既往地秉承公司的使命，以诚信为基础，以创新为动力，为地区经济、为中国制造业的转型、为人类的环境保护事业做出贡献。

强化实力　持续创新　谋划新发展

——石家庄强大泵业集团有限责任公司

一、企业介绍

石家庄强大泵业集团有限责任公司是由石家庄泵业集团有限责任公司改制而成的民营公司，其前身是石家庄恒大铁工厂。1954年更名为石家庄市铁工厂，1955年开始生产水泵，1972年1月更名为河北省石家庄水泵厂，2000年4月改制为石家庄泵业集团有限责任公司，2006年3月改制为石家庄强大泵业集团有限责任公司。2016年6月，公司进行重组整合，整合后的新公司股权结构明晰、管理架构精干、人员配置高效、资产管理统一。重组整合为公司注入了强大的资金支持，激发了公司的经营活力。

石家庄强大泵业集团有限责任公司是全国规模较大的集科研、设计、制造于一体的渣浆泵、污水泵、潜水泵、石油化工泵、烟气脱硫泵、疏浚等泵用生产制造基地，同时生产耐磨阀门、膜片联轴器、旋流器、控制柜等系列配套产品，年生产能力10 000台（套），主要为冶金、矿山、电力、煤炭、疏浚、火电烟气脱硫、环保工程、污水处理、城市给排水、水利工程、农田灌溉、石油化工、建材等企事业单位提供各种配套泵类产品与泵系统设计和安装服务。产品畅销全国各地，渣浆泵产品市场占有率居行业前茅。国际市场占有份额不断提升，产品远销西欧、北美、东南亚等40多个国家和地区。

公司在全国建有完善的营销渠道，形成了“以集团为中心、辐射全国”的经营网络体系和售后服务体系，为用户提供满意、优质的服务。公司设有专门的对外贸易部门，从事对外贸易和进出口业务，与30多家国外公司建立了技术合作业务联系。

公司于1997年通过华信技术检验有限公司、美国FMRC公司的ISO9001质量体系认证；2009年通过质量、环保、安全三体系认证，GJB国军标质量保证体系认证；2010年通过中国人民解放军某部“装备承制单位”资质认证。公司荣获“科技先导示范企业”“中国机械工业优秀企业”“中国机械工业最具影响力品牌”“中国机械行业最具创新力企业”“中国机械工业创新产品”和“中国机械工业名优新产品”等荣誉，并入选“中国机械500强企业”。250PN等泥浆泵获国家质量银质奖，WQ系列污水泵获中国机械工业科学技术奖一等奖，“大型挖泥船泥泵国产化开发研制”项目荣获2012年度中国交建科学技术进步奖一等奖、天津市科学技术进步奖。SX 单级双吸离心泵、VXL 立式斜流泵、KSH（L）型系列渣浆泵、61/67/68 系列矿用潜水泵、TL（R）型脱硫泵等产品多次荣获中国国际流体机械展金奖、银奖。

二、科研开发及试验情况

1. 研发能力和装备

公司拥有面向全行业的水泵研究所和省级企业技术研发中心，设有试验研究、产品开发、工程技术、材料开发、性能研究、冷热工艺等 10 个专业研究室，现有各专业高中级设计人员 100 余人。研究所和技术中心科研手段齐全，拥有现代化试验平台，包括 ISO3555 B 级精度的半自动清水性能试验台、渣浆性能试验台、快速寿命试验台、流量计校验装置以及回转转盘磨损试验机、金属耐磨材料试验装置等先进的试验研究设备和测试装置，专门从事水泵设计理论、水泵性能、磨损机理、耐磨材料、新工艺和新产品开发的研究工作。

公司还与清华大学等单位合作，加紧推进“高效多相浆体输送泵绿色设计平台”建设。该平台将利用先进的设计理论和数字化的研发设计手段，实现高效多相浆体输送泵设计；通过先进的制造设备和完善的管理工具，实现高效多相浆体输送泵的制造；利用云数据处理技术，实现销售、维保、废旧高效多相浆体输送泵的回收利用。通过该设计平台的建设，推动我国泵行业绿色产品生产。

公司的产品开发、设计和工艺设计等采用计算机辅助技术，并全部实现联网和信息共享，建立了完备的 CAD 硬件平台和软件平台。采用 I-DEAS 工作平台和国际前沿 CFD 设计技术，实现了产品零件的三维建模、水力动态模拟、性能分析、表面设计、装备干涉检验及有限元分析，从而使产品设计、工艺设计、新产品计划管理、科研计划管理、图样和有关资料全部实现电子化。公司于 2000 年 11 月通过了国家经贸委国家“863”计划 SB-CIMS 应用示范工程的鉴定验收，成为全国水泵行业率先实施 CIMS 的企业。

多年来，公司完成了国家级、省级科研课题数十项，以市场为导向开发研制新产品 300 多个，使公司在激烈的市场竞争中立于不败之地。

2.CAE 铸造技术应用

铸造件在水泵零件中占有的比例较大，很多关键零件均需铸造生产，公司对铸造过程有严格的控制规程与先进的控制手段。

公司引进先进的辛普森连续混砂机，并采用树脂砂造型，结合先进的耐磨合金冶炼技术，保证了壳体的铸造水平及过流面的光滑水平。为保证铸件材质，公司从美国购进 DV-4 型光电直读光谱仪，用来进行炉前材质控制，保证部件的金相组织均匀、致密，出厂设备无铸造缺陷。

近年来，公司还引进了先进的计算机铸造工艺分析系统（CAE/InteCAST）。华铸 CAE 能够模拟分析铸造过程中的流动问题、传热问题以及二者的耦合计算。针对不同铸造方式、不同合金种类，采用合理的处理手段，InteCAST 能够快速、准确地对各种铸件的凝固过程进行模拟分析，从而达到优化模具设计、提高产品质量的目的。

华铸 CAE 采用先进的数值求解方法，能够实现对复杂真实铸件流动充型过程进行模拟分析，并模拟铸造生产的充型、凝固过程，预测可能产生的缩孔、卷气、卷渣等铸造缺陷，提出改进工艺的有效措施，降低废品率，保证铸件的质量不存在缺陷。

3.CFD 水力设计技术应用

公司水泵的水力设计采用计算流体动力学（computational fluid dynamics，CFD）技术。利用 CFD 软件对水泵内部流道流场和外部特性进行预测，模拟液体在泵腔内的运动，合理调整叶片包角和叶片厚度，使其具有较宽的过流通道，降低流道内的相对流速，从而减少输送液体对过流部件的冲击，降低过流件的磨损率，提高泵的水力效率。

三、市场应用情况

公司围绕市场需求，进一步调整产品结构，重点研制开发了用于污水治理、电站脱硫、填海造田与挖泥船配套的大型清水泵、斜流泵、污水泵、化工泵、潜污泵、渣浆泵、潜水泵，研制开发了乙烯、复合化肥等三大化工所需配套用泵。产品继续向大型化方向发展，形成了大型产品生产优势。

公司先后从德国 RITZ 公司和 KSB 公司、日本久保田株式会社、荷兰耐荷公司引进具有国际先进水平的潜水泵、污水泵、双吸泵和化工泵设计制造技术，并投入大量资金进行相应的技术改造，开发出 KWP 系列无堵塞离心泵、SX 双吸中开泵，使引进技术产品在短时间内形成批量生产能力。公司先后为安太堡露天煤矿、秦山核电站、大亚湾核电站、石横电厂 300MW 机组、平圩电厂 600MW 机组、齐鲁 30 万 t 乙烯、渤海石油钻井平台、德兴铜矿和上海宝钢工程、解放军某部及海军某部等百余个国家重大工程项目提供配套流程泵，为廊坊污水处理厂、济南兴齐河污水处理厂等几个国家污水处理样板工程提供配套设备。

公司根据市场需求，在广泛吸收和借鉴国内外同类产品先进技术的基础上，采用现代化设计手段，研制开发了新一代高效节能产品 SX、SXL 型单级双吸离心泵。利用公司专有的 CFD 设计软件，结合国内外先进的水力模型对叶轮和泵体进行最优化设计，使水力损失大大降低，从而提高了效率，设计点效率平均比国内普通中开泵效率高 5～15 个百分点。尤其是一些大流量、高扬程的双吸泵先后用于宁波逸盛大化、沈阳南票电厂、温州新状元水厂（30 万 t 供水）等各工矿企业。该系列泵的高效率及优越的抗汽蚀性能得到用户的一致好评。SX 单级双吸离心泵荣获 2006 第三届中国国际流体机械展览会金奖。

在国家重点项目中，针对磷矿、铝厂、沿海电厂及大化工，青钾、罗钾及煤化工行业，研制开发出适用于不同输送介质的材料，主要有镍铸铁、不锈钢、双相钢等耐磨、耐腐蚀材料，并得到广泛应用。

近几年，公司在沿海用泵、船用泵、核电用泵等方面均有突破性发展。其中，大连逸盛石化海水升压泵、阿尔斯通华能威海电厂二期海水脱硫工程海水泵以及北京龙源秦皇岛电厂海水增压泵，均得到用户好评。

根据石家庄市环保治理要求及企业长远发展需要，公司在石家庄行唐经济开发区建设新厂区。新厂区总投资 6 亿元，将建成集智能化、绿色化于一体，年产 10 000 台（套）泵产品的生产基地，计划于 2018 年 6 月投产。

展望未来，公司将站在新的起跑线上，抓住契机，以雄厚的研发能力、先进的技术装备、可靠的产品质量、创新的经营理念，依托新厂区，打造全国最大的渣浆泵、污水泵、潜水泵、清水泵制造及物流集散基地。公司将不断适应市场需求变化及行业未来发展方向，以一流的产品、一流的服务、良好的信誉和饱满的热情回报广大用户。

提升自主创新能力　引领中国泵工业的崛起

——上海凯泉泵业（集团）有限公司

上海凯泉泵业（集团）有限公司（简称凯泉）是集设计、生产、销售、安装泵、给水设备及泵用控制设备于一体的大型综合性泵业集团公司，是中国泵行业的龙头企业。公司总资产达 38 亿元，在上海、浙江、河北、辽宁、安徽等省市拥有 7 家企业、5 个工业园区，现有员工 4 500 余人。

凯泉生产和销售的产品涵盖建筑、市政、电力、石油、化工、矿山、核电等数十个大类、近百个系列。凯泉首创了泵行业直销模式，拥有国内泵行业颇具规模的直销体系和完善的服务体系，在全国设有 24 家销售分公司、400 多个办事处、5 个事业部，积累了高度专业化的流体机械类产品营销管理经验。2016 年销售额近 30 亿元，连续 14 年名列全国泵行业销售额第一。

凯泉是上海市高新技术企业、上海市级“企业技术中心”，每年将销售总额的 4% 用于技术创新和新产品研发。公司引进一批技术领军人才和中高级技术人才，进行产品性能改进和重大新产品项目研发，并与上海交通大学、江苏大学等近 10 所高等院校和研究所建立了长期的战略合作关系，形成了以自主知识产权为核心的技术体系。公司拥有专利 200 多项，其中国家发明专利 25 项。

一、提升自主创新能力，攻高端、调结构

2010 年开始，凯泉投入近 7 亿元，进军核电、火电等高端泵领域。凯泉研发高端产品，优化产品结构，提高了高端产品比例；建设完善了国内领先的研究室、试验台和测试台。2011 年，凯泉取得国家民用核安全设备设计 / 制造许可证。

2014 年 2 月 22 日，凯泉研发的核电常规岛主给水泵、循环水泵组样机顺利通过评审。叶奇蓁院士在鉴定会结束后接受央视财经频道记者采访时说，凯泉研发的主给水泵、循环水泵为国内首创，主要技术性能国际领先，完全可以满足核电用泵要求。这标志着凯泉拥有了核电领域主给水泵、循环水泵的自主技术，为打破该领域的国外垄断、替代进口迈出了重要一步。

至 2016 年，凯泉研发的核电常规岛主给水泵、循环水泵组等 30 多个重大新产品顺利通过了国家能源局、中国机械工业联合会组织的鉴定。国核、广核、中核、台山、防城港、宁德、田湾、三门、福清及巴基斯坦恰希玛等十几个国内外核电站都采用凯泉的产品，填补了国内产品空白，打破了国外垄断。凯泉实现了 10 个产品的首台（套），还承担了国家黄岛战略储备油库大型潜没油泵、中国科学院 MSR 高温熔盐工程样泵（四代核电主泵）研发等国家重大科研项目的任务，标志着凯泉拥有了多项自主核心技术，已经成功进军以核电为重点的国内泵行业高端领域。

2017 年 11 月 21 日，凯泉与英国业主方和法国电力公司签署了英国欣克利角三代核电站设备包项目，包括核电站核岛内 145 台排水泵，合同额 400 万英镑。这标志着我国第一家民营企业成功进入欧洲核电市场。

二、推进精益生产，提升智能制造水平

凯泉与德国专门研究工业 4.0 的研究院的专家和技术人员合作，推动凯泉制造的技术与标准体系升级，强化对生产制造系统的改造。

2016 年，凯泉对关键产品的生产制造流程进行整体的精益规划，在德国弗劳恩霍夫应用研究所博士指导精益顾问团队的辅导和帮助下，推进工业 4.0，实施凯泉制造升级。公司投资 3 500 万元，打造全新的供水机组等 5 条生产流水线，重新规划工艺流程、场地、设备，全面推进精益生产模式，并着力培养生产管理人员的精益项目能力，进一步完善生产计划体系，努力提升现场 5S 水平，改善生产布局，加强生产管理，以打造智能制造工厂为目标，提升凯泉生产运营水平。

凯泉着力打造“智慧凯泉”。一是通过凯泉智慧云平台，借助智慧泵和智慧供水设备，建立凯泉产品的智慧监控体系，实现泵站自动化管理。除视频监控、运行数据管理功能外，还增加了系统的高效区匹配、故障预警、设备全生命周期管理功能。二是以智慧工厂为中心，通过 MES、ERP，打造信息物理生产系统，实现智能制造。

三、拓展新领域，提升产品性能

凯泉通过管理创新、营销创新、服务创新，打造创新型企业。坚持把可持续发展作为凯泉的重要着力点，加强节能环保减排技术、装备推广应用，全面推行节能化产品。公司瞄准化工、钢铁、矿山等市场，建设沈阳、石家庄等生产基地，开发工业用泵，进一步拓展凯泉发展的新领域。

凯泉对所有产品进行配置升级换代，向国际一流产品看齐。重点推出 KQSN（SW）系列高效节能型双吸泵、第六代单级泵、第五代 KQG 系列数字集成全变频供水设备、新一代 WQ 系列潜水产品、高效脱硫泵等 5 种新产品，性能达到或接近国际先进水平。2017 年，公司改进现有产品 400 多种规格，性能提升 6% 以上，70% 的产品性能超国家节能标准。

四、实施新战略，开创美好未来

凯泉以“开创美好未来”为企业理念，以“泵业报国，永续经营”为企业宗旨，制定了新的发展战略“凯泉 212、464 战略规划”，提出了更高的目标。

两大核心理念 —— 凯泉使命，引领中国泵工业的崛起；凯泉愿景，进入世界泵行业前十强。

四个指导思想 —— 质量为本、技术领先、创新驱动、稳健经营。

六大战略举措 —— 互联网 + 技术营销战略、技术领先战略、质量为本战略、客户至上战略、智能制造战略、一带一路战略。

四大战略支撑 —— 以工程技术人才为核心的人力资源建设战略，以智能制造为核心的信息化建设战略，以以仁为本为价值观核心的企业文化建设战略，以资本市场化为核心的稳健财务政策建设战略。

凯泉的使命和愿景是引领中国泵工业的崛起，进入世界泵业十强。面向未来，凯泉将实施新战略，推动企业新发展，全力振兴民族泵业，铸就凯泉新的辉煌！

倾力打造民族品牌　助力阀门国产化

——中核苏阀科技实业股份有限公司

中核苏阀科技实业股份有限公司（简称中核科技）成立于 1997 年，前身为 1952 年成立的苏州阀门厂，是一家集工业阀门研发、设计、制造及销售为一体的科技型制造企业，专业生产核电、核化工、石油、石化、公用工程等各类工业阀门。

2005 年，中核科技总部搬迁到国家级苏州高新区，在新建厂房和更新加工设备及检测设备的基础上，建立了江苏省特种阀门工程技术研发中心。公司先后设立了核工程阀门事业部、石油石化及特种阀门事业部、电站阀门事业部、公用工程阀门事业部，收购成立了中核苏阀球阀有限公司、苏州中美锻造有限公司等。

自 2007 年起，中核科技导入以战略为导向、以顾客市场为焦点的卓越绩效管理模式。公司先后获得江苏省质量奖、第一届苏州市市长质量奖、苏州市知名商标、江苏省著名商标、江苏省名牌产品等荣誉。

多年来，中核科技圆满完成中国核工业集团公司交付的各项任务，并着力于自我提升，在现代企业制度建设、国内外市场开拓、自主研发能力提升、生产组织结构优化、企业管理水平提升、上市公司资本运作等方面取得显著成绩。

当前，我国经济步入稳中有进的“新常态”，阀门行业进入微利时代，呈现价格竞争白热化、行业兼并重组加快的新趋势。与此同时，伴随国家核电“走出去”战略的实施，核电阀门市场潜力巨大。在此背景下，中核科技积极应对新形势下复杂多变、异常残酷的市场挑战，并借助涉核产业发展的历史性机遇，实现了平稳较快发展。近年来，中核科技经营发展取得较好的成绩，经济效益稳步增长，整体实力明显增强，发展形势总体良好。

一、自主研发，不断突破

中核科技加快科研平台建设，推进关键阀门国产化的自主创新步伐。公司不断提升企业核心竞争力，保持技术领先优势，建立了江苏省特种阀门工程技术研究中心、中核集团特种阀门工程技术研究中心，形成了具有国内一流水平的研发体系、产品体系和标准体系；推动公司核工程、石油石化、电力、水务等市场阀门业务向高端领域迈进，提高阀门产品附加值；使用的“H”“SUFA”阀门产品商标，在国内阀门行业中拥有良好声誉，品牌影响力强；产品优质可靠，为客户所信赖，客户满意度高。2015—2017 年实现营业收入合计近 29 亿元，总资产已达 20 亿元。

中核科技倾力打造中国阀门民族品牌，是我国流体机械系统的工业阀门主要制造和供应基地。公司自上市以来，不断加大资金投入，引进当代先进技术、设备与检测手段，为各行业提供一流的工业阀门。当前，中核科技已成为以高温高压、加氢、煤化工硬密封耐磨阀及大口径等系列阀门为主导产品的主要阀门制造商。

中核科技多次承担国家、省级重大科研项目，不断进行技术攻关，取得了丰硕的科研成果。公司自主研制的核二级主蒸汽隔离阀实现产业化应用，2016 年通过了“江苏省首台（套）重大设备及关键部件”认定，先后获得“第五届中国能源装备十大年度创新产品”“中国机械工业科学技术奖一等奖”等荣誉；爆破阀设备鉴定技术研究项目成功完成第三次浸没试验及课题预验收。

在核电站用关键阀门研发方面，中核科技累计完成并通过鉴定的样机达 40 余台，包括主蒸汽隔离阀、爆破阀、蝶阀、隔膜阀、仪表阀等，产品覆盖了百万千瓦核电机组的大部分阀门，公司已具备百万千瓦级核电机组大部分阀门的设计和制造能力。在核燃料真空阀及浓缩铀生产关键阀门研发方面，高真空耐压阀、电动 / 手动鱼雷真空阀、电动/手动转筒真空阀、高真空耐压调节阀等四大类关键阀门基本实现国产化，产品总体性能达到或超过进口产品水平，公司成为国内核燃料专用阀门的骨干生产企业。在石油化工领域，公司研发的渣油加氢处理装置高压临氢 Y 型截止阀、乙烯装置高温高压阀门被中石化组织的国内权威专家鉴定为国际先进水平。在火电关键阀门领域，公司研发的超（超）临界火电机组关键阀门样机，5 个规格样机达到国内领先水平，6 个规格样机达到国内先进水平，有效推动了超（超）临界火电机组关键阀门的国产化进程。

二、突破瓶颈，拓展海外，做强做大，激发活力

多年来，中核科技以“为股东、员工、企业、社会创造价值”为原则，坚持市场化、国际化导向，推进内部管理体制和运行机制改革，提升科研开发、技术服务、设备制造的自主创新、引进消化吸收再创新能力，加强人才队伍建设和技术创新平台建设，使公司成为国内领先、国际一流的流体控制系统设备集成与服务供应商。

1. 坚持“创新”发展理念

公司以提升技术研发整体水平为核心，以具备三代核电技术阀门成套供应能力为目标，充分利用研发资源优势及外部科研院所研发力量，坚持“产学研用”相结合，建立和完善符合企业发展的技术创新体系。加快平台建设，打造高技术创新平台，创建国家级特种阀门工程技术研发中心。针对重点阀门产品进行关键技术攻关，突破一批制约公司发展的关键技术，使公司具备三代核电技术阀门成套供应能力、四代核电关键阀门供货能力，成为体系完善、机制健全、自主创新能力强、参与国际市场竞争的现代企业。

2. 坚持“开放”发展理念

公司在巩固国内石油化工、核工程、公用工程等目标市场份额的基础上，以全球的视野和眼光，抓住“一带一路”及核电“走出去”发展机遇，积极谋划海外布局，建立海外市场开发体系，加快海外市场拓展，做好国际供应商资质认证，试点建立海外办事机构，提高海外核电与非核市场的业务比例，实现公司国际化发展战略。做强做优阀门主业，保持在现有目标市场的领先地位，进一步开拓新兴阀门市场；进入核技术服务领域，开拓核电阀门装置服务市场，做好高端阀门的技术服务，增加企业经济增长点。

3. 坚持“协调”发展理念

公司坚持自主发展与并购重组相结合，以规模扩张适度、价值最大化为原则，坚持“纵向延伸、横向拓展”的发展思路，充分发挥上市公司融资平台优势。在做大做强主业的前提下，寻找合适

的资本运作投资机会，通过收购参股等资本运作方式，与有发展潜力的相关企业进行重组合并，逐步拓展公司在泵产业、管道产业、驱动装置产业、密封圈等制造领域及核技术服务领域的业务范围，实现公司跨越式发展。推进阀门主业纵向延伸，优化阀门产业结构，拓展相关技术服务领域；适时进行横向拓展，通过自主发展与重组兼并相结合的模式，实现企业的多元化协调发展。

4.坚持“共享”发展理念

围绕集团公司和中核浦原关于深化改革的总体要求，结合公司发展实际，坚定不移地推进公司深化改革各项措施。积极探索股权激励机制，推行股权多元化改革，适时推进混合所有制经济发展；建立完善科研成果转化机制，促进成果共享，激发企业及员工活力。

“十三五”期间，公司将实施“12345”发展战略，实现经济总量“翻一番”目标；拓展两个市场：海外市场、非阀门市场；打造三个平台：国家级研发平台、核技术服务平台、资本运作平台；形成“四化”格局：运作市场化、产业多元化、管理扁平化、制造智能化；人均收入增长50%。从而使企业在继续保持国内行业领先优势的基础上，持续增强参与国际市场竞争的优势。

改革与创新谱写发展新篇章

——四川空分设备（集团）有限责任公司

四川空分设备（集团）有限责任公司（简称川空集团）是集科工贸为一体的跨行业、跨地区的大型企业集团，年生产规模达30亿元以上。川空集团主要产品有大中型空分设备、天然气液化及分离设备、低温液体贮运设备以及工业气体等。

近十年来，川空集团为国家上缴税金超过10亿元。川空集团持续保持了“中国机械工业百强企业”“四川省百强企业”称号，主导“川牌”大中型空分设备和低温液体贮运设备系列产品连续十余年保持“四川省名牌产品”称号。2017年是川空集团致力于转型升级、努力打造“川空”升级版、向“创新川空”大踏步迈进的一年。

一、改革促进转型升级

为了整合川空集团的优势资源，促进企业产业结构调整和转型升级，打造“川空”升级版，2017年，川空集团完成了一系列体制改革，使其劳动效率和管理能力得到了显著提升。

改革之初，川空集团制定了按市场经济规律办事，坚定不移高举“改革”和“创新”的大旗，坚持走工程服务和先进装备制造与工业气体并举，不可或缺、不可或偏的改革思路。按此思路，川空集团对整体发展模式进行了调整整合，将其业务分为四大板块，即研发、工程服务、装备制造以及气体服务，并以这四大板块为基础调整集团组织机构。

研发板块——面向行业高端技术，走独立研发的道路。以低温技术研究院为龙头，坚定不移地搞研究、研发工作，研究低温设备技术、特种气体制取和应用技术领域的前沿技术。通过对研究院组织机构的完善，强化基础实验设施建设，使之既能满足集团发展需要又能适应市场发展需要。通过对研究院的基础能力建设，完善了新的管理模式下的创新项目管理体系和制度建设。

工程服务板块——走以工程服务为主体、含设备成套在内的工程服务道路。设备成套只能为工程服务，川空集团组建了新的四川空分集团工程公司，其包含了原工程公司、空分事业部、低温安装公司、进出口公司、杭通公司、浙江大川公司。宗旨是发展成为以低温技术为主，具有国际先进技术水平的工程服务公司。

装备制造板块——发展具有优质、高效、先进的低温装备。将容器、换热器、低温机械（透平、低温泵等）、机电仪、封头等主要关键配套装备制造进行资源整合，组建了四川川空低温设备有限公司，实现成套设备的先进性、配套设备的安全性和可靠性，以保证工程服务的优良性。

气体板块——坚定不移地走气体与工程、装备同步发展的道路，强化气体部管理职能，提高气体设备运行管理能力，使气体发展更加坚定、稳妥、高效。通过内部管控，实现气体的综合利用。在进一步加强气体运营管理的同时，增强了对气体板块的管控能力和管控效率，提升了气体板块的回报率。

除此之外，川空集团还将通用性、适用性强的机械设备公司或事业部，包括原通机公司、阀门分公司、压缩机分公司、新能源装备分公司等整合成“通用机械板块”，组建了四川空分通用机械设备有限公司，形成“4+1”板块模式，实现企业整体实力的提升。

二、创新铸就品牌之路

作为机械行业的重点骨干企业，雄厚的技术力量一直是川空集团最核心的竞争优势。川空集团拥有省级技术中心、低温技术研究院、焊接研究所、风洞实验室等研究及试验机构，推进数字化设计，引进了国内外一流的分析设计软件，并通过与大学、国际著名公司合作及自主创新，使川空技术水平保持国内领先，并在多个领域已具备了与国外先进企业同台竞争的能力。川空集团已有40多项专利技术被应用，20多项产品填补了国内空白。

近年来，川空集团以创新开发增强发展动力，与此同时，集团承担国家能源局清洁能源重点项目的3MWe富氧燃烧中试试验系统成功通过鉴定，与华中科技大学国家煤炭清洁低碳发电技术研发（试验）中心、东方锅炉股份有限公司等单位联合承担“十二五”国家科技支撑项目“35MWth富氧燃烧碳捕获关键技术装备研发及工程示范”，完成“低成本富氧燃烧用新型空分装置研发及示范”的子课题研发并获得专利，促使川空集团的富氧燃烧空分系统技术和富氧燃烧碳捕集CO_2压缩纯化关键技术处于国内领先地位。

通过创新，川空集团近年来已经掌握并成功运用了煤化工项目配套特大型空分装置上的关键技术——工艺流程技术、径向流吸附器、特大型空分冷箱设计等，已经具备了设计、制造、成套8万～12万m^3/h等级大型空分装置的能力，并在富氧燃烧技术用新型节能低纯氧空分技术方面取得了突破。

川空集团在LNG冷能空分领域已经走在行业的前列，获得了多项专利并得到工业化应用。近年，川空集团成功开发了中海油宁波614.5TPD LNG冷能空分、唐山曹妃甸723TPD LNG冷能空分、中海油珠海614.5TPD LNG冷能空分，并于2015—2017年先后成功投产，各项设计指标均达到设计要求。川空集团还成功开发拥有自主知识产权的大型LNG接收站关键设备——开架式海水汽化器（ORV）、浸没燃烧式汽化器（SCV）。其中，由川空集团自行设计制造的国内首台开架式海水汽化器（ORV）一次性开车成功，填补了国内空白。

川空集团是当前国内规模较大的从事天然气（油田气）分离装置及天然气液化装置设计、制造的专业公司。2010年，川空集团完成了260万t/a大型天然气成套装置液化工艺包研发和关键设备——板翅式换热器冷箱的研发。至今已拥有多套百万立方级天然气液化装置成功投产运行。2016年，川空集团又斩获贵州省LNG工厂100×10^4 m^3/h天然气液化装置及CNG母站的建设，预计于2018年下半年投产。

近年来，川空集团在其拥有的空分、天然气产品的基础上，不断创新，成功开发了具有自主知识产权的稀有气体精制设备——针对大型空分装置，成功开发出高纯氪氙精制设备、高纯氖氦精制设备；针对大型天然气液化装置，成功开发出从天然气的不凝气（BOG）中提取高纯氦气的设备，且都已具备工业化成熟的应用条件。

当前，川空集团已完成了10万m^3/h等级空分设备膨胀机、发电膨胀机、液体膨胀机、大流量LNG转注泵等重大产品的研制工作。同时，还开发了LNG潜液泵，可满足LNG汽车加液站配套的需要。为此，川空集团开发的2 000～10 000m^3大型低温液体贮罐已被国家列入重点科技攻关合同并顺利完成。而后，川空集团继续向特大型LNG贮罐的研发拓展，又相继在30 000m^3特大型LNG贮罐、80 000m^3特大型LNG贮罐的研究开发中获得突破。30 000m^3特大型LNG贮罐已于2014年在内蒙古兴圣投入使用。如今，川空集团的低温液体槽车已采用珠光砂粉末绝热和高真空多层绝热技术，具有优良的技术经济性能，现已投放市场。

2017年，川空集团成功签订了河南伯利新联材料有限公司12 000m^3/h空分装置、重庆足航钢铁有限公司4 500m^3/h空分装置和辽宁宝来化工股份有限公司22 000m^3/h空分高氮装置等空分装置供货合同，客户群体涉及化工、钢铁、冶金、医疗等行业领域。此外，川空集团的气体业务为其实现了14亿元的营业收入，这为川空集团2018年延续其良好发展奠定了坚实的基础。

三、战略助推多元化发展

经过几十年的发展，川空集团始终保持“设备与气体并举，不可或缺、不可或偏”的发展战略。迄今为止，川空集团已研发了上千个品种的部机，形成了以科研为龙头，“四条主线、多足发展”的多元化产业格局。

随着国家“一带一路”倡议的推进，川空集团必将得到进一步拓展。当前，川空集团已经取得自营进出口权，并赢得海外工程总承包资质，川空集团的设备、工程总包和服务已经走向世界。川空集团旗下的生产基地已扩展到长三角、珠三角、成都等地，气体运营工厂遍及内蒙古、山东、山西、江苏、河北、陕西等地。川空产品远销欧洲、美洲、非洲以及东南亚、南亚、中东等30多个国家和地区，形成了全球化战略布局。

历经市场风雨洗礼，川空集团不改初心，始终坚持改革与创新，以“技术要精，生产要专，质量要好，成套水平要高，经营要全方位”的发展战略，壮大研发机构，不断攻克科研壁垒，开发新产品、扩宽产品领域，用先进的生产设备推动工艺创新，以科技动力带动企业发展。

改革与创新是川空集团几十年来赖以生存和发展的法宝。未来，川空集团还将继续坚持和依赖这两大法宝，不停地走下去。

持续创新　做全球工业气体和装置的领导者

——林德集团

一、德国林德集团简介

德国林德集团是享誉世界的工业气体制造商、拥有技术专利的工程承包商和工业设备制造商。著名德国科学家、低温技术的先驱卡尔·冯·林德博士在1879年创建了林德集团的前身“林德低温设备公司”。1902年，卡尔博士建立了世界上第一套空气分离装置，开创了世界工业气体的先河。经过近140年的发展，林德集团已在100多个国家拥有600多个分公司和近60 000名员工，如今已经成为在工业气体、工程以及物流服务领域占据领先地位的国际公司。2017年，林德集团销售额超过170亿欧元，总资产达352亿欧元，在2017年福布斯世界500强企业榜单中位列第336位。林德集团的战略是关注长期盈利增长，通过前瞻性的产品和服务来实现全球业务扩展。

林德集团主要分为气体与工程两大部门。林德气体是国际气体市场的领导者，提供各种压缩与液化气体以及化学品。比如，生产的气体用于能源装置、钢铁生产、化学工艺、环境保护、焊接，以及食品加工、玻璃生产和电子产品。林德正在投资快速增长的医疗服务领域（即医用气体），扩大规模。同时，在开发环境友好的氢气技术方面，林德也走在全球前列。林德气体自 20 世纪 80 年代作为第一个进入中国市场的国际气体公司，至今在国内拥有近 60 个全资或合资子公司，运营着 200 余个装置供气现场，广泛服务于各工业领域的客户。

林德工程也在世界各地取得佳绩。迄今为止，林德工程在全球共交付超过 4 000 套工业装置，其中空气分离装置 3 000 余套。林德工程拥有丰富而完整的工业气体装置产品目录，覆盖广阔的工业领域，重点业务是前景良好的工业气体市场，比如空气分离设备、天然气设备、烯烃设备以及氢气 & 合成气设备。当前，林德工程在全球范围内有四大工程中心，分别位于德国、中国、印度和美国，另有分布于世界各地的常设机构或代表处 23 个。林德工程有三大优势：①安全质量管理优势。安全和质量是林德开展一切业务的先决条件，确保装置对人和环境零污染、零伤害。②工程能力和经验优势。凭借着近 140 年的工程经验，林德在全球建立了统一的设计、技术及质量标准，确保所有装置均符合最高质量标准，实现最优异的运行性能。③项目执行优势。冷箱内所有部件均由林德自行设计制造，确保执行团队严格把控装置质量和执行进度。同时，聆听客户要求，及时满足客户的合理需求，保证客户利益的最大化。与竞争对手显著不同的是，林德工程交付的装置始终注重业主总成本的最优化，而不仅仅是初次投资成本的减少，在投资成本和运行成本上取得最佳的平衡。

一直以来，林德对前沿技术的发展与创新从未停歇。林德工程研发部门联合国外多家科研机构及高等院校，不断优化改进现有工艺流程。同时，林德研发中心还配有专门的团队致力于新流程的商业化运作，保证研究与创新成果能在最短的时间内服务于市场与客户。林德工程还设有独立的实验中心，配备 600m^2 工厂用于基准装置及实验装置的研发与测试。此外，还有专门的实验室用于化工及物理方面的研究。这些大量的研究投入对提升林德的核心竞争力起到了至关重要的作用。

二、林德工程中国的简介及发展历程

林德工程自 1911 年进入中国市场以来，积累了丰富的经验，并始终恪守对中国客户的承诺。1913 年，第一套空气分离装置从德国林德集团进口到达上海港。凭借着林德先进的技术，持续的革新和客户化的服务，经过多年发展，林德在中国快速成长。

1986 年，林德工程北京代表处成立，主要负责林德工程主要产品在中国的销售工作。随着林德工程在中国业务模式的优化，北京代表处的业务于 2017 年并入林德工程（杭州）有限公司。

1995 年，林德工艺装置有限公司在大连成立，2005 年变更为林德工程（大连）有限公司（以下简称“林德工程大连”），是林德工程位于中国的制造中心，向世界范围内的林德装置提供专有设备，其生产能力及制造技术和位于德国沙尔逊的制造基地同步。该制造中心占地面积 43 000m^2，拥有 420 名员工，主要是装配工人和工程师，同时拥有自己的海港，为大型设备的运输提供了便捷的条件。2006 年，林德工程大连新工厂落成，新车间开始投入生产。2009 年，林德工程大连的板翅式换热器生产线落成并投入生产。2010 年，林德工程大连的规整填料生产线落成并投入生产，还设有塔器、冷箱及绕管换热器等其他生产线。2017 年，林德工程大连新车间第二个板翅式换热器真空钎接炉投产。大连专业生产超大型设备，具备生产最大容量为 220 000m^3/h O_2 的大型空分装备的能力。

2002 年，林德工艺装置有限公司杭州工程与销售中心在杭州成立，2005 年变更为林德工程（杭州）有限公司（以下简称“林德工程杭州”），是林德工程和大连冰山集团的合资企业。当前，公司拥有约240名员工，其中大多数为工程师。它是亚洲最重要的林德工程业务中心之一，负责销售、工程、采购、施工、项目执行和客户服务。林德工程杭州已经向25个不同省份的客户交付了100多套空分装置、氢气/合成气和天然气设备。2017年，林德工程杭州合并北京办事处。同年，神华宁煤的空分装置移交，标志着林德工程杭州完成第100台空分设备交付。

凭借着在中国设立的强大分支机构，林德工程为中国各工业领域的关键客户如中石化、中石油、神华集团、伊泰集团、兖矿集团、恒力集团、万华集团，以及宝钢、武钢、首钢、本钢、太钢等提供了卓越的装置及服务，并建立了长期友好的合作关系。

三、林德工程中国的业绩情况

林德工程在中国的装置主要有空气分离装置、制氢及合成气装置、天然气装置及烯烃装置等。作为林德在中国的工程中心，林德工程杭州发展迅速，在工程项目设备成套以及交钥匙工程项目执行上取得了丰富的经验。

1. 空分装置

空气分离装置是众多工业领域重要的基础配套设施之一，应用非常广泛，为下游的工业生产提供反应或吹扫所需的氧气、氮气、氩气以及其他稀有气体和液体产品。

林德工程作为空分行业的先驱者和领导者，发明了空分发展史上的大部分主要流程和诸多技术及设备专利。流程类型覆盖高压流程、空压增压流程、氮循环流程、稀有气体全提取及精制流程，并根据客户的需求可生产纯氧、非纯氧、全液体产品、超高纯氧气和氮气，不同的流程装置类型可以充分适配于不同的客户和行业需求。空分装置按规模主要分成两种：一种是模块化标准空分装置，另一种是为客户量身定制的空分装置，满足客户的特定需求。林德的空分装置都具有以下特点：高度节能、高度装置可靠性、高安全性和高质量标准。林德工程自有工厂均获得ISO9000、ISO9001质量体系认证，确保所有出品均符合林德一贯坚持的最高要求。林德工程中国自成立以来，依托成熟的专有技术和经验，当前已交付了100多套空分装置，在空分领域完成了多个具有里程碑意义的项目，取得了优异的成绩。

2016年12月，凭借先进的技术与丰富的特大型装备工程与制造经验，林德集团为神华宁煤提供的6套101 500m^3/h的超大型空分装置全部试车成功并产出合格氧氮产品，历时仅约6个月。该6×101 500m^3/h空分集群为神华宁煤400万t/a煤炭间接液化项目配套，这是当前中国最大的空分装置。为实现此项目，林德工程杭州与德国沙尔逊、大连制造中心互相配合，在与当地承包商的顺利合作下，仅用4个月时间就完成了所有6个精馏冷箱及2 000多吨钢结构和各种容器的装配工作，为客户大大节省了时间成本，充分体现了林德工程先进的生产设计能力及出色的执行力。

印度信实集团位于贾姆讷格尔5×150 000m^3/h的空分项目所有整体冷箱均由林德工程大连工厂制造，整体组装后直接交付项目现场。该设备单体重量超过880t，每小时的制氧量可达15万m^3，是当前世界上单体制氧产量最大的空气分离设备。此前，林德工程大连已为卡塔尔8×110 000m^3/h空分项目制造了所有的整体冷箱，而此次为印度客户提供的冷箱，重量是全球最大的，精度、质量也是最高的。冷箱内设备仅焊口就达1 528个，焊缝总长度为1 325m，焊缝一次探伤合格率97.6%（II级标准），且100%通过管道泄漏检查，充分展现了林德工程大连先进的设计水平和生产制造技术。公司出色的生产制造能力获得了印度信实集团的高度认可。除冷箱外，冷箱内部的板翅换热器也由林德工程大连制造。公司还为该一体化项目配套的其他单元承制了13台绕管式换热器，最大的两台换热器单体重量达335t，是当前世界上最重的不锈钢绕管换热器。这次880t空分整体冷箱的交付，证明了“大连制造”在空分领域的制造技术实力位居世界前列。

除此之外，林德工程杭州在首钢京唐曹妃甸 2×75 000m^3/h VAROX 快速变负荷空分、宝鸡 84 000m^3/h 超大型空分装置冷箱配套 2×50% 压缩机组，福建泉州标准化大型空分 SCALE 30，以及林德联华电子气体行业的诸多高纯制氮空分设备等大型项目中包揽设计和采购，现场指导安装和调试等工作，项目均已成功投产并运行。林德在神华集团马家塔煤制油项目中获得优秀 EPC 总承包商的荣誉，在福建炼油乙烯项目空分装置中荣获优秀供应商称号，这些都是林德在这一技术领域占据杰出市场领导地位的体现。

2. 制氢及合成气装置

合成气在工业气体领域扮演着非常重要的角色，它是很多化工和石化装置最重要的基础原料气。林德是全球领先的氢气和合成气装置提供商，并拥有丰富的氢气和合成气装置的运行维护经验，可以规划、设计、制造并安装生产氢气、一氧化碳以及这两种气体混合物（合成气体）、氨、甲醇的全套装置。林德技术覆盖了包括天然气、液化石油气、炼油厂气体以及石脑油、重油、沥青和煤等各种原料的处理、利用，并能够生产纯度高达 99.999% 的氢气。林德工程杭州将掌握的运行经验融入装置建设中，已为多个国内制氢装置进行设计供货，迄今为止已交付了 16 套合成气装置，包括 CO 产量为 43 700m^3/h、H_2 产量为 81 374m^3/h、MeOH 产量为 256 000m^3/h 的重庆化医合成气项目和 H_2 产量为 24 100m^3/h 的吉林天然气重整 H_2 项目等著名交钥匙工程。

除了氢气和合成气制备装置，林德的合成气业务还包含了合成气净化和分离技术，有林德专有技术低温甲醇洗 Rectisol®、PSA 变压吸附制氢、CO 深冷分离冷箱等。其中 CO 深冷分离冷箱根据原料气杂质的不同可采取不同的工艺路线，从简单的液氮洗或单塔分离冷箱，到复杂的双塔/三塔分离冷箱乃至甲烷洗流程，都可由林德工程杭州提供针对性的方案，实现提取率和能耗的最佳平衡，并满足下游对于合成气纯度的要求。

3. LNG 装置

在过去 20 年中，液化天然气（LNG）在全球能源市场的重要性与日俱增。林德工程根据客户需求量身定制天然气液化工艺，装置覆盖范围 4 万～1 200 万 t/a，有普遍使用的中小型液化天然气装置，也有世界级特大型液化天然气装置以及复杂度极高的浮船式液化天然气装置。林德拥有多项天然气液化工艺的专利，如混合流体级联（MFC®）工艺和林德多级混合制冷（LIMUM）工艺。从成立以来，林德工程杭州在国内已交付了 5 套天然气液化装置。同时，林德也提供天然气凝析液装置，对天然气开采分离后的轻烃混合物进行综合利用。在终端，林德的天然气接收站或充装站以及浸没燃烧式气化站的工程能力满足了客户在终端业务上的装置需求，涵盖了完整的液化天然气产业链。

2004 年，林德工程设计提供了中国第一套大型液化天然气装置（新疆鄯善），为中国天然气工业的发展树立了标杆。2013 年，林德工程杭州在新疆广汇吉木乃提供了 430 000t/a 的大型液化天然气装置。这两个 LNG 装置都具有灵活性高和性能稳定的优势。在吉木乃装置中，氮气脱除塔被集合在液化工艺中，这是吉木乃装置的一个特殊设计，对于富氮的原料气，很好地解决了液化产品中的氮气杂质问题，并让装置的整体布置非常紧凑。液化天然气通过槽车配送到大量的卫星站，其中一些卫星站距离 LNG 装置 4 000km 以上，该 LNG 方案开创了新的天然气市场，并较大地改善了中国紧张的能源供应形势。

4. 烯烃装置

林德工程利用其杰出的技术知识和工程设计、采购和施工（EPC）经验来提供复杂的大型烯烃装置，奠定了其在该领域的领导地位。作为技术领先的承包商，林德拥有天然气分离技术以及通过裂解或气化原油液相或气相生产高附加值产品的技术，这让林德拥有了优秀的市场地位且有丰富的业绩。中国石油新疆独山子石化分公司的乙烯装置，采用了当时世界上最先进的技术，炼油产品全部达到欧Ⅳ标准，化工产品大部分为高性能产品。该项目设计规模为年产 100 万 t 乙烯，年操作时间为 8 000h，装置主要以石脑油、加氢尾油和 LPG 为主要裂解原料，采用林德工艺技术，裂解炉为林德公司 PyroCrack1-1 炉型，分离部分采用前脱乙烷前加氢技术。2006 年 6 月 18 日破土动工，2009 年 9 月建成投产，一次投料试车成功。该项目的乙烯产能从 22 万 t/a 增至 120 万 t/a，对加快西部大开发战略的实施和促进国民经济持续快速发展具有重大意义。

5. 专有设备的制造

林德工程主要的制造工厂位于德国沙尔逊和中国大连，为其各产品线提供核心专有设备的自主制造，以确保装置整体可靠的质量和优越的性能。林德工程作为单台设备（如换热器、冷箱、塔器、填料、储罐和汽化器等）和成套工艺装置的制造商，在世界上享有盛誉。林德工程可自行设计制造冷箱内部所有关键部件，转动设备如膨胀机、低温泵是由林德集团旗下的低温之星 Cryostar 制造生产的。

1981 年，林德开始采用真空钎焊技术，制造铝制板翅式换热器（PFHE）。迄今为止，林德已经供应了 6 000 多台换热器设备。林德板翅式换热器芯体在真空炉内完成钎焊，不使用任何钎剂。因此，所有芯体在交付时绝不含有任何腐蚀性残留物，也无需钎焊后的任何清洁步骤。林德采用经过审批的焊接工艺，严格符合规范要求。

从 1960 年起，林德开始制造真空绝缘深冷罐。林德处理液化气体（如液化天然气、氢气、氦气等）的历史悠久，经验丰富。自 1960 年起，林德已经生产了 2 万多个不同规格的冷罐，容积从 3 000L 到 10 万 L 不等。

绕管式换热器（CWHE）或称之为缠绕式管路换热器很早就应用于工业。1895 年 5 月，卡尔·冯·林德博士首次利用这种设备实现工业规模的空气液化。由于可用材料不受限制，使得绕管式换热器被广泛应用于冷段和热段，负能提供巨大的换热面积，具有较大的抗热冲击能力，适用于超高压、负荷变化较快或者热应力较大等工艺条件苛刻的场合。此外，林德的精馏塔器采用自主生产的筛板或规整填料，在气液均匀分布的同时减小了板片或填料上的阻力降，使得装置整体性能显著提高，尤其是高性能规整填料的使用，大大减少了装置运行能耗。

6. 装置服务

林德在全球建有 4 000 多套装置，其中许多工厂由林德气体公司运营，林德工程的专业能力在这些装置中得到实践验证。结合林德气体装置长期的优秀运行经验，林德工程可以通过分析客户装置的运行数据，对工厂技术状况进行诊断，模拟运营效率，对装置的运行和维护提出指导性建议，最大限度地减少停机时间并提高可靠性，确保在工厂的整个生命周期内持续稳定地运行。林德工程也提供定制的培训计划，向客户操作人员提供丰富的运行经验分享、操作要点培训以及安全操作事项提醒等。此外，还提供翻修和改造服务，当客户生产要求发生变化时，林德工程可以通过对装置的翻修改造来满足新的需求，实现现有装置最大化利用率。林德工程的零配件供给门户网站，大大简化了仓库和库存管理流程，降低了成本，提高了生产效率和工作效率。

林德集团在安全、诚信、可持续性和尊重的原则上建立起企业的价值观，以赋权成就员工，以创新服务客户，以多元实现发展，以激情创造卓越。为成为全球领先的气体和工程集团，林德将继续以创新为理念，为客户探索新的技术和应用方法，开发优质产品和革新工艺，向每位客户提供能满足其质量期望的产品和服务。在严格遵守林德领先的安全、健康、环境和合规要求的前提下，林德工程和林德气体将共同为客户提供业主总成本最优的解决方案，并持续服务于全球工业气体领域的健康发展。

依托技术创新 走转型升级之路

——威海克莱特菲尔风机股份有限公司

威海克莱特菲尔风机股份有限公司坐落于山东威海，是一家专业提供系统通风解决方案的高新技术企业，主要从事轨道交通风机、能源电力通风冷却设备、海洋工程风机、制冷风机、冷却塔风机、空冷器及电站空冷等领域风机的研发、生产和销售。2015 年年初，公司在全国中小企业股份转让系统挂牌，证券代码为 831689。

公司现有员工 370 余人，其中泰山学者 1 人、研究员 1 人、博士 1 人、中高级职称 18 人、硕士 15 人、外聘国内专家 8 人、高级技师 8 人、技师 12 人，拥有 9 项发明专利、120 余项实用新型专利，并多次获得国家火炬计划项目。

一、技术创新是企业持续发展的动力

公司自成立之初就注入“创新发展”的基因，公司技术中心被认定为山东省企业技术中心，省级创新工作室、威海市工程技术研究中心、计算测试中心通过了 CNAS 认定；公司设有院士工作站，是山东省博士后创新实践基地。公司在坚持自主研发的同时，还加强与国内外知名科研院校（如清华大学、西南交通大学、哈尔滨工业大学、山东大学、济南大学等）合作，充分利用大专院校丰富的设计资源，对产品的可靠性、安全性及节能方面进行优化设计。依托技术创新，公司承担 20 余项省级以上科技计划项目。

2017 年，公司柔性引进了西南交通大学教授、博士生导师张卫华，研发“高速动车组智能化轻量化牵引电机通风机”项目。

公司依托技术创新和优质服务，成为原铁道部牵引电机通风机部颁标准编写单位，也是山东省风机行业第一家通过 IRIS 体系、AAR 体系国际标准认证及 CRCC 认证的企业；空冷器产品通过“板式热交换器和空冷器热交换器安全注册”产品审核。公司是行业内率先通过美国 GE 风机产品设计认证的企业，并与 GE、庞巴迪、阿尔斯通、西门子及中车集团等数十家国内外知名企业建立了广泛的、稳定的关系。

公司依托互联网 + 平台的创新模式，投资开发了手机移动端的创新 app—— 风源网，致力于打造开放、创新、专业的风机社群。公司建立了完善的创新体系，鼓励员工一切形式的创新，通过实施有趣的“创新银行”积分制，实现员工零门槛提报、互助方案解决、自助积分兑换的创新模式，掀起全员创新的热潮。近几年，员工提出创新技术课题 45 项，完成技术创新项目 36 项，其中申报技术专利 18 项，实现创新成果转化 13 项，为公司创造了近千万元的经济效益。平台聚集行业专家，建立风机创新专家库，实现风机行业协同发展。

二、超前的发展理念是克莱特走向国际市场的推动力

公司成立之初，提出了“每天前进一步，明天做得更好！”的发展理念，通过每天的进步，不断提升企业的市场竞争能力。

2008 年，公司提出“重装备国产化，配套产品全球化”的战略方针，借助中国铁路行业引进、消化、吸收、提高、创新、再提高的过程，迅速与 20 余家世界 500 强企业（GE、西门子、阿尔斯通、庞巴迪等）建立了合作关系。

2016 年，公司提出“服务高端装备，提升核心价值”的战略方针，积极对标高端装备产业智能化制造，持续为客户、股东、员工创造长期的、不断增值的、安全可靠的产品和服务，建立全球互相信任的伙伴关系。

超前的发展理念，推动公司在行业内的影响

力和竞争力不断扩大，并不断向国际市场拓展。

三、搭建智慧云平台，实现数字化管理

根据山东省“企业上云”行动纲领，依据公司战略规划目标以及对业务支撑系统的需求，2017年，在安全保障和标准规范的双体系保障下，公司搭建克莱特特色的商务云、全集成自动化的制造云、给予MBD设计制造服务一体化的设计云、数字化车间集中控制的物联云组成的克莱特工业云智慧云平台，以低成本、高效率、保安全的方式助力企业全面实现工业信息化。从技术支撑能力和功能实现上能够满足企业在集团整体业务流程相关的信息化总体需求，为公司构造精准营销、协同研发设计、数字化制造以及智能物联等智慧型应用平台，加快实现新旧动能转化步伐。

在山东省推行新旧动能转换、进行重要转型升级的大环境下，公司走在智能制造、数字化工厂建设、企业上云的前端。

四、打造智能化新模式，助力公司智能改造

公司通过探索智能工厂建设途径和应用新模式，建设集在线生态圈、共享设计、智能制造、远程运维和客户体验中心为一体的智能工厂，引进数字化设备、焊接机器人、自动喷漆线等硬件设备，包括在线供需平台、客户智能选型软件、数字化研发平台、三维模拟仿真、虚拟制造、智能制造MES系统等。以智能工厂建设促进智能产品研发，有效利用智能工厂的优势，提高通风散热装备制造的智能化水平和国产化水平，扩大国内外市场份额，开发出一系列具有较强国内外市场竞争力的智能产品，引领通风方案的世界潮流，最终实现企业供应链全生命周期的精益管理和智能化控制。

2017年，公司提出两个30年发展战略目标，即：在2023年集团公司成立30周年之前，公司发展成为先进装备制造业配套风机研发制造及服务的国内行业领先者。在2031年股份公司成立30周年之前，公司发展成为提供通风系统解决方案、有特色的、国际领先的智能研发制造服务平台，最终实现“成为全球风机行业变革的引领者”的愿景。

走科技创新之路　振兴民族真空事业

——淄博真空设备厂有限公司

淄博真空设备厂有限公司（原淄博真空设备厂）始建于1959年，已经走过了近60年的光辉历程，是中国真空工业创始企业之一。1996年，公司引进当时国际先进的德国西门子技术，技术力量和水平全国领先。2000年，公司改制为淄博真空设备厂有限公司。

公司是原国家机械工业部重点企业、国家生产真空获得和真空应用设备的重点骨干企业、国家大型二类企业、国家高新技术企业。公司现为中国通用机械工业协会副会长单位、中国通用机械工业协会真空设备分会理事长单位、中国通用机械工业协会泵业分会副理事长单位、中国通用机械工业协会干燥设备分会副理事长单位、中国真空学会常务理事单位。公司设有山东省真空设备工程技术研究中心和省级企业技术中心。

公司生产“双山”牌真空泵和真空应用设备，主要有旋片真空泵、液环式真空泵及压缩机、矿用大型瓦斯抽放泵、各种往复式真空泵、大型罗茨真空泵、绿色环保干式螺杆泵、耐腐泵、化工泵、电力节能改造设备，以及各类真空机组成套设备等50多个系列、上千个规格。其中，旋片式真空泵获得国家质量银奖，2SY系列液环压缩机、WL系列立式往复泵为国家级新产品。大型高效SKA（2BE）、SKB(SC、CL)系列水环真空泵，Y系列水环压缩机，WL 系列大型无油往复真空泵等是中国机械工业联合会推荐的节能环保新产品，并拥有多项国家专利。

公司曾被列为全国首批百家科技进步示范单位，荣获机械电子工业部质量管理奖、山东省质量管理奖。旋片式真空泵荣获国优银奖，“双山”牌真空产品连续获山东名牌称号。公司曾荣获山东省著名商标、山东省机械工业优秀企业、中国机械工业企业管理进步示范企业、中国化工装备百强企业、山东化工行业明星单位、山东化工机械与装备行业十强企业及企业信用等级 AAA 级企业等荣誉。

公司先后承担国家火炬计划、重点新产品计划、山东省重点创新项目等。2SAT 型真空泵、JDL 真空机组获得中国机械工业科学技术奖，ZGP、ZGS 系列真空干燥机是全国干燥设备行业首批推荐产品。早在 20 世纪 80 年代初，公司产品就应用于我国首枚远程运载火箭的发射任务中。特别是近年来，真空技术应用于航天、航空技术领域。工程中心已经承担了中国航天科技集团的真空试验系统，中航工业等单位的飞机燃油实验真空系统实验室、某基地接冰风洞实验的真空系统、国产大飞机 C919 燃油实验真空系统等国家重点工程。受到国家有关部门的认可和嘉奖，为中国民族工业的发展做出了应有的贡献。

公司历来倡导节能、高效、可持续发展的设计理念。公司生产的以干式螺杆真空泵和 JSKA（2BE1/3）系列为代表的水环压缩机组是石油化工尾气回收和 PVC 生产中最环保、节能的首选设备。尤其是在当前国家大力整治环境污染的大形势下，JSKA 系列水环压缩机以其环保、节能的优势，市场占有率迅速扩大，销售量稳居国内第一，为国家的节能环保事业做出了突出的贡献。

公司具有完备的管理体系，通过了 ISO9001 质量体系认证、环境与职业健康安全管理体系认证、CE 认证、测量管理体系认证，并且在行业内率先实现了计算机辅助管理（MIS）、计算机辅助测试（CAT）和计算机辅助三维设计（CAXA）；率先引入企业资源计划系统（ERP），并对高新技术产品工艺装备及试验检测设备进行更新改造，具备国内行业中先进的产品测试中心，具有国内领先、国际先进的科研实力。

公司长期注重人才和团队建设，注重产学研工作，长期致力于发挥各专业院校的理论技术与自身研发能力的有机结合。与合肥工业大学、东北大学、山东理工大学、山东大学等院校在流体理论、空气动力学理论等专业建立长期合作关系，每年安排技术人员出国深造，学习最前沿的真空技术。从而使公司研发力量充满活力，研发水平持续领先。

公司以“振兴民族工业”为使命，以“团结拼搏、求实创新”的企业精神，坚持“双山真空诚信永恒”的经营理念，以铸就“百年双山”为奋斗目标，为中国真空行业的持续发展做出更大的贡献。

开拓创新　实现可持续发展

——美国 BAC 公司

美国 BAC 公司创建于 1938 年，总部位于美国的巴尔的摩，是全球领先的蒸发冷却和冰蓄冷产品的制造商，并不断致力于为节约能源、保护环境等方面做出杰出贡献。当前，BAC 在全球共有 11 个生产基地、500 多个经销商及办事机构，业务覆盖全球六大洲、近 200 多个国家和地区。

一、创新驱动是企业真正的生命力

BAC 始终奉行创新的企业文化。自创立 80 年来，BAC 一直力倡用创新的思维来开发节能环保的新产品。公司积极应对市场，研发满足客户需求的产品，一次又一次开创行业先河。公司是率先提出降噪解决方案的公司，率先拥有 CTI 认证的设备，率先推出超级绿色节能 XE 系列产品和节能闭式冷却设备。BAC 公司拥有众多享誉全球的创新专利技术。近两年增加了 10 项专利，在全球发布了 21 个新产品，以更好地满足客户需求。

当前 BAC 在全球范围内推行创新 2.0。这一举措旨在全公司范围内进一步推广创新理念，让员工掌握一套系统的创新方法论，让创新更好地融入 BAC 员工的工作当中，并成为企业文化的一部分。创新 2.0 将释放 BAC 团队的集体智慧，创造更大的价值。

二、以可持续发展为己任，关注未来发展

BAC 始终关注环境和未来发展，将可持续发展这一理念普及到公司各个部门。公司制定了五大长期可持续发展承诺，这些承诺既针对公司内部，也针对向客户提供的产品和解决方案。BAC 五大长期可持续发展承诺：开发、设计创新的产品；使工厂更有效地利用自然资源；与供应商建立伙伴关系，共同遵循 BAC 的可持续目标；营造氛围，鼓励员工、社区和合作伙伴珍惜自然资源；成为公认的可持续热交换解决方案的领导者。

每年的 6 月 5 日是联合国确定的世界环境日。在这一天，BAC 会举行丰富的活动来提升员工及周边社区的环保意识，并鼓励其家人和孩子们积极参与环保活动。

作为一家致力于可持续发展的公司，BAC 专注于生产绿色环保和具有卓越能效的产品。公司研发中心以“开拓创新，引领市场”为宗旨，为市场提供品质卓越的产品和服务。机组运行宁静且节能节水，维护时方便，采用节能环保的制冷剂，占地紧凑，产品使用寿命长，设备材料可回收利用，这些都是 BAC 将可持续理念融入产品设计中的具体实践。

同时，BAC 携手 Just a Drop（全球知名的致力于为贫困社区提供安全水资源的公益组织），助力全球水公益事业。双方开展合作，旨在为全球贫困社区提供安全水资源。当前有 3 个项目正在合作过程中，分别位于尼加拉瓜、印度和肯尼亚。今后双方的合作将覆盖全球，通过新建水坝、蓄水池及移动水处理方案，逐步解决贫困社区缺乏安全水源的情况。同时，BAC 员工也将积极参与到该组织举办的宣传节水及卫生知识的活动中。

三、产品齐全，适用各类应用领域

BAC 拥有六大产品系列，包括开式冷却塔、闭式冷却塔、蒸发式冷凝器、冰蓄冷产品、混合流式冷却塔及零部件。其中，开式冷却塔采用环保领先的冷却工艺，满足客户对于设备低耗能经济运行的需求。闭式冷却塔工作时，工艺流体在盘管热交换器内实现闭式循环，与外界空气热交换时不直接接触空气，因此，能够保证水质清洁不受污染，从而确保设备的高效运行。蒸发式冷凝器可以提供更低的冷凝温度，与传统的风冷和水冷相比，系统的耗电量更低，更节能环保。冰蓄冷产品利用夜间用电低谷期，将冷量以冰的形式存储起来，在白天用电高峰期将储存的冷量释放出来，满足建筑物空调负荷的需求。这项技术已经广泛应用于区域供冷、商业、公共设施、医院和工厂等新建或改造项目，能大大减少客户的运行费用。闭式混合流冷却塔单体设计紧凑，可提供优良的干式及湿式冷却效果，其显著特点是具有节水、防白雾功能。BAC 提供的原厂零部件将保障设备持久可靠的高效运行。

BAC 生产的冷却塔及冰蓄冷设备广泛应用于全球的暖通系统中。开式和闭式冷却塔用于冷却制冷主机的冷凝水，蒸发式冷凝设备可应用于大型一体化空调系统，并为其提供水冷或风冷机组无法比拟的卓越性能。冰蓄冷系统应用于越来越多的新建及改建的空调系统中，其优点在于能够移峰填谷并制取更低温度的冷冻水。

BAC 的开式和闭式冷却设备广泛应用于工厂内的环境控制系统、空压机、金属或塑料铸模机、电炉及机床等的冷却。冰蓄冷机组也为食品加工、金属或塑料成型蒸汽清洗作业等系统提供经济高效的冷却方式。除了上述轻工业的应用外，BAC的产品还广泛应用于冶金、电力、石化等重工业领域。

早在80年前，BAC就已经开始涉足当时新兴的冷冻领域，并拥有创新型的蒸发式冷凝器设备生产线。如今，BAC仍是冷冻行业中的领先者。BAC的蒸发式冷凝器产品可用于酿酒、食品加工、冷库及其他需要蒸发冷凝设备的系统中。

BAC亚太总部位于中国上海，在新加坡、马来西亚、印度尼西亚、泰国、菲律宾、越南、印度、日本、韩国、巴基斯坦、澳大利亚、新西兰等地均设有销售服务网络。BAC亚太区拥有超过500名员工及数以千计的经销商服务团队，致力于为整个亚太地区提供高品质的产品及服务。依托业内领先的蒸发冷却及冰蓄冷产品和技术，BAC在亚太地区实现了全方位增长。

中国是BAC在全球新兴市场的重要战略区域。当前，BAC在中国已设有两个工厂，位于昆山和大连。BAC不断引入更多节能高效的创新型产品，凭借成熟及完备的经销及服务网络，为中国地区的暖通空调、工业、冷冻等客户提供优质高效的服务。

坚持高端定位　服务全球市场

——斯必克(广州)冷却技术有限公司

斯必克(广州)冷却技术有限公司（原广州马利冷却塔有限公司）是斯必克（SPX）集团在中国的全资子公司，成立于1996年。斯必克深耕中国市场22年，始终坚持“创新”和“客户为导向”的基本理念，凭借着先进的技术，设计制造了符合中国市场的冷却塔产品，并且以其换热效率高、飘水少、噪声低、运行稳定等卓越性能赢得用户的一致认可和支持。

一、着眼亚太，立足中国

1996年，正值中国冷却塔行业的起步阶段，马利冷却塔公司敏锐地捕捉到了中国冷却塔行业蕴藏的巨大商机，当机立断进军中国。在进入中国市场的前期阶段，马利冷却塔公司凭借先进的技术和优良的品质，获得了广大客户的认可。但是，在马利冷却塔公司飞速发展之时，中国本地的很多企业开始研究马利冷却塔，并在设计和选材方面采用了相同的技术。本地企业的大量涌现，使得研发和选材成本较高的马利冷却塔遭遇了惨烈的价格竞争，在市场拓展方面遇到瓶颈，发展陷入了低谷。

21世纪初，斯必克集团完成了对马利冷却塔公司的收购，并更名为斯必克冷却技术公司。公司高层吸取马利冷却塔在中国发展遇冷的经验教训，针对中国市场做了大量的调研和分析工作，并制定了全新的发展战略。斯必克对企业组织结构、运营模式进行了相应调整，改变以往销售网点遍布全国的模式，以一线城市为中心设立销售网点，辐射全国区域，以巩固马利冷却塔在高端市场的地位并寻求更多的发展契机。

调整之后的斯必克进入了一个飞速发展的阶段，其在中国市场的业绩占整个亚太市场业绩的50%以上。随着这一比重的不断增长，斯必克对中国区市场的重视度也在不断增加。2003年，斯必克将亚太总部由马来西亚迁至上海，并且将亚太地区分为中国区和非中国区两个次级区。除此之外，斯必克还在中国建立了设计中心，并始终与美国、德国的设计团队保持紧密的合作，以服务亚太区乃至全球。2010年，斯必克（中国区）和美国总部合作研发出专门针对中国市场的系列产品——NX系列冷却塔。这一举动打破了斯必克几乎不为美国以外的市场量身定制产品的惯例，进一步加深了斯必克在中国市场的本土化程度，也增强了斯必克在中国市场上的竞争力。同时，斯必克（中国区）加大在工业领域的产品研发力度，扩大产品在化工、电厂、钢厂等领域的应用范围。斯必克为全球提供领先的全系列、全方位服务的冷却塔和蒸发式冷凝器，旗下的马利品牌冷却塔广泛应用于公共设施、商业建筑、化工、电力等行业，因此，斯必克被称为冷却界的“全能冠军”。

二、定位明确，坚持创新

马利冷却塔堪称行业内的领军品牌，其能够始终保持这一品牌优势，并且不断把优势扩大，原因不仅在于对市场机遇的精准把握，更是因为对自身的定位非常明确，并且始终坚持创新这一基本理念。

斯必克认识到创新的重要性，并始终把创新作为公司发展的第一要务，每年在产品研发方面投入了大量的资金和人力。在美国，斯必克拥有非常强大的研发中心，研发中心的测试机构还承接一些国际组织关于冷却塔的研发测试，这彰显了斯必克的实力，同时也表现了行业对于斯必克产品的信任和认可。在产品认证方面，马利冷却塔获得多项国际认证。以噪声认证为例，马利冷却塔是当前全球唯一通过第三方噪声认证（CTI 授权的美国专业认证机构）的冷却塔企业。当前，NC8400 系列全钢冷却塔是马利冷却塔中先进水平的代表，其主要优势是超高效率、超大冷量和更加节能环保。

坚持创新是企业发展的源动力，也是斯必克产品高质量的保证。深耕中国市场 20 余年，斯必克认识到只有真正地投入资金和精力，利用先进的设备和技术，生产出高质量的、符合用户价值的产品，才能形成一种良性循环，建立品牌形象，获得可持续发展。虽然市场上充斥着马利冷却塔的仿冒品，这也对斯必克的发展造成了不利的影响，但是斯必克始终坚定高端品牌的定位，坚持创新，为行业树立榜样，在保证产品和技术领先的同时，也给行业和市场带来满满的正能量。

三、拒绝双重标准，品质全球统一

由于市场和业务扩展的需要，许多大型企业都在不同地区建立了工厂，各不同地区工厂所生产的产品容易出现品质不一致的情况。之所以产生这个问题，一方面是各个工厂之间硬件、软件条件的差异，另一方面则是企业双重标准所导致。马利冷却塔在全球执行统一标准，保证其所有工厂生产的产品都保持一流品质。当前，在江苏吴江建立了马利冷却塔自己的工厂，该工厂和美国工厂生产同样的产品，执行同样的标准，确保质量一致，一些本地无法生产的零部件则采取进口方式。

四、全新形象，聚力突破

2015 年 9 月 26 日，斯必克冷却技术公司和斯必克流体公司完成拆分交易，成为两个独立的公司。新斯必克标志“Buildmark”和蓝色配色方案代表新的斯必克公司和企业的使命：为更智能、更富有成效的明天创造基础设施解决方案。

从环保角度来说，玻璃钢不是一种理想的材质，钢塔逐渐取代玻璃钢塔是冷却塔行业一个非常明显的发展趋势。就当前的市场而言，玻璃钢仍然有广泛的需求，需要经历一个过渡期，只能尽量减少使用，制作当中也尽可能减少污染。此外，冷却塔还需减少对水的消耗，提高制冷效率。斯必克公司致力于技术研发，从可持续发展的角度来经营管理，兼顾节能和环保，造福于民。

坚持工匠精神　成就美好生活

——益美高亚太地区总部

益美高是一个全球性的团队，被一致公认为全面换热解决方案的卓越供应商。益美高的承诺是使地球上任何地方的人们都能够生活得更加简单、更加舒适、更具可持续性。

益美高在中国拥有两家独资工厂，分别为益美高（上海）制冷设备有限公司和益美高（北京）制冷设备有限公司。中国工厂配置了益美高全球工厂中最先进的生产设备，采用美国总部统一的生产图样，制造益美高全球质量统一的优质产品。

益美高上海工厂通过了ISO9001质量管理体系认证、ISO14001环境体系认证以及ASME认证，产品拥有CTI认证、FM认证和IBC认证。从2006年上海新工厂建厂至今，已经历多次扩建，当前上海工厂正进行4期扩建，将以更大的生产能力、更丰富的产品系列服务于市场。益美高位于北京的工厂占地面积8 227m^2，厂房建筑面积4 670m^2。益美高中国工厂为整个中国及亚太地区客户提供高质量的产品和一流的服务。

一、坚持创新与智能制造

在益美高，创新切实贯穿于整个工作流程及发展机制中，每年持续寻找突破性的解决方案。益美高不断推进先进信息技术与先进制造技术的深度融合，将其贯穿于产品设计、制造、服务等全生命周期的各个环节，不断提升产品质量、服务水平，减少资源消耗，推动制造业创新、绿色、协调、开放。

近年来，益美高陆续投入了自动焊接机器人、自动弯管机等，取代了原先的人工操作，以智能制造推动创新。位于美国的益美高总部拥有超过6 000m^{2}的研发中心，有6个专业级的环境测试实验室以及经验丰富的研究工程师。在过去的10年里，益美高在全球已拥有超过28项专利。同时，益美高的每一项解决方案都经过严谨的研究和测试，以确保高效和可靠性，将工匠精神贯彻于“益美高制造”。

二、遵循绿色环保理念

在益美高，创新和环境可持续发展是齐头并进的。益美高技术团队一直致力于开发绿色环保产品和配套服务。益美高推出并且在不断壮大eco家族系列的绿色节能冷却塔、太阳能系列冷却塔、空气能源系列空冷器及水处理配套产品等。同时，益美高的工业换热设备在其钢结构中大量使用了再生钢，不锈钢机组所含有的再生钢超过80%，从减少噪声到节约用水，消除化学品的使用，这些都是益美高秉持绿色环保理念的成果。公司不断开发新技术，为客户提供卓越的运行优势，同时着眼于可持续发展。

三、洞悉市场，推出精品

益美高洞悉市场，充分利用新能源，从源头杜绝污染，降低排放。配合创新驱动，辅之智能技术，坚持可持续发展。

1. 益美高产品在轨道交通领域的应用

在城市轨道交通中，暖通空调系统作为直接影响乘客舒适度的重要环节以及耗能大户有着很大的改进提升空间，作为系统组成部分之一的冷却塔对于周边环境的影响也必须纳入考虑范围。益美高冷却塔不仅在可靠性、热力性能、维护性、能耗、飘水控制方面处于先进水平，而且很好地解决了噪声扰民和冷却塔放置区域受限的问题。益美高UT超静音冷却塔在上海地铁2号线、12号线和13号线上被大量使用，其降噪效果非常明显，令客户非常满意。LPT和LSTE单面进风、离心风机的冷却塔塔体噪声本身比较低，适合放置在室内，不占用外部空间。当工程完工后，在附近居民家进行了不同时段、不同区域的相关测试，完全消除了冷却塔对附近居民的影响。益美高冷却塔以其独有的技术优势获得了上海地铁、南京地铁、宁波地铁、成都地铁、香港地铁运行方的满意。

2. 益美高产品在数据中心的应用

随着信息化社会的发展，数据集中是管理集约化的必然要求，而数据中心建设则成为数据集中趋势下的必然产物。

通常数据中心的建设都会引入PUE的概念，PUE是数据中心总能耗与IT设备能耗的比值，是评价数据中心能源效率的指标，PUE值越小，表示数据中心的能源利用率越高，该数据中心越符合低碳、节能的标准。制冷系统一般占总能耗的30%，仅次于IT设备50%的能源消耗量，所以，制冷系统的优化节能对于降低数据中心的PUE值有着重大的意义。而冷却塔的冬季免费制冷（不使用制冷主机，由冷却塔的冷却水直接或间接为系统供冷）运行能显著提高能源使用效率，大幅度降低能耗，降低PUE值。免费制冷最理想的应用区域是在寒冷地区甚至是严寒地区，因此，冷却塔免费制冷运行的同时也存在结冰的隐患，而冷却塔冬季免费制冷的关键在于防冻，如果机组内部或机组上过度结冰，就会造成机组排热能力大幅降低，严重时还可能引起设备故障。益美高AT冷却塔产品具有突出的冬季防结冰能力。益美高为世纪互联宽带数据中心、亚太中立数据中心、腾讯、谷歌、百度、国家电网、中国电信等诸多数据中心提供了冷却设备。

3. 益美高产品在区域供冷的应用

区域供冷近几年在中国发展较快，它通过设置集中的制冷站，再由循环水管道系统输送冷冻水，向各座建筑提供空调冷量。上海虹桥商务核心区是继上海2010年世博会后的城市重点发展区域，其核心区将作为服务虹桥综合枢纽及周边产业区的专项职能中心和商务社区。该项目是当前上海地区最大的区域能源中心，为100万m^2的商务区提供冷热电三联供。鉴于冷却塔对能源站的重要性（冷却塔换热性能和防火性能），且冷却塔单体体量巨大，布置区域面积小，经过多方商讨，确立了选用CTI认证钢制冷却塔的设计思路。该项目冷却塔设计还有一个很重要的特点，所有电制冷主机冷却塔自身不带水盘，冷却塔放置在混凝土水池之上，这样有利于水力平衡分配。最终，益美高为上海虹桥能源中心提供39台AT系列冷却塔，共计113个单元模块。

益美高的承诺是使地球上任何一处的人们都能够生活得更加简单、更加舒适、更具有可持续性。这份初心让益美高不断用心设计，精心制造，凭借工匠精神为客户提供优质产品及百分之百满意的服务。这是益美高人的承诺，也是益美高坚持创新升级、绿色节能不变的初衷。

创新长盛　独特永存

——广州览讯科技开发有限公司

一、公司简介

广州览讯科技开发有限公司（简称广州览讯）自20世纪90年代末创立以来，一直秉持“创新长盛，独特永存”的理念。引领行业向“新技术、新材料、新工艺、新的商业模式”方向提升。公司专业从事冷却塔的设计、生产，年生产能力达2.5亿元。公司厂房面积35 000m^2，现有员工350余名，拥有冷却塔行业内资深的专业技术人才60多名。

广州览讯优良的质量、精湛的工艺技术吸引了德国、新加坡、印度尼西亚、马来西亚、韩国等地多家知名冷却塔企业技术合作，产品远销欧盟、澳大利亚、韩国、朝鲜、越南、巴基斯坦、泰国、尼日利亚、缅甸等 20 多个国家和中国香港及澳门地区。

广州览讯在发展过程中非常注重环保、注重职业安全，通过了 ISO9001：2008 质量体系认证、ISO14001：2007 环境卫生体系认证、OHSAS18001：2007 职业健康安全体系认证，获得工厂排污许可证 (即通过环评)。

广州览讯是整体水冷却方案的提供者，与国家质量监督局玻璃钢检测中心合作的软件为客户提供冷却塔选型计算，与清华大学建筑技术科学系合作进行冷却塔 CFD 模拟分析进塔空气流场校核计算，循环水处理方案、环保降噪工程、群组节能系统自控、双速节能控制、变频节能控制、防白烟、防冻电加热、防冰装置、系统管道设计、维护保养培训等增值服务。

二、坚持创新发展理念，开发节能、节水等新技术

广州览讯拥有自主研发产品 30 余个，核心产品均拥有自主知识产权；认定高新技术产品 4 项，一级节能节水产品 2 项，美国 CTI 热力性能认证 8 项，中国 CCTI 认证 2 项。

1. 开发高效节能节水复合式水冷系统关键技术及产业化

针对传统循环水冷却塔存在能耗高、耗水量大等问题，广州览讯自主开发填料盘管复合式节水冷却系统。根据传热传质机理研究和数值计算分析，优化确定复合式冷却塔主要结构形式，研制高效循环水冷却强化管换热器和喷淋系统，研发添加特殊纳米级导热粒子的喷淋水传热冷却工质，构建基于设计参数、结构参数和运行参数三者最优平衡的冷却系统集成，优化风机配风量和水泵喷淋水量，可实现冷却系统高效节能节水运行。该项目被列为广东省科技项目。

2. 研制高集成、低能耗复合式节水冷却系统及产业化

针对传统循环水冷却塔存在能耗高、耗水大、水雾浓等弊端，与中山大学、香港科技大学合作，开发基于外界条件（热负荷、空气和水的热物性等）动态调整干式与湿式组合运行模式和参数匹配，构建基于设计参数、结构参数和运行参数三者最优平衡的冷却系统集成，可实现较传统的冷却塔节水 10% 以上、节电 5% 以上。

3. 成立广东省高效节能节水降噪冷却系统（览讯）工程技术研究开发中心

当前冷却塔主要关注节水、节能、消雾、降噪技术。节水技术：通过在冷却塔气室两侧增加高效空冷换热装置，循环水在该装置内的冷却不产生水的蒸发，该部分的换热量占总换热量的 15% ～ 20%，因此，与常规冷却塔相比，年均节水率（以蒸发水量计）达 15% ～ 20%。节能技术：通过精细化设计，使冷却塔上塔压头和风机电动机能耗做到更低；在高回水压力循环水系统中，利用水动风机技术，合理有效利用高回水压头，节约风机电动机用电。消雾技术：通过降低从风筒出口排出气流的相对湿度，从而减少与大气混合过程中产生的水蒸气冷凝现象，实现低温环境下运行的羽雾减排。降噪技术：通过增加进风口消声器、排风口消声器、风机电动机减振装置、消声填料等静音装置，与常规冷却塔相比，冷却塔设备标准点处噪声降低 3 ～ 10dB。

广州览讯在节能节水技术、消雾技术、降噪技术等方面达到国内领先、国际先进水平，拥有发明专利 6 项、实用新型专利 80 多项、外观设计专利 1 项。

三、成立冷却塔检测中心，为技术改造和创新提供基础平台

广州览讯为了对冷却塔产品和技术进行改革创新、对各零件和成品的质量更好地进行监控，投资兴建了冷却塔检测中心。该检测中心采用大量的先进检测设备和自动化系统，符合 GB/T 7190.1—2008 标准和美国冷却技术研究协会（CTI）标准的多功能冷却塔性能测试场要求，可以在工厂内测试 600m^3/h 流量以下冷却塔的各项运动指标的工厂实验室的测试流量，可提供各项准确可

靠的冷却塔性能数据。

广州览讯检测中心使用变频群控等自动化控制手段，配合精密的检测仪器以确保产品的自检自查，保障公司生产的冷却塔产品的热力性能指标、噪声指标、飘水损失控制达到一个最佳的优化效果，从而实现提升产品品质、不断完善产品、更好地为客户服务的目标。

2013年起，广州览讯的开式冷却塔HMK系列、密闭式冷却塔LMB系列、带消声器HMCC系列、超静音环保型HMC系列全部通过CTI-201热力性能认证。2016年，PL系列方形横流冷却塔和LC系列方形逆流冷却塔通过CCTI性能评价（认证）。

四、积极参与标准化工作，推动产业转型升级

广州览讯积极参与标准化工作，作为起草单位参与了3项国家标准的制定，分别为：GB/T 7190.1—2008《中小型玻璃纤维增强塑料冷却塔》、GB/T 7190.2—2008《大型玻璃纤维增强塑料冷却塔》、GB/T 50392《机械通风冷却塔工艺设计规范》。广州览讯是冷却塔行业首个节能技术规范标准《冷却塔节能技术规范》的起草单位。大温差小流量节能冷却塔产品在节能示范工程中得到推广。

广州览讯对流水线自动化设备进行改造升级，提高自动化水平，建设成为冷却塔行业自动化程度高的企业。通过流水线汽车工业化模式生产出的冷却塔，让广州览讯在属于传统手工制造业的冷却塔行业中走出一条依靠创新、大量采用“新技术、新材料、新工艺、新的商业模式”的四新大道。

坚持品质第一　追求永续经营

——上海金日冷却设备有限公司

上海金日冷却设备有限公司（简称上海金日）成立于1993年，隶属于台湾金日实业集团公司，是一家专业生产冷却设备的企业。金日实业集团在新加坡、马来西亚、印度尼西亚均设有海外工厂，其工业塔、民用塔技术指标在国际上均处于领先地位。上海金日在国内各地成立了50多家办事处，产品畅销全国20多个省、市、自治区。公司拥有PVC散热材、挡水帘和FRP外观多项专利技术，建立了占地面积1 200m^{2}的风机性能测试中心，是当前国内少数拥有风机性能测试中心的企业。

1998年，上海金日通过了ISO9001：2000国际质量体系认证，于1995年成为中国制冷学会成员，2013年成为中国通用机械工业协会冷却设备分会副理事长单位。公司通过了美国CTI性能认证。2017年，公司的HKD方型横流系列冷却塔、KFT逆流钣金系列冷却塔通过了中国通用机械工业协会冷却设备分会性能评价体系。

上海金日生产各种类型的玻璃钢冷却塔、鼓风式防腐蚀组合塔，提供系列成套节能低噪声风机，生产各种水质稳定药剂。公司除生产冷却塔设备外，还生产与冷却塔相关的加药装置、水质处理加药设备。多年来，上海金日一直把成为知名的国际品牌作为奋斗目标。公司秉承“品质第一、服务至上、推陈出新”的经营理念，创造了一项又一项的骄人业绩。美国的太空总署、迈阿密国际会议中心、上海磁悬浮列车都随处可见金日的标志。在工业用塔方面，中国银行大厦、国际金融大厦、虹桥机场，四川绵阳机场、北京中芯国际等国际性的工程选用了金日产品。产品远销到墨西哥、丹麦、日本、伊朗、印度等地。

上海金日通过各种渠道引进所需人才，常规的招聘渠道有以下几种：网络招聘、现场招聘会、猎头公司招聘、公司内部招聘、职工引荐。公司拥有自己的研发团队和测试中心，科研人员近40

人，10% 以上为对口研究生，60% 以上为本科生。公司每年超过 4% 的销售额用于产品开发或改善。在产品研发上采用校企合作方式，同时发挥学校和企业各自的优势，将学校的科研成果转化到实际生产中。公司与上海理工大学合作开发密闭式冷却塔和散热片性能测试实验装置，与上海交通大学合作开发动平衡测试 FRP 低噪声新风机，与南京航空航天大学合作开发新的螺旋桨风机。

公司深入实施职工素质建设工程，从三个方面着手：一是以加强企业发展为核心，大力提高职工道德修养、职业素质和法律意识；二是深入开展创争活动，大力提高职工科学文化素质和技术技能素质；三是加强企业文化建设，培育先进职工文化，大力提高职工的健康素质和现代文明素养。公司拥有自己培育的研发团队，获得多项发明专利，应用于冷却塔新产品的开发、工艺改善和品质提升。

通过多年的努力，公司已拥有数十项知识产权。近几年，公司加快了研发的步骤，每年获取不少于 5 项专利成果。公司研发中心被上海市松江区命名为“技术中心”，2012 年公司被评为高新企业。

公司坚持“真诚、务实、荣誉”的理念，坚持品质第一，追求永续经营，用心服务，诚做业界首选的品牌。

化繁为简之道

——新菱集团

一、公司简介

新菱集团成立于 1986 年，30 多年来，一致致力于中央空调系统的设备研发、制造以及项目的节能改造。具体业务涉及中央空调、采暖、通风系统配套的冷却塔，末端设备及自动化控制产品的设计、制造、销售、安装和维护。新菱集团于 1996 年扩大注册资金，成立广州新菱冷气集团有限公司。在广东清远拥有 12 万 m^2 的生产基地及完善的产品测试中心，并严格遵守 ISO9000、ISO14000 环境体系标准。生产基地有制造型企业 5 家、销售型公司 7 家、技术研发中心 2 个，现有员工 1 200 人。新菱集团在全球设立 20 多家办事处，向用户提供高效、节能环保的产品与服务。新菱集团拥有产品 400 多种，凭借优良的产品性能和品质，新菱集团与世界空调行业许多著名的企业建立了紧密的战略合作关系，并获得众多的国内外知名项目，如水立方、国家大剧院、人民大会堂、广州大学城、民航机场等一系列国家重点工程项目。

新菱集团产品先后通过了国家质量检测中心和国际众多检测机构的严格测试，获得美国 UL、CTI、AHRI，欧洲 CE，加拿大 CSA 等认证。迄今，基于领先的研发能力和非标产品的制作能力，本着技术创新的原则，新菱集团已有领先于国内外的 30 多项原创专利，研发能力已跻身于国内外行业一流水平，多项研究成果在实际应用中取得了良好口碑，加快了新品的推出速度。2008 年，新菱集团参与了冷却塔国家标准的编制。同期，其具有国际标准的冷却塔性能检测中心获国家检测中心的认可，成为国家玻璃钢制品冷却塔测试中心广州测试场，单台冷却塔测试最大循环水量为 $550m^3/h$。2011 年，新菱集团获得科技部科技型中小企业创新基金项目立项。该项目由广东省进行科技成果鉴定，认定为国际首创，处于国际领先水平，并被认定为广东省高新技术产品。电动阀和无线控电器被认定为广东省自主创新产品。

通过和众多设计院、监理公司、设备安装公司、承包商以及合作伙伴之间的精诚合作，新菱集团参与了许多中国大陆的标志性工程项目，向客户提供了一个专业合理的优化建议。新菱集团肩负着节能环保的使命，专业提供现场诊断、节能方案提交实施改造等服务，并与清华大学强强合作，建立了研究生实践基地，实现了产学研的紧密结合。

新菱集团的目标就是将复杂繁琐的智能科技化为最简单、便捷的产品与服务，创造出中国的知名品牌，以提供给人类舒适、节能的环境为目标，专注推动中央空调设备与技术的节能事业发展，以先进的技术、可靠的质量、合理的价格、完善的服务、科学的经营继续树立新菱人的新形象。

二、不断调整产品结构

在产品方面，新菱集团一直坚持国家可持续发展方针和产业政策，以及企业各生产要素充分利用和发挥更高效益的原则。

1. 推动战略性新兴产业的发展，丰富产品库

新菱集团根据市场需求和公司的技术条件，有针对性地开发新产品，增加高附加值产品品种，增强企业核心竞争力，抢占行业发展制高点。从1991年的第一代新菱冷却塔面世开始，至今，新菱集团的产品早已不再局限于冷却塔的生产制造。经过多年的发展，凭借在制冷领域的专注研究，新菱集团也拥有多个系列空调末端和自控方面的产品。

2. 高度重视产品的效率和质量问题

一直以来，新菱集团都十分注重新技术、新材料、新工艺的把握和使用，保证生产力和生产水平走在行业的前端。为提高生产效率，购入全自动激光切割机。对于产品的生产标准，新菱集团同样有着严格的要求。在每一次产品出货前，专业的检测人员会对产品进行组装检测，保证符合标准才会送至客户手中。

3. 在信息反馈中不断升级产品

新菱集团的售后服务一直是行业中有口皆碑的，而在长期的售后服务过程中，也在不断总结问题、解决问题，对产品进行一次次的升级和改进。针对圆形冷却塔换热效率低下、耗能大以及难以检修的问题，逐步取消圆形塔生产；针对冷却塔的玻璃钢外壳长期耐温性差，在开放环境下容易老化以及后期报废回收无法降解而出现的环保问题，改用金属材质制作冷却塔外壳；为了方便冷却塔运输和组装，将冷却塔设计成模组拼装形式，使得现场安装、管理更便捷。

三、坚持科技创新

新菱集团坚持科技创新，采用新的生产方式和经营管理模式，开拓生产新领域，开发高新产品，提高产品质量。

1. 冷却塔检测仪

冷却塔检测仪是新菱集团针对冷却塔运行状况而开发出来的在线物联网解决平台。采用云计算技术，通过冷却塔检测装置将冷却塔实时数据上传至云端，经过整理计算后，通过冷却塔管理平台反馈给客户。冷却塔管理平台提供PC版本、IOS及安卓版本。可根据不同权限进入监测仪，查阅所属设备的工况参数。检测仪不仅可以实时监测并记录冷却塔的运行数据、位置信息，支持远程对报警参数的设置，也可以对多个设备、多个系统进行监测。同时，冷却塔的数据远传云端，方便以后查询参考。冷却塔管理平台的出现，帮助客户随时了解设备运行状况，提醒客户进行设备维护保养、更换配件，还可以帮助客户检查补水系统是否正常、水资源是否存在浪费，同时还为将来对空调系统制订节能改造方案提供了基础数据支持。

2. 冷却塔专用直流无刷电动机

传统的冷却塔一般以带传动和齿轮传动形式为主。两种传动形式均需要多个部件来实现传动效果。首先，安装维护比较麻烦，尤其是齿轮传动。由于齿轮箱都是整体购买，需将齿轮箱拆卸后才能对内部齿轮配件进行维护。其次，寿命短，如输送带一般使用3～4个月后就需要更换或重新校核松紧度。再次，如电动机无级变速时，需要配置变频器才能实现该功能。而新菱集

团新研发的冷却塔专用电动机，能优化以上的传动及调速方案，采用直接传动形式，转速设计为 200 ～ 500r/min，降低整个动力部分的运行噪声；自身能实现无级调速功能，无需变频器。

3. 新型鼓风式逆流冷却塔

新型鼓风式逆流冷却塔是新菱集团通过多年对冷却塔设备积累的丰富经验，糅合国外先进的热交换技术、科学生产管理、环保理念而研制的设备，是冷却塔行业具有创造力的先进产品。其不仅具备逆流式冷却塔热交换效率高的特点，而且拥有 4 项国家专利，在常规冷却塔技术和结构上进行了突破性的改革。该冷却塔的框架和外壳均采用优质的 304 不锈钢，解决了玻璃钢材料产品在生产和弃置时对环境造成危害的问题。同时，冷却塔在储水盘处采用密闭式处理，有效隔绝阳光直接照射到冷却水，控制了藻类细菌的繁殖。而且冷却塔的动力部分下置于塔底，进风口和出风口的距离相对更远，减少热回流，以达到优越的换热效果。此外，鼓风式逆流冷却塔还可以根据系统的需要和场地的要求，灵活选用单台结构形式、多台模块组合形式或多风机拼装组合形式，是冷却塔安装设计方面的一个重大突破。

4. 智能风机盘管

新菱集团最新研发的智能风机盘管采用永磁 EC 电动机技术，将更大的输出性能、更高的可靠性及更低的维护要求融于一体。根据温差，自动无级调节风量，可降低设备运行能耗，节省运行费用，降低运行噪声，提高空间舒适度。相对于旧式风机盘管，智能风机盘管帮助用户平均节约运行费用 40% 以上。此外，智能风机盘管可适配无线遥控，通过先进、成熟的无线通信技术，实现远程控制运行，安全、灵敏、可靠，有效降低了安装成本及调试费用，节省了大量的电气材料，不仅实现了产品的自我增值，更是中央空调系统安装工程的一项革命性变革。

5. 调节型电动球阀

新菱 SBA/SBV 系列调节型电动球阀用于空调、供暖设备的管路控制，根据执行器不同的控制方式，可对暖通空调设备的冷、热水环路进行调节或换向、开关控制。该球阀的优点在于在等百分比流量特性，阀门开启时，入口流量根据阀门调节开度缓慢增加，且高关闭压差、高承压，安全可靠，开关 10 万次以上无故障。可选内置电子卡片，接受 0 ～ 10V 或 4 ～ 20mA 比例式控制信号，同时反馈 0 ～ 10VDC 信号，温度控制精度与灵敏度更高。

6. 流量型动态平衡电动调节阀

在大中型系统的区域支管上进行流量平衡，流量平衡电动调节阀利用最大流量设定阀门的开度，进行流量限制，自动消除系统的压差波动。无论入口压力如何变化，控制区域阀门保持区域流量不变，达到定量供给的效果，解决近端压差大、远端压差小的矛盾，克服系统冷热不均现象，提高供热（供冷）质量，减少系统循环水量，降低系统阻力。从而使区域流量与压力趋于稳定，达到“控”的目的。该电动调节阀集流量平衡、电动调节、流量显示和阀门关断等功能于一体（LED 显示设定流量和实时流量）。

四、大力拓展海外市场

自 2013 年国家提出“一带一路”倡议以来，新菱集团便着力于开发沿线国家空调设备市场。当前，已经成功开发中东、东南亚、非洲、大洋洲以及北美地区等众多区域的市场，并与多个国家签订外贸出口合同，以冷却塔和空调末端产品为代表的产品在国外行业市场广受好评，迅速占据了当地市场，销售额逐年呈跃进式发展。新菱集团不仅设置了专门负责出口业务的国际市场部，而且每年都会参与北美、欧洲以及东南亚等地的国际性制冷展，展示新菱风采，让更多的国外企业了解新菱、选择新菱。

五、企业使命

新菱集团将多年发展的经验慢慢形成了一个文化核心 —— 诚、智、勤，因为诚信是为人之基石，也是立身处世之本。新菱集团秉承“诚、智、勤”的企业核心价值观，时刻将企业的发展与社会的发展相融合，用责任之举铸就自身的卓越发展，赢得了客户的尊重和认可，并向着成为卓越品质缔造者的目标不断迈进。客户是新菱存在价值的体现，持续提供卓越的产品和服务，是企业品质最直接的外在体现。经过多年的运转，新菱集团在管理方面形成了一套运行规则，归纳为三个字：法、理、情，就是以法为基准，实行制度管理，同时以理服人，有理有据，而在法理之后，更要求合乎人情。

经过30多年的发展，新菱集团提炼出了自己的品牌观点，就是“化繁为简之道”。对于安装客户、购买产品的客户、接受服务的客户，新菱集团愿意用丰富的经验，把所有复杂的东西提炼成为一个非常简单，用户可以接受、可以享受价值的东西，这是新菱集团长期的目标。

追求卓越　突破创新
——山东格瑞德集团有限公司

山东格瑞德集团有限公司（简称格瑞德集团）成立于1993年，是中央空调系统整体解决方案供应商，集中央空调、复合材料及太阳能等综合能源产品的研发、设计、生产、销售、安装及维护于一体的大型现代化企业集团，是中国制冷空调工业协会命名的“德州·中央空调城”的支柱企业。

格瑞德集团为用户提供的系列产品有中央空调主机系列、末端系列、净化设备系列、冷却塔系列、通风人防系列、复合材料系列、太阳能系列等十大系列、130多个品种。产品销往全国30多个省、市、自治区，远销美国、澳大利亚、苏丹、马来西亚、泰国等40多个国家和地区，遍及轨道交通、地产住宅、石油石化、军工、医药、电力等各大领域。公司参与了鸟巢、水立方、北京地铁10号线、上海东方国贸大厦、天津火车站、沈阳奥体万达广场、山西大剧院、青岛工商局奥帆赛中心、神华集团、中国神马集团、中国石化集团等大批精品工程，其中多项工程荣获国家优质工程奖、中国建筑工程鲁班奖，煤炭行业“太阳杯”工程奖，山东“泰山杯”工程奖等荣誉称号。

格瑞德集团以中央空调、复合材料和太阳能产业为主导，下设销售工程公司、主机公司、空调公司、人防公司、缠绕公司、复合材料科技公司、SMC公司、风电公司、热塑公司、冷却塔公司、防化公司、国际贸易工程公司、新能源公司、新材料公司及空调配件公司；拥有以集团为中心，划分京津唐、华北、东北、西北、南方五大区域，以北京、天津、潍坊、沈阳、兰州、武汉等大中城市办事处为基点，辐射全国的销售、安装、服务、配套体系网络。

用户的满意是格瑞德集团永远的追求，是格瑞德价值的体现。坚持“全程服务，德誉百年”的服务理念，通过优质的售前、售中及售后服务，使用户切身体会到格瑞德的热情和真诚，将生产制造体系上的质量控制全面延伸到服务保障体系上，实现了服务质量的全面提升。

稳定的生产能力和强大的规模优势是格瑞德集团获取效益的源泉。45万m^2的生产基地，20万m^2的高标准生产车间，集团投巨资引进世界一流的高端空调制作技术和设备、全自动U型弯管机、高速数控冲床、自动焊接机、龙门式数控钻床、数控砖塔冲床、自动抛丸机、脱脂烘干机、全自动校直切断机等先进设备，为格瑞德集团奠定了年产30亿元的产能基础。格瑞德集团推行GIT准时化生产模式，在此基础上导入了6S管理和TPM全员设备管理理念，促使员工高效完成各项生产任务。

格瑞德集团拥有国家级中央空调检测中心，通过了CNAS和GMPI认证，检测范围达2 000冷吨，安全性能综合测试仪、卤素检漏仪、核检漏等高端检测设备，确保了所有产品出厂前均进行全面检测。格瑞德集团质量管理要求零失误、产品质量零缺陷。

格瑞德集团经过多年的发展，形成了自身独特的企业文化。“以人为本，科技兴企”是格瑞德集团所遵循的人才理念，创造优厚环境，积极吸纳、培养人才，充分发挥人才潜能。在集团员工中，工程技术人员占总数的30%，其中国家一级、二级建造师近100人，聘有清华大学科技人员2人、台湾高级科技人员和管理人员4人。并建有企业管理发展研究中心，为企业管理和发展精心策划、科学谋略。

格瑞德集团自创建以来，以科技创新推动企业发展，成为山东省高新技术企业，拥有国家博士后科研工作站、山东省企业技术中心、山东省地源热泵工程研究中心、山东省工业设计中心、山东省玻璃钢复合材料制品及应用示范工程技术研究中心等创新平台。企业技术中心先后与中科院长春应用化学研究所、中国机械科学研究总院、浙江大学、西安交通大学、清华大学、中央财经大学、哈尔滨工业大学、山东大学等高校和国家科研部门建立了长期的产学研协作关系，成为美国格林派克及世界品牌产品生产厂家的合作单位。公司是上海建筑科学研究院产品试验基地，也是中央财经大学、山东大学、河北工业大学、华东理工大学等高校的教学实践基地。

多年来，格瑞德集团以振兴民族工业为己任，依靠科技力量，不断开拓创新，发展壮大，迅速跨入全国500家最大建材企业行列，位居全国制冷空调行业前10名企业。公司拥有国家机电设备安装一级资质、环境保护工程二级资质、建筑装修装饰工程专业承包二级资质、钢结构工程三级资质，并获得中国制冷空调设备维修安装资质。公司生产的空调产品获得国家制冷设备生产许可证、3C中国国家强制性产品认证、CRAA中国制冷空调行业权威性产品性能认证，在国内同行业中率先获得压力容器国家特种设备设计、制造许可证，制冷主机、风机产品荣获中国节能产品认证。公司生产的消防产品于2015年率先获得中国国家强制性3C认证，冷却塔产品荣获中国节水产品认证；SMC模压产品荣获山东省卫生厅卫生许可认证。集团被国批准为“人防工程防护设备定点生产企业”，被中国金融机构授予“AAA级信用企业”，被相关部门授予“全国质量达标企业”“国家火炬计划项目”“山东高新技术企业”“山东省守合同重信用企业”等荣誉称号。公司全面通过ISO9001国际质量管理体系、ISO14001国际环境管理体系和OHSAS18001职业健康安全管理体系认证，是德州市首家被评为国家二级安全生产标准化的企业，荣获中国质量检验稳定合格产品证书。公司多次承担国家、省市级科技攻关项目，累计专利技术成果250多项，被评为中国专利山东明星企业。

格瑞德集团利用互联网+，构建了数字化客户协同平台、数字化供应协同平台、数字化内部运营平台、数字化设计开发平台和数字化决策支持平台，形成了格瑞德特色的信息化系统，充分发挥信息网络在当今社会超前、快捷的巨大作用。

格瑞德集团一贯坚持“以德为基，以人为本，顾客至上”的核心价值观，形成了自己独特而深厚的企业文化，增强了企业的凝聚力，激发了员工为企业奋斗、为格瑞德争光的热情和积极性，人人争先创优，个个爱岗敬业，形成了巨大的合力和潜力，推动格瑞德集团迅速发展壮大，为用户提供更加满意的产品和优质的服务。

提高自主创新能力　推动行业技术发展

——浙江万享科技股份有限公司

一、企业发展情况

浙江万享科技股份有限公司成立于2006年，是一家专业研发和生产工业制冷、换热设备的高新技术企业。2015年3月，整体变更为股份公司，同年8月，在全国中小企业股份转让系统挂牌上市（证券简称：万享科技，证券代码：833280）。公司现有总资产1.4亿元，生产基地占地面积超过56 000m^2。公司现有员工180人，其中大专以上学历科技人员48人。

公司的主要产品为蒸发式冷凝器、闭式冷却塔、蒸发器、板式结晶器以及一、二类压力容器及各类制冷辅助设备等。主导产品已通过ISO9001：2008质量管理体系认证、CTI认证、TÜV认证等，并拥有一、二类压力容器制造许可证，可以根据用户需求提供系统的工业制冷或换热解决方案。产品广泛应用于石油、化工、冶金、电力、煤炭、医药、啤酒饮料、食品加工及建筑等领域。企业客户遍及国内32个省、市、区，以及美国、日本、新西兰、澳大利亚、阿根廷、南美、非洲及东南亚等海外市场。公司已成为行业重要的骨干企业之一，销售规模和企业实力逐年增长。

为进一步提高自主创新能力和市场竞争力，公司于2013年1月成立了企业技术中心。2015年，公司产品被认定为湖州市名牌产品。2017年5月成功申报了湖州市企业技术中心。

2015年，公司实现销售收入7 207万元，利润总额912万元，上缴税金1 081万元；2016年，实现销售收入9 710万元，利润总额591万元，上缴税金1 048万元；2017年，实现销售收入12 048万元，利润总额1 433万元，上缴税金1 499万元。企业的各项经营指标实现了跨越式发展。

二、科研开发情况

1. 具备几十个国内大型企业的实施应用经验和成功案例

在工业应用领域，公司作为国内能够根据客户需求定制系统的工业制冷和换热技术解决方案的少数研发型企业之一，依靠较强的自主创新能力和设计、制造优势，解决了化工行业多年来一直无法解决的腐蚀问题。近年来，公司先后为双汇集团、雨润集团、思念集团、青岛啤酒、雪花啤酒、中煤三建、华能电厂、海正药业等企业提供技术支持和解决方案，在国内制冷设备市场赢得了一定的竞争地位，为公司后续在市场竞争中获得稳定的市场份额奠定了良好的基础。

2. 多项产品和技术突破具有行业带动作用

公司充分利用已有的优势资源，本着优化产品结构、促进产品升级换代、增强企业市场竞争能力的宗旨，紧密围绕市场需求，开发新产品、新工艺和新技术，多项产品和技术突破具有行业带动作用。

2011年，公司研制出国内首台板式蒸发式冷凝器，解决了行业内一直无法解决的结垢、难清洗和修理等难题。公司与美国知名企业ISO-THERM公司建立了长期战略合作关系，合作开发薄膜换热设备；建成板式蒸发式冷凝器专用车间，年产量达5 000t。2011年，公司与上海理工大学建立长期战略合作关系，共同建成国内蒸发式冷凝器、闭式冷却塔测试中心。2012年，自主研发的节能变频装置填补行业空白。2014年，建立院士专家工作站，成为多家科研院所的产业化基地。

公司研发的集约型蒸发式冷却装置、冻干设备用换热板片、逆流型空调蒸发式冷凝器、板式乏汽冷凝器、混合流板式闭式冷却塔、板式蒸发器、薄膜蒸发器等高新技术产品引领行业技术发展。其中，新型板式闭式冷却塔运用板式高效换热单元作为换热器，继承了混流结构的优点，使得相同散热量下的换热面积仅为盘管的90%左右，大大减少了金属耗材和能耗，并克服了传统盘管无法直接清洗的缺点。新型板式乏汽冷凝器将其用于电厂尖峰负荷时的乏汽冷凝为国内首创，板片的换热效率高、流程短、阻力小，具有很好的行业应用价值。新型板式蒸发器用板片通过点焊、滚边焊及高压吹涨工艺构成换热核心器件，具有内部流道通畅、扰动强烈、换热充分、外部流体流动阻力小等特点。2015 年 1 月，以上 3 项新产品通过了浙江省工业新产品鉴定，与会专家一致认定为产品具有国内领先水平。

2016 年 2 月，冷却设备高效传热传质与节能节水关键技术的协同创新及推广应用项目获得教育部进步奖推广类二等奖。2016 年 6 月，由西安热工研究院有限公司、浙江万享科技股份有限公司、中电投蒙东能源集团有限责任公司、内蒙古霍煤鸿骏铝电有限责任公司电力分公司等研发的“直接空冷系统板式蒸发冷凝器装置研发及应用”项目通过了中国电机工程学会的科技成果鉴定，具有国际先进水平；2017 年，公司获得中国华能集团公司科学技术进步奖二等奖和中国电力科学技术进步奖三等奖。

2015—2017 年，公司实现了科技成果转化，掌握了冷凝装置与冷却器的制造方法、蒸发式冷却装置设计、板片式冷凝器设计、甲醇蒸发式冷凝器、蒸发式冷却设备自动补水阀、变频室冷却系统智能控制等制冷关键技术和核心自主知识产权，在国内处于领先地位。特别是在氨冷领域，公司有着雄厚的技术实力，在一定程度上带动了行业的技术水平发展。

公司一系列新产品的研制成功，奠定了公司在传热行业的地位。今后，公司将继续本着务实、进取、团结、创新的企业精神，秉承“以质量求生存、以质量树品牌、以质量谋发展”的质量方针，不断提升产品和服务品质，将公司建设成为国内一流的节能换热技术、工业制冷设备和换热设备研发机构。

坚持技术创优　争做一流企业

——大连斯频德环境设备有限公司

一、企业介绍

大连斯频德环境设备有限公司（原大连斯频德冷却塔有限公司）（简称大连斯频德）是一家从事冷却塔、空气净化设备及相关部件的生产、销售、安装、调试和维修服务的专业厂家。公司由日本斯频德制造株式会社、大连冰山集团共同投资兴建，总投资额为 12.24 亿日元（约合人民币 7 200 万元），1995 年 12 月成立，1996 年 10 月正式投产，1997 年开始销售冷却塔，获得日本冷却塔协会 JCI 认证、美国冷却塔技术协会 CTI 认证，并通过国家玻璃钢检测中心的检测，获得中国节能产品认证、中国节水产品认证和 SGS 填料防火性能检测认证。2014 年，公司迁址并正式更名为大连斯频德环境设备有限公司，新厂区占地面积 38 000m^2，工场通过合理布局、缩短作业距离、导入 JIT 管理模式、扩大内作等一系列措施，提高生产效率、缩短交货期，将年产能扩大到 4 000 台，产品供货周期可达到 30 天； 2018 年，大连斯频德在全国共建营业网点 23 处，形成全覆盖式销售网络。

大连斯频德从诞生伊始，坚持严格管理，强化技术创优意识，建立了一整套行之有效的管理体系和制度。公司严格执行“6S管理”，以“严格管理、提高质量、创一流企业”为方针目标，先后通过ISO9001质量管理体系认证、ISO14001环境管理体系认证、OHSAS18001职业健康安全管理体系认证，被评为AAA信用企业、重合同守信用企业。

大连斯频德作为冷却塔行业的领跑者，是冷却塔行业标准制定的起草者之一，拥有机电安装工程和环保工程专业承包三级资质，是中国产品和服务质量诚信示范企业、中国百佳质量诚信标杆示范企业；取得出口欧盟CE认证、高新技术企业认证。

二、科研开发情况

创新是企业发展的决定性力量，是企业生存的关键。大连斯频德为切实提高自主创新能力，掌握自主知识产权，加快科技投入的步伐，每年投入的研发费用占营业收入的5%以上，并每年持续递增，贴近市场需求和用户要求研发各种新型冷却塔。公司先后研发出全钢冷却塔、逆流塔、高耐压密闭式冷却塔、大容量密闭式冷却塔等，获得18项专利，成功将技术应用于产品，为客户提供更多的产品选择。

大连斯频德研发团队现有专职人员20余人，人员构成不乏热力学、机械、制冷等多个专业的优秀人才，同时为加快新产品研发，大连斯频德与大连理工大学签订技术战略协议，并成为大连理工大学大学生实践基地。当前已经与大连理工大学合作进行冷却塔内外部流场分析、喷嘴结构技术开发、填料模拟等技术研发工作；根据研发项目出具了进出风口障碍物对冷却塔性能影响的研究报告和计算工具、不同条件下空气流场的分布演示等研发成果。

大连斯频德建设填料研发实验室，购买流体模拟分析Fluent软件，进行填料表面循环水的流体分析和验证，并已经成功研发出冷却塔用高性能填料。

大连斯频德成功设计出远程监控系统（IOT），通过对冷却塔运行数据的采集和监控，并进行历史数据的存储和智能预判，及时推送可能发生或者已经发生的故障报警。用户可随时了解冷却塔运行状态及运行时间，对可能产生的故障提前预判，保证设备的正常运行，避免设备发生故障后造成不必要的损失和安全隐患，为客户创造最大价值。

三、实验室平台建设情况

大连斯频德冷却塔性能试验室能对冷却塔进行CTI STD-201性能测试和国标GB/T 7190.1—2008《玻璃钢冷却塔检验标准及测试方法》检测。

整套实验检测系统由内外循环系统、换热系统及中央监测系统组成。中央监控系统主要负责对实验的流量、温度等状态进行实时监控及数据采集并形成实时曲线输出及保存，并可通过水泵变频调节循环水量，通过风机变频调节风量，形成不同汽水比工况条件进行测试。

实验检测设备按照国标检测中心的标准进行采购，实验数据与国标测试数据基本一致，热源稳定，测试精度高，检测能力处于国内领先水平

四、信息化建设情况

大连斯频德应用的信息化系统于2010年立项，2011年8月正式使用，基于Windows2008 Server平台，在Windows7系统下运行；2014年财务系统版本升级；2016年导入预算系统及网上报销系统，建立原价体系；2017年完善售后服务系统，导入致远OA办公平台；2018年成立IT研发团队，开发人事KPI考核系统，强化供应链系统，完善原价系统，并将逐步导入仓储扫码系统，实现由传统制造向智能制造转型。

公司利用售后服务管理系统，从庞大的数据背后深度挖掘、分析客户信息，找出更加符合客户需求的服务和产品；深度利用庞大的大数据体系，实现跨时间、跨区域、跨维度的互联网大数据信息互换，有针对性地调整并优化自身数据，并能够有效掌握市场情况；通过系统与客户订单形成联动，及时回访，了解产品运行状态，更好

地提升服务质量，更高效地提高服务效率，实现双赢。

五、战略推进多元化发展

大连斯频德重视员工的素质教育和团队建设，成立大连斯频德学堂，聘请各领域专家对员工知识水平、职业技能进行培训。2017 年，大连斯频德成立了创新事务局，在商务模式创新、管理创新、产品优化、工艺改善、质量提升、节能降耗等方面共立项 55 个创新项目，当年增加收入 2 000 余万元，节约工时 2 965.6h。

长期以来，商业地产领域的冷却塔销量一直占据大连斯频德营收的重要地位。随着汽车、数据中心、集中式能源中心、轨道交通及工业等相关产业的快速发展，大连斯频德在保持原有商业地产份额稳中有升的同时，不断加大新行业、新领域的开发。

公司深耕商业地产，继续保持与原有战略商业地产客户万达、华润、苏宁、金鹰、中化方兴等深度合作的同时，又携手新城控股、绿地、万科、泰禾等新的战略合作伙伴，确保大连斯频德在商业地产领域的领先地位。

公司精耕细作细分市场。在汽车行业，与吉利汽车、丰田汽车、大众汽车、东风汽车、国机汽车等行业领先企业开展战略合作，不断提高细分市场占有率；在数据中心行业，与中国移动保持多年的战略合作，不断积累行业经验，在冬季运行、节能节水等战略方向上不断取得新的突破；在集中式能源中心行业，先后与广州大学城、上海虹桥能源中心、苏州中心能源站等各地重点项目开展合作，逐步实现大连斯频德由中小型冷却塔领先企业向善于提供大模块、集中式能源服务的优质供应商的持续转变；在轨道交通行业，从原有的宁波地铁、郑州地铁两条线，逐步拓展至杭州地铁、常州地铁等 7 条线，3 年间斯频德人不断紧跟国家轨道交通发展布局，不断在轨道交通行业取得进展；在工业领域，保持与富士康、康师傅、统一、双汇等优质企业的战略合作，同时积极参与京东方、华为等国内先进企业的招投标，不断学习标杆企业的先进理念，先后与华虹NEC、村田、佳能、索尼、松下、博世、斯凯孚、蒂森克虏伯等国际先进企业达成合作，为客户提供优质产品，得到客户的一致好评。

伴随着国家相关战略的不断推进，大连斯频德紧跟时代步伐，产品逐步远销海外，斯频德人的小康梦也越来越近。大连斯频德在不断创新的道路上，越走越自信，越走越勇敢！

中国通用机械工业年鉴2018

公布2017年通用机械行业主要经济指标完成情况以及通用机械主要产品进出口数据

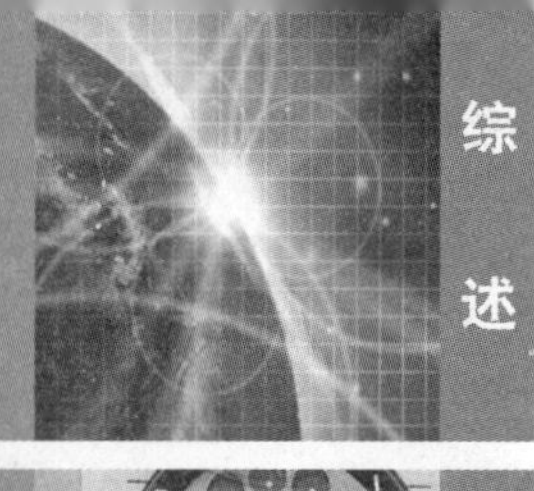

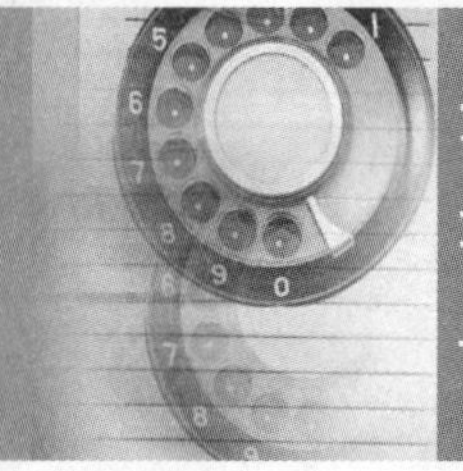

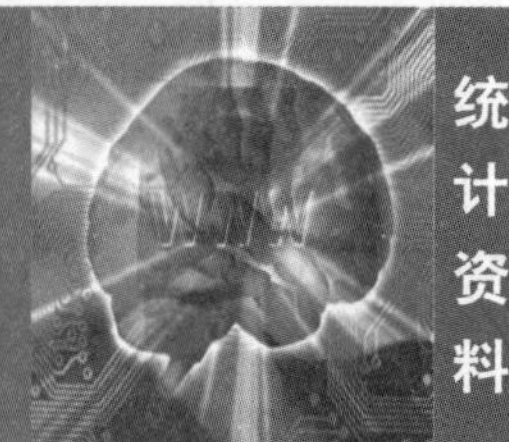

统计资料

2017 年通用机械行业主要经济指标完成情况

行业名称	企业数（家）	亏损企业		亏损额		流动资产合计		应收账款		存货		产成品	
		企业数（家）	同比增长（%）	本年累计（亿元）	同比增长（%）	本年累计（亿元）	同比增长（%）	本年累计（亿元）	同比增长（%）	本年累计（亿元）	同比增长（%）	本年累计（亿元）	同比增长（%）
合计	5 442	535	0.75	31.75	-25.71	5 457.58	9.78	1 844.90	1.84	1 339.26	18.24	485.22	12.31
泵及真空设备	1 277	114	4.59	8.18	-10.80	1 119.79	11.21	358.20	7.71	288.11	13.53	95.10	10.35
风机	485	53	-8.62	3.84	-29.67	737.60	9.74	235.52	-8.55	168.06	29.43	41.80	-2.84
压缩机	525	64	-1.54	5.37	-49.44	1 174.82	10.95	398.94	0.59	299.46	30.38	128.22	23.44
阀门	1 714	149	-5.10	5.54	4.14	1 212.30	5.79	453.81	1.97	294.45	9.02	114.38	3.07
气体分离及液化设备	476	50	0	3.51	-51.85	566.25	10.46	187.09	-2.24	116.68	19.10	45.37	21.80
其他通用机械	965	105	14.13	5.30	8.61	646.82	12.55	211.34	12.12	172.49	14.04	60.35	18.92

行业名称	资产总计		负债总计		主营业务收入		主营业务成本		销售费用		管理费用		财务费用	
	本年累计（亿元）	同比增长（%）	本年累计（亿元）	同比增长（%）	本年累计（亿元）	同比增长（%）	本年累计（亿元）	同比增长（%）	本年累计（亿元）	同比增长（%）	本年累计（亿元）	同比增长（%）	本年累计（亿元）	同比增长（%）
合计	8 839.40	7.98	4 307.35	9.38	9 696.64	9.84	8 053.61	9.94	338.25	8.92	560.92	5.52	86.88	34.45
泵及真空设备	1 881.50	8.70	881.51	10.14	2 212.39	10.14	1 788.90	9.62	92.44	10.64	138.70	8.16	21.06	28.65
风机	1 168.68	12.64	609.66	10.38	908.03	0.51	757.33	1.34	35.46	5.79	60.81	1.18	8.14	22.78
压缩机	1 799.09	8.05	959.39	14.44	1 881.14	12.67	1 592.80	13.54	51.49	-0.14	107.99	0.96	11.15	163.59
阀门	1 980.17	4.71	847.69	3.86	2 486.30	8.17	2 071.51	8.09	83.64	9.20	129.33	5.36	26.07	26.55
气体分离及液化设备	952.68	8.27	478.60	5.30	820.03	11.57	664.82	11.05	34.78	17.14	51.68	5.30	8.38	31.76
其他通用机械	1 057.27	7.73	530.50	11.40	1 388.76	14.50	1178.24	14.59	40.44	13.50	72.41	12.33	12.08	15.71

行业名称	利息支出		利润总额		出口交货值		主营业务利润率（%）		资产负债率（%）		成本费用利润率（%）	
	本年累计（亿元）	同比增长（%）	本年累计（亿元）	同比增长（%）	本年累计（亿元）	同比增长（%）	本年	上年	本年	上年	本年	上年
合计	64.25	8.53	665.41	15.10	1 078.24	11.51	6.86	6.55	48.73	48.11	7.36	7.02
泵及真空设备	16.49	12.02	172.59	21.16	299.13	18.71	7.80	7.09	46.85	46.24	8.46	7.66
风机	6.45	13.76	52.71	2.81	63.63	5.43	5.81	5.68	52.17	53.24	6.12	6.05
压缩机	7.26	0.55	125.73	11.66	232.85	8.73	6.68	6.74	53.33	50.35	7.13	7.19
阀门	19.22	8.53	167.93	11.27	338.59	9.47	6.75	6.57	42.81	43.16	7.27	7.06
气体分离及液化设备	6.42	15.05	63.86	26.98	67.56	8.50	7.79	6.84	50.24	51.65	8.41	7.36
其他通用机械	8.42	1.32	82.60	17.01	76.48	11.08	5.95	5.82	50.18	48.52	6.34	6.20

注：表中数据经四舍五入，分项之和与总项略有出入。

〔供稿人：中国通用机械工业协会李多英〕

2017 年通用机械主要产品进口情况

商品税号	商品名称	进口量单位	进口量	进口金额（万美元）
84131100	分装燃料或润滑油的计量泵，加油站或车库用	台	5 414	386.4
84131900	其他装有或可装计量装置的液体泵	台	2 117 234	15 757.3
84135010	气动往复式排液泵	台	185 321	8 218.2
84135020	电动往复式排液泵	台	12 399 440	29 185.1
84135031	液压往复式柱塞泵	台	514 798	19 321.7
84135039	其他液压往复式排液泵	台	294 434	12 209.7
84135090	未列名往复式排液泵	台	3 012 245	8 618.4
84136021	电动回转式齿轮泵	台	2 449 577	23 347.4
84136022	液压回转式齿轮泵	台	302 619	6 359.6
84136029	其他回转式齿轮泵	台	1 339 772	10 110.8
84136031	电动回转式叶片泵	台	1 337 073	4 287.3
84136032	液压回转式叶片泵	台	703 933	5 214.5
84136039	其他回转式叶片泵	台	350 234	1 861.7
84136040	回转式螺杆泵	台	27 852	5 356.8
84136050	回转式径向柱塞泵	台	23 807	1 386.7
84136060	回转式轴向柱塞泵	台	342 997	13 451.3
84136090	其他回转式排液泵	台	608 665	6 138.0
84137010	转速在 10 000r/min 及以上的离心泵	台	1 765 567	2 004.6
84137091	转速在 10 000r/min 以下的离心式电动潜油泵	台	92 272	5 380.7
84137099	转速在 10 000r/min 以下的其他离心泵	台	3 695 189	63 318.5
84138100	未列名液体泵	台	2 682 227	19 797.0
84138200	液体提升机	台	10 061	676.9
84139100	液体泵零件	kg	34 731 320	79 383.7
84139200	液体提升机零件	kg	44 384	66.5
84141000	真空泵	台	2 440 629	72 297.5
84142000	手动或脚踏式空气泵	台	968 694	577.0
84145930	离心通风机	台	3 164 163	16 951.7
84145990	未列名风机、风扇	台	153 975 323	79 182.9
84148020	二氧化碳压缩机	台	1 828	1 200.5
84148040	空气及其他气体压缩机	台	88 514	30 935.2
84148090	其他空气泵，通风罩、循环气罩	台	18 795 479	25 546.8
84193100	农产品干燥器	台	418	907.7

（续）

商品税号	商品名称	进口量单位	进口量	进口金额（万美元）
84193200	木材、纸浆、纸或纸板干燥器	台	105	2 792.0
84193910	微空气流动陶瓷坯件干燥器	台	4	22.3
84193990	未列名干燥器	台	48 213	20 828.6
84196011	制氧量≥15 000m^3/h 及以上的制氧机	台	1	
84196019	其他制氧机	台	18 480	634.3
84196090	未列名液化空气或其他气体的机器	台	959	1 807.9
84211920	固液分离机	台	4 897	9 433.2
84211990	其他未列名离心机，包括离心干燥机	台	56 367	20 580.1
84212910	压滤机	台	259	2 871.9
84811000	减压阀	台	49 913 235	42 061.5
84812010	油压传动阀	台	152 081 066	119 096.3
84812020	气压传动阀	台	27 538 483	48 660.8
84813000	止回阀	台	394 585 520	37 687.3
84814000	安全阀或溢流阀	台	54 550 912	37 239.6
84819010	阀门零件	kg	37 316 981	117 770.8
84834020	行星齿轮减速器	台	1 548 684	26 631.3
84834090	齿轮及其他变速、传动装置；滚珠螺杆传动轴	台	213 271 911	121 896.8
84839000	单独报验的带齿的轮等；84.83 货品的其他传动元件	kg	130 530 368	193 346.5

〔供稿单位：机械工业信息中心〕

2017 年通用机械主要产品出口情况

商品税号	商品名称	出口量单位	出口量	出口金额（万美元）
84131100	分装燃料或润滑油的计量泵，加油站或车库用	台	279 016	9 210.6
84131900	其他装有或可装计量装置的液体泵	台	1 672 635	8 133.1
84135010	气动往复式排液泵	台	971 479	6 052.1
84135020	电动往复式排液泵	台	24 718 860	18 960.6
84135031	液压往复式柱塞泵	台	1 287 059	7 272.3
84135039	其他液压往复式排液泵	台	3 110 929	7 650.6
84135090	未列名往复式排液泵	台	5 975 093	9 812.2
84136021	电动回转式齿轮泵	台	1 648 279	4 659.5
84136022	液压回转式齿轮泵	台	584 491	5 347.0

（续）

商品税号	商品名称	出口量单位	出口量	出口金额（万美元）
84136029	其他回转式齿轮泵	台	338 701	2 278.5
84136031	电动回转式叶片泵	台	5 477 964	7 011.8
84136032	液压回转式叶片泵	台	312 231	1 770.2
84136039	其他回转式叶片泵	台	2 374 789	3 895.4
84136040	回转式螺杆泵	台	207 507	3 614.2
84136050	回转式径向柱塞泵	台	27 995	270.1
84136060	回转式轴向柱塞泵	台	1 281 365	4 588.6
84136090	其他回转式排液泵	台	21 343 119	51 811.4
84137010	转速在 10 000r/min 及以上的离心泵	台	12 089 944	3 777.3
84137091	转速在 10 000r/min 以下的离心式电动潜油泵	台	34 222 804	76 749.4
84137099	转速在 10 000r/min 以下的其他离心泵	台	64 543 439	148 761.6
84138100	未列名液体泵	台	21 072 087	25 939.5
84138200	液体提升机	台	6 053	105.0
84139100	液体泵零件	kg	262 249 656	163 652.0
84139200	液体提升机零件	kg	1 372 180	1 990.4
84141000	真空泵	台	7 704 775	23 371.5
84142000	手动或脚踏式空气泵	台	143 398 227	21 406.9
84145930	离心通风机	台	26 752 006	38 304.8
84145990	未列名风机、风扇	台	381 896 604	142 374.3
84148020	二氧化碳压缩机	台	359 476	4 548.3
84148040	空气及其他气体压缩机	台	10 083 396	96 186.0
84148090	其他空气泵，通风罩、循环气罩	台	94 763 203	95 840.0
84193100	农产品干燥器	台	3 301	3 428.8
84193200	木材、纸浆、纸或纸板干燥器	台	5 457	6 231.0
84193910	微空气流动陶瓷坯件干燥器	台	42	176.2
84193990	未列名干燥器	台	2 099 324	35 304.7
84196011	制氧量≥ 15 000m^3/h 及以上的制氧机	台	225	6 574.4
84196019	其他制氧机	台	84 268	2 208.9
84196090	未列名液化空气或其他气体的机器	台	5 526	23 608.6
84211920	固液分离机	台	38 923	7 631.6
84211990	其他未列名离心机，包括离心干燥机	台	1 721 320	8 133.8
84212910	压滤机	台	124 598	7 184.0
84811000	减压阀	台	57 868 783	26 993.0
84812010	油压传动阀	台	11 501 698	8 740.1
84812020	气压传动阀	台	15 831 938	14 061.4
84813000	止回阀	台	2 160 974 164	42 758.7
84814000	安全阀或溢流阀	台	29 504 082	15 264.6

（续）

商品税号	商品名称	出口量单位	出口量	出口金额（万美元）
84819010	阀门零件	kg	346 876 582	228 341.7
84834020	行星齿轮减速器	台	14 097 895	22 114.7
84834090	齿轮及其他变速、传动装置；滚珠螺杆传动轴	台	240 247 597	195 838.0
84839000	单独报验的带齿的轮等；84.83 货品的其他传动元件	kg	496 932 392	212 837.7

〔供稿单位：机械工业信息中心〕

2017 年通用机械产品主要进口国家（地区）量值

商品税号	商品名称	国家或地区	进口量单位	进口量	进口金额（万美元）
84131100	分装燃料或润滑油的计量泵，加油站或车库用	荷兰	台	2	155.5
		美国	台	890	114.3
		日本	台	13	34.9
		奥地利	台	1	17.2
84131900	其他装有或可装计量装置的液体泵	德国	台	1 667 953	7 522.8
		美国	台	88 022	2 263.3
		日本	台	13 075	1 451.2
		法国	台	28 589	658.8
		芬兰	台	104 713	640.0
		挪威	台	101	614.7
		英国	台	2 358	605.8
84135010	气动往复式排液泵	美国	台	28 604	3 133.6
		德国	台	9 191	1 080.5
		日本	台	18 527	988.8
		韩国	台	1 295	874.5
		中国台澎金马关税区	台	4 629	809.6
84135020	电动往复式排液泵	德国	台	57 300	5 531.6
		捷克	台	346 844	5 387.9
		意大利	台	3 843 519	3 368.8
		美国	台	61 531	2 890.8
		日本	台	385 546	2 848.2
		中国	台	6 992 096	2 504.2

（续）

商品税号	商品名称	国家或地区	进口量单位	进口量	进口金额（万美元）
		瑞士	台	180 915	1 507.1
		奥地利	台	285 217	1 206.3
		韩国	台	25 421	1 130.8
84135031	液压往复式柱塞泵	德国	台	120 379	7 694.4
		日本	台	40 641	3 664.7
		美国	台	26 934	2 978.2
		意大利	台	136 930	1 961.6
		法国	台	13 258	486.4
84135039	其他液压往复式排液泵	日本	台	102 065	6 615.8
		德国	台	12 686	2 082.2
		美国	台	8 968	1 009.4
		韩国	台	10 930	856.0
		法国	台	95 191	378.7
		意大利	台	21 808	291.4
84135090	未列名往复式排液泵	德国	台	424 331	4 076.7
		日本	台	81 761	2 157.7
		韩国	台	14 487	862.8
		中国	台	2 258 122	823.4
84136021	电动回转式齿轮泵	美国	台	457 673	6 976.3
		日本	台	475 938	5 761.2
		德国	台	224 098	3 895.3
		意大利	台	924 944	2 672.0
		法国	台	88 982	1 283.5
		瑞士	台	2 672	534.6
		韩国	台	195 496	530.8
84136022	液压回转式齿轮泵	德国	台	62 026	2 240.7
		日本	台	59 430	1 140.0
		韩国	台	41 088	683.5
		美国	台	11 316	527.8
		意大利	台	43 109	527.7
84136029	其他回转式齿轮泵	韩国	台	1 092 215	5 967.4
		德国	台	79 931	1 923.8
		意大利	台	115 562	548.5
		日本	台	19 498	526.0
		美国	台	4 307	469.4
84136031	电动回转式叶片泵	日本	台	436 043	792.2
		荷兰	台	21 337	683.0

（续）

商品税号	商品名称	国家或地区	进口量单位	进口量	进口金额（万美元）
		德国	台	136 474	668.7
		中国台澎金马关税区	台	32 692	416.1
84136032	液压回转式叶片泵	日本	台	594 782	3 969.7
		美国	台	54 433	502.5
		中国台澎金马关税区	台	37 131	287.5
		德国	台	10 482	272.7
84136039	其他回转式叶片泵	德国	台	146 622	842.4
		日本	台	63 269	300.1
		荷兰	台	3	183.5
		英国	台	777	133.2
84136040	回转式螺杆泵	德国	台	4 902	1 923.0
		日本	台	1 489	1 000.8
		美国	台	1 014	793.8
		意大利	台	14 359	530.6
		奥地利	台	1 353	248.1
84136050	回转式径向柱塞泵	德国	台	11 496	708.6
		日本	台	2 681	196.6
		瑞典	台	4 409	174.2
		意大利	台	1 336	119.2
84136060	回转式轴向柱塞泵	德国	台	26 314	5 311.8
		日本	台	49 123	4 713.4
		韩国	台	18 225	836.7
		匈牙利	台	219 751	816.7
		美国	台	14 134	533.8
84136090	其他回转式排液泵	美国	台	104 627	1 673.6
		韩国	台	31 624	1 138.8
		日本	台	81 790	1 054.6
		德国	台	16 155	920.5
84137010	转速在 10 000r/min 及以上的离心泵	日本	台	679 159	720.3
		美国	台	79 772	542.8
		捷克	台	570 020	147.9
		韩国	台	81 564	127.7
		德国	台	864	103.9
84137091	转速在 10 000r/min 以下的离心式电动潜油泵	德国	台	8 318	1 364.2
		美国	台	10 686	970.3
		匈牙利	台	12 108	484.7
		瑞典	台	113	460.9

（续）

商品税号	商品名称	国家或地区	进口量单位	进口量	进口金额（万美元）
		意大利	台	14 594	396.3
84137099	转速在 10 000r/min 以下的其他离心泵	美国	台	50 598	17 721.3
		德国	台	340 934	9 766.7
		日本	台	869 157	8 342.1
		中国台澎金马关税区	台	197 009	5 140.1
		法国	台	1 311 773	4 901.9
		意大利	台	157 692	2 592.2
		挪威	台	235	2 220.2
		奥地利	台	203	2 046.9
		瑞士	台	762	1 472.1
		英国	台	1 895	1 393.0
		丹麦	台	6 584	1 318.0
84138100	未列名液体泵	日本	台	502 979	6 230.3
		瑞士	台	256 770	2 611.6
		韩国	台	102 356	2 296.0
		美国	台	32 466	2 180.3
		德国	台	68 845	1 889.8
		英国	台	43 162	796.5
		挪威	台	416	580.2
		意大利	台	795 797	574.7
84138200	液体提升机	德国	台	7 838	313.8
		瑞典	台	1	93.1
		美国	台	37	69.1
		芬兰	台	1	63.0
84139100	液体泵零件	德国	kg	4 395 872	14 857.1
		日本	kg	6 067 987	14 345.3
		美国	kg	4 322 164	12 017.3
		韩国	kg	5 006 410	6 035.3
		中国台澎金马关税区	kg	4 468 673	3 807.8
		丹麦	kg	941 486	3 646.3
		意大利	kg	1 481 030	2 601.6
		法国	kg	537 515	2 474.7
		俄罗斯联邦	kg	148 275	2 125.2
		西班牙	kg	705 693	1 582.8
		瑞士	kg	293 940	1 493.7
		英国	kg	467 771	1 427.9
		罗马尼亚	kg	589 793	1 333.2

（续）

商品税号	商品名称	国家或地区	进口量单位	进口量	进口金额（万美元）
		挪威	kg	299 528	1 112.4
		印度	kg	820 491	1 021.0
84139200	液体提升机零件	韩国	kg	32 050	24.2
		瑞典	kg	10 814	21.7
84141000	真空泵	韩国	台	310 621	21 465.7
		日本	台	783 552	16 304.7
		德国	台	395 590	12 435.9
		法国	台	80 582	3 672.2
		美国	台	35 005	3 448.4
		捷克	台	91 453	3 278.8
		中国台澎金马关税区	台	45 164	2 783.6
		瑞士	台	58 974	2 187.6
		意大利	台	114 588	1 543.9
		芬兰	台	83	1 153.1
84142000	手动或脚踏式空气泵	墨西哥	台	83 834	217.5
		中国台澎金马关税区	台	546 416	127.9
		日本	台	119 058	53.7
		德国	台	13 514	51.6
84145930	离心通风机	德国	台	594 551	8 222.6
		日本	台	16 805	1 303.1
		韩国	台	54 179	827.3
		美国	台	14 198	805.1
		意大利	台	104 608	717.0
84145990	未列名风机、风扇	中国	台	114 575 377	29 296.1
		德国	台	1 182 946	10 457.7
		菲律宾	台	13 546 704	8 901.0
		意大利	台	901 497	5 383.0
		韩国	台	544 480	3 753.7
		越南	台	13 697 218	3 721.8
		美国	台	200 672	3 273.8
		中国台澎金马关税区	台	3 884 759	2 828.4
		日本	台	537 062	2 191.6
		匈牙利	台	608 603	2 165.4
		芬兰	台	857	1 924.6
		泰国	台	2 975 841	1 783.1
84148020	二氧化碳压缩机	德国	台	980	851.6
		美国	台	19	209.9

（续）

商品税号	商品名称	国家或地区	进口量单位	进口量	进口金额（万美元）
		意大利	台	588	121.6
84148040	空气及其他气体压缩机	美国	台	9 223	9 324.6
		德国	台	37 861	8 259.2
		日本	台	3 512	4 115.3
		比利时	台	697	2 108.9
		瑞士	台	515	1 629.2
		韩国	台	2 989	1 502.5
		法国	台	5 088	1 502.3
84148090	其他空气泵，通风罩、循环气罩	美国	台	37 012	5 572.5
		日本	台	392 712	4 109.5
		德国	台	451 793	3 869.1
		中国	台	15 241 435	2 126.0
		意大利	台	51 651	1 903.7
		韩国	台	50 908	1 678.6
		中国台澎金马关税区	台	1 103 854	1 213.0
84193100	农产品干燥器	意大利	台	71	226.9
		日本	台	15	160.9
		韩国	台	51	128.8
		瑞士	台	1	116.1
84193200	木材、纸浆、纸或纸板干燥器	瑞典	台	4	685.7
		德国	台	21	680.5
		意大利	台	14	579.4
		芬兰	台	8	431.7
84193910	微空气流动陶瓷坯件干燥器	德国	台	4	22.3
84193990	未列名干燥器	日本	台	4 980	5 086.1
		德国	台	17 943	3 337.2
		韩国	台	903	3 248.2
		中国台澎金马关税区	台	12 371	1 548.8
		意大利	台	1 229	1 532.6
		美国	台	3 846	1 437.6
		匈牙利	台	131	1 190.6
84196011	制氧量≥15 000m^3/h 及以上的制氧机	韩国	台	1	
84196019	其他制氧机	美国	台	16 519	491.5
		德国	台	1 483	62.4
		韩国	台	64	30.1
84196090	未列名液化空气或其他气体的机器	美国	台	13	525.1
		挪威	台	4	511.5

（续）

商品税号	商品名称	国家或地区	进口量单位	进口量	进口金额（万美元）
		瑞士	台	14	265.8
84211920	固液分离机	德国	台	718	6 453.5
		瑞士	台	19	697.5
		瑞典	台	30	689.9
		日本	台	296	491.7
84211990	其他未列名离心机，包括离心干燥机	德国	台	19 028	9 422.6
		美国	台	15 889	4 114.8
		日本	台	5 407	1 962.3
		瑞典	台	72	807.7
		中国	台	1 132	754.4
84212910	压滤机	德国	台	33	1 156.7
		中国台澎金马关税区	台	46	745.4
		韩国	台	19	528.7
84811000	减压阀	德国	台	6 303 812	10 108.6
		美国	台	5 535 830	6 593.2
		日本	台	7 119 143	5 828.9
		意大利	台	3 045 281	5 391.4
		韩国	台	7 923 691	2 320.5
		中国	台	3 846 047	1 586.9
		中国台澎金马关税区	台	1 400 435	1 253.1
		匈牙利	台	258 143	1 095.8
		英国	台	913 757	1 079.3
84812010	油压传动阀	日本	台	83 181 701	36 915.1
		美国	台	16 269 352	16 633.5
		德国	台	4 451 833	16 158.9
		比利时	台	13 567 499	15 764.8
		韩国	台	27 957 654	11 810.4
		越南	台	2 321 861	7 224.9
		意大利	台	1 266 316	4 939.0
		中国台澎金马关税区	台	572 829	2 415.5
		瑞士	台	48 869	1 548.9
		英国	台	488 536	1 371.3
84812020	气压传动阀	日本	台	7 606 831	14 029.7
		德国	台	3 940 610	11 131.6
		美国	台	4 484 928	5 495.9
		英国	台	247 860	2 854.0
		瑞士	台	413 856	2 157.0

（续）

商品税号	商品名称	国家或地区	进口量单位	进口量	进口金额（万美元）
		韩国	台	2 402 429	1 715.9
		波兰	台	573 080	1 681.4
		意大利	台	589 087	1 617.0
		印度	台	3 628 273	1 518.8
		中国台澎金马关税区	台	2 004 785	1 448.2
		法国	台	511 426	1 272.4
84813000	止回阀	德国	台	51 609 383	9 126.8
		美国	台	54 228 455	7 177.8
		日本	台	131 261 449	4 671.7
		意大利	台	4 697 320	3 037.2
		韩国	台	21 521 504	2 743.7
		法国	台	17 095 545	1 492.5
		英国	台	7 329 038	1 344.6
		中国台澎金马关税区	台	44 323 196	1 093.0
84814000	安全阀或溢流阀	美国	台	4 415 836	10 084.1
		德国	台	22 083 491	9 090.5
		意大利	台	3 872 383	3 525.8
		日本	台	6 216 095	3 400.7
		捷克	台	6 709 903	1 694.5
		中国台澎金马关税区	台	955 987	1 438.6
		法国	台	215 266	1 278.0
		韩国	台	5 495 918	1 272.0
		英国	台	193 983	1 122.8
84819010	阀门零件	日本	kg	8 807 711	28 303.4
		德国	kg	5 132 453	24 140.5
		韩国	kg	6 026 947	14 621.4
		美国	kg	2 757 990	14 284.6
		中国台澎金马关税区	kg	2 727 299	4 954.8
		法国	kg	541 736	4 253.6
		意大利	kg	2 713 994	3 522.8
		中国	kg	765 486	2 764.8
		马来西亚	kg	687 002	1 957.4
		西班牙	kg	658 641	1 933.7
		英国	kg	443 716	1 805.8
		泰国	kg	629 582	1 579.6
		越南	kg	326 397	1 347.1
		丹麦	kg	531 067	1 239.1

（续）

商品税号	商品名称	国家或地区	进口量单位	进口量	进口金额（万美元）
		瑞士	kg	250 549	1 218.9
		印度	kg	1 064 397	1 177.0
		奥地利	kg	116 654	1 147.2
		加拿大	kg	84 840	1 080.4
84834020	行星齿轮减速器	德国	台	74 194	9 567.6
		日本	台	136 415	6 672.5
		意大利	台	1 149 346	3 479.1
		韩国	台	46 546	2 419.2
		印度	台	51 501	1 460.8
		中国台澎金马关税区	台	32 735	978.6
		瑞士	台	3 787	690.5
84834090	齿轮及其他变速、传动装置；滚珠螺杆传动轴	德国	台	19 671 842	28 527.8
		日本	台	34 862 788	27 204.7
		中国台澎金马关税区	台	27 266 561	24 648.5
		美国	台	7 587 557	9 849.8
		意大利	台	20 686 441	7 493.1
		韩国	台	41 503 565	3 099.6
		法国	台	5 063 212	2 851.8
		西班牙	台	1 768 586	1 983.8
		比利时	台	9 706	1 983.6
		捷克	台	3 892 984	1 482.5
		奥地利	台	6 395	1 180.5
		斯洛伐克	台	21 391	994.3
		荷兰	台	10 277	930.1
		瑞士	台	13 195 020	913.5
		芬兰	台	6 846	911.3
		瑞典	台	969 631	899.8
		新加坡	台	1 060 419	828.3
		中国	台	14 163 676	808.4
84839000	单独报验的带齿的轮等；84.83 货品的其他传动元件	德国	kg	28 286 691	49 764.0
		日本	kg	21 884 875	41 107.6
		美国	kg	13 760 043	23 006.7
		韩国	kg	27 361 643	18 032.2
		中国台澎金马关税区	kg	14 802 195	16 553.4
		意大利	kg	4 583 802	6 116.1
		法国	kg	2 685 217	5 648.0

（续）

商品税号	商品名称	国家或地区	进口量单位	进口量	进口金额（万美元）
		加拿大	kg	2 898 463	5 552.7
		中国	kg	2 319 884	3 870.9
		奥地利	kg	568 634	2 814.7
		泰国	kg	1 678 274	2 513.8
		瑞士	kg	721 883	2 218.0
		英国	kg	242 902	1 387.2
		匈牙利	kg	558 388	1 355.9
		波兰	kg	797 458	1 332.3
		斯洛伐克	kg	629 268	1 236.0
		印度	kg	1 357 830	1 117.1
		比利时	kg	861 123	1 100.0
		西班牙	kg	715 960	1 066.8

〔供稿单位：机械工业信息中心〕

2017年通用机械产品主要出口国家（地区）量值

商品税号	商品名称	国家或地区	出口量单位	出口量	出口金额（万美元）
84131100	分装燃料或润滑油的计量泵，加油站或车库用	尼日利亚	台	8 660	1 140.0
		印度	台	11 233	639.6
		沙特阿拉伯	台	3 404	594.3
		菲律宾	台	2 727	544.5
		泰国	台	3 405	506.2
		澳大利亚	台	7 772	419.6
84131900	其他装有或可装计量装置的液体泵	美国	台	387 843	1 220.8
		中国香港	台	10 683	997.1
		意大利	台	98 709	474.6
		德国	台	46 165	425.6
		韩国	台	46 473	387.7
84135010	气动往复式排液泵	美国	台	87 924	1 268.2
		英国	台	579 699	730.7
		新加坡	台	12 391	683.5

（续）

商品税号	商品名称	国家或地区	出口量单位	出口量	出口金额（万美元）
		中国香港	台	1 069	621.2
		比利时	台	26 923	529.1
84135020	电动往复式排液泵	中国香港	台	11 405 271	3 881.9
		印度	台	2 490 557	3 227.8
		美国	台	1 585 744	2 559.8
		俄罗斯联邦	台	186 485	996.2
		印度尼西亚	台	2 360 508	982.6
		德国	台	187 303	735.3
		意大利	台	2 270 475	697.4
		日本	台	35 730	495.1
84135031	液压往复式柱塞泵	美国	台	366 005	1 997.5
		越南	台	127 684	465.4
		巴基斯坦	台	71 504	463.5
		俄罗斯联邦	台	16 301	409.4
		巴西	台	159 491	403.7
84135039	其他液压往复式排液泵	美国	台	545 709	2 481.5
		马来西亚	台	290 306	791.1
		德国	台	35 887	607.8
		哈萨克斯坦	台	73 635	263.8
84135090	未列名往复式排液泵	美国	台	839 281	3 363.8
		俄罗斯联邦	台	11 745	1 764.6
		印度	台	572 558	651.3
		中国香港	台	1 558 292	462.2
		意大利	台	112 462	419.8
84136021	电动回转式齿轮泵	美国	台	229 402	1 475.7
		荷兰	台	48 632	617.9
		日本	台	872 784	534.3
		印度	台	19 309	278.6
84136022	液压回转式齿轮泵	美国	台	225 325	2 204.8
		印度	台	25 604	377.6
		韩国	台	12 303	223.2
		巴西	台	19 598	206.9
84136029	其他回转式齿轮泵	美国	台	50 257	327.7
		印度尼西亚	台	30 933	238.7
		乌兹别克斯坦	台	1 184	132.8
		越南	台	24 822	130.9
84136031	电动回转式叶片泵	美国	台	601 118	1 002.1

（续）

商品税号	商品名称	国家或地区	出口量单位	出口量	出口金额（万美元）
		日本	台	1 254 468	895.1
		德国	台	270 214	601.1
		伊拉克	台	295 550	437.8
		孟加拉国	台	144 237	299.4
84136032	液压回转式叶片泵	美国	台	74 707	338.7
		印度	台	88 290	222.3
		日本	台	16 297	188.3
		韩国	台	8 561	185.6
84136039	其他回转式叶片泵	美国	台	1 427 554	1 609.2
		委内瑞拉	台	826	227.0
		泰国	台	177 275	213.6
		古巴	台	26	187.8
84136040	回转式螺杆泵	哈萨克斯坦	台	21 833	584.0
		苏丹	台	1 063	433.2
		日本	台	1 702	241.9
		吉尔吉斯斯坦	台	43 481	216.7
84136050	回转式径向柱塞泵	韩国	台	4 700	95.4
		丹麦	台	1 539	88.9
		印度	台	377	11.8
84136060	回转式轴向柱塞泵	美国	台	639 264	1 796.9
		日本	台	4 908	460.6
		印度	台	38 868	373.8
		伊拉克	台	14 947	337.0
84136090	其他回转式排液泵	德国	台	1 436 590	5 317.5
		美国	台	1 990 885	4 917.1
		俄罗斯联邦	台	915 267	2 539.5
		阿拉伯联合酋长国	台	550 271	2 178.9
		伊朗	台	885 354	1 977.2
		土耳其	台	769 764	1 803.1
		泰国	台	1 203 734	1 486.2
		伊拉克	台	513 063	1 294.2
		意大利	台	479 542	1 279.3
		印度	台	893 763	1 275.7
84137010	转速在10 000r/min及以上的离心泵	韩国	台	2 744 237	638.7
		德国	台	1 923 285	347.8
		意大利	台	1 129 293	285.2
		伊朗	台	893 999	264.5

（续）

商品税号	商品名称	国家或地区	出口量单位	出口量	出口金额（万美元）
		哈萨克斯坦	台	1 117	196.7
84137091	转速在 10 000r/min 以下的离心式电动潜油泵	美国	台	5 492 588	11 880.8
		俄罗斯联邦	台	2 122 259	4 719.6
		伊朗	台	1 303 118	3 903.8
		巴基斯坦	台	1 538 654	3 690.0
		尼日利亚	台	520 490	3 125.5
		越南	台	916 205	2 774.0
		孟加拉国	台	405 732	2 724.9
		印度尼西亚	台	2 321 461	2 656.6
		德国	台	1 129 017	2 619.6
		日本	台	1 933 340	2 043.0
		泰国	台	741 533	1 675.0
		伊拉克	台	2 735 220	1 524.0
		波兰	台	562 324	1 427.6
		阿拉伯联合酋长国	台	341 175	1 410.0
84137099	转速在 10 000r/min 以下的其他离心泵	美国	台	12 877 208	14 071.1
		印度尼西亚	台	1 316 192	6 259.9
		伊朗	台	1 354 954	6 253.1
		俄罗斯联邦	台	4 577 592	6 025.0
		泰国	台	2 738 379	5 710.8
		越南	台	1 307 249	5 684.5
		土耳其	台	5 887 024	4 839.5
		日本	台	2 319 007	4 482.8
		马来西亚	台	444 480	4 384.5
		伊拉克	台	1 980 662	3 946.5
		孟加拉国	台	764 932	3 786.6
		巴基斯坦	台	553 452	3 724.8
		阿拉伯联合酋长国	台	633 666	3 549.6
		澳大利亚	台	433 818	3 534.5
		墨西哥	台	2 960 045	3 431.6
		菲律宾	台	409 297	3 294.0
		印度	台	2 140 716	3 165.5
84138100	未列名液体泵	美国	台	2 454 702	6 315.8
		中国香港	台	5 494 353	1 427.2
		德国	台	3 752 238	1 416.5
		巴基斯坦	台	595 304	1 338.2
		墨西哥	台	1 345 203	1 265.1

（续）

商品税号	商品名称	国家或地区	出口量单位	出口量	出口金额（万美元）
		越南	台	526 626	1 105.3
84138200	液体提升机	巴基斯坦	台	53	19.0
		英国	台	800	9.3
		德国	台	828	8.6
84139100	液体泵零件	美国	kg	82 785 551	54 319.7
		日本	kg	19 341 217	12 391.9
		加拿大	kg	14 011 628	11 427.5
		意大利	kg	15 484 293	7 452.6
		德国	kg	10 171 472	7 195.1
		韩国	kg	13 567 892	5 109.6
		俄罗斯联邦	kg	6 881 751	4 685.4
		印度尼西亚	kg	14 717 768	3 669.0
		澳大利亚	kg	7 130 134	3 364.2
		印度	kg	4 046 629	3 169.8
		中国台澎金马关税区	kg	6 097 784	2 838.0
		英国	kg	3 001 398	2 513.7
		西班牙	kg	2 985 034	2 430.1
		荷兰	kg	3 729 965	2 409.0
		中国香港	kg	2 124 203	2 281.4
		新加坡	kg	2 556 945	2 256.2
		伊朗	kg	2 211 497	2 162.0
		墨西哥	kg	2 452 581	1 842.0
		芬兰	kg	1 803 096	1 689.5
		阿拉伯联合酋长国	kg	2 197 341	1 542.7
		泰国	kg	1 604 929	1 457.9
84139200	液体提升机零件	美国	kg	403 333	681.8
		瑞典	kg	43 387	209.4
		巴西	kg	24 784	192.2
		新加坡	kg	61 313	118.1
84141000	真空泵	美国	台	3 488 797	6 764.5
		日本	台	629 102	1 679.4
		墨西哥	台	622 840	1 602.5
		韩国	台	759 015	1 497.2
		德国	台	241 632	1 182.4
		印度	台	67 595	976.5
84142000	手动或脚踏式空气泵	美国	台	21 314 290	2 971.5
		印度	台	15 277 632	2 043.6

（续）

商品税号	商品名称	国家或地区	出口量单位	出口量	出口金额（万美元）
		德国	台	6 047 929	1 092.8
		日本	台	5 220 378	961.9
		英国	台	4 438 003	771.3
		印度尼西亚	台	4 831 245	685.4
		荷兰	台	3 233 508	624.4
84145930	离心通风机	美国	台	1 847 075	6 762.1
		中国香港	台	6 846 589	4 859.0
		印度尼西亚	台	145 985	1 829.4
		越南	台	73 945	1 689.9
		马来西亚	台	77 248	1 581.4
		韩国	台	5 146 570	1 574.0
		菲律宾	台	4 701 630	1 342.1
		日本	台	1 393 863	1 157.9
		巴基斯坦	台	9 641	1 095.9
		俄罗斯联邦	台	215 959	1 022.3
84145990	未列名风机、风扇	中国香港	台	183 538 987	38 852.0
		美国	台	23 036 042	21 445.6
		日本	台	33 466 735	10 391.4
		韩国	台	21 721 514	7 009.0
		中国台澎金马关税区	台	20 711 857	4 509.1
		德国	台	7 387 320	3 569.0
		越南	台	10 455 411	3 367.9
		马来西亚	台	3 236 115	3 237.4
		墨西哥	台	3 608 676	3 229.7
		泰国	台	9 003 015	3 082.0
		印度	台	11 344 595	2 709.4
		新加坡	台	3 980 228	2 707.2
		印度尼西亚	台	3 942 067	2 551.7
		巴西	台	5 414 643	2 129.5
		土耳其	台	4 934 801	2 119.0
		意大利	台	3 265 079	1 983.2
		俄罗斯联邦	台	3 392 510	1 836.3
		波兰	台	2 427 521	1 585.8
		荷兰	台	2 389 755	1 581.5
		英国	台	2 369 814	1 561.1
		菲律宾	台	3 002 009	1 537.5
		澳大利亚	台	661 153	1 504.2

（续）

商品税号	商品名称	国家或地区	出口量单位	出口量	出口金额（万美元）
84148020	二氧化碳压缩机	日本	台	232 800	2 316.4
		伊朗	台	7	933.8
		巴基斯坦	台	13	250.2
		墨西哥	台	30 285	203.0
84148040	空气及其他气体压缩机	美国	台	3 518 801	23 748.1
		越南	台	125 614	4 536.4
		印度尼西亚	台	99 409	3 785.1
		德国	台	515 561	3 723.4
		意大利	台	1 296 002	3 510.3
		澳大利亚	台	129 686	3 484.5
		马来西亚	台	41 012	3 296.6
		俄罗斯联邦	台	180 241	3 100.6
		泰国	台	102 538	3 094.3
		中国台澎金马关税区	台	36 042	2 938.1
		巴基斯坦	台	13 203	2 592.9
		韩国	台	123 632	2 289.5
		乌兹别克斯坦	台	7 519	2 176.7
		日本	台	1 030 328	2 047.9
		印度	台	119 716	1 681.4
		缅甸	台	59 675	1 425.9
		哈萨克斯坦	台	32 908	1 421.5
84148090	其他空气泵，通风罩、循环气罩	美国	台	18 596 541	21 300.4
		德国	台	5 312 846	6 214.5
		日本	台	16 844 818	4 634.7
		伊朗	台	467 869	4 289.9
		英国	台	4 442 408	4 162.1
		俄罗斯联邦	台	2 949 346	3 576.0
		韩国	台	2 666 511	2 865.8
		印度尼西亚	台	1 991 332	2 436.1
		澳大利亚	台	1 344 754	2 423.6
		印度	台	1 657 795	2 407.7
		荷兰	台	1 350 871	2 137.8
		捷克	台	3 603 301	2 089.2
		泰国	台	1 489 835	1 949.3
		越南	台	1 547 878	1 902.0
		马来西亚	台	4 191 990	1 860.9
		巴西	台	806 535	1 765.1

（续）

商品税号	商品名称	国家或地区	出口量单位	出口量	出口金额（万美元）
		法国	台	1 589 135	1 705.6
84193100	农产品干燥器	菲律宾	台	135	417.6
		越南	台	271	395.3
		孟加拉国	台	45	313.0
		印度尼西亚	台	68	298.9
		阿尔及利亚	台	9	260.3
84193200	木材、纸浆、纸或纸板干燥器	越南	台	449	1 700.1
		俄罗斯联邦	台	331	1 006.6
		印度尼西亚	台	173	493.2
		加蓬	台	191	409.9
		泰国	台	178	290.4
84193910	微空气流动陶瓷坯件干燥器	印度	台	3	51.3
		伊朗	台	2	49.9
84193990	未列名干燥器	印度	台	18 803	3 858.7
		美国	台	1 051 238	3 761.2
		越南	台	36 828	1 915.3
		日本	台	21 585	1 705.0
		印度尼西亚	台	9 997	1 635.2
		泰国	台	6 363	1 443.3
		韩国	台	11 270	1 301.9
		马来西亚	台	11 449	1 099.8
		俄罗斯联邦	台	76 319	1 027.1
84196011	制氧量≥ 15 000m^3/h 及以上的制氧机	马来西亚	台	12	2 237.7
		伊朗	台	41	1 940.8
		乌兹别克斯坦	台	1	1 073.7
		土耳其	台	3	682.7
		印度	台	68	514.1
84196019	其他制氧机	土耳其	台	420	255.6
		印度	台	1 551	187.0
		巴基斯坦	台	446	160.6
84196090	未列名液化空气或其他气体的机器	俄罗斯联邦	台	225	7 212.9
		沙特阿拉伯	台	48	6 464.3
		韩国	台	34	1 759.8
		美国	台	106	1 497.2
		马来西亚	台	90	1 357.8
		印度	台	55	537.7
84211920	固液分离机	美国	台	14 642	893.0

（续）

商品税号	商品名称	国家或地区	出口量单位	出口量	出口金额（万美元）
		日本	台	504	760.3
		法国	台	516	758.3
		印度	台	2 602	525.7
		泰国	台	383	350.3
84211990	其他未列名离心机，包括离心干燥机	韩国	台	4 607	948.6
		美国	台	127 470	619.3
		中国香港	台	6 393	565.0
		俄罗斯联邦	台	5 272	398.0
		埃塞俄比亚	台	299	314.0
84212910	压滤机	伊朗	台	27	1 482.8
		俄罗斯联邦	台	132	696.8
		印度	台	273	510.1
		印度尼西亚	台	154	507.2
		美国	台	71	437.1
84811000	减压阀	美国	台	9 721 266	5 927.8
		日本	台	2 151 880	3 241.2
		韩国	台	1 257 438	2 406.9
		中国香港	台	3 827 383	1 138.8
		新加坡	台	225 872	995.1
		越南	台	2 202 235	872.3
		印度尼西亚	台	2 445 948	631.5
		比利时	台	716 185	628.3
84812010	油压传动阀	美国	台	1 369 706	2 669.4
		巴西	台	58 269	708.5
		韩国	台	1 569 666	581.9
		印度	台	835 127	580.3
		日本	台	4 211 611	579.5
84812020	气压传动阀	德国	台	1 768 552	2 796.4
		美国	台	1 563 139	2 606.5
		韩国	台	1 151 365	1 832.6
		日本	台	1 113 497	1 682.3
		中国台澎金马关税区	台	516 829	632.8
		越南	台	681 409	436.5
84813000	止回阀	美国	台	313 083 871	9 058.0
		印度尼西亚	台	220 192 004	2 870.2
		韩国	台	52 389 123	2 106.2
		越南	台	128 311 768	1 775.5

（续）

商品税号	商品名称	国家或地区	出口量单位	出口量	出口金额（万美元）
		日本	台	23 191 951	1 576.2
		法国	台	201 841 078	1 462.0
		德国	台	98 376 791	1 360.1
		巴基斯坦	台	92 733 154	1 187.6
		泰国	台	115 043 451	1 138.3
		英国	台	56 371 877	1 050.7
		意大利	台	106 829 253	1 049.4
84814000	安全阀或溢流阀	美国	台	2 457 701	3 713.3
		日本	台	1 100 796	996.7
		加拿大	台	187 075	790.0
		沙特阿拉伯	台	277 661	781.1
		马来西亚	台	57 573	775.5
		阿拉伯联合酋长国	台	141 544	624.9
		中国香港	台	1 076 095	444.9
		越南	台	2 643 551	440.3
		印度尼西亚	台	738 956	429.6
84819010	阀门零件	美国	kg	123 644 515	82 351.9
		日本	kg	21 988 454	22 578.5
		德国	kg	11 297 928	10 751.5
		意大利	kg	18 286 026	10 043.0
		韩国	kg	22 520 039	8 987.9
		中国台澎金马关税区	kg	15 630 932	7 483.7
		英国	kg	8 446 359	6 505.9
		丹麦	kg	13 064 984	6 219.9
		中国香港	kg	3 432 934	5 819.6
		印度	kg	7 819 205	4 926.5
		西班牙	kg	10 533 226	4 768.0
		泰国	kg	4 033 350	4 116.9
		法国	kg	7 002 891	3 862.7
		荷兰	kg	5 153 660	3 738.8
		加拿大	kg	6 341 946	3 537.6
		马来西亚	kg	3 894 956	2 851.4
		新加坡	kg	4 981 371	2 625.3
		俄罗斯联邦	kg	5 524 569	2 555.3
		沙特阿拉伯	kg	4 159 649	2 509.9
		澳大利亚	kg	4 034 379	2 226.4
		芬兰	kg	1 659 410	2 210.0

（续）

商品税号	商品名称	国家或地区	出口量单位	出口量	出口金额（万美元）
84834020	行星齿轮减速器	美国	台	1 803 563	6 852.3
		德国	台	31 226	3 945.6
		日本	台	828 676	3 645.8
		印度	台	4 348 991	1 549.9
		意大利	台	50 756	1 508.6
84834090	齿轮及其他变速、传动装置；滚珠螺杆传动轴	美国	台	32 041 982	75 847.9
		印度	台	19 425 014	10 633.5
		德国	台	6 958 356	8 417.5
		意大利	台	8 146 600	8 178.2
		巴西	台	7 241 137	6 709.8
		日本	台	22 086 659	5 346.4
		泰国	台	6 508 354	5 307.0
		伊朗	台	7 866 240	4 628.7
		越南	台	5 297 489	4 367.6
		加拿大	台	6 488 250	4 280.0
		中国香港	台	24 567 984	3 866.8
		墨西哥	台	14 052 632	3 799.4
		韩国	台	5 059 020	3 760.6
		马来西亚	台	3 495 810	3 729.8
		俄罗斯联邦	台	2 838 597	3 520.9
		印度尼西亚	台	4 484 390	3 410.6
		中国台澎金马关税区	台	3 298 464	2 712.0
		澳大利亚	台	307 401	2 058.6
		土耳其	台	4 007 306	1 976.5
		荷兰	台	2 383 623	1 890.3
		巴基斯坦	台	5 684 176	1 823.4
		法国	台	2 880 216	1 661.0
		阿根廷	台	516 035	1 531.0
		英国	台	1 042 388	1 508.4
84839000	单独报验的带齿的轮等；84.83 货品的其他传动元件	美国	kg	99 586 156	45 804.9
		日本	kg	66 354 015	25 774.4
		德国	kg	37 716 566	16 937.3
		意大利	kg	42 192 392	13 205.1
		韩国	kg	22 124 673	8 641.1
		印度	kg	19 628 334	7 353.4
		英国	kg	19 000 535	7 008.0

（续）

商品税号	商品名称	国家或地区	出口量单位	出口量	出口金额（万美元）
		加拿大	kg	13 844 821	6 575.8
		墨西哥	kg	9 721 848	5 943.2
		泰国	kg	7 876 411	5 062.6
		中国台澎金马关税区	kg	12 860 261	4 289.5
		中国香港	kg	2 662 045	4 244.9
		荷兰	kg	12 438 977	4 224.4
		巴西	kg	7 526 118	3 765.1
		俄罗斯联邦	kg	7 149 264	3 244.1
		印度尼西亚	kg	9 272 392	3 094.0
		越南	kg	8 397 383	2 926.7
		法国	kg	5 026 631	2 533.4
		新加坡	kg	4 262 672	2 259.2
		匈牙利	kg	2 910 315	2 192.3
		巴基斯坦	kg	7 471 617	2 138.4
		马来西亚	kg	6 055 969	2 133.0

〔供稿单位：机械工业信息中心〕

中国
通用
机械
工业
年鉴
2018

产品与项目

公布行业获奖项目及名牌产品，推荐行业节能产品，介绍企业产品研发及应用情况

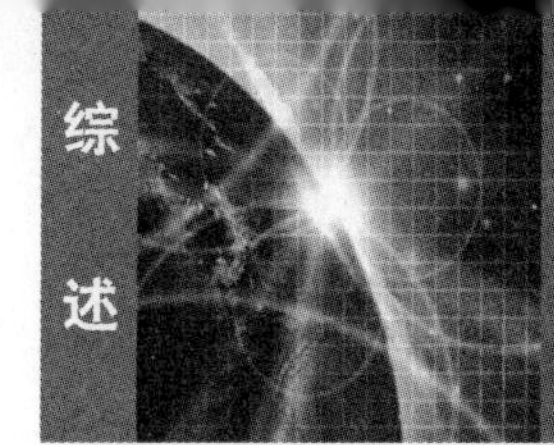

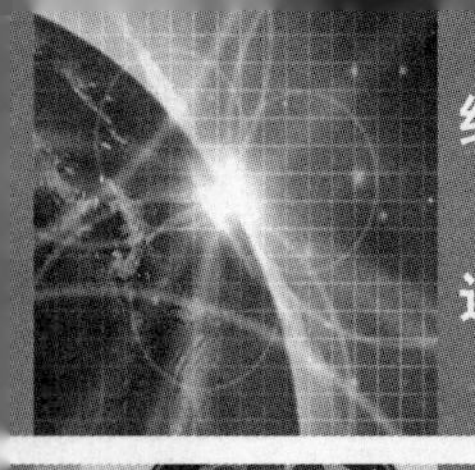

产品与项目

2017年通用机械行业“中国机械工业科学技术奖”获奖项目简介

一、压水堆核电站用核二级主蒸汽隔离阀

该项目荣获一等奖，完成单位：中核苏阀科技实业股份有限公司。

主蒸汽隔离阀位于压水堆核电厂二回路主蒸汽系统，其功能是防止主蒸汽管道破裂而造成安全壳超压及主系统冷却，主蒸汽隔离阀是影响核电站安全性的重要部件。之前，国内在运行的核电站主蒸汽隔离阀全部依赖进口，主蒸汽隔离阀高昂的进口费用成为国外企业赚取高额利润的关键设备之一。

国家高度重视核电站关键阀门的国产化工作，原国防科工委于2005年立项核能开发项目“核电站关键阀门设计及制造技术研究开发”，其中包括了主蒸汽隔离阀，中核苏阀科技实业股份有限公司承担了该核能开发项目。随后，国家于2012年立项大型先进压水堆核电站重大专项“CAP1400核电泵、阀、电气设备测量仪表研制”，其中包括了CAP1400主蒸汽隔离阀的研制，口径规格为DN1 050，中核苏阀科技实业股份有限公司承担样机研制。DN800主蒸汽隔离阀样机公称通径为800mm，设计压力为8.4MPa，设计温度为315℃；DN1 050样机公称通径为1 050mm，设计压力为8.2MPa，设计温度为320℃。中核苏阀科技实业股份有限公司分别针对主蒸汽隔离阀的设计分析技术、制造工艺技术和鉴定试验技术开展了技术攻关。开展设计分析技术研究，包括抗震分析、冲击响应及密封接触分析、流场分析、传热分析和振动噪声分析等；开展制造工艺技术研究，解决了大型核电阀门核级阀门铸件、大型高精度零件加工和大型密封面研磨等制造问题；开展鉴定试验技术研究，DN800样机进行了完整的鉴定试验，特别是在高温高压工况环境下进行了3 000次全寿命试验，很好地验证了阀门的可靠性；在全球最大的热态试验台架上进行了流体阻断试验，很好地验证了阀门的流体阻断性能。通过两台样机的研制，掌握了主蒸汽隔离阀设计、制造和试验的方法，突破了技术瓶颈，打破了国外厂家的技术垄断。

主蒸汽隔离阀的自主国产化提高了我国核电装备的技术水平，避免在高端核电设备领域受制于人。同时也意味着国内阀门行业在结构设计、理论验证方法、试验技术等多专业技术领域质的飞跃，具有良好的经济效益和社会效益。

二、极端条件下压缩机关键部件失效预防关键技术

该项目荣获一等奖，完成单位：合肥通用机械研究院。

压缩机作为一类有效提升气体压力的从动流体机械，是天然气输运与液化、石油开采与炼制、煤液化与煤化工等能源工业的核心装备。经过多年发展，我国很多压缩机虽然已经实现了国产化，但普遍存在寿命短、可靠性差和故障率高等突出问题，国内同类机组连续运行周期只有国外领先水平的1/2～2/3。近年来平均每年发生重大事故数十起，经济损失巨大。多干扰、变工况、腐蚀环境等极端条件考虑不足是影响我国压缩机寿命可靠性的主要因素，发展极端条件下压缩机关键部件失效预防关键技术已成为迫切需求，对于保障设备长周期安全运行具有重要意义。

该项目在国家重点基础研究发展计划课题和安徽省实验室科技计划项目的资助下，针对压缩机曲轴和叶轮关键部件的设计制造和失效预防开展了关键技术攻关。①通过对中石油、中石化等企业的压缩机调研，掌握了主要失效模式和原因，

明确了我国压缩机设计制造标准存在的不足。②围绕曲轴、叶轮等压缩机关键部件，系统考虑载荷突变、进气压力脉动等极端工况，开展了多体动力学和瞬态响应分析，建立了体现高阶谐波和气流激励影响的曲轴/叶轮附加载荷谱计算方法。③综合考虑应力场、温度场、化学场共同作用，揭示了极端条件下曲轴、叶轮等部件的失效机理和性能劣化规律，建立了多轴/动态断裂评定和腐蚀疲劳寿命预测方法，提出了基于寿命的设计制造和失效预防关键技术，形成了基础性能数据库。项目已获得授权发明专利 4 项，软件著作权 1 项，制定行业标准 1 项。

项目成果已经在中石化、中石油等企业的 10 余起压缩机失效事故溯源分析和事故仲裁、压缩机升级改造和新产品设计中得到了应用，近三年直接经济效益 11 021 万元。该项目的实施，突破了极端条件下压缩机关键部件失效预防关键技术，为保障设备长周期安全运行、指导我国压缩机标准化设计与生产、推动行业技术进步提供了技术支撑，取得了显著的经济效益和社会效益。

三、660MW 机组 100% 容量给水泵国产化研发

该项目荣获二等奖，完成单位：中国电建集团上海能源装备有限公司。

近年来，我国火力发电机组也已向高效率、高参数、大容量的超临界、超（超）临界机组发展。大容量、高参数的百万等级、660MW 等级机组由于具有节约一次能源、减少污染物排放、降低发电运行成本等优点而成为各大电力集团公司火电新技术发展建设的重点。

该项目包括 660MW 火电机组配套 100% 容量锅炉给水泵设计、制造，其中包括水力模型研制、平衡装置设计、推力装置设计以及轴端密封设计，整个研制还包括重要零件材料选用计算分析、零件加工工艺研究和性能参数测试、校核。

该项目研制的 660MW 全容量给水泵能够满足 660MW 及 600MW 全容量机组使用。预计研发成果率先在国内 600MW 机组改造为全容量的项目上使用。研制的 660MW 火电机组全容量国产化锅炉给水泵芯包符合标准化、通用化的要求，能完全替代进口设备。而且在价格方面有比较大的优势，在可提供同样优质产品和服务的前提下，采用国产给水泵可以节省大量外汇资金，降低投资成本。特别是改造项目，项目工期短、进度快，采用进口设备往往受限于交货进度和售后服务，不能满足项目交货要求。此时，采用国产设备不仅能够满足项目交货要求，同样能满足机组参数要求。能节约投资/改造成本，又大大缩短了电厂改造工期，其长远社会效益和经济效益非常可观。

该项目样机于 2015 年年底顺利通过了国家能源局组织的专家组鉴定。公司第一台产品已在山西华光发电有限责任公司 600MW 机组电改汽项目投入使用。该项目的完成意味着打破了 660MW 火电机组配套 100% 容量锅炉给水泵长期被进口产品所垄断的格局，实现 660MW 火电机组配套 100% 容量锅炉给水泵以国（产）代进（口）的目标。

四、MDP 系列抗大气冲击分子泵

该项目荣获二等奖，完成单位：北京北仪创新真空技术有限责任公司。

分子泵是一种用来获得高真空及超高真空的机械设备，具有抽速大、极限真空度高、体积小、噪声振动低、环保节能等特点。广泛应用于需要获得清洁高真空的基础科学研究、现代高新技术产业工艺过程、高端设备研发和制造领域，也应用于航天环境模拟试验、可控核聚变装置等前沿高科技领域。分子泵通过高速旋转的转子将动能传递给气体分子，实现抽气的功能。当分子泵高速运转的情况下，一旦出现误操作或设备故障，大量气体冲击分子泵转子时，就极易使转子与定片碰撞，造成分子泵完全损毁。同理，如果有粉尘或异物被吸进分子泵，一旦卡住转子，也会造成分子泵完全损毁。分子泵一旦碎裂，不仅会造成较大的经济损失，甚至可能造成安全事故，这一技术风险在一定程度限制了分子泵的应用，同时对使用分子泵的系统设备也带来一定隐患。

为充分解决分子泵受大气冲击易碎的难题，

突破应用限制，北京北仪创新真空技术有限责任公司特研制开发 MDP 系列抗大气冲击分子泵。形成了可达到 5×10^{-6}Pa 的极限真空，最大 1 800L/s 的抽气速率，涵盖 160 ～ 250mm 口径、可垂直或任意角度安装的系列产品。该项目开发的意义在于：第一，抗大气冲击分子泵是拥有自主知识产权的国内领先技术，从根本上解决分子泵碎裂的难题，填补国内分子泵完全抗大气冲击的空白；第二，优化抽气曲线，使得泵在高真空与低真空段都具有抽气能力，扩展了分子泵抽速曲线范围，可适合更多应用领域；第三，抗大气冲击分子泵具有可抽除含粉尘性气体、易维护等特点，进一步扩大了分子泵应用。

抗大气冲击分子泵从根本上解决了分子泵受大气冲击碎裂的难题，提升了分子泵整体技术水平，填补了分子泵领域的空白。MDP 分子泵利用其独特的性能特点及成本优势，更具有市场竞争力。当前，抗大气冲击分子泵除了应用于蒸发镀膜、CVD等传统领域外，还广泛应用于节能灯、集热管、材料提纯、蓝宝石单晶炉、变压器真空浸漆等行业，受到用户好评，为用户在基础投入、产品质量、使用成本、节能减排等方面带来可观的效益。

五、高可靠性 400kW 级卧式高速泵系列化产品的研制

该项目荣获二等奖，完成单位：北京航天石化技术装备工程有限公司。

高可靠性 400kW 级卧式高速泵为单吸、悬臂、中心支撑、后拉式一级齿轮增速单级离心泵，由过流部分、齿轮箱、润滑系统、电动机、底座、冷却系统、密封冲洗系统、监控系统及其附件组成，是机电仪控成套机组。主要技术指标：流量 10 ～ 300m^3/h，扬程 300 ～ 2 500m，转速 4 000 ～ 16 000r/min。在系列化产品的研制过程中，公司解决了多项关键的技术难题，实现了泵在各种苛刻的条件下安全稳定、高效、高可靠性运行。

取得的成果包括：

（1）设计了单级单吸高度集成的泵、齿轮箱、监控系统一体化整体结构，结构紧凑，安装维护方便；模块化的设计可以根据工况灵活选择各种转速、轴承形式以及密封配置方案。

（2）研制了集成回流稳定器、诱导轮、半开式直线辐射状叶轮和导叶扩压器高效水力模型，拓宽了高速泵运行范围，提高了效率和汽蚀性能。

（3）针对高汽蚀比转速的运行工况，开发了诱导轮设计、叶轮和诱导轮匹配校核的计算程序，根据流量和汽蚀比转速的大小规定了流量系数、扬程系数、冲角、叶片数等各项参数的选取原则。

（4）针对大流量、高比转速的运行工况，研制了配置闭式扭曲叶片叶轮和前后密封环的高速泵结构。密封环首次采用非金属材料聚醚醚酮（PEEK）树脂来减小径向运行间隙，并应用 CFD 技术对叶轮进行优化设计，提高泵的效率，使高速泵在大流量范围也具有同样的竞争力。

（5）针对高温、高压、高凝固点介质工况，提出一种高速泵整体技术方案和运行方法，解决了设备的水冷、保温及热备用问题；采用双端面机械密封和独立油站供油作为隔离液供给方式，并设计了分布式布液环结构的密封腔模型，改善冲洗液的流动状态，有效降低密封面的温度，提高密封寿命。

400kW 级卧式高速泵设计方案成熟，技术水平为国内领先、世界先进。已经广泛应用于国内各大石油化工生产企业，且多数为至关重要的设备，工作稳定、可靠、高效，创造了显著的经济效益和社会效益。截至当前，累计出厂 600 多台，累计实现合同额 3 亿元以上，市场潜力巨大，发展应用前景广阔。

六、化工过程液体余压能量回收液力透平关键技术与工业应用

该项目荣获二等奖，完成单位：兰州理工大学。

在石油化工、石油加工、煤化工等化工流程工业生产过程中有大量高压液体，如何利用这些高压液体的能量一直是人们关注的焦点。近年来，国家重视节能减排，企业重视提高生产效益、降低成本，化工流程工业重视生产过程中余热、余压能量回收。在该项目实施之前，由于回收高压液体能量的设备——液力透平关键技术没有掌握，这些高压液体的能量基本上被浪费了。因此，如何在保证化工流程工业安全持续稳定生产的条件下，实现液体余压能量回收，成为突破现有技术瓶颈、实现节能减排的迫切需求。

该项目通过国家科技支撑计划等课题支持，集中了产学研用多家单位，历时近十年攻关，攻克了化工流程工业中液体余压能量回收核心设备——液力透平的设计理论与方法、运行稳定性控制等关键技术，相关成果被化工行业标准（HG/T 4591—2014《化工液力透平》）采纳，为我国液力透平节能减排的有效实施提供了关键技术支撑。在液力透平发电、直接驱动泵（或风机）、辅助电动机做功 3 种能量回收方式的基础上，突破了现有技术瓶颈，研制成功了 BB1/BB2/BB4/BB5 多种结构型式液力透平。XWT360-68 型液力透平的回收功率超过 500kW，效率达到 75%，年节电约 360 万 kW • h。

该项目获授权发明专利 5 项、实用新型专利 5 项，化工行业标准 1 项，发表论文 70 篇，其中 SCI 收录 2 篇、EI 收录 15 篇。提出的液力透平设计、运行及控制等关键技术突破我国液力透平技术瓶颈，打破国外产品在国内的垄断，提高了产品的国际竞争力。研制的单/多级液力透平达到国际先进水平，在煤化工、炼油等行业成功运行 260 余台（套），当前国内市场占有率为 60% 以上。成果应用近 3 年，取得直接经济效益约 2.24 亿元，累计节电 16.9 亿 kW • h，折合节约标准煤 56.2 万 t，减少 CO_2 排放 146.1 万 t，节约资金 12.68 亿元，为实现化工过程节能减排发挥了关键作用。

七、永磁变频两级压缩螺杆式空压机

该项目荣获二等奖，完成单位：温岭市鑫磊空压机有限公司。

在环境压力日趋加大的今天，高效节能已经成为未来空气压缩机的发展趋势，这不仅是产品创新、企业竞争的关键，更是科技进步、行业发展的必然。温岭市鑫磊空压机有限公司及时把握市场竞争局势，成功研发了永磁变频两级压缩螺杆式空压机系列。该型空压机集成了高效传动、高效电机、高效主机的综合优点，经权威机构检测，各型号均优于国家一级能效水平，成为当前市场、未来市场及已有空压机的替换市场中的热销产品。

永磁变频两级压缩螺杆式空压机技术的主要优点是，在终端压力不变的条件下，采用分级压缩，降低了各级压缩的排气压力。同时由于分级压缩的实现，随着各级压缩终端压力的降低，各级内泄漏减小，轴承负载减小，主机寿命延长。永磁变频两级压缩螺杆空压机最突出的特点在于双同轴一体式设计、双永磁同步电动机的应用、双变频控制等技术的创新集成，可实现传动损失零损耗、无级变速和电子齿轮的效果，跟随客户用气量的变化自动调整产气量，使用压力调节方便，转速比调节方便，更加节能、环保。

永磁变频两级压缩螺杆式空压机的成功研制，推动了整个空压机行业高效节能技术的发展，对淘汰落后产能、加快企业转型升级有着重要意义。

八、百万千瓦级压水堆核电站 HSD80-150 型上充泵

该项目荣获二等奖，完成单位：重庆水泵厂有限责任公司。

该项目属于核级泵阀技术领域，是 1 000MW 压水堆最关键核级泵之一，是 RCV 系统的组成部分，主要执行上充功能、主泵密封水注入功能和高压安注功能，起到核电机组“安全阀”的作用。因该泵需同时满足 6 个工况长期连续运行，国外企业一直以高价格垄断，非常不利于保障国家的战略利益和经济利益，该泵的国产化是核电设备国产化重要项目之一。

该项目由重庆水泵厂有限责任公司于 2005 年 12 月立项，与中国核电工程有限公司合作开发，先后经过了民核质保体系建立、模拟件制造、样机研究及鉴定、产业化设计、产品制造、产品商业运行考验和解体检查验证等阶段，2016 年 12 月完成商业运行后解体检查验证。

项目产品是难度极高的核二级离心泵组，样机按运行 6 个工况点研制，产品按照 8 个工况点考核，进行了以下科技活动：泵轴向力自动平衡结构，保障泵在超越理论极限的工况下运行可靠；流场分析及仿真，解决了4种水力模型及其组合方式，使泵在超越理论极限的3.5%和150%设计流量范围稳定运行，且运行噪声和振动低于要求；润滑油流场分析，达到润滑可靠、减小振动和实现无预润滑启动；结构力学分析和有限元计算，使泵满足规范的力学要求，确保地震时结构完整性和可运行性，减小运行振动；整泵的热传导和有限元分析，实现介质瞬间由7℃变为120℃的热冲击泵可运行；奥氏体锻件的锻造工艺研究，达到大型奥氏体锻件晶粒度4级；复杂薄壳轴向剖分内壳体的铸造的浇注分析和工艺研究，在高精度下保障剖分面硬对硬密封可靠；叶轮逐级定位结构长轴等零件的加工工艺研究，保障精度和泵运行振动指标实现；螺旋密封机理及其制造工艺的研究，保障泵在杂质介质中可靠运行及密封有效。

项目产品的成功研发，不仅彰显了项目单位的技术实力，也奠定了设计、制造核二级泵的基础。并结束了上充泵长期依赖进口的状况，同时国外产品的投标价下降到原价的40%左右，不仅保障了国家经济利益和战略利益，也有力地推动了我国核电设备的科技进步，增强了国际竞争实力，支持了我国核电产品的快速发展。

九、320万t/a连续重整装置用循环氢离心压缩机组

该项目荣获二等奖，完成单位：沈阳鼓风机集团股份有限公司。

随着国民经济的迅猛发展，中小型炼油及芳烃装置由于规模小、能耗大、效益低，已经不能满足国内生产生活的需要。根据行业发展的需求以及国家发改委的要求，我国将在近几年大力发展大型、高效、低耗的炼油装置。为从根本上提高大型炼油设备的能力和水平，降低设备投资，提高效率，炼油设备趋于大型化、炼化一体化，为之配套的离心压缩机也不断向大型化发展。循环氢离心压缩机组是重整装置的心脏设备，是千万吨级以上大型炼油或炼化一体化项目中重整装置的核心设备，开展大型炼油项目重整装置用循环氢离心压缩机组国产化研发，对促进我国压缩机行业的技术进步和国民经济快速发展具有十分重要的意义。

多年来，沈阳鼓风机集团股份有限公司一直致力于大型炼油装置用各类离心压缩机组、往复式压缩机的国产化研发。2011年以宁波中金石化有限公司320万t/a连续重整项目为依托，开展大型循环氢压缩机组关键技术攻关，解决了机组大型化带来的多项设计、制造难题：开发出适用于轻介质的大流量系数、高能头、高效率新型模型级系列，满足多工况工艺流程要求；开发了压缩机卡环结构和内、外机壳分体式结构，减轻整机重量；优化压缩机转子结构，减小级间距，降低长径比；发明了大型机组自动化拆装检修装置，实现120t重的组部件自动对中和准确定位；采用类金刚表面处理技术，降低内机壳滚轮部件表面摩擦因数；开发专用精密复合材料涂层技术，用于定子件调整垫的内孔涂层，避免转子划伤。

研制成功的320万t/a连续重整装置用循环氢压缩机组多项指标实现了我国压缩机制造历史上的新的突破，填补了国内外该项技术的空白，使我国压缩机制造企业的能力和水平跨入世界同行先进行列。

320万t/a连续重整装置重整循环氢压缩机组项目先后获得专利5项，其中，发明专利1项、实用新型专利4项，制定企业标准17项。曾荣获2016年沈阳市科技技术进步一等奖。

十、高效节能三元流风机系统

该项目荣获二等奖，完成单位：重庆通用工业（集团）有限责任公司。

当前全球经济发展速度放缓，特别是制造业经济规模日趋紧缩，机械制造业受到的影响更是首当其冲。同时，随着国家节能减排要求的进一步提高，耗能单位对节能降耗的需求愈加明显。公司采用企业自主研发的离心式通风机参数化设计系统，首次在国内成功研发了三元流通风机系统并投入工业运行。该产品将有助于替代高能耗传统风机，降低水泥、钢铁行业的能耗指标，加快其升级改造。

该项目针对水泥、钢铁行业离心通风机节能改造需求进行产品开发，国内首创性开发了三元流叶轮，降低了风机内部流场损失，提升了产品能效等级；将计算流体动力学、转子动力学、有限元理论以及基于数据挖掘技术和遗传算法的优化设计理论相结合，进行了风机动静结构和风机与进出气管网匹配设计，实现了基于 CFD 流场模拟的系统优化，显著提高了风机系统的运行效率，降低了运行噪声；建立模型机设计优化平台，利用数据挖掘技术和全通流风机整机流场数值仿真，控制流场细节，保证风机运行与系统相匹配，为工业风机系统的设计提供一种有效、可靠的设计方法。主要研究内容包括：研发高效三元流叶轮；完成整机气动结构匹配；优化风机进气密封，研究相关工艺与制造技术；研究三元流叶片成形工艺方法；研究与总结高效节能风机结构、转速、材料选取方法；研究典型的风机管网布置方式及其对风机运行效率的影响机理，总结出改造的一般规律和方法。

该项目获得授权的国家发明专利 1 项、实用新型专利 12 项。产品经行业专业检验机构（机械工业风机产品质量监督检测中心）测试，风机效率达到 83.55%，符合 GB 19761—2009 标准中 I 级能效（风机效率≥ 80%）的要求；技术成果鉴定为整体达到国内同类产品领先水平，技术指标超过国际同期同类产品。

产品自投放市场以来，具有极强的竞争力，经铜陵上峰、宜宾瑞兴等国内客户使用，节能效果明显，可全面推广于钢铁、水泥等行业大型离心风机的节能改造，市场前景广阔。近三年新增销售收入 3 591 万元，新增利润 394 万元，新增税收 198 万元。项目将带动地方及行业产业链刚需，将直接培育、拉动所在地区的机械、电力、物流、工程服务、材料等相关产业发展；对提升风机产业的市场竞争能力和国家节能改造装备的技术水平具有重要意义。

十一、高效双吸离心泵优化设计技术研究和应用

该项目荣获二等奖，完成单位：江苏大学。

水泵的耗电量约占全国用电总量的20% 以上，而双吸离心泵约占其中的 1/3。泵行业的节能技术工作已经成为当前国家节能工作的重要组成部分，《中国节能技术政策大纲》明确提出，要“发展、推广高效率的泵类设备。通过完善泵的三元流场、二相流分析计算方法，改进加工工艺，使泵的能效达到 83% ～ 87%”。《中华人民共和国节约能源法》提出，“国家鼓励工业企业采用高效、节能的电动机、风机、泵类等设备”。

该项目顺应国家节能市场需求而立，运用三元流设计理论、计算流体动力学（CFD）、计算机辅助设计（CAD、CAE）等先进技术，综合国内外知名厂家生产的同类型离心泵的优点而研发。该项目应用开发的新产品效率达到国际先进水平，具有结构优良、运行平稳、噪声低、利于维护等诸多优点，广泛应用于电力、水利、钢铁、石化、自来水厂、市政工程、污水处理、船舶工业、矿产勘采、海水淡化及航空等领域。

1. 主要技术创新

（1）首次将遗传算法与 CFD 全流场数值计算相结合，通过理论分析、数值模拟、试验研究，对双吸离心泵进行了优化设计，大大提高了泵的性能。科技查新结果表明该研究方法属国内独创，学术水平高，实用性强。

（2）创新地提出了一种双螺旋吸水室，减小了水泵叶轮进口速度环量，可增加叶轮进出口速度环量差，即可增加水泵扬程。同时，由于减小了水泵叶轮进口速度，提高了叶轮进口压力，减小了水泵的必需汽蚀余量，提高了泵的抗汽蚀性能。

（3）对低比转速泵出口扩压管采用了上弯式设计，并结合理论推导和数值模拟，分析了水泵全流场的分布规律，证实了上弯式出口扩压管的流场分布优于一般直锥形出口扩压管，流态分布

好，效率高于传统的直锥形出口扩压管形式。

（4）设计了一种新的叶轮密封环，在相同叶轮间隙的情况下增加了密封长度尺寸，减小了高、低压区的密封泄漏量，能够有效地利用高、低压区泄漏流体的速度动能。

（5）创新设计了带高效散热性能的风冷叶片组的压盖式轴承部件，将轴承体的散热部件分开，采用易传热的材料制造散热片，大大提高了轴承部件的散热效果和泵的运行可靠性。

2. 主要技术性能

（1）提出了高效双吸离心泵的设计理论和优化方法，多个授权发明专利、实用新型专利和外观专利构成了完全自主知识产权。教育部科技查新工作站的查新结论证实了知识产权的独有性，中国机械工业联合会科技成果鉴定表明主要技术指标达到国际先进水平。

（2）经机械工业排灌机械产品质量检测中心检测，该项目开发的系列高效节能泵的效率高，高效范围宽，性能优于国家标准要求，试验效率高于国家标准的规定值 1 ～ 12 个百分点，效率指标高于国内外同类产品，综合技术指标居国际先进水平。

（3）该项目开发的系列高效节能泵系列产品结构新颖、可靠性高，是传统中开式离心泵的更新换代产品，符合创建节约型社会的目的。

3. 经济效益和社会效益

（1）该项目应用所研发的 AS 型高效节能泵系列产品已成为湖南山水节能科技股份有限公司的绝对主导产品，产品远销至欧美、东南亚、中东等众多国家和地区。近三年累计为公司新增产值 2.99 亿元、利润 0.245 亿元、税收 0.083 亿元，取得了显著的经济效益和社会效益。

（2）该项目应用所研发的 AS 型高效节能泵系列产品性能优异，效率优于市场上的国内外知名品牌，产品成本却低于国内外知名品牌 33% ～ 60%，竞争优势巨大。经国内外用户使用，实用性强，效果良好，促进了水泵行业的发展。

（3）授权发明专利 3 项、实用新型专利 7 项、外观专利 1 项、软件著作权 1 项；发表学术论文 46 篇，其中 SCI、EI 收录 34 篇；培养博士、硕士研究生 10 余名。

（4）项目应用所研发的 AS 型高效节能泵的效率相比国内现行的运行泵产品效率普遍高 3% ～ 5%。如果全部换成 AS 泵的话，平均每年可以节约电能 203.38 亿 kW • h，按每度电 0.5 元计算，每年将节约电费 101.69 亿元。

十二、TRLPM 永磁电动机驱动螺杆压缩机主机

该项目荣获二等奖，完成单位：苏州通润驱动设备股份有限公司。

该项目主要研究的螺杆空气压缩机主机的工作原理是：永磁电动机直接驱动螺杆阳转子转动，由于阴阳螺杆转子互相啮合且一同旋转，在相对负压条件下，空气吸入，在齿峰与齿沟吻合作用下，气体被输送压缩，当转子啮合面转到与机壳排气口相通时，被压缩气体开始排出。

开发之初，螺杆空气压缩机 80% 左右被外资企业占有。国内企业自主创新高精尖的产品能力不强，出口大型产品较少，尤其直接出口创外汇的产品更少。当时有 150 多家螺杆压缩机生产企业，但 90% 是从国外进口机头的组装型企业。主机是螺杆压缩机的心脏，其性能直接影响整机运行的经济性及寿命，成本也占整机的 30% 以上。说明国内压缩机企业生产螺杆压缩机产品利润空间比较大。

根据以上市场需求，公司决定和西安交通大学压缩机研究所合作，先引进 TRLPM 永磁螺杆空气压缩机型线及其整机结构的系统技术。产品开发成功后，将填补国内空白，打破国外技术垄断，其推广应用有利于促进国内整个行业产品的升级换代，同时还能提升我国压缩机整机产品的竞争力。

该项目开发的永磁电动机驱动螺杆压缩机主机的比功率、可靠性、噪声、振动等主要性能指标均达到国内外同类产品的先进水平。到当前为止，先后共开发出 30 种型号、57 种规格的压缩机主机，排气压为 0.6 ～ 1.25MPa，排量为 1.5 ～ 25.5m^3/min，功率为 7.5 ～ 160kW，能适应不同的工作场合和不同的工作条件。

公司是国内第一家、世界第三家将永磁技术应用到压缩机领域的企业，开发的永磁电动机驱动螺杆压缩机主机拥有 5 项实用新型专利。该产品节能显著，经上海电器设备检测所检测，达到国标 GB 30253—2013 的二级以上能效指标，入围第六批节能惠民目录，符合国家绿色环保政策。当前，永磁电动机驱动螺杆压缩机主机已配套应用在多家压缩机企业的压缩机上，并且完全满足客户的需要，得到客户的认可。

十三、5 050m^3 高炉干式煤气余压余热能量回收透平机组

该项目荣获二等奖，完成单位：西安陕鼓动力股份有限公司。

1. 项目的重要性、意义及立项背景

国内钢铁产能过剩，去产能、提质增效以及环境保护等要求，对钢铁行业的发展提出了新的要求。钢铁行业的兼并重组、设备大型化将成为一种发展趋势，特别是 5 000m^3 以上特大型高炉的建设，以及大型高炉干式除尘设备技术成熟，促使干式余压余热能量回收透平机组（TRT）装置也需要向大型化发展。我国 5 000m^3 以上大型高炉配套的干式 TRT 装置全部依赖进口，因此，实现 5 000m^3 以上大型高炉配套的干式 TRT 装置国产化，对加速我国重大技术装备产业化、促进国民经济发展有十分重要的意义。

2. 主要科技内容

随着高炉的大型化，对设备的整体能效及安全可靠性都提出了更高的要求，需要开发出与之适应的产品，来满足市场的需求。

该项目重点开展 5 050m^3 TRT 装置关键技术研究，包括 TRT 装置主机结构研究、高效叶型及流道优化技术研究、系统安保技术研究、阻尼结构叶片的研究及开发、TRT 设备的耐蚀材料和耐腐涂层的技术研究、TRT 设备的一键式启动等技术研究，进一步提升公司 TRT 设备能效及可靠性。

当前，以上技术研发及产品开发已完成，并成功应用于宝钢湛江钢铁有限公司炼铁工程 5 050m^3 高炉煤气余压透平发电装置。

3. 经济及社会效益分析

直接经济效益：2015 年 11 月，第一套 5 050m^3 高炉干式煤气余压余热能量回收透平机组在宝钢湛江钢铁有限公司成功投用，最大发电量达到 28 000kW，日均发电量 57.6 万 kW・h，一年产生的经济效益为 9 600 万元。

社会效益：按照电力折算标准煤等价系数计算，一年将节约标准煤 76 800t，同时减少污染排放 52 224t 碳粉尘、191 424t 二氧化碳（CO_2）等，为环境保护做出积极贡献。

此项目的成功开发，提升了国内装备制造的自主创新能力，满足了我国炼铁行业的节能减排要求。同时，打破了此类设备依赖国外进口的现状，为钢铁企业节约了大量外汇。

通过项目的实施，攻克了 5 050m^3 高炉干式 TRT 多项关键技术，提升了国产设备的市场竞争力，打破了国外企业在此行业的垄断地位，极大地推动了国产设备大型化的科技进步。

十四、IMC 系列智能型阀门电动装置

该项目荣获三等奖，完成单位：天津百利二通机械有限公司。

当前市场对智能型阀门电动装置的需求呈现出逐年升温的态势。国内外厂家间的智能非侵入式产品必将会展开一场跨行业的激烈竞争，而且智能产品较普通产品的突出优势，已经越来越明显体现出智能化产品将会在许多要求精确控制或自动化程度较高的应用场合取代普通产品。

公司当前在智能非侵入式产品技术研究的方面可与其他国内同行业厂家竞争，但多回转型产品存在一定的竞争劣势。因此公司决定尽快实施新一代智能型多回转阀门电动装置的开发，并使此类产品推向市场。

公司所设计产品的行程控制采用动态自动检测系统惯性结合自适应算法实时检测控制，通过应用行程编码器和唤醒编码器组合框架的方式作为智能产品行程控制机构，完全符合应用要求，且经试验验证，阀门电动装置行程位置重复偏差控制精度均能达到设计要求。通过采用微处理器技术及零功耗唤醒技术，在无动力电源供应状态下，依靠备用电池长期显示阀门的实时阀位等信息，并显示手动后的新的阀门位置；该项技术首次应用于公司智能型产品，提高了该系列产品的技术含量，编码器组合框架等已申报了实用新型专利。

产品非侵入式设定及调整，简化了产品整体机械结构，可降低生产成本及装配零部件的数量。争取做到最大化的节省产品空间，实现系列产品的配套零部件通用互换性。

实现产品的智能化，将产品的行程控制、转矩控制及开度指示全部转为数字信号，并实现以单片机为核心的程序化，丰富产品的控制功能，简化调试操作过程。因此公司研发的产品既在市场中广受用户好评，又对整个行业的技术革新起到了推进作用。

十五、2 500kW 级管道输油泵（型号 HPT3100-230）

该项目荣获三等奖，完成单位：辽宁恒星泵业有限公司。

HPT 型双工况管道输油泵是单级双吸水平中开卧式离心泵，是公司自主研制开发的具有完全自主知识产权的新产品。产品采用三维水力设计软件设计，执行 API610 标准，具有高效节能、质量可靠、运行平稳、结构合理、造型美观、维护方便、监控功能齐全、环境适应性强和使用可靠等多种显著优点。

产品可通过更换导叶和叶轮实现泵前期输量和远期输量变化的需要，使泵机组始终在高效区运行，节约能源，降低用户的运行成本。

产品主要由泵、监控仪表和电伴热保温系统三大部分组成，其功能完整、方便操作，实现了泵的自动监测与报警和远程监控。

项目产品样机经国家工业泵质量监督检测中心（沈阳）检测，泵的流量、扬程、机组效率等各项性能参数均达到标准要求。

产品是大功率管道输油主泵国产化项目，已通过中国机械工业联合会组织的科技成果鉴定，并拥有国家发明专利 1 项、实用新型专利 2 项。

该产品的研制成功，标志着中国石油管道公司首台双工况管道输油泵的国产化试验成功，实现了管道输油泵全面国产化的目标，确保了国家能源安全，降低了建设、运行和维护成本，实现了互惠双赢。该项目产品为“油气管道关键设备国产化”产品。项目的实施也使得进口产品价格下降幅度很大，为国家节省了大量外汇。同时可带动上下游产业的发展，为当地带来更多就业机会。因此，该项目社会效益和经济效益显著。

十六、百万千瓦级压水堆核电站主给水泵国产化研制

该项目荣获三等奖，完成单位：上海阿波罗机械股份有限公司。

核能作为一种安全、清洁、经济、可靠的能源，是当前世界上技术成熟的可大规模替代化石燃料的清洁能源，核电产业对于我国转变能源结构、实现可持续发展具有重大战略意义。到 2030 年，全世界新增核电装机容量约为 5.965 亿 kW，我国核电能力预计增加到 120 000MW，按此增长速度，每年需开工建设 1 000MW 级核电站 8 个以上。

主给水泵为重要非核级泵，在压水堆核电站中主给水泵的主要功能是：将除氧器来的水经主给水泵加压后，通过高压加热器送入蒸汽发生器，接受一回路高温水的加热时生成蒸汽，去驱动核电站的主汽轮机发电。另外，在一回路反应堆停堆的阶段，堆内的多余热量也可通过主给水泵的给水产生蒸汽吸收一回路介质的热量而导出，起到冷却一回路的作用。再则是当主汽轮机突然甩负荷或发生蒸汽管道破裂等事故工况时，主给水泵也可起到将多余的热量导出的作用。因此，主给水泵的安全运行可靠性极为重要。核电站给水系统重要技术受控于国外，突破核电关键用泵技术势在必行，主给水泵机组研制成功将填补国内空白，打破国外技术的封锁，确保国家能源领域的经济安全，确保我国核电机组及设备的自主设计、自主制造、自主运营、自主维护。

从国内市场来看，我国将要建设的40座1 000MW核电站，每台机组配3台主给水泵，一个1 000MW核电站2台机组就需6台。如果主给水泵实现100%国产化率的话，在未来10年内我国将要建设40座1 000MW核电站，所配套主给水泵就有240台。公司已形成自主的知识产权，按照国家计划，每年新增8个机组，那么每年就会有24台（套）的订货量，每台（套）按2 000万元单价计算，每年就有48 000万元的市场价值。主给水泵具有体积大、结构比较复杂、运行效率与可靠性并重等难点。但从设计、制造等方面来看，当前国内600MW、300MW火电站大部分主给水泵机组已由国内企业独立设计、制造、供货。

十七、离心式高压液氨泵机组关键技术及应用

该项目荣获三等奖，完成单位：杭州大路实业有限公司。

离心式高压液氨泵机组研发项目属于中石油重大科技专项“大型氮肥成套工艺技术集成开发”课题三“大型氮肥装置关键装备国产化开发及工业应用”的计划任务，该液氨泵面向45万t/a合成氨、80万t/a尿素化肥装置专门开发。高压液氨泵多属于小流量、高扬程的低比转速泵，国内产品以往多采用复式结构。鉴于其结构复杂和可靠性问题等原因，研发出国产的离心式高压液氨泵一直是我国石油化工和泵行业所努力的方向，因此，高压液氨泵的自主研发是“大型氮肥成套工艺技术集成开发”整体项目的重要任务之一。项目要求液氨泵流量为107m^3/h，扬程达到3 500m，转速为7 500r/min，相比常规的离心式多级泵，其比转速更低、设计与制造难度更大。

当前，高压液氨泵可以采用往复式柱塞泵、高速部分流泵和高速多级离心泵3种类型。往复式泵效率高，但结构复杂、易损件多、可靠性较差，适合小流量，一般用于早期的小化肥项目。高速部分流泵机组尺寸较小，结构简单，但由于其转速很高，所以其汽蚀条件恶化，对零部件的强度、耐磨性要求很高，增速箱、密封、诱导轮等设计制造要求极高。由于这些原因，高速部分流泵可靠性不高。高速多级离心泵转速一般低于10 000r/min，汽蚀性能比高速部分流泵好，零部件的强度、耐磨性要求降低，比较适合当前国际零部件材料结构的技术水平。

高速多级离心式结构是当今高压液氨泵的主流结构，产品在国际上被普遍采用，当前国际上领先的制造商为日本荏原公司。宁夏石化、沧州大化、鄂尔多斯联化、大庆化肥厂均采用了日本荏原公司高速多级离心式高压液氨泵。我国此前对高速多级离心式高压液氨泵缺少研究，尚未形成技术体系，因此国内高压液氨泵产品的市场几乎由日本荏原公司垄断。

因此，2010年，杭州大路实业有限公司利用自身在高压多级离心泵、石油化工泵和低噪声舰船用泵领域的研究积累，承担了离心式高压液氨泵的研发任务。同时还联合中国寰球工程公司、中国石油宁夏石化公司、浙江大学等单位开展了产学研联合攻关，形成由设计制造单位、工程设计院所、使用单位和高校组合作开发的“产、学、研、用”模式，最终突破了离心式液氨泵的关键技术，研发了产品，并且产品和关键技术得到了广泛应用。

十八、SDZ300-400超高压大型多级离心泵

该项目荣获三等奖，完成单位：重庆水泵厂有限责任公司。

随着国民经济和国防工业发展对高精度、高品质钢材需求量的加大，轧制该类钢材需要的关键设备——压力40MPa以上除磷泵国内尚无企业有能力设计、制造。国外工艺多采用建设成本和使用成本极高的两台泵串联或高压往复泵。2012年10月，公司在重庆市发改委立项完全自主研发40MPa超高压多级离心泵及其系统装备，同时针对深海采油注水、锅炉给水、高压切焦等领域需求进行研究，填补国内空白，打破国外垄断，推动高端泵技术的发展。

项目研发产品应用于除磷工艺，输送含固体颗粒的污水，具有流量大、压力高（当前国内最高）、运行可靠、检修周期长等特点。该项目进行了高效水力模型、产品可靠性、转子动力学和结构力学分析、轴向力平衡、超高压密封等关键技术攻关。

项目产品是具有完全自主知识产权的 40MPa 级国内首台（套）除磷泵，运用“高效离心泵理论及工程应用”项目成果和十余项自有专利技术研制成功的。通过 CFD 数字化设计和有限元分析等最新技术，既消除了低比转速水力模型驼峰，也使泵效率高于国家标准 1.8%；3D 打印 PCM 无模铸型技术，实现了快速智能制造；转子轴向力自平衡专有技术确保泵在频繁大范围变工况运行可靠；专有螺旋反抽密封大幅提高易损件寿命，降低运行和护修成本；智能远程状态监测和振动频谱分析技术，实现了设备智能监控。这些新技术、新工艺研究成果，确保了 SDZ300-400 型超高压多级离心泵小型化、高效、高精度、低成本、高性能的特点。

项目研发产品是引领我国高品质轧钢除磷新工艺的关键设备之一，运行流量为 50 ～ 500m³/h，运行压力为 4 ～ 44MPa，运行转速为 1 220 ～ 5 350 r/min，配套功率为 4 800kW，产品已实现批量订货。产品高效率、高可靠性、几乎零泄漏，单台每年可节约用电上万千瓦，节能效果明显，产品安全，对环境无污染，打破了高端泵依赖进口的局面。

十九、智能节能大流量低汽蚀 HDM1000-400/5 型重型石油（煤）化工流程泵研制

该项目荣获三等奖，完成单位：兰州兰泵有限公司。

该项目研发的大流量中开式多级重型石油（煤）化工流程泵成功打破了该泵型被国外垄断的格局，是煤化工、煤制油、煤制气、煤制烯烃、长管线输送、石油化工、化肥等领域脱碳单元、脱硫单元及低温甲醇洗急需的大流量核心流程泵装备之一。

该项目由兰州兰泵有限公司联合兰州理工大学针对脱碳单元、脱硫单元及低温甲醇洗大流量核心流程泵的工艺及装备的共性进行关键技术重点攻关，在节能、高效、智能、高可靠性等方面，突破了多项德国、美国和瑞士等国外技术垄断。该泵输送介质为热钾碱溶液，有较强的腐蚀性，温度为 125℃。该产品额定流量为 960m³/h，扬程 420m 时的必需汽蚀余量是 2.8m，效率为 80.18%。在满足低汽蚀余量的同时，泵的效率比 GB/T 13007—2011《离心泵效率》标准规定的化工多级离心泵效率高 2.83%。该产品配套电动机功率为 2 000kW，应用于煤制油项目尾气脱碳单元，是煤制油装置的关键核心设备——半贫液泵，单台每年可节约用电 452 800kW · h。

该泵单套机组通过集成了压力、温度、轴振动、键相位、转速等 35 个传感器，组成泵机组信息采集平台，并通过控制系统对信息数据时时检测、分析与处理，保障泵机组的智能调节运行。同时做到信息数据的累积储存并进行机组故障预判以及故障的原因分析，达到信息化和工业化的高度融合，使该产品是具有全生命周期的检测、控制、管理与服务功能的智能化产品。

该项目的实施，将充分利用企业在泵行业的技术及其规模发展优势，既可降低企业的生产成本、提高产品质量、增加经济效益、提供更多就业岗位，又有利于带动铸造、机加工、密封、电气自动控制等相关产业的发展，经济效益和社会效益显著。该项目符合国家自主创新、节能环保产业政策，能够提升我国相关领域的科技实力；以领先的技术拓展市场，增加了企业在国内外市场的竞争力。

二十、南帕斯天然气田用离心压缩机组研制

该项目荣获三等奖，完成单位：沈阳鼓风机集团股份有限公司。

天然气是一种清洁高效能源。随着世界天然气需求持续增长，天然气在世界能源结构中的地位不断上升。2015 年，全球一次能源消费总量约为 127.6 亿 t 油当量，其中煤炭占 28.4%，石油占

33.4%，天然气占 26.5%。预计 2030 年以前，天然气仍将是世界各国能源发展的重点，消费量将以年均 1.7% 的速度增长，预计在 21 世纪上半叶末天然气将超过石油，成为全球第一大能源。

在当前已经探明的天然气田中，南帕斯天然气田是全球第一大气田。2009 年，沈阳透平机械股份有限公司与伊朗国家石油公司签署合同，负责南帕斯天然气田上游离心压缩机组的研制工作。

天然气田属于能源领域的上游产业，现场情况较为复杂和多变，与常规工艺气离心压缩机相比，要求更为严格和精细化，特别是在压缩机对工艺的自适应性、系统负荷调节过程中的综合节能、压缩机组结构的撬装化设计以及系统的安全性方面均有更高的要求。为保证压缩机组能够满足现场的运行要求，沈阳透平机械股份有限公司开展了多项技术创新，包括：重介质叶轮模型级的开发、离心压缩机选型软件的完善更新、离心压缩机调节系统的优化设计、BOG 离心压缩机自适应控制系统开发、改善表面质量新工艺的应用等，攻克了天然气田用离心压缩机的多项技术难题。同时建立了基于国际标准的项目全周期管理体系，全面梳理并形成满足国际化发展需要的标准化文件，具备国际项目整体解决方案能力。成功研制了国产首套应用于上游气田的丙烷冷剂离心压缩机和 BOG 离心压缩机。

该项目是迄今为止国产化离心压缩机组第一次应用于上游气田领域，打破了国外公司在该领域的长期垄断，为我国离心压缩机整体技术提升、应用领域多元化发展奠定了坚实的基础。同时，该项目取得的技术成果已逐渐在其他领域进行推广应用，如：自主开发的离心压缩机物性分析软件已应用于炼油、煤化工、天然气等多个领域，整体提升了离心压缩机气动方案计算的准确度；自适应控制系统的开发与应用，实现了压缩机机组从起动到停机的完全自动化。

南帕斯天然气田用离心压缩机组的研制项目，获得实用新型专利 2 项。曾获 2016 年沈阳市科技进步奖一等奖。

二十一、严酷环境下的工艺管线用核级电磁动截止阀研制

该项目荣获三等奖，完成单位：上海核工程研究设计院。

应用于严酷环境中的工艺管线用核级电磁动截止阀在核电站中担任着十分重要的角色，主要用于主系统、堆芯冷却系统、一回路取样系统等关键系统内，介质一般为高温高压，其工作环境也比较特殊，尤其在事故工况条件下，一般为高湿、高热、高辐射，还伴随着一定的环境压力。通过该成果对核级电磁动截止阀的设计与研究，实现具有自主知识产权的核级电磁动截止阀的研制，保证核级电磁动截止阀产品在核电站严酷环境中的安全可靠运行，对打破国外在该领域的技术封锁，填补国内空白，在节约资金及保证国家能源安全等方面具有重要意义。

该项目成果来源于“大型先进压水堆及高温气冷堆核电站”国家科技重大专项，由上海核工程研究设计院提出，牵头并委托鞍山电磁阀有限责任公司完成国产电磁动截止阀研制工作。主要的科技技术难点包括耐辐照和 LOCA 环境条件下电磁驱动系统（电磁铁心结构设计、电磁力计算）研究、冷热交变对阀门结构和运行可靠性影响（电磁动截止阀阀瓣导向配对材料特性，包括冷态、热态下导向面配合间隙）研究、高温高压状态下电磁动截止阀密封性能研究、阀位信号方案研究、电磁动截止阀设备鉴定（EQ）要求和试验方法（包括环境和地震鉴定）研究等。

该项目核级电磁动截止阀的研制进行了大量的理论分析及验证试验，攻克了多项技术难关，经历了关键部件的设计技术研究、核级电磁动截止阀制造、核级电磁动截止阀样机的鉴定试验等阶段，并最终完成了该项目成果的研制。

该项目成果的核级电磁动截止阀，可满足核电站正常环境条件、异常环境条件、设计基准事故环境条件以及地震等工况下使用的要求，能在核电站严酷环境中、在高温高压工艺管线中安全

可靠地执行系统安全有关功能，属于国内首创，填补了国内技术空白，达到了国际领先水平。

二十二、LLW1000 矿用大型卧式螺旋卸料过滤离心机的研发

该项目荣获三等奖，完成单位：江苏华大离心机制造有限公司。

该项目产品 LLW 型系列卧式螺旋卸料过滤式离心机是一种连续生产的固液分离设备。分离过程中的进料、脱水、洗涤、卸料等工序连续完成，生产效率和自动化程度高。该项目产品的开发突破了一系列关键技术，完成了直径 1 000mm 以上转鼓结构设计、螺旋输送器设计以及 14 000N·m 大转矩液压差速器设计。基于 Ansys 与 Hypermesh 前处理的动载荷特性分析计算与振动优化的研究，实现空车振动≤ 4.5mm/s、带料运行≤ 11.2mm/s；基于参数化结构设计与仿真和制造工艺技术创新，保证了关键零部件的强度与使用寿命；14 000N·m 大转矩液压差速器关键部件与保护系统的设计，提高了单机处理能力，处理粒径为 0.1 ～ 0.5mm 的矿浆，生产能力可达 60 ～ 65t/h，相关研究成果达到国内领先水平。项目产品获得授权专利 13 件，其中发明专利 5 件，发表相关学术论文 7 篇。

自 2014 年项目产品成功开发以来，进一步进行系列开发，同时积极开展国内外市场。自 2014 年年初到 2016 年年末，项目产品已累计新增销售 232 台，实现新增销售收入 5 147 万元，新增利润 636 万元，新增税收 394 万元，创汇 150 万美元；新增就业岗位 60 个，培养硕士研究生 4 人。同时，项目成果极大地提升了我国在该领域的技术水平和产品质量，项目产品分离效率高，是传统立式分离设备的 3 倍，实现了高效、节能、降耗，推动了采矿、制药等企业的科技进步，大大增强了相关企业的竞争力，具有显著的社会效益与间接经济效益。

（注：资料来源于中国机械工业科学技术奖网站）

2017 年通用机械行业获奖项目

序号	项目名称	奖励名称	主要完成单位
1	压水堆核电站用核二级主蒸汽隔离阀	中国机械工业科学技术奖一等奖	中核苏阀科技实业股份有限公司
2	极端条件下压缩机关键部件失效预防关键技术	中国机械工业科学技术奖一等奖	合肥通用机械研究院、北京化工大学、沈阳鼓风机集团股份有限公司
3	高效节能三元流风机系统	中国机械工业科学技术奖二等奖、2016 年度重庆市重大新产品	重庆通用工业（集团）有限责任公司
4	高效双吸离心泵优化设计技术研究和应用	中国机械工业科学技术奖二等奖	江苏大学
5	TRLPM 永磁电动机驱动螺杆压缩机主机	中国机械工业科学技术奖二等奖	苏州通润驱动设备股份有限公司
6	5 050m^3 高炉干式煤气余压余热能量回收透平机组	中国机械工业科学技术奖二等奖	西安陕鼓动力股份有限公司
7	660MW 机组 100% 容量给水泵国产化研发	中国机械工业科学技术奖二等奖	中国电建集团上海能源装备有限公司

（续）

序号	项目名称	奖励名称	主要完成单位
8	MDP 系列抗大气冲击分子泵	中国机械工业科学技术奖二等奖	北京北仪创新真空技术有限责任公司
9	高可靠性 400kW 级卧式高速泵系列化产品的研制	中国机械工业科学技术奖二等奖	北京航天石化技术装备工程有限公司
10	化工过程液体余压能量回收液力透平关键技术与工业应用	中国机械工业科学技术奖二等奖	兰州理工大学
11	永磁变频两级压缩螺杆式空压机	中国机械工业科学技术奖二等奖	温岭市鑫磊空压机有限公司
12	百万千瓦级压水堆核电站 HSD80-150 型上充泵	中国机械工业科学技术奖二等奖	重庆水泵厂有限责任公司
13	320 万 t/a 连续重整装置用循环氢离心压缩机组	中国机械工业科学技术奖二等奖、辽宁省科学技术进步奖一等奖	沈阳鼓风机集团股份有限公司
14	10 万 m^3/h 空分压缩机组试验台	中国机械工业科学技术奖二等奖	中国联合工程公司、沈阳鼓风机集团股份有限公司
15	大型气田伴生气丙烷压缩机组研制	辽宁省科学技术进步奖二等奖	沈阳鼓风机集团股份有限公司
16	一种大直径三元叶轮的铣制方法	中国专利奖优秀奖	沈阳鼓风机集团股份有限公司
17	一种循环气压缩机叶轮的热处理工艺	中国专利奖优秀奖	沈阳鼓风机集团股份有限公司
18	MVR 蒸汽压缩机组的开发和应用	陕西省科学技术奖三等奖	西安陕鼓动力股份有限公司
19	分布式能源智能综合利用示范项目	第六届西安科技调研成果奖	西安陕鼓动力股份有限公司
20	0.6m 连续式跨声速风洞用压缩机组研制	西安市科学技术进步奖一等奖	西安陕鼓动力股份有限公司
21	IMC 系列智能型阀门电动装置	中国机械工业科学技术奖三等奖	天津百利二通机械有限公司
22	2 500kW 级管道输油泵（型号 HPT3100-230）	中国机械工业科学技术奖三等奖	辽宁恒星泵业有限公司
23	百万千瓦级压水堆核电站主给水泵国产化研制	中国机械工业科学技术奖三等奖	上海阿波罗机械股份有限公司
24	离心式高压液氨泵机组关键技术及应用	中国机械工业科学技术奖三等奖	杭州大路实业有限公司
25	SDZ300-400 超高压大型多级离心泵	中国机械工业科学技术奖三等奖	重庆水泵厂有限责任公司
26	智能节能大流量低汽蚀 HDM1000-400/5 型重型石油（煤）化工流程泵研制	中国机械工业科学技术奖三等奖	兰州兰泵有限公司
27	南帕斯天然气田用离心压缩机组研制	中国机械工业科学技术奖三等奖	沈阳鼓风机集团股份有限公司
28	严酷环境下的工艺管线用核级电磁动截止阀研制	中国机械工业科学技术奖三等奖	上海核工程研究设计院
29	LLW1000 矿用大型卧式螺旋卸料过滤离心机的研发	中国机械工业科学技术奖三等奖	江苏华大离心机制造有限公司
30	弱风区兆瓦级风电叶片	重庆市科学技术进步奖三等奖	重庆通用工业（集团）有限责任公司
31	CGI2.0-57.0/59.8 系列风电叶片	2016 年度重庆市重大新产品	重庆通用工业（集团）有限责任公司
32	核电站定频离心式冷水机组	重庆市高新技术产品	重庆通用工业（集团）有限责任公司

（续）

序号	项目名称	奖励名称	主要完成单位
33	低风速系列风电叶片开发	2016 年度机电创新二等奖	重庆通用工业（集团）有限责任公司
34	新型电厂专用环保氧化风机系列产品研发	2016 年度机电创新三等奖	重庆通用工业（集团）有限责任公司
35	低温蒸汽压缩机	江苏省高新技术产品	江苏金通灵流体机械科技股份有限公司
36	焦炉煤气排送高速鼓风机	江苏省高新技术产品	江苏金通灵流体机械科技股份有限公司
37	光热发电纯凝汽轮机	江苏省高新技术产品	江苏金通灵流体机械科技股份有限公司
38	新型蒸汽压缩机	南通市科学技术进步奖特等奖	江苏金通灵流体机械科技股份有限公司
39	大型铸造结构多级离心鼓风机	山东省企业技术创新二等奖	山东省章丘鼓风机股份有限公司
40	B 型单级高速离心鼓风机	济南市科学技术进步奖三等奖	山东省章丘鼓风机股份有限公司
41	分段吸入式抽真空离心鼓风机	随州市科技进步奖二等奖	湖北省风机厂有限公司

2017 年通用机械行业名牌产品

企业名称	商标	产品名称	获奖等级
沈阳鼓风机集团股份有限公司	沈鼓	离心压缩机	辽宁省名牌产品、沈阳市名牌产品
四平鼓风机股份有限公司	四风	水泥用高温离心通风机	吉林省名牌产品
西安陕鼓动力股份有限公司	陕鼓	空分装置压缩机组	陕西省名牌产品
西安陕鼓动力股份有限公司	陕鼓	工业流程能量回收发电设备	陕西省名牌产品
西安陕鼓动力股份有限公司	陕鼓	离心通风机	陕西省名牌产品、西安市名牌产品
西安陕鼓动力股份有限公司	陕鼓	BPRT 机组	陕西省名牌产品
西安陕鼓动力股份有限公司	陕鼓	A 系列离心鼓风机	西安市名牌产品
河北蹇海鼓风机有限公司	蹇海动力	煤矿地面用抽出式轴流风机	河北省名牌产品
浙江明新风机有限公司	MINXIN/ 明新	轴流通风机	浙江省名牌产品
浙江金盾风机股份有限公司	金盾	地铁隧道轴流风机	浙江省名牌产品
浙江金盾风机股份有限公司	金盾	风机	绍兴市名牌产品
湖北省风机厂有限公司	三峰	DTF 系列、SDS 系列	湖北省名牌产品
湖北双剑鼓风机股份有限公司	双剑	离心鼓风机、S 型三元流系列离心鼓风机	湖北省名优新产品
重庆通用工业（集团）有限责任公司	重通	BCD100/BCD200/BCD300/BCD500/BCD800 单级高速离心式鼓风机	重庆市名牌产品
常州一步干燥设备有限公司	一步	中药浸膏喷雾干燥机	常州市名牌产品
江苏宇通干燥工程有限公司	宇州	干燥设备系列	常州市名牌产品
银川威力传动技术股份有限公司	WL	2.5MW 风力发电机组变桨减速器	宁夏名牌产品

2017年通用机械行业节能产品

序号	企业名称	产品名称	产品主要特点	主要应用领域
1	沈阳鼓风机集团股份有限公司	ASN系列动调轴流送风机	ASN系列动调轴流送风机的可调范围广，高效区宽，风机的基本级采用前导叶＋动叶＋后导叶型式，风机的全压效率为87%，达到一级能效标准，处于国际领先水平	可满足100万kW级别火电机组送风机的配置要求
2	沈阳鼓风机集团股份有限公司	BUF系列动调轴流增压风机	BUF系列动调轴流增压风机的可调范围广，高效区宽，风机的基本级采用动叶＋后导叶模式，风机的全压效率为88%，达到一级能效标准，处于国际领先水平	可满足100万kW级别火电机组脱硫增压机的配置要求
3	西安陕鼓动力股份有限公司	干式高炉能量回收透平装量（BPRT）	利用高炉炉顶煤气的余热余压，采用干式煤气透平技术，把煤气导入透平膨胀机，充分利用高炉煤气原有的热能和压力能驱动发电机发电，最大限度地利用煤气的余压余热进行发电	钢铁行业高炉煤气余热余压发电
4	西安陕鼓动力股份有限公司	烧结余能回收驱动技术（SHRT）	集成配置原有的电动机驱动的烧结主抽风机和烧结余热能量回收发电系统，形成将烧结余热回收汽轮机与电动机同轴驱动烧结主抽风机的新型联合能量回收机组。避免了能量转换的损失环节，增加了能量回收，最大限度回收利用烧结烟气余热	冶金领域烧结余热能量回收
5	西安陕鼓动力股份有限公司	汽电同轴驱动空分机组技术（MCRT）	MCRT技术提出了汽轮机与电动发电机同轴驱动空增一体型空分机组技术方案，同轴机组有利于整体效率提高，机组可采用电动机快速启动；汽电同轴运行时，汽轮机可长期高效运行，富裕蒸汽可直接发电，减少汽轮机调节门的节流损耗	有色冶炼
6	西安陕鼓动力股份有限公司	汽电同轴驱动高炉鼓风机组应用技术（BCSM）	BCSM技术提出了汽轮机与电动发电机同轴驱动鼓风机的技术方案，同轴机组有利于整体效率提高，机组可采用电动机快速启动；汽电同轴运行时，汽轮机可长期高效运行，富裕蒸汽可直接发电，减少汽轮机调节门的节流损耗	冶金领域，可向石化领域扩展
7	重庆通用工业(集团)有限责任公司	新型电厂专用环保氧化风机	工况范围宽广；采用单独进口调节装置，降低产品成本与运行费用；设计点处能保持较高的多变效率；喘振点和堵塞点都远离设计点工况，噪声低。无叶扩压器的进口段设计成渐缩结构，消除气流由于逆压梯度而形成的分离涡，确保机组的稳定性和气动性能	火电、钢铁、石化、水泥、新材料及玻璃等
8	四平鼓风机股份有限公司	4-73（板形叶片）系列离心通风机	高效、低噪	钢铁厂除尘、水泥窑引风，循环流化床锅炉一次风机、二次风机，煤气鼓风机、煤粉通风机，烧结主抽风机

（续）

序号	企业名称	产品名称	产品主要特点	主要应用领域
9	四平鼓风机股份有限公司	6-24 高效节能离心通风机	小流量、中高压	钢铁厂除尘、水泥窑引风，循环流化床锅炉一次风机、二次风机，煤气鼓风机、煤粉通风机，烧结主抽风机
10	四平鼓风机股份有限公司	6-35 高效节能离心通风机	小流量、中高压	钢铁厂除尘、水泥窑引风，循环流化床锅炉一次风机、二次风机，煤气鼓风机、煤粉通风机，烧结主抽风机
11	四平鼓风机股份有限公司	5-55 高效节能离心通风机	中等流量、中等压力	钢铁厂除尘、水泥窑引风，循环流化床锅炉一次风机、二次风机，煤气鼓风机、煤粉通风机，烧结主抽风机
12	黑龙江凯普瑞机械设备有限公司	高速电动机直驱离心式压缩机、真空泵	高速电动机直驱，采用磁悬浮 / 气浮轴承，整机比齿轮增速离心式压缩机节能 10% 以上	造纸、制药、石化、木材烘干、污水处理、粉体加工、钢铁冶炼等
13	南通大通宝富风机有限公司	5-36/5-48/6-24/6-31/6-32/6-40 系列离心通风机	后向高效离心风机，二级能效	电力、冶金、化工等
14	浙江明新风机有限公司	烟叶烘烤风机系列	叶片可以自由调节，安装和调节方便；风筒采用单边喇叭口和直角法兰设计，避免了缩口现象，减少了风机进出口的阻力，达到节约能源的效果，从改变轮毂结构及叶型角度出发对风机重新进行了设计	烟草烘烤加工、中药材烘干加工、木材烘干加工及香菇等其他农作物烘干加工
15	浙江明新风机有限公司	冷却用轴流风机系列	导风筒采用一次旋压或液压成形，外形美观，并与其他部件均先可以进行喷塑、热浸锌涂装等表面处理，具有很好的防腐作用；从改变轮毂结构及叶型角度出发对风机重新进行设计，叶轮采用铝合金高压铸造成型，具有良好的导流作用；叶片耐高温、耐腐蚀	冷库工程、空调工程及化工设备、冶金设备、医药设备、电力设备、通风制冷设备、空冷器、冷却塔、热泵机组冷却装置设备等
16	浙江明新风机有限公司	变压器用风机系列	导风筒采用一次旋压或液压成形，外形美观，并与其他部件均先进行镀锌处理，具有很好的防腐作用；从改变轮毂结构及叶型角度出发对风机重新进行了设计，具有良好的导流作用	电器设备及电力局、核电站、变压器厂、大中型变压器的冷却系统等
17	浙江金盾风机股份有限公司	轴流式通风机	高效节能，防喘振作用显著，耐高温性能优良，智能控制。排热风机的叶片材料采用 ZL114A，强度高，确保间歇性运转的安全可靠，叶型经过全新优化模拟设计并经试验证明，整机效率可提高 2 ～ 4 个百分点	地铁、隧道
18	浙江金盾风机股份有限公司	消防高温排烟轴流风机	该系列风机技术成熟，其性能已达国内领先、国际同等水平。通过采用先进的设计技术与制造工艺，对风机转子、静叶等重要部件的结构进行优化改进，采用新型节流罩等节能部件，实际运行节能达 5%	工业与民用建筑
19	山东省章丘鼓风机股份有限公司	ZGXTF 型离心通风机	该风机采用不锈钢材质、剖分层叠式结构，具有效率高、重量轻、噪声低、运转平稳、性能曲线平坦、易损件少、安装维护方便等优点。该风机与国内其他厂家产品相比，效率明显提高，每台节能 5% 以上	矿山、电力、隧道、脱硫等

（续）

序号	企业名称	产品名称	产品主要特点	主要应用领域
20	山东省章丘鼓风机股份有限公司	LRA（C）型水环真空泵	该真空泵不仅高效节能，而且非常适合长期、连续运行，与现在使用的水环泵相比较，每台一年至少为用户节电费 1.4 万元。该泵具有真空度高、运行可靠、高效节能等优点，其独特的柔性排气阀板设计，能自动调节排出口压力，自动维持所需进口压力，吸气均匀，性能稳定可靠，使泵能在不同吸入压力下长期、连续运行	石油、化工、电力、城市给排水等
21	山东省章丘鼓风机股份有限公司	大型铸造结构多级离心鼓风机	产品具有效率高、重量轻、噪声低、运转平稳、安装维护方便等优点，零部件通用性和互换性强，便于批量生产，是典型的节能环保设备	电厂、水处理、钢铁、气力输送等
22	德州科瑞特风机有限公司	高效静音轴流风机	节能高效，运行噪声低	中央空调主机、冷却塔换热用
23	湖北省风机厂有限公司	离心通风机	采用具有能效等级 2 级的模型级 4-73、5-55 等制作的离心通风机，其最高内效率达到 87% 以上。该类型风机多用于大流量、中低压力气体输送系统，具有运行范围宽广、效率高、曲线平坦、气动性能可靠的特点	钢铁及有色冶炼、余热回收、环保收尘、烟气脱硫等行业或系统气体输送
24	天华化工机械及自动化研究设计院有限公司	PTA 装置 RPF 技术及装备	节能	煤、石油化工
25	常州一步干燥设备有限公司	多层节能环保型带式干燥机	连续式干燥设备，适用于通透性较好的片状、条状、颗粒状或块状等物料的干燥，特别是适合用于脱水蔬菜、中药饮片等含水量高、物料干燥温度要求较为严格的物料。增加了清洗系统，实现干燥机完成物料干燥后的彻底清洗，充分保证了干燥机的清洁度，满足了一种干燥机可以干燥多种物料的多样化需求	化工、食品、医药、建材等
26	常州一步干燥设备有限公司	脉冲真空干燥机	干燥效率高，干燥时间短，高效节能；产品均匀性更高，干燥后的产品品质和颜色更好；具备在线清洗或浸泡式清洗功能，移动式料车设计，更方便清洗；针对易起泡物料，采用脉冲破泡设计；针对不易破泡的物料，采用爆炸式干燥的方式，充分利用蒸汽的潜热及其欠饱和蒸汽的吸水性；全自动控制系统，整套系统人机界面操作，可分段设定参数，实现更复杂的工艺流程，保障干燥效率和效果	制药行业、生物工程等领域
27	江苏宇通干燥工程有限公司	防熔融离心喷雾干燥机	针对普通型离心喷雾干燥机对含糖多、易熔融、易吸潮物料的干燥易产生粘壁现象，研发设计出防熔融、防粘壁的离心喷雾干燥机	中药浸膏类物料干燥
28	江苏宇通干燥工程有限公司	闭路循环振动沸腾干燥机	作为一种高效流化床动态干燥设备，除具备普通流化床干燥机的功能外，所适用的物料更为广泛。可以对溶媒进行回收、利用，可以节约能源，减少排放	易氧化物料，比重大颗粒较大物料、含有机溶媒物料等

北大先锋"钢厂尾气创新利用4.0"技术简介

一、技术背景

北京北大先锋科技有限公司（简称北大先锋）成立于1999年，是北京大学直属的高新技术企业，19年来一直专业从事变压吸附气体分离技术研发和成套装置设计制造，以及高效吸附剂和催化剂的生产。北大先锋作为中国通用机械工业协会理事单位，多年来一直是变压吸附行业的领航者，秉承"立足气体领域，面向环保领域"的理念，已为钢铁、化工、有色、玻璃、造纸、污水处理等行业的100多家企业提供了成套变压吸附装置，并且不断实现技术突破，通过先进技术促进我国工业转型升级，为建设资源节约型、环境友好型社会做出重要贡献。

从钢厂各种尾气的组成可以知道，焦炉煤气中含有H_2，转炉煤气和高炉煤气则含有CO，因此，钢厂尾气完全可以作为化工合成所需的CO和H_2的气源。钢厂尾气综合高效利用是未来钢铁行业进一步降低能耗和生产成本，减少环境污染的主要途径之一，而发展化工则是高效利用钢厂尾气的有效途径。

"钢厂尾气创新利用4.0"是由北大先锋独家研发的，是面向钢厂高炉、转炉和焦炉煤气的一种高效环保利用技术。该技术在钢铁和化工行业之间架起了一座无形的桥梁，可以减少钢铁生产碳排放，降低化工生产原料成本。

二、技术介绍

钢厂高炉、转炉和焦炉煤气除了含有CO和H_2外，还含有一定量的N_2，焦炉煤气中N_2含量为3%～7%，转炉煤气中N_2含量达到20%～25%，高炉煤气中N_2含量更是高达50%～55%。利用钢厂尾气生产化工生产原料，需要CO的纯度≥99%，H_2的纯度≥99.9%。而如何实现CO和N_2的高效分离是一个世界性的难题，原因在于：CO和N_2沸点分别为-191.5℃和-196℃，相近的沸点导致了低温液化分离工艺难以实现两者的高效分离，CO和N_2有着相同的分子量和等电子体结构，导致传统的分子筛同样也无法实现两者的高效分离。

北大先锋利用Cu^+可以和CO络合的原理，研发了PU-1吸附剂，相比较于N_2、CH_4和H_2，对CO有着显著的吸附量，配合相应的VPSA工艺，可以实现CO和N_2的高效分离。"钢厂尾气创新利用4.0"技术就是基于PU-1吸附剂，通过除尘、压缩、脱硫、脱碳、除氧、净化等一系列工序，将钢厂高炉、转炉和焦炉煤气转化为化工生产所需的高纯CO和H_2。分离出的CO和H_2经过化工合成，生成乙二醇、乙醇等。

三、案例分析

以山东石横特钢集团股份有限公司（简称石横特钢）利用转炉煤气制取年产20万t甲酸、联产5万t草酸为例，进行案例分析。

1. 工艺流程

石横特钢利用北大先锋的"钢厂尾气创新利用4.0"技术，将约45 000m^3/h副产转炉煤气经除尘、压缩、脱硫、脱水、除氧及PSA等工序后，制成18 200m^3/h原料气（CO含量98.5%），用于年产20万t甲酸、5万t草酸以及下游甲酰胺、甲酸钾、甲酸钙的产业项目生产。主要工艺流程见图1。

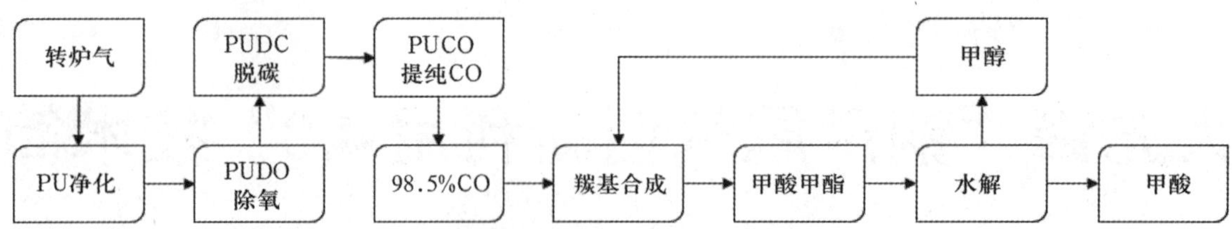

图 1　主要工艺流程

2. 运营情况

该项目自 2017 年年初立项开工，工期历时一年，2018 年 4 月一次性试开车成功，生产的甲酸产量达标、质量优等，所有设备运转正常，是国内为数不多的一次性顺利开车项目。

3. 经济效益

该项目一次性投资 12 亿元，未来可实现年均营业收入 11 亿元，年均营业利润 4 亿元，预计 3 年收回投资。

4. 社会效益

石横特钢的 45 000m^3/h 转炉煤气原始利用途径是燃烧发电，利用效率不高，且排放大量 CO_2。制甲酸项目投产后，转炉煤气中绝大多数的 CO 都被固化到甲酸产品中，而不再燃烧变为 CO_2，每年可为石横特钢减少碳排放近 30 万 t。

当前，利用钢厂尾气的主要途径还是以燃烧为主，除了焦炉煤气（多为独立焦化）生产液化天然气和甲醇的项目之外，进行化工品生产的案例并不多，其中 CO 和 N_2 分离难度大，是制约钢厂尾气高效利用的技术瓶颈。而“钢厂尾气创新利用 4.0”技术的出现，解决了这一难题。该技术是推动钢铁和化工行业创新转型的重要推力，也是钢铁企业减少碳排放的有效途径，未来存在巨大的发展前景。

开发前沿技术　推动冷却设备行业创新发展

上海理工大学冷却技术知识服务团队是在上海理工大学能源与动力工程学院和若干企业开展产学研用合作过程中逐步发展起来的，也是中国通用机械工业协会冷却设备分会的主要发起单位，并承担了行业技术培训的重要职责，近年来已经为行业内企业培训了 100 多名技术骨干。

当前上海理工大学冷却技术知识服务团队有工程院、科学院院士各 1 名，并由上海理工大学的教授、副教授、讲师、实验员、研究生及外聘的行业专家、技术经纪人、技师组成了一支人才结构合理，既有学术高度又很接地气的科技队伍。冷却设备是工业设备的末端产品，几乎所有的废热都是通过冷却设备排放到系统之外，所以团队业务对接到制冷空调和工业设备各个领域，通过与国内外相关企业和机构的紧密合作，在行业的技术进步和人才培养上起到了主导作用。

团队通过若干产学研项目的技术积累后，以所发明的填料为关键部件的JNT开式冷却塔获得国际CTI检测认证，省级科技成果鉴定为国际先进，被列为国家火炬计划项目和科技部创新基金项目，并被认定为国家重点新产品；以淋水混合强化冷却和横流盘管、横流填料、高效风机发明为核心的JNC闭式冷却塔是国内第一个、国际第五个通过CTI检测认证，经国内外查新和水平检索及省级科技成果鉴定均为国际先进，并被列入国家火炬计划项目和科技部创新基金重点项目；节能型冷却塔组的国内外科技查新和水平检索的结论为国际先进，成果被认定为上海市自主创新产品和上海市高新技术成果转化项目。上述成果分别获得浙江省科技进步奖二等奖、上海市技术发明奖二等奖和中国机械工业科学技术奖三等奖。

在上述获奖成果的基础上，以院士团队为核心，与10多家业内企业结成了产学研用联盟，在闭式塔防冻、余压余能有效利用、设备防沙清淤及消雾节水、飘水与淋水均匀性的测量与控制、均匀布水和减少壁流、冷却设备高效低耗的智能设计、冷却设备及核心部件性能测试、低温热源利用、冷却系统物联网等关键技术开发方面，通过协同创新，取得多项成果并获得广泛应用。在成果推广方面，通过学校与专业推广单位上海同驰换热设备科技有限公司联动的创新机制，扩大了校企合作面，参与制定国家标准和行业标准，开展国内外学术交流，参加国内国际科技竞赛，在技术推广上取得了显著成绩，2016年再次获得教育部科技进步奖二等奖（推广类）。

在此过程中，与浙江金菱制冷工程有限公司共建了国家级“换热技术与冷却装备工程实践教育中心”，与中国通用机械工业协会冷却设备分会共建了上海市级动力工程专业学位研究生实践基地，参与了上海市动力工程与工程热物理I类高原学科、上海市动力工程多相流动与传热重点实验室、浙江省高效换热与节能技术重点企业创新团队的建设。

产学研用的联盟机制在上海市动力工程多相流动与传热重点实验室冷却系统建设、国家能源火力发电系统冷却塔能效检测技术实验平台建设（与华电电力科学研究院有限公司）、移动式乏燃料水池冷却关键技术研发（与中广核集团）等国家及省市重大项目的协同创新中体现了强大的实力，发挥了明显的优势。

创立产学研用联盟有以下显著特点和推广价值：①团队对接的行业性很强，技术主攻方向围绕节能节水及环保的冷却设备新产品、新技术开发，既符合国家的政策引导，又符合企业的发展需要。②团队充分发挥了院士的引领作用，在行业内凝聚了一大批企业，把昔日的竞争对手变成了合作伙伴。特别是团队与行业内10多家相关企业成立了具有一定规模的产学研联盟，包含了一批企业研究基地，涉及冷却系统上下游产品，构成了产业支撑。联盟内企业成员单位有机结合在一起，发挥各成员在生产和科研中的独特优势，具备了对国家和地方在相关领域的重大、重点科技项目和高技术产品进行联合投标、联合申报、联合攻关与联合开发的能力。产学研联盟又在行业协会中起到了技术引领作用。③通过机制创新，在工程硕士的企业导师选聘、研究生实习实践基地建设、市重点实验室开放研究中柔性引进行业专家、技术能手和项目管理及技术推广的专业人士，适时将他们充实到团队里，成为产学研合作的生力军。2017年，在产学研用联盟各单位的共同努力下完成广东省产学研合作项目的案例获评“中国校企合作好案例”。

下面对 4 个项目作重点介绍：

（1）基于智能化电源管理的循环冷却水余压回收节能系统。该系统是将水轮发电机组通过智能化电源控制系统连接冷却塔的风机电动机，智能化电源控制系统还连接外电网。首先，根据冷却系统物联网提供的冷却需求确定风机所需出力，冷却水经过热用户后首先供给水轮发电机组发电，水轮发电机组所发电能和外电网所供电能，通过以 IPM 与 DSP 为核心的智能化电源控制系统整合输出到冷却塔的风机电动机，优先使用水轮发电机组发出的电能供给冷却塔的风机电动机运转，不足部分则由外电网补充，由此实现了对余压的广域利用。为了满足冷却塔喷淋的需求压力，在水轮发电机组的进出口设置了压力检测器，通过检测到的压力信号控制水轮发电机组的转速，使水轮机维持稳定的出口压力，从而使冷却水在冷却塔内能均匀喷淋。该项目获得第十八届中国国际博览会高校展区优秀展品二等奖。

（2）一种带消雾节水功能的收水器及其蒸发冷却设备。其收水器由间壁式气－气换热器构成，收水器与蒸发冷却设备侧部的静压箱连接，静压箱外设有鼓风机。在达到消雾工况时，由鼓风机经静压箱向收水器的环境空气进口鼓入环境冷风，将设备内生成的湿热空气在收水器的热风通道内冷却析湿，冷凝水及挡到的飘水流回设备内，同时冷热空气在收水器上方混合后排出设备外。与现有技术相比，该发明采用的间壁式气－气换热器集消雾、节水和收水三种功能于一身，不额外增加风阻，且模块化加工，安装简易，成本低，占地面积小，节约空间。产品已完成中试，激光透过率检测消雾效果达到设计预期，项目获得第八届全国大学生节能减排社会实践与科技竞赛二等奖，并在第二届中国高校科技成果交易会上获得优秀项目展示奖。

（3）蒸发冷却设备喷淋系统优化项目。该项目重点攻克了蒸发冷却设备喷淋系统中大流量、低扬程水泵抗汽蚀和高效电子除垢机理，因节电节水和低噪声的优势，具有节能减排的显著社会效益，同时也给用户带来可观的直接经济效益：平均每台专用泵的电耗降低 27.7% 左右，以一台 60 水吨的小型闭式冷却塔为例，可用 2.2kW 的专用泵替代原来 3kW 的普通泵，年节省电费 1.05 万元；高效电子除垢仪应用于喷淋系统，因减少污垢热阻降低了运行中单位换热能力的电耗 8W（已考虑电子除垢仪本身的耗电），同样对一台 60 水吨的闭式冷却塔来说，年节省电费 0.63 万元，同时按可减少排污水量为喷淋水量的 0.5% 计算，年节省水费 2.13 万元。当前，国内蒸发冷却设备折算到闭式冷却塔的保有量保守估计在 750 万水吨左右，所以节能减排的社会效益和给用户带来的经济效益十分可观。该项目获得上海产学研合作优秀项目奖。

（4）移动式乏燃料水池冷却关键技术研发项目。该项目研发出一套具有自主知识产权的移动式乏燃料水池应急冷却装置，可有效解决核电厂全厂断电或丧失最终热阱事故下乏燃料水池的应急冷却难题。该装置将特制的应急冷却设备、柴油发电机组和循环冷却泵等设备集成在可移动平台上，具备以大气为冷阱、自带独立电源、模块化集成、群厂间相互异地支援、机动灵活等技术特点，性能达到预期目标，具备工程应用条件，正在进行新产品鉴定。

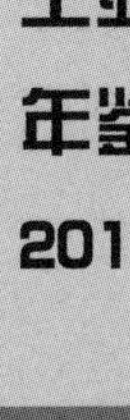

公布首台（套）重大技术装备推广应用指导目录、国家工业节能技术装备推荐目录，以及国家支持发展的、进口不予免税的重大技术装备和产品目录

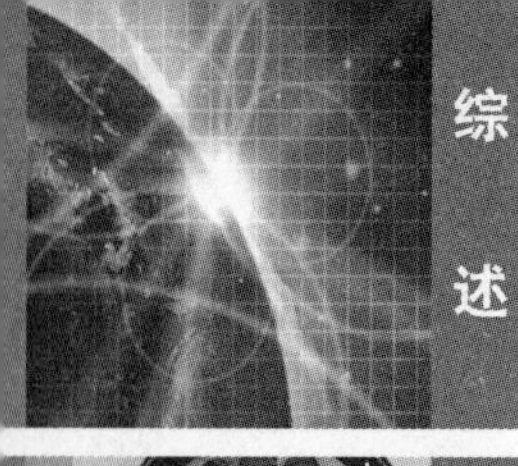

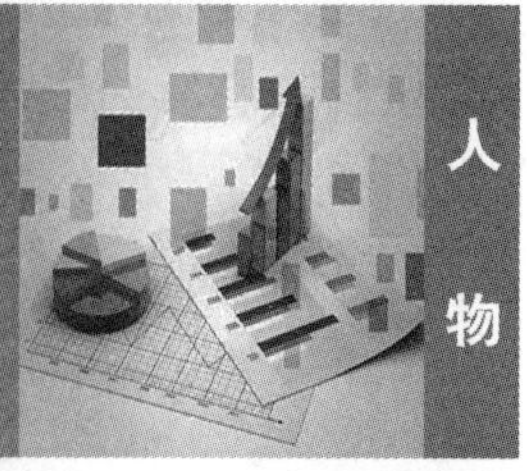

附录

首台（套）重大技术装备推广应用指导目录（2017年版）（摘选）

产品名称	单位	主要技术指标	备注
清洁高效发电装备			
三代核电（华龙一号、AP系列）关键装备：反应堆压力容器、蒸汽发生器（含U型换热管）、稳压器、反应堆堆内构件、控制棒驱动机构、主管道、安全注入箱、数字化仪控系统、堆芯补水箱、非能动余热排出换热器、主泵机组、爆破阀、主蒸汽隔离阀、核燃料组件	套	机组额定功率≥1 000MWe；设计寿命≥60年；堆芯损坏概率（CDF）≤1.0×10^{-5}/堆年；大量放射性物质释放概率（LRF）≤1.0×10^{-6}/堆年	
高温气冷堆关键装备：反应堆压力容器、蒸汽发生器、堆内构件、主氦风机、控制棒系统装备、吸收球停堆系统装备、燃料装卸系统装备、主蒸汽隔离阀、数字化仪控系统、球形燃料元件	套	满足第四代核能系统安全特性，消除大规模放射性释放，无需场外应急；堆芯出口温度≥750℃；燃料元件可承受高温≥1 620℃；单模块热功率≥250MWe；设计寿命≥60年	
快中子反应堆关键装备：一回路及二回路主循环钠泵、堆内构件、余热排出系统、蒸汽发生器、涉钠仪表及数字化仪控系统	套	机组额定功率≥600MWe；设计寿命≥40年；堆芯损坏概率（CDF）≤1.0×10^{-6}/堆年；大量放射性物质释放概率（LRF）≤1.0×10^{-7}/堆年	
核电机组关键零部件：发电机转子铸锻件、气缸、阀门铸件、汽轮机用高合金耐热钢铸件、核电机组用金属反射式保温层	批		
大型火电机组关键零部件：发电机转子铸锻件、气缸、阀门铸件、汽轮机用高温合金耐热钢铸件、汽轮机乏汽冷凝间接空冷系统、燃气轮机叶片轮盘用铸件、燃气轮机机组压气机锻件、百万千瓦级超（超）临界锅炉主给水泵机组、主蒸汽安全阀和调节阀、火电机组自动化成套控制系统	批		
乙烯工艺螺杆压缩机	台	排气量≥1 000m^3/min；功率≥5 500kW	
大型往复式迷宫压缩机	台	流量≥11 000m^3/h；活塞力≥300kN；压力≥20MPa	
乙烯装置配套压缩机组（含驱动汽轮机）	台	生产能力≥120×10^4t/a；驱动功率：裂解气压缩机组≥56 000kW，丙烯压缩机组≥33 000kW，乙烯压缩机组≥14 000kW	
重型石油化工流程泵	台	设计流量≥1 000m^3/h；温度≥400℃；扬程≥100m；低汽蚀余量	
重整装置循环氢压缩机组	套	生产能力≥300×10^4t/a；单机进气流量≥532 000 m^3/h；工作转速≥3 800r/min	
大型多轴工艺空气压缩机组（含压缩机、汽轮机、尾气透平、电机及齿轮箱）	套	额定功率≥20 000kW	

（续）

产品名称	单位	主要技术指标	备注
天然气长输管道离心压缩机组	套	压缩机效率≥ 88%；机组额定转速≥ 4 800r/min；电驱功率≥ 20MW，燃驱功率≥ 30MW；设计压力≥ 12MPa	
大型地下储气库压缩机	台	额定转速≤ 1 200r/min；压力≥ 30MPa；排量≥ $100\times10^4m^3/d$	
长输管线高压大口径紧急切断球阀及配套执行机构	台	公称通径≥ 56 in（1in=25.4mm）；公称压力≥ 900Lb	
液化天然气（LNG）用浸没燃烧式气化器（SCV）	套	气化能力≥ 200t/h；-162℃≤温度≤ 5℃；耐压≥ 15MPa	
液化天然气冷能回收空分装备	套	能力：液 O_2+ 液 N_2 ≥ 10 000m^3/h；液化天然气压力≥ 8MPa	
液化天然气大口径低温球阀	批	工作压力≥ 900Lb；温度≤ -196℃；口径≥ 16in	
LNG 高压潜液泵	台	流量≥ 840m^3/h；扬程≥ 3 500m；设计压力≥ 20MPa；设计温度≤ -196℃	
石油化工液力能量回收透平	台	回收功率≥ 850kW；流量≥ 3 200m^3/h；多级透平扬程≥ 2 200m	
高压油煤浆进料隔膜泵组	套	出口压力≥ 20MPa；工作温度≥ 290℃	
液化反应器离心循环泵组	套	出口压力≥ 20MPa；工作温度≥ 480℃	
大型空气分离成套装备（含压缩机组）	套	装备生产能力≥ $10\times10^4m^3/h$	
大型化肥装置专用压缩机	套	生成能力：化肥≥ $45\times10^4t/a$，尿素≥ $80\times10^4t/a$；氨压机双缸轴功率≥ 10 000kW，单缸轴功率≥ 5 500kW；二氧化碳压缩机功率≥ 10 000kW；出口压 力≥ 14MPa	
甲醇制烯烃（MTO）装置用压缩机组	台	装置生产能力≥ $60\times10^4t/a$；主风机：进气压力为 0.084 43MPa，进气温度为 22.5℃，进气量为 1 235m^3/min，出口压力为 0.357MPa；备用主风机：进气 压力为 0.099 32MPa，进气温度为 15.8℃，进气量为 1 375m^3/min，出口压力为 0.34MPa	
资源综合利用技术装备			
高炉煤气余压能量回收向心透平膨胀机	套	入口煤气流量：100 000 ～ 180 000m^3/h；入口压力：155 ～ 300kPa；入口温度：115 ～ 120 ℃；出口压力：10 ～ 30kPa；回收功率：2 000 ～ 4 500kW	
污水余热回收利用设备	套	单台处理量≥ 4 000t/h；单台回收热量≥ 1 500MW/d；余热回收后温度≤ 40℃	
烟气余热回收 - 再热装置	套	余热回收装置出口烟温≤ 95 ℃；再热装置出口烟温≥ 70℃；适用于 300MW 以上机组	
串联火炬气回收液环压缩机组	套	抽气量≥ 75m^3/min；排出压力为 0.6 ～ 0.9MPa	
电子专用设备			
集成电路级硅单晶生长炉	台	单晶棒直径≥ 300mm	
硅异质结（HIT）太阳电池用低速化学气相沉积设备	台	高效率硅异质结（HIT）太阳电池生产：连续沉积本征、P 型、N 型非晶硅薄膜；片内不均匀性≤ 5%，片间非晶硅薄膜厚度不均匀性 ±15% 以内；产能≥ 2 500 片/h	
碲化镉/硫化镉薄膜太阳能电池真空气相沉积装置	台	硫化镉薄膜：20 ～ 100nm；碲化镉薄膜：2 ～ 5μm；薄膜均匀性 2% 以内；节拍时间：45 ～ 90s；基板尺寸≥ 600mm×1 200mm	
CIGS 太阳电池组件磁控溅射设备	台	基板尺寸≥ 500mm×1 000mm；在线式结构；卧式传送系统；节拍时 间＜ 90 s/ 片；薄膜均匀性＜ 5%	

（续）

产品名称	单位	主要技术指标	备注
CIGS 太阳电池金属有机物化学气相沉积设备（MOCVD）	台	基板尺寸≥500mm×1 000mm；在线式结构；卧式传送系统；节拍时间<210 s/片	
金属有机气相沉积装备（MOCVD）	台	晶片尺寸≥150mm；控温精度：±1℃	
碳化硅（SiC）外延生长设备	台	晶片尺寸≥100mm；最高温度≥1 700℃；控温显示精度：±1℃	
化学气相沉积（CVD）硅外延设备	台	晶圆尺寸≤300mm；适用于不同规格衬底上N型、P型硅材料的外延生长	
高密度等离子刻蚀机	台	晶圆尺寸≤300mm；刻蚀材料为硅、金属和化合物材料；刻蚀均匀性±5%以内	
高速介质刻蚀机	台	100～200mm晶圆；刻蚀速率≥700nm/min；选择比（硅）≥30∶1	
物理气相薄膜沉积（PVD）装备	台	200～300mm晶圆，可满足多种金属沉积以及硅通孔沉积	
金属硅化物薄膜沉积装备	套	薄膜均匀性（1δ）≤3%；*R*s均匀性（1δ）≤3%	
立式退火炉	台	晶圆尺寸：200～300mm	
立式低压化学气相沉积系统	台	晶圆尺寸：200～300mm	
全自动化等离子体增强化学气相沉积装备（PECVD）	台	晶圆尺寸≤300mm，成膜均匀性：片内≤2%，片间≤2%；3D结构氧化硅/氮化硅成膜均匀性：片内≤1.5%，片间≤1.5%	
高端材料用高温高真空烧结炉	台	最大有效体积（均温区）≤1 000mm×2 000mm；最高工作温度≤2 600℃；最高真空度≤8×10^{-7}Torr（1Torr=133.3Pa）	
磁悬浮复合分子泵	套	抽速范围：1 000～4 500L/s；压缩比>108；极限压力<10^{-8}Pa	
高速小型复合分子泵	台	工作转速≥72 000r/min；动叶轮端跳动≤0.02mm；整机检漏，漏率≤1×10^{-6}Pa·L/s	

国家工业节能技术装备推荐目录（2017）（摘选）

装备系统节能技术

技术名称	技术介绍	适用范围	目前推广比例	未来5年节能潜力	
				预计推广比例	节能能力（万tce/a）
大型火电机组液耦调速电动给水泵变频改造技术	采用一体化变频调速技术，将给水泵的转速调节方式由液力耦合器调节变为变频调节，消除了液力耦合器的滑差损失，提高了给水泵组的效率	适用于火力发电行业发电机组给水泵节能改造	10%	25%	55.2

（续）

技术名称	技术介绍	适用范围	目前推广比例	未来5年节能潜力	
				预计推广比例	节能能力（万 tce/a）
基于智能控制的节能空压站系统技术	采用先进控制技术、阀门技术、工业变频技术、综合热回收技术，对压缩空气系统中的空压机、冷燥设备、过滤设备、储气罐、管网阀门、终端设备等单元进行优化控制，优化压缩空气系统能量输配效率，提高空压机系统能效	适用于空压站系统节能改造	1%	5%	4
空压机节能驱动一体机技术	采用卸载停机技术，通过采集多路温度、压力、用气量等负载特性，自动识别并控制停机时间，减少空气压缩机卸载能耗，从而提高能效水平	适用于压缩机节能改造	1%	10%	118.5
压缩空气系统节能优化关键技术	采用主控单元、分控单元和节能辅控单元及互联网架构技术，监测、查询、控制空压机运行信息，通过预测控制、容错控制、自学习算法、云计算数据处理等功能对空压机群进行节能控制	适用于压缩机系统节能改造	1%	10%	160
基于磁悬浮高速电机的离心风机综合节能技术	采用磁悬浮轴承大幅度提升转速并省去传统的齿轮箱及传动机制，采用高速永磁电机与三元流叶轮直连，实现高效率、高精度、全程可控	适用于市政污水处理等行业	1%	10%	76.8
磁悬浮离心式鼓风机节能技术	将磁悬浮轴承和大功率高速永磁电机技术集成为高速电机，外加专用高速永磁电机变频器形成高速驱动器，采用直驱结构将高速驱动器和离心叶轮一体化集成，实现高速无摩擦高效悬浮旋转	适用于污水处理行业及物料输送领域	2%	20%	215
新能源动力电池隧道式全自动真空干燥系统节能技术	采用新能源动力电池隧道一体式干燥系统，通过高真空充氮加热干燥，冷却段与加热段之间交替能量循环利用等技术，进行能量系统优化，在一个干燥系统内完成全部干燥工序	适用于干燥设备节能改造	10%	35%	95.8
硝酸装置蒸汽及尾气循环利用能量回收机组系统技术	采用汽轮机、NO_x压缩机、齿轮箱、轴流压缩机和尾气透平组成的回收系统，回收硝酸装置产生的蒸汽及尾气。通过汽轮机回收氨氧化的反应热并拖动整个机组运行，NO_x 压缩机加压氧化炉中的氮氧化并回收 NO_2，尾气透平回收 NO_x 吸收后的剩余能量，与汽轮机共同驱动机组，并向装置界外供蒸汽	适用于石化行业双加压法硝酸生产装置领域	5%	35%	600
烧结余热能量回收驱动技术	集成配置原有的电机驱动的烧结主抽风机和烧结余热能量回收发电系统，形成将烧结余热回收汽轮机与电动机同轴驱动烧结主抽风机的新型联合能量回收机组。避免了能量转换的损失环节，增加了能量回收，最大限度回收利用烧结烟气余热	适用于冶金领域烧结余热能量回收	10%	35%	112
干式高炉煤气能量回收透平装置技术	利用高炉炉顶煤气的余压余热，采用干式煤气透平技术，把煤气导入透平膨胀机，充分利用高炉煤气原有的热能和压力能，驱动发电机发电，最大限度地利用煤气的余压、余热进行发电	适用钢铁行业高炉煤气余压、余热发电	10%	35%	100
基于液力透平装置的化工冗余能量回收技术	采用创新泵反转技术回收高压介质富余能量，通过设计外壳、导叶、多级能量回收部件等结构，将高压液体的剩余压力能转化为动能，实现能量的回收利用；通过透平与超越离合器等组合回收机械能，并与驱动电机带动负载泵，形成液力透平冗余能量回收系统	适用于石油化工、海水淡化等流程工艺中产生的高压液体能量回收	5%	30%	81.2

工业节能装备

设备名称	型号	主要技术参数	执行标准	申报单位
单级管道循环泵	IL125-300/56	额定流量：300 m^3/h 额定扬程：56m 应用压力：标准系列 1.6MPa，可定制 2.5MPa 工作温度：-25 ～ 140℃ 转速：2 900r/min 效率：84.04%	GB 19762—2007《清水离心泵能效限定值及节能评价值》 标准指标：效率 2 级≥ 84%	上海艺迈实业有限公司
管道离心泵	KSL200-315	额定流量：300 m^3/h 额定扬程：32m 应用压力：标准系列 1.6MPa，可定制 2.5MPa 工作温度：-20 ～ 80℃ 转速：1 480r/min 效率：83.4%	GB 19762—2007《清水离心泵能效限定值及节能评价值》 标准指标：效率 2 级≥ 83%	上海凯仕泵业（集团）有限公司
水平中开式单级双吸离心泵	1200S56G	额定流量：12 800m^3/h 额定扬程：57m 工作压力：≤ 0.6MPa 工作温度：常温 转速：600r/min 效率：90.58%	GB 19762—2007《清水离心泵能效限定值及节能评价值》 标准指标：效率 2 级≥ 86.58%	兰州兰泵限公司
专用空调 - 暖通循环泵	ZS 系列	ZS80-65-250 额定流量：50m^3/h，额定扬程：20m，工作压力：1.6MPa，工作温度：≤ 104℃，转速：1 450r/min，效率：76.04% ZS100-80-125 额定流量：100 m^3/h，额定扬程：20m，工作压力：1.6MPa，工作温度：≤ 104℃，转速：2 900r/min，效率：83.02% ZS200-150-280 额定流量：400 m^3/h，额定扬程：25m，工作压力：1.6MPa，工作温度：≤ 104℃，转速：1 490r/min，效率：86.1%	GB 19762—2007《清水离心泵能效限定值及节能评价值》 标准指标： ZS80-65-250 效率 2 级≥ 70.8% ZS100-80-125 效率 2 级≥ 80% ZS200-150-280 效率 2 级≥ 84%	山东双轮股份有限公司
重型石油化工流程泵	HDM1000-400/5	额定流量：12 800 m^3/h 额定扬程：57m 工作压力：0.6MPa 工作温度：常温 转速：600r/min 效率：80.18%	GB 32284—2015《石油化工离心泵能效限定值及能效等级》 标准指标：效率 2 级≥ 76.18%	兰州兰泵有限公司
一般用喷油螺杆空气压缩机	EV22B	压缩级数：1 级 容积流量：3.73 m^3/min 额定排气压力：0.8 MPa 冷却方式：风冷 机组输入比功率：6.9 kW/（m^3/min） 驱动电动机输入额定功率：22 kW	GB 19153—2009《容积式空气压缩机能效限定值及能效等级》 标准指标： 机组输入比功率 1 级≤ 7.2 kW/（m^3/min）	宁波德曼压缩机有限公司

（续）

设备名称	型号	主要技术参数	执行标准	申报单位
一般用喷油螺杆空气压缩机	SA90A-7 T	压缩级数：2 级 容积流量：19.5 m^3/min 额定排气压力：0.7 MPa 冷却方式：风冷 机组输入比功率：6.1 kW/（m^3/min） 驱动电动机输入额定功率：90 kW	GB 19153—2009《容积式空气压缩机 能效限定值及能效等级》 标准指标： 机组输入比功率 1 级≤6.1 kW/（m^3/min）	复盛实业（上海）有限公司
一般用喷油螺杆空气压缩机	SA90A-8 T	压缩级数：2 级 容积流量：18.2 m^3/min 额定排气压力：0.8 MPa 冷却方式：风冷 机组输入比功率：6.5 kW/（m^3/min） 驱动电动机输入额定功率：90 kW	GB 19153—2009《容积式空气压缩机能效限定值及能效等级》 标准指标： 机组输入比功率 1 级≤6.5 kW/（m^3/min）	复盛实业（上海）有限公司
一般用喷油螺杆空气压缩机	XLPM50 A-IID	压缩级数：2 级 容积流量：7.0 m^3/min 额定排气压力：0.8 MPa 冷却方式：风冷 机组输入比功率：6.5 kW/（m^3/min） 驱动电动机输入额定功率：37 kW	GB 19153—2009《容积式空气压缩机 能效限定值及能效等级》 标准指标： 机组输入比功率 1 级≤7.2 kW/（m^3/min）	温岭市鑫磊空压机有限公司
一般用喷油螺杆空气压缩机	XLPM60 A-IID	压缩级数：2 级 容积流量：8.5 m^3/min 额定排气压力：0.8 MPa 冷却方式：风冷 机组输入比功率：6.3 kW/（m^3/min） 驱动电动机输入额定功率：45 kW	GB 19153—2009《容积式空气压缩机能效限定值及能效等级》 标准指标： 机组输入比功率 1 级≤7.2 kW/（m^3/min）	温岭市鑫磊空压机有限公司
一般用喷油螺杆空气压缩机	XLPM75 A-IID	压缩级数：2 级 容积流量：10.5 m^3/min 额定排气压力：0.8 MPa 冷却方式：风冷 机组输入比功率：6.3 kW/（m^3/min） 驱动电动机输入额定功率：55 kW	GB 19153—2009《容积式空气压缩机能效限定值及能效等级》 标准指标： 机组输入比功率 1 级≤6.5 kW/（m^3/min）	温岭市鑫磊空压机有限公司
一般用喷油螺杆空气压缩机	XLPM100 A-IID	压缩级数：2 级 容积流量：14.5 m^3/min 额定排气压力：0.8 MPa 冷却方式：风冷 机组输入比功率：6.1 kW/（m^3/min） 驱动电动机输入额定功率：75 kW	GB 19153—2009《容积式空气压缩机能效限定值及能效等级》 标准指标： 机组输入比功率 1 级≤6.5 kW/（m^3/min）	温岭市鑫磊空压机有限公司
一般用喷油螺杆空气压缩机	XLPM150 A-IID	压缩级数：2 级 容积流量：21 m^3/min 额定排气压力：0.8 MPa 冷却方式：风冷 机组输入比功率：6.1 kW/（m^3/min） 驱动电动机输入额定功率：110 kW	GB 19153—2009《容积式空气压缩机能效限定值及能效等级》 标准指标： 机组输入比功率 1 级≤6.3 kW/（m^3/min）	温岭市鑫磊空压机有限公司
一般用喷油螺杆空气压缩机	XLPM175 A-IID	压缩级数：2 级 容积流量：24 m^3/min 额定排气压力：0.8 MPa 冷却方式：风冷 机组输入比功率：6.2 kW/（m^3/min） 驱动电动机输入额定功率：132 kW	GB 19153—2009《容积式空气压缩机能效限定值及能效等级》 标准指标： 机组输入比功率 1 级≤6.3 kW/（m^3/min）	温岭市鑫磊空压机有限公司

（续）

设备名称	型号	主要技术参数	执行标准	申报单位
一般用喷油螺杆空气压缩机	XLPM200 A-IID	压缩级数：2 级 容积流量：29.5 m^3/min 额定排气压力：0.8 MPa 冷却方式：风冷 机组输入比功率：5.9 kW/（m^3/min） 驱动电动机输入额定功率：160 kW	GB 19153—2009《容积式空气压缩机能效限定值及能效等级》 标准指标： 机组输入比功率 1 级≤6.3 kW/（m^3/min）	温岭市鑫磊空压机有限公司
一般用喷油螺杆空气压缩机	SCR125E PM-8	压缩级数：1 级 容积流量：19.6 m^3/min 额定排气压力：0.8 MPa 冷却方式：风冷 机组输入比功率：6.34 kW/（m^3/min） 驱动电动机输入额定功率：90 kW	GB 19153—2009《容积式空气压缩机能效限定值及能效等级》 标准指标： 机组输入比功率 1 级≤6.5 kW/（m^3/min）	上海斯可络压缩机有限公司
一般用喷油螺杆空气压缩机	G37PA8.5	压缩级数：1 级 容积流量：6.38 m^3/min 额定排气压力：0.8 MPa 冷却方式：风冷 机组输入比功率：7.0 kW/（m^3/min） 驱动电动机输入额定功率：37 kW	GB 19153—2009《容积式空气压缩机能效限定值及能效等级》 标准指标： 机组输入比功率 1 级≤7.2 kW/（m^3/min）	阿特拉斯·科普柯（无锡）压缩机有限公司
一般用喷油螺杆空气压缩机	ZLS15Hi/ 8	压缩级数：1 级 容积流量：1.9 m^3/min 额定排气压力：0.8 MPa 冷却方式：风冷 机组输入比功率：7.9 kW/（m^3/min） 驱动电动机输入额定功率：11 kW	GB 19153—2009《容积式空气压缩机能效限定值及能效等级》 标准指标： 机组输入比功率 1 级≤7.9 kW/（m^3/min）	厦门东亚机械工业股份有限公司
一般用喷油螺杆空气压缩机	ZLS20Hi/ 8	压缩级数：1 级 容积流量：2.5 m^3/min 额定排气压力：0.8 MPa 冷却方式：风冷 机组输入比功率：7.4 kW/（m^3/min） 驱动电动机输入额定功率：15 kW	GB 19153—2009《容积式空气压缩机能效限定值及能效等级》 标准指标： 机组输入比功率 1 级≤7.4 kW/（m^3/min）	厦门东亚机械工业股份有限公司
一般用喷油螺杆空气压缩机	ZLS30Hi/ 8	压缩级数：1 级 容积流量：4.1 m^3/min 额定排气压力：0.8 MPa 冷却方式：风冷 机组输入比功率：7.2 kW/（m^3/min） 驱动电动机输入额定功率：22 kW	GB 19153—2009《容积式空气压缩机能效限定值及能效等级》 标准指标： 机组输入比功率 1 级≤7.2 kW/（m^3/min）	厦门东亚机械工业股份有限公司
一般用喷油螺杆空气压缩机	ZLS75Hi/ 8	压缩级数：1 级 容积流量：9.3 m^3/min 额定排气压力：0.8 MPa 冷却方式：风冷 机组输入比功率：6.5 kW/（m^3/min） 驱动电动机输入额定功率：55 kW	GB 19153—2009《容积式空气压缩机能效限定值及能效等级》 标准指标： 机组输入比功率 1 级≤6.5 kW/（m^3/min）	厦门东亚机械工业股份有限公司
一般用喷油螺杆空气压缩机	ZLS40-2i/ 8	压缩级数：2 级 容积流量：5.9 m^3/min 额定排气压力：0.8 MPa 冷却方式：风冷 机组输入比功率：7.2 kW/（m^3/min） 驱动电动机输入额定功率：30 kW	GB 19153—2009《容积式空气压缩机能效限定值及能效等级》 标准指标： 机组输入比功率 1 级≤7.2 kW/（m^3/min）	厦门东亚机械工业股份有限公司

（续）

设备名称	型号	主要技术参数	执行标准	申报单位
一般用喷油螺杆空气压缩机	GLS100/8	压缩级数：1 级 容积流量：14 m^3/min 额定排气压力：0.8 MPa 冷却方式：风冷 机组输入比功率：7.3 kW/（m^3/min） 驱动电动机输入额定功率：75 kW	GB 19153—2009《容积式空气压缩机能效限定值及能效等级》 标准指标： 机组输入比功率 2 级≤7.3 kW/（m^3/min）	厦门东亚机械工业股份有限公司
一般用喷油螺杆空气压缩机	GLS150/8	压缩级数：1 级 容积流量：20 m^3/min 额定排气压力：0.8 MPa 冷却方式：风冷 机组输入比功率：7.1 kW/（m^3/min） 驱动电动机输入额定功率：110 kW	GB 19153—2009《容积式空气压缩机能效限定值及能效等级》 标准指标： 机组输入比功率 2 级≤7.1 kW/（m^3/min）	厦门东亚机械工业股份有限公司
一般用喷油螺杆空气压缩机	GLS275/8	压缩级数：1 级 容积流量：33.6 m^3/min 额定排气压力：0.8 MPa 冷却方式：风冷 机组输入比功率：6.6 kW/（m^3/min） 驱动电动机输入额定功率：200 kW	GB 19153—2009《容积式空气压缩机能效限定值及能效等级》 标准指标： 机组输入比功率 2 级≤6.6 kW/（m^3/min）	厦门东亚机械工业股份有限公司
一般用喷油螺杆空气压缩机	GLS350/8	压缩级数：1 级 容积流量：41.8 m^3/min 额定排气压力：0.8 MPa 冷却方式：风冷 机组输入比功率：6.6 kW/（m^3/min） 驱动电动机输入额定功率：250 kW	GB 19153—2009《容积式空气压缩机能效限定值及能效等级》 标准指标： 机组输入比功率 2 级≤6.6 kW/（m^3/min）	厦门东亚机械工业股份有限公司
一般用喷油螺杆空气压缩机	GMFII22-8	压缩级数：2 级 容积流量：4.10 m^3/min 额定排气压力：0.8 MPa 冷却方式：风冷 机组输入比功率：7.2 kW/（m^3/min） 驱动电动机输入额定功率：22 kW	GB 19153—2009《容积式空气压缩机能效限定值及能效等级》 标准指标： 机组输入比功率 1 级≤7.2 kW/（m^3/min）	宁波鲍斯能源装备股份有限公司
一般用喷油螺杆空气压缩机	ZMF37	压缩级数：2 级 容积流量：7.10 m^3/min 额定排气压力：0.8 MPa 冷却方式：风冷 机组输入比功率：7.2 kW/（m^3/min） 驱动电动机输入额定功率：37 kW	GB 19153—2009《容积式空气压缩机能效限定值及能效等级》 标准指标： 机组输入比功率 1 级≤7.2 kW/（m^3/min）	宁波鲍斯能源装备股份有限公司
一般用喷油螺杆空气压缩机	GMFII37-8	压缩级数：2 级 容积流量：7.10 m^3/min 额定排气压力：0.8 MPa 冷却方式：风冷 机组输入比功率：7.2 kW/（m^3/min） 驱动电动机输入额定功率：37 kW	GB 19153-2009《容积式空气压缩机能效限定值及能效等级》 标准指标： 机组输入比功率 1 级≤7.2 kW/（m^3/min）	宁波鲍斯能源装备股份有限公司
一般用喷油螺杆空气压缩机	GMFII45-8	压缩级数：2 级 容积流量：9.70 m^3/min 额定排气压力：0.8 MPa 冷却方式：风冷 机组输入比功率：7.2 kW/（m^3/min） 驱动电动机输入额定功率：45 kW	GB 19153—2009《容积式空气压缩机能效限定值及能效等级》 标准指标： 机组输入比功率 1 级≤7.2 kW/（m^3/min）	宁波鲍斯能源装备股份有限公司

（续）

设备名称	型号	主要技术参数	执行标准	申报单位
一般用喷油螺杆空气压缩机	ZMF45	压缩级数：2 级 容积流量：9.50 m^3/min 额定排气压力：0.8 MPa 冷却方式：风冷 机组输入比功率：7.2 kW/（m^3/min） 驱动电动机输入额定功率：45 kW	GB 19153—2009《容积式空气压缩机能效限定值及能效等级》 标准指标： 机组输入比功率 1 级≤7.2 kW/（m^3/min）	宁波鲍斯能源装备股份有限公司
一般用喷油螺杆空气压缩机	GMFII75-8	压缩级数：2 级 容积流量：15.00 m^3/min 额定排气压力：0.8 MPa 冷却方式：风冷 机组输入比功率：6.5 kW/（m^3/min） 驱动电动机输入额定功率：75 kW	GB 19153—2009《容积式空气压缩机能效限定值及能效等级》 标准指标： 机组输入比功率 1 级≤6.5 kW/（m^3/min）	宁波鲍斯能源装备股份有限公司
一般用喷油螺杆空气压缩机	MDE45A	压缩级数：2 级 容积流量：10.21 m^3/min 额定排气压力：0.8 MPa 冷却方式：风冷 机组输入比功率：6.17 kW/（m^3/min） 驱动电动机输入额定功率：45 kW	GB 19153—2009《容积式空气压缩机能效限定值及能效等级》 标准指标： 机组输入比功率 1 级≤7.2 kW/（m^3/min）	苏州牧风压缩机设备有限公司
一般用喷油螺杆空气压缩机	MDE75A	压缩级数：2 级 容积流量：16.43 m^3/min 额定排气压力：0.8 MPa 冷却方式：风冷 机组输入比功率：6.07 kW/（m^3/min） 驱动电动机输入额定功率：75 kW	GB 19153—2009《容积式空气压缩机 能效限定值及能效等级》 标准指标： 机组输入比功率 1 级≤6.5 kW/（m^3/min）	苏州牧风压缩机设备有限公司
一般用喷油螺杆空气压缩机	MDE90A	压缩级数：2 级 容积流量：19.59 m^3/min 额定排气压力：0.8 MPa 冷却方式：风冷 机组输入比功率：6.0 kW/（m^3/min） 驱动电动机输入额定功率：90 kW	GB 19153—2009《容积式空气压缩机 能效限定值及能效等级》 标准指标： 机组输入比功率 1 级≤6.5 kW/（m^3/min）	苏州牧风压缩机设备有限公司
一般用喷油螺杆空气压缩机	MDE110A	压缩级数：2 级 容积流量：23.5 m^3/min 额定排气压力：0.8 MPa 冷却方式：风冷 机组输入比功率：6.17 kW/（m^3/min） 驱动电动机输入额定功率：110 kW	GB 19153—2009《容积式空气压缩机 能效限定值及能效等级》 标准指标： 机组输入比功率 1 级≤6.3 kW/（m^3/min）	苏州牧风压缩机设备有限公司

国家支持发展的重大技术装备和产品目录（2017 年修订）（摘选）

名称	技术规格要求	销售业绩要求	执行年限	修订说明
大型清洁高效发电装备				
用于三代核电机组的核级泵：核主泵（反应堆冷却剂主泵）、安注泵、安全壳余热排出泵、喷淋泵	百万千瓦级	持有合同订单		调整

（续）

名称	技术规格要求	销售业绩要求	执行年限	修订说明
用于三代核电机组的核级阀：稳压器安全阀、稳压器比例喷雾调节阀、主蒸汽隔离阀、爆破阀	百万千瓦级	持有合同订单		
用于二代改进型核电机组的核级泵：核主泵	百万千瓦级	持有合同订单		
大型石油及石化装备				
蒸汽回转干燥机、对苯二甲酸（PTA）工艺空气压缩机组	年产量≥ 80 万 t	持有合同订单	2020	调整
循环氢离心压缩机	轴功率≥ 2 000kW	持有合同订单		调整
催化裂化空气压缩机组	流量≥ 3 000m^3/min	持有合同订单	2020	调整
催化裂化能量回收装置空气压缩机组	配套年产 1 000 万 t 原油	持有合同订单		调整
长输管道燃驱压缩机组	30MW 级及以上	持有合同订单	2020	调整
天然气液化装置用压缩机	年产量≥ 60 万 t	持有合同订单		调整
大型煤化工设备、冶金设备				
大型空分设备	氧气量≥ 80 000m^3/h	持有合同订单	2020	调整
大型空分装置用空压机和增压机	配置氧气量≥ 80 000m^3/h 的空分装置	持有合同订单	2020	调整
丙烯制冷压缩机	年产量 50 万 t 以上合成氨项目配套用	持有合同订单		新增
甲醇制烯烃（MTO）装置用压缩机组	年产量≥ 60 万 t	持有合同订单	2020	调整
大型高炉风机	配套高炉≥ 2 500m^3	持有合同订单		
资源综合利用设备				
大型高炉煤气余压透平能量回收利用装置	额定功率≥ 4 000kW	持有合同订单		
低热值富余高炉煤气联合循环发电机组	额定功率≥ 2.5 万 kW	持有合同订单		
尾气透平能量回收机组	回收功率≥ 1 500kW	持有合同订单		
天然气差压透平能量回收利用装置	回收功率≥ 200kW	持有合同订单		
电子信息设备				
等离子加强型化学气相沉积设备（PECVD）	膜厚均匀性＜ 15%	持有合同订单	2018	
低压化学气相沉积设备（LPCVD）	膜厚均匀性＜ 15%	持有合同订单	2018	
金属有机化学气相沉积设备（MOCVD）	单腔产出率≥ 50 片（2in），波长均匀性＜ 3nm	持有合同订单		
薄膜沉积设备	直径 200 ～ 300mm，线宽 28 ～ 130nm 及 130nm 工艺以上的化学气相沉积设备（CVD）；线宽≤ 65nm 的物理沉积设备（PVD）	持有合同订单	2018	调整

进口不予免税的重大技术装备和产品目录（2017年修订）（摘选）

税则号列	设备名称	技术规格	备注
大型清洁高效发电装备			
84137099	反应堆主冷却剂泵（包括电动机、变频器、开关）	二代加核电用反应堆主冷却剂泵：所有规格；三代核电用反应堆主冷却剂泵：功率≤ 5 000kW	
84137099	主给水泵组（含电动机）	单级叶轮扬程低于 500m	
8413	核级泵（上充泵/辅助给水泵/余热排出泵/水压试验泵/堆芯补水泵，含电动机）	核安全三级及以下	
84138100	锅炉给水泵（组）	配套≤ 1 000MW 火电机组	
84138100	凝结水泵	所有规格	
84138100	循环水泵	所有规格	
84138100	锅炉强制循环泵	所有规格	
84818010 84813000 84818040	火电机组用高温高压阀门（闸阀、截止阀、止回阀）	闸阀：公称通径≤ 600mm（24in）；压力等级≤ 4 500Lb 截止阀：公称通径≤ 80mm（3 in）；压力≤ 4 500Lb 止回阀：公称通径≤ 600mm（24 in）；压力≤ 4 500Lb	
84814000	锅炉安全阀	压力≤ 25.4MPa，温度≤ 517℃	
大型石油及石化装备			
84148090 840681 84068200	乙烯裂解气压缩机及配套工业汽轮机	年产量≤ 120 万 t	
84148090 84068100 84068200	乙烯制冷压缩机及配套工业汽轮机	年产量≤ 120 万 t	
84148090 84068100 84068200	丙烯制冷压缩机及配套工业汽轮机	年产量≤ 120 万 t	
84148090 84186990	聚乙烯循环气压缩机（离心式）	年产量≤ 45 万 t	
84148090	聚乙烯配套用往复式压缩机（迷宫密封式）	年产量≤ 45 万 t	
84137010 84137099	离心式急冷油泵	所有规格	
84137010 84137099	离心式急冷水泵	所有规格	
84196090 84195000	板翅式换热器冷箱	所有规格	
84068200 84143014 84148090	硝酸装置四合一机组（包括汽轮机、空气压缩机、尾气透平、氮氧合物压缩机）	年产量≤ 60 万 t	
84068200 84148090	精对苯二甲酸（PTA）工艺空气压缩机机组（包括蒸汽轮机、压缩机）	单机年产≤ 100 万 t	

（续）

税则号列	设备名称	技术规格	备注
84193990	PTA 蒸汽回转干燥机	单机年产≤ 120 万 t	
84148090	循环氢离心压缩机组	所有规格	
84148090 84183	二、四、六列往复式新氢压缩机组	轴功率≤ 8 000kW	
84148090	长输管道压缩机组	轴功率≤ 30MW	
84148090	炼油用大型无油原料气往复压缩机	所有规格	
84137010 84137090	加氢进料泵	所有规格	
8481	地面安装高压大口径全锻焊管道球阀	公称通径≤ 1 200mm（48in）、压力等级≤ Class900Lb	
8481	埋地安装高压大口径大锻焊管道球阀	公称通径≤ 1 200mm（48in）、压力等级≤ Class900Lb	
84137091	长输管线输油泵	轴功率 5 000kW 及以下	
84148090 84186990	天然气液化用离心压缩机组	年产量≤ 350 万 t	
大型煤化工设备			
841350	往复式水煤浆隔膜泵	所有规格	
84194020 84143014 84068200 84148090	大型成套空分设备（包括精馏塔、含冷箱；氧气压缩机、空气压缩机组、增压机组，含蒸汽轮机或电动机等）	所有规格	
84143014 84068200	合成氨和尿素装置（包括合成气压缩机、原 料压缩机、氨冷冻压缩机、空气压缩机、尿素压缩机组，含蒸汽轮机；液氮洗冷箱）	合成氨年产量≤ 50 万 t；尿素年产量≤ 80 万 t	
84148090 84186990	甲醇制烯烃（MTO）装置用压缩机组	所有规格	
大型冶金成套设备			
841459	高炉用鼓风机	流量≤ 12 000m^3/min，功率≤ 70 000kW	
大型环保及资源综合利用设备			
842139	电站烟气脱硫专用设备（包括循环浆液泵、水力旋流分离器、除雾器、烟气挡板门、脱硫增压风机、搅拌器等）	单机容量≤ 1 000MW 火电机组	
84212190 84212910 84212990	带式污泥浓缩压滤一体机	带宽≤ 3m，滤饼含水率≥ 70%	
84211990	螺旋离心浓缩机	转鼓直径≤ 1m，处理能力≤ 8m^3/h	
84212910	螺旋栅渣压滤机	排渣量＜ 4m^3	
84123900	大型高炉煤气余压透平发电装置（TRT）	额定功率≤ 40 000kW	
84212990	转盘式微滤机	所有规格	
84212910	压滤机	过滤面积 2 400m^2 以下，压力 4.5MPa 以 下	